일등주의 교육을 넘어

혁신미래교육의 철학과 정책

* 이 도서의 국립중앙도서관 출판예정도서목록(CIP)은 서지정보유통지원시스템홈페이지
(http://seoji.nl.go.kr)와 국가자료공동목록시스템(http://www.nl.go.kr/kolisnet)에서
이용하실 수 있습니다. CIP2016020095

일등주의 교육을 넘어

혁신미래교육의 철학과 정책

| 조희연 지음 |

차례

2부 대화: 조희연이 꿈꾸는 교육 • 117

서문

'일등주의 교육'을 넘어 '오직 한 사람 교육'을 실현하기 위한 '혁신미래교육'을 찾아서

어른들에게 새로 사귄 친구 이야기를 하면, 어른들은 제일 중요한 것은 묻지 않는다. 예를 들면, '그 친구 목소리는 어떻니? 무슨 놀이를 제일 좋아하니? 나비 수집을 하니?'라고 묻는 어른은 절대 없다. '나이는 몇이니? 형제는 몇이니? 아버지는 얼마를 버니?'라는 질문뿐이다. 만약 어른들에게 '창가에는 제라늄이 피어 있고 지붕에는 비둘기들이 놀고 있는 아름다운 붉은색 벽돌집을 보았어요'라고 말하면 어른들은 그 집이 어떻게 생겼는지 상상하지 못한다. '10억 원짜리 집을 보았어요'라고 해야 한다. 그러면 '그거, 참 훌륭한 집인가 보구나!'라고 소리친다.

프랑스 작가 생텍쥐페리의 『어린 왕자』에 나오는 유명한 구절입니다. 우리 아이들의 교육정책을 담당하는 사람으로서, 읽을 때마다 부끄러워지는 구절입니다. 아이들은 저마다 취향과 개성과 소질이 다른데, 어른들은 그런 아이들을 그저 수치로만 판단하려 듭니다. 모든 걸 수치화하려는 것에 그치지 않고, 1등부터 꼴찌까지 줄 세우는 것에 집착합니다.

제게 지금 우리에게 요구되는 교육개혁의 방향을 한 마디로 표현하라고 한다면, '일등주의 교육'에서 '오직 한 사람 교육'으로의 전환이라고 말하고 싶습니다.

'일등주의 교육'이란 우리보다 앞선 서구를 따라잡기 위해 그들의 기업이나 인재와 경쟁할 수 있는 지적 능력을 가진 일등 인재를 양성하는 것을 목표와 척도로 하여 모든 학생을 일등부터 꼴등까지 줄 세우고 전부 일등이 되도록 독려하는 교육입니다. 그러나 이런 '한 줄 세우기 교육'에서 다 일등이 될 수는 없겠지요. 누군가 일등을 하면 누군가는 꼴등을 맡아야 합니다. 일등으로 가기 위해서는 누군가를 딛고 올라서야 하는 끝없는 뜀박질만 있을 뿐입니다. 한 줄 세우기 교육에서는 자신의 꿈과 미래가 보이지 않고 바로 앞에 선 사람의 뒷머리만 크게 보일 것입니다.

이런 교육은 1960~1970년대의 개발도상국 시절에는 나름의 효용성이 있을 수 있었지만 이제는 낡은 것이 되었습니다. 교육이 누군가의 실패와 열패를 바탕으로 일등을 밀어주고 받쳐주는 제로섬 게임이 될 수는 없습니다.

교육이란 한 사람 한 사람의 인생에서 소중한 추억과 삶의 밑거름이 되고 미래를 살아갈 우리 아이들이 배움 속에서 즐거움을 느끼며 자신의 꿈을 향해 나아갈 수 있는 근원적인 힘과 용기를 지니게 하는 것이어야 합니다. 학교는 아이들에게 그런 것을 주어야 합니다.

인공지능 시대가 성큼 다가온 21세기는 다양한 사람들의 다양한 능력과 협력을 요구하고 있습니다. 다행히 우리에게는 '특별한 재능'을 가진 아이들이 있습니다. 일등은 아니지만 모든 아이들은 '특별한 재능을 가진, 세상에 하나뿐인 귀중한 존재'입니다. 그들이 가진 그 잠재력을 활짝 꽃피울 수 있도록 하는 것이 지금 우리가 추구해야 할 교육입니다. 바로 이런 교육을 '오직 한 사람 교육'이라고 표현하고 싶습니다.

이처럼 일등주의 교육을 넘어 오직 한 사람 교육을 실현하기 위한 정책은 당연히 다양성 교육을 실현하기 위한 노력으로 표현됩니다. 일등주의 교육이 하나의 척도와 기준에 의해서 모든 학생들을 일렬로 줄 세우는 교육이라고 한다면, 당연히 그 척도와 기준 자체가 다양화되어야 합니다. 국영수 중심의 암기식 교육 척도만이 아니라 다양한 척도가 필요하고 존중될 필요가 있습니다. 이러한 다양성 교육은 현재의 획일적인 국가교육과정을 다양화하는 노력으로 나타나게 됩니다. 국가교육과정 틀 내에서나마 교육과정의 자율성과 다양성을 확대하려는 노력으로 표현됩니다. '개방형-연합형 종합캠퍼스 교육과정'이라고 이름 붙여진 서울시교육청 고교교육과정의 개혁안도 이런 지향 위에 서 있습니다. 학생들에게 자신의 다양한 재능과 꿈과 끼를 탐색할 수 있도록 허용하는 '오디세이학교'도 고교교육과정 트랙 자체를 다양화하려는 노력의 일환입니다. 국영수 중심의 암기교육

뿐 아니라, 문화예술교육을 활성화하려는 노력도, 교육부에서 전국적으로 실시하는 중학교 자유학기제를 서울시교육청은 2학기로 확대한 것, 2~3학년에서도 자유학기제의 긍정적인 노력을 지속해갈 수 있도록 한 것도 이러한 지향 위에서 이루어지는 것입니다.

일등주의 교육을 넘는 것, 그리고 그것을 위한 다양성 존중교육의 확대는 교육 불평등을 완화하려는 정책적 노력들을 수반하게 됩니다. 저는 '태어난 집은 달라도 배우는 교육은 같아야 한다'라는 점을 강조합니다. 잘사는 집 아이들은 없는 재능도 만들어내고 못사는 집 아이들은 있는 재능도 개발할 기회를 갖지 못하는 조건에서 일등주의 교육을 넘어 다양성 교육을 실현하는 것은 불가능합니다. 갈수록 우리 사회의 사회경제적 양극화가 심화되는 조건에서 교육 불평등을 상쇄하려는 노력은 어려워지고 있습니다. 그러나 모든 학생들이 다양한 트랙 위에 서서 자신의 재능과 꿈과 끼를 부모의 격차에도 불구하고 실현할 수 있을 때, 진정한 의미에서 오직 한 사람 교육은 가능하게 된다고 생각합니다. 그런 점에서 저소득층 가정의 학생, 다문화 학생 등을 3인으로 간주하여 학교운영비를 약간씩이라도 차등적으로 확대하는 것, 유수한 외고에 비견할 만한 '공립' 특목고인 서울국제고에 사회적 배려대상자 학생들을 입학생의 50%까지로 확대하려는 정책, 작은 학교에 급식예산을 차등화하여 더 지급하는 것, 다양한 교육복지 사업들을 확대하고자 하는 것도 이러한 노력의 일환이라고 할 수 있을 것입니다.

이와 같은 지향 속에서 이루어지는 서울시교육청의 새로운 정책을 우리는 '혁신미래교육'이라고 부르고 있습니다. '혁신'이란 말 그대로 과거의 오류와 낡은 것을 새롭게 하고자 함이며, '미래'란 그 자체로 우리 아이들이 만날 세상, 그 세상을 저마다의 꿈을 가지고 열어갈 재능과 힘을 발현시키는 것입니다. 이 책은 바로 그 '혁신미래교육'의 철학과 구체적인 정책들을 글과 인터뷰, 강의를 통해서 드러내기 위해 세상에 나오게 된 것입니다.

저는 평생을 사회학자로 살아왔습니다. 그러다 어떤 거대한 운명의 이면이 있었는지 오래전부터 미처 생각하지 못했던 서울시교육감 선거에 나오게 되었고, 역시 또 운명적이라고 할 수밖에 없는 과정을 거쳐 당선되었습니다. 그렇게 어느 날 저는 사회학 교수에서 서울시교육감으로 신분이 바뀌어 있었습니다.

스스로 발을 내디뎠지만, 전혀 짐작하지 못한 그 운명의 무게가 얼마나 무거운지 실감하면서 살아가고 있습니다. 단순히 제 신분이 학자에서 행정가로, 저의 직위가 교수에서 교육감으로 바뀐 것만을 말하는 게 아닙니다. 학술 영역에서 자유롭게 생각을 말하고 때로는 시민사회 영역에서 우리 사회에 대해 비판적인 입장을 거침없이 표명하던 개인(個人) 조희연에서, 천만 서울시민을 위한 교육을 책임지고 이끌어야 하는 서울시 교육책임자라는 높은 책무성을 지닌 공인(公人) 조희연으로 바뀐 것입니다.

제가 과연 그런 운명의 무게를 감당할 만한 사람이 되는지, 천만 서울시민의 교육을 책임질 그릇이 되는지 매일 반성하고 성찰해야겠지만, 지금은 그와 같은 개인적 고민의 시간을 쪼개서라도 서울 학생과 교육을 위해 어떻게 하면 더 잘할 수 있는지를 생각하는 공적 고민에 먼저 몰두해야 함을 알고 있습니다.

돌아보면 서울시교육감이 된 후 나름대로는 참 많은 일을 했다고 생각합니다. 물론 아직 해야 할 일이 더 많이 남아 있습니다. '모두를 위한 혁신미래교육'이라는 모토 아래, 모든 학생에게 공평하게 돌아가야 할 수준 높은 교육을 생각하며 지금까지의 구시대적인 낡은 교육과 결별하고 미래지향적인 교육으로 나아가기 위한 다양한 혁신의 방법을 모색했습니다. 그 과정에서 때로는 칭찬을 받기도 했고 때로는 따끔한 질책을 받기도 했습니다. 그 모든 것이 진정으로 우리 교육과 '혁신미래교육'을 사랑하는 여러분의 보탬이라고 생각하며 이 자리를 빌려 감사의 말씀을 전합니다.

이 책에는 제가 서울시교육감으로서 책무를 수행한 자취들이 모여 있습니다.

1부는 지난 2년간 서울시교육청이 추구해온 교육개혁과 교육혁신의 철학, 그리고 구체적인 정책들을 밝히는 글들입니다.

저도 이번에 책을 준비하면서 그때를 되돌아보았습니다. 벌써 2년 가까운 시간이 흘렀다는 사실에 놀랍니다. 취임하던 순간이 불과 엊그제 같기도 한데 말입니다. 다른 한편으로는 제가 살아오면서 지난 2년만큼 저를 압축적으로 '사용'한 적이 있을까 싶을 정도로 많은 일을 했습니다. 수많은 사람을 만나며 하루를 일

년같이 보냈던 날들을 생각하니 2년 전에 지나지 않는 그때가 까마득히 먼 과거의 일처럼 느껴지기도 합니다.

1부는 크게 두 묶음으로 이루어져 있습니다. 하나는 '혁신미래교육'이라고 이름 붙인 새로운 교육개혁의 교육학적 혹은 교육철학적 내용을 밝히는 글들입니다. 취임사를 비롯하여 최근 2016학년도 신년 기자회견에 이르기까지 혁신미래교육의 큰 교육철학적 방향과 지향을 정리한 것들입니다.

다른 하나는 그러한 '혁신미래교육'을 구체화하는 다양한 정책 중 핵심적인 것을 소개했습니다. 임기 초반에 국민적 관심과 논쟁을 촉발한 자사고 정책부터 일반 고등학교를 살리기 위한 '일반고 전성시대' 정책, 혁신학교 정책, '교복 입은 시민'으로 명명한 학생자치 및 민주시민교육활성화 정책, 학교와 지역사회의 새로운 협력모델을 구현하고자 한 '혁신교육지구' 정책, 우리 아이들을 열린 세계시민으로 육성하기 위한 세계시민교육 정책, 문화예술 강화정책, 특성화고 활성화와 고졸 출신 인재를 우대하고자 하는 '고졸 성공시대' 정책, 비리사학의 정상화를 위한 대책 등 구체적인 정책과 현안을 다루고 있습니다.

특히 중요한 정책 및 현안과 관련해 기자회견을 하면서 그 의의와 취지를 밝힌 글들을 중심으로 구성했습니다. 그 글들에는 단순히 정책을 소개하고 알리는 것만이 아니라 그 배경과 교육철학적 의미를 잘 담고 있기에 서울시교육감으로서의 생각을 좀 더 친절하게 설명할 수 있을 것으로 생각합니다. 마지막에는 최근 새로운 도전으로 한국 사회에 부각된 '인공지능 시대'의 도래에 대응하는 교육개혁의 방향을 논하는 글을 새롭게 첨가했습니다.

2부는 제가 인터뷰어가 되어 유수의 석학들과 나눈 대화, 그리고 반대로 인터뷰이가 되어 언론과 나눈 대화들을 모았습니다. 인간 조희연의 삶에 대한 인터뷰도 있는 만큼 저를 이해하시는 데 더 많은 도움이 되지 않을까 합니다. 석학들과의 대화는 서울시교육감이 된 이후 과연 우리의 교육이 어디로 가야 하는지 깊게 탐문하는 과정이었습니다. 교육에 관한 한 저보다 더 큰 생각을 갖고 계신 많은 분들의 고견을 통해 저의 사고를 더욱 깊고 풍부하게 만드는 의미 있는 계기였습니다.

언론과의 인터뷰도 참 많이 했습니다. 서울에서 벌어지는 다양한 교육정책과 행정의 와중에서 뜨거운 교육 이슈의 중심에 선 저에 대한 궁금함이 많았을 것입니다. 민감한 주제에 집중된 인터뷰도 있었고요. 많은 인터뷰 중에서 비교적 서울교육 전반에 대한 제 생각을 소상하게 밝힐 수 있었던 인터뷰들을 모아보았습니다. 아울러 학부모님들과의 대화 두 편도 담았습니다.

3부는 주로 제가 교육청 안팎의 여러 자리에서 강의로 전달한 내용입니다. 간단하게 기고한 글도 있고 직접 강의를 한 것도 있습니다. 주어진 자리에 따라 교육과 민주주의를 중심으로 설명하기도 했고, 때로는 교육 불평등의 문제를 핵심 주제로 강의하기도 했으며, 다원성의 시대에 '열린 세계시민교육'을 어떻게 할 것인지에 대한 고민을 하나하나 풀어놓기도 했지만, 언제나 화두는 서울교육의 혁신과 미래일 수밖에 없었습니다.

앞으로 학부모, 학생, 교사, 시민과 더 많은 대화를 통해서 생각을 가다듬고 발전시켜나가야 하겠습니다만, 3부를 통해 지금 제 머릿속을 관통하는 교육에 대한 일관된 생각을 엿볼 수 있을 것으로 생각합니다.

이 책의 글들에는 제 생각이 오롯이 담겨 있기는 하지만 그냥 개인적으로만 쓴 것은 아닙니다. 1부의 글들은 서울시교육청의 공식적인 회견이나 간담회 등에서 언급된 글들이며 2부 인터뷰는 언론에서 제 말을 정리하여 기사로 만든 것입니다. 그러니 모두 사적 고심이 반영된 공적인 글이라고 보셔도 되겠습니다. 물론 인터뷰 기사의 경우, 언론사의 자산인 것은 두말할 것도 없지요. 지면으로나마, 이 책에 기사 전재를 허락해준 언론사에 감사의 말씀을 드립니다.

특히 1부에 나오는 글들은 서울시교육청의 소중한 자산이기도 합니다. 물론 공식적인 글들을 그대로 옮긴 것은 아니고, 당시에 담고자 했던 아이디어들을 중심으로 재구성했습니다. 우리가 추구하는 새로운 '혁신미래교육'의 전반적인 프레임과 그 교육철학적 내용, 구체적인 정책들을 제시하고 있습니다.

이미 많은 분께서 지난 2년 동안 언론을 통해서 또는 서울시교육청 홈페이지나 제 여러 SNS, 블로그 등을 통해서 접해본 내용일 수 있습니다. 단편적으로 접했던 글들을 한 번에 편하게 보시도록 다 묶었다고 생각하셔도 좋습니다. 마음

같아서는 2년 동안 서울교육의 혁신을 위한 노력, 그리고 변화, 이 모든 것을 고스란히 통째로 모든 분들께 전달해드리고 싶습니다. 그 과정에서 제가 가졌던 소회, 번민도 아울러 말이지요. 여전히 하고 싶은 정책도, 하고 싶은 이야기도 많고요. 이 책 한 권에 제 욕심을 다 담을 수 없으니, 앞으로 교육감으로서 더 많은 일을 해서 여러분에게 직접 보여드리는 것으로 대신해야겠다고 생각합니다.

출판사를 비롯하여 이 책을 낼 수 있게 도와주신 분들이 많습니다. 이 책은 제가 교육감직을 수행하는 과정에서 자연스럽게 도출된 내용이니만큼 어쩌면 이 책의 공동저자는 서울교육가족 모두인지도 모르겠습니다.

제가 인터뷰를 할 때나 서울시교육감으로서 무언가를 발표할 때마다 대변인실과 비서실, 정책실의 많은 분들로부터 도움을 받습니다. 특히 주요한 회견문의 기본 구상과 문장을 다듬고 만드는 과정에서는 황형준 선생을 비롯한 정책팀의 도움이 컸습니다. 특히 정책이 구성되는 과정에서는 정책팀과 정책국의 많은 분들과 함께 구성을 합니다만, 제 기자회견문의 많은 부분은 황형준이라고 하는 탁월한 문장가와의 공동작업에 의존하고 있다는 점을 밝혀두어야 하겠습니다. 여러 차례 인터뷰하는 과정에서는 이상수 대변인을 비롯한 대변인실의 도움이 컸다는 점을 말씀드리며 이 자리를 빌려 감사드립니다.

이 책을 내는 데 이번에도 역시 제 오랜 친구인 한울엠플러스(주) 김종수 사장의 도움을 크게 받았습니다. 김종수 사장을 비롯해 이 책이 나오기까지 수고해준 출판사 식구들에게 다시 한 번 감사의 말씀을 드립니다.

여기 실린 글들은 서울시교육청의 교육정책과 교육행정을 담당하는 많은 분들의 아이디어와 실천에 크게 빚지고 있습니다. 그동안 서울시교육청에서 일해온 많은 분들과의 협력 작업이 없었다면 이 책은 나올 수 없었을 것입니다. 그런 점에서 이 책에 실린 많은 내용과 구체적인 모습은 서울시교육청의 집단지성의 산물이라는 점도 아울러 밝힙니다. 저절로 고마운 마음이 들어 이 자리를 빌려 고개 숙여 감사의 인사를 올립니다.

일등주의
교육을
넘 어

1부

희망

교육의 새로운 길 '혁신미래교육'

일등주의
교 육 을
넘   어

혁신미래교육의 교육철학적 방향과 목표

서울시교육감으로 취임한 지 2년여가 지났습니다. 제가 서울교육가족과 함께 추구한 서울교육의 큰 방향은 '모두가 행복한 혁신미래교육'입니다. 말 그대로 교육에 관계된 주체들—특히 학생들과 교사들, 그리고 학교를 운영하는 교장·교감, 아이들의 행복한 교육을 기대하는 학부모들—의 행복한 교육을 지향하는 것이었습니다. 그리고 그렇게 모두가 행복한 교육을 위해서는 과거의 낡은 교육을 부단히 변화시켜가는 '미래지향적인 혁신교육'이 실현되어야 합니다. '모두가 행복한 혁신미래교육'의 의미는 그렇게 간명하게 정리해볼 수 있습니다.

이 혁신미래교육이 지향하는 전반적인 교육철학적·교육학적 방향은 몇 가지 중요한 기자회견을 통해서 표현되었습니다. 즉, 취임 기자회견과 취임 100일 기자회견, 2015년 신년 기자회견, 취임 1주년 기자회견, 2016년 신년 기자회견 등이 그것입니다. 이 장은 이러한 회견들 속에서 다짐되고 약속되었던 바를 중심으로 서술하고 있습니다.

세월호 사건을 계기로 한 '살림교육'으로서의 혁신미래교육

먼저 2014년 7월 1일 취임 기자회견문은 혁신미래교육의 의미를 '21세기 세계시민을 길러내는 희망의 교육'으로 표현하고 있습니다.

세월호 사건의 엄청난 충격과 고통을 겪으면서 국민들은 2014년 6·4 지방선거에서 교육 변화의 가능성을 주목했고 새로운 교육을 향한 혁신을 열망하게 되었습니다. 그리하여 전국 17개 시·도 가운데 4명에 불과했던 진보 교육감을 13명으로 늘려 당선시키는 '위대한' 투표를 했습니다. 취임 기자회견문에 있듯이 그것이 갖는 메시지를 저는 "세월호 참사를 계기로 물 위에 떠오른 대한민국의 총체적 난맥상을 혁신하라. 그리고 가장 근본적으로, 그 혁신을 교육에서부터 시작하라. …… 세월호 참사를 만들어낸 것이 과거의 낡은 교육, 절망의 교육이었다면, 이 시대의 요구에 답할 수 있는 교육이란 '희망의 교육', '살림의 교육'"이라고 해석했습니다.

추격산업화 시대의 낡은 추격교육 패러다임을 넘어

그렇다면 혁신미래교육이 극복해내야 하는 낡은 교육, 죽은 교육은 무엇일까. 그것은 1960년대 이후 한국 사회의 지배적 교육 패러다임인 '추격교육(따라잡기 교육)'이라 해야 할 것입니다. 저는 취임사에서 이렇게 표현했습니다. "1960~1980년대까지 한국이 발전도상국이던 시절에는, 이른바 '선진국'을 따라잡기 위해 무조건 더 많이 외우고 더 빨리 베껴야 했다. '따라잡기 교육'은 서구의 앞선 지식을 무조건 더 빨리 더 많이 학습하여 서구를 따라잡는 교육을 의미한다. …… 하지만 지금은 추격해야 할 대상도 모방해야 할 대상도 없다. 이제는 우리 스스로 아무도 가본 적이 없는 창의적 교육의 길을 개척해가야 한다. …… 아이들은 아직도 더 많이 외우고 더 빨리 베끼라는 교육을 받고 있다. 아이들은 아직도 성적과 등수로 평가받고 있다. 아이들은 아직도 국영수를 못하면 공부를 못하는 것이고, 공부를 못하면 장래에 희망이 없다는 식의 교육을 받고 있다. …… 아이들이 이런 공부를 못해서 희망이 없는 것이 아니라, 1960~1980년대식 교육이 아직도 21세기 아이들의 발목을 잡고 있기 때문에 희망이 없는 것이다".

혁신미래교육은 바로 이러한 낡은 추격교육을 넘어서 새로운 희망의 교육으로 나타나야 합니다. 이러한 희망의 교육은 "외우고 베끼라고 강요하는 대신 아이들이 자기가 하고 싶은 것이 무엇인지 깨닫도록 도와주는 교육, 성적과 등수로 평가하는 대신 과정을 중시하는 교육, 국영수도 중요하지만 그것 말고도 아이들이 창의력과 잠재력을 발휘하도록 모든 가능성을 열어놓는 교육, 아이들을 무한경쟁에 내모는 대신 함께 사는 삶의 가치를 일깨워주는 교육"이라고 할 수 있습니다. 나아가 "자존감과 협동심, 창의력과 진정한 실력을 갖춘 21세기의 세계시민"으로 아이들을 길러내는 교육, "누구를 따라잡는 게 아니라 아무도 가지 않은 길을 창의적으로 개척해갈 역량을 길러주는 교육"이어야 합니다.

혁신미래교육의 지향

그런 지향 위에서 취임사는 혁신미래교육을 학생·교사·학부모·시민이 함께 주체로 나서는 교육, 창의교육, 자율교육, 창의감성교육, '마을결합형 학교' 교육, 세계시민을 길러내는 교육으로 정식화하고 있습니다.

먼저 혁신미래교육은 학생·교사·학부모·시민이 함께 주체로 나서는 교육이어야 하는데, 특히 "학생들이 단순히 교육의 '대상'이 되거나, 교육의 방관자로 남지 말고, 모두가 교육의 주체로 참여하고 또 스스로의 주체성을 키우는 교육"이어야 합니다. 이런 점에서 저는 초기부터 '학생중심주의', '교사우선주의', '학부모참여주의'를 주요 슬로건으로 내걸었고, 취임사에서도 이를 강조했습니다.

    다음으로 혁신미래교육은 창의교육이어야 하는데, 기존의 국영수 중심의 암기교육에서는 아이들의 진정한 창의성을 발현하기보다는 오히려 이를 심각하게 왜곡하고 있습니다. 앞서 언급한 추격교육, 따라잡기 교육에서는 정답이 이미 정해져 있고, 더 많은 지식을 더 빨리 외워서 더 많은 답을 내는 것을 부추기고 있습니다. 아이들 속의 무한한 잠재력과 창의성을 살려주기는커녕 오히려 그것을 죽이는 교육이 이루어지는 것입니다. 이런 점에서 이후 서울시교육청의 주요 정책이 되는 '질문이 있는 교실'이 취임사를 비롯한 많은 기자회견문에서 반복적으로 강조되고 있습니다.

    또한 혁신미래교육은 자율교육이어야 합니다. 취임사는 자율교육의 의미를 "아이들을 어른의 입장에서 '분재(盆栽)형 인간'으로 만들려고 하는 기성세대의 관성적인 생각을 벗어나야 가능할 것이다. 분재란 나무의 가지와 몸통을 특정한 방향으로 자라게 해서 분재를 키우는 사람이 원하는 대로 만들어낸 나무를 일컫는다. 바로 이러한 '분재형 인간'을 만드는 기존 교육에 대한 성찰이 필요하다. 아이들은 다양한 잠재력과 다양한 DNA를 가지고 태어난다. 그것을 우리 기성세대들이 원하는 좁은 방식으로, 다양한 잠재력 가운데(예컨대 국영수 중심의) 특정한 것만 키워내고 무수한 가능성은 사장시켜버리고 있는지도 모른다. 우리 아이들이 성인이 되어 활동할 10~20년 후의 세계는 전혀 다른 세계일 것이며, 지금 존재하는 직업들 중에서도 상당 부분은 사라질 것이다"라고 말하고 있습니다. 그런 점에서 기성세대 중심의 분재형 인간을 만드는 교육을 넘어서, 학생들을 자기주도적이고 자율적인 지식탐구의 주체로 만드는 교육이 자율교육이라고 할 수 있습니다.

    다음으로 혁신미래교육은 창의감성교육입니다. 이는 창의문화예술교육이라고도 표현할 수 있습니다. 기존의 추격교육은 국영수 중심의 지식 역량의 성장을 과도하게 중시하는 교육이었습니다. 기성세대가 트랜지스터 라디오 혹은 전축을 사용하던 세대라고 한다면, 신세대는 '아이팟 세대'이고 '아이폰 세대'라고 할 수 있습니다. 이런 기술적 변화에 도움을 받으면서 신세대의 음악예술적 감수성은 훨씬 발전되어 있고, 사실 그것은 현대 사회가 요구하는 새로운 역량에 부응하는 것이기도 합니다. 서울교육정책 지표에서 나타나 있는 '지성, 감성, 인성이 어우러지는 교육'이 되기 위해서는 기존의 교육과 달리 창의감성교육이 강화되어야 합니다.

다음으로 혁신미래교육은 **마을결합형** 학교 위에서 이루어지는 교육이 되어야 합니다. "한 아이를 키우기 위해서는 온 마을이 필요하다"라고 하는 아프리카 속담처럼 새로운 교육은 학교가 '닫힌 학교'를 넘어서서 '열린 학교'로 바뀔 것을 요구하며, 이를 위해 학교와 마을이 학생들의 교육을 위해 최선의 분업과 협력을 해야 합니다. 이것이 시대적 요청입니다. 이런 점에서 취임사는 "학교와 마을의 경계를 허물어 '마을결합형 학교'를 열겠다"라고 말하고 있습니다. 구체적으로 "마을의 협동조합이나 지역공동체의 공간은 학생들이 방과후 혹은 학교 밖에서 정규교육 이외의 교육을 받는 공간으로 발전"할 수도 있습니다.

마지막으로 혁신미래교육은 **세계화 시대의 열린 시민을 길러내는 교육이** 되어야 합니다. 이를 서울교육정책지표에서는 세계시민교육이라고 표현하고 있습니다. 우리의 학생들이 사는 20~30년 후의 세계는 지구촌 사회가 더욱 높은 수준의 공동체로 통합된 상태가 될 것입니다. 이런 변화에 대응하여 우리 학생들을 열린 세계시민으로 키워내는 교육이 되어야 합니다. 앞으로 우리 아이들은 인종, 민족, 종교, 문화, 문명 등의 여러 측면에서 과거보다는 더욱 큰 차이를 갖는 이방인들을 대면하면서 살아가게 될 것입니다. 문제는 앞으로 그러한 이방인들을 적대와 대립의 눈으로 바라보는 인간이 탄생할 것인가 아니면 우정과 우의, 공감의 눈으로 바라보는 인간이 탄생할 것인가에 따라 우리 사회의 공동체적 전망이 달라진다는 것입니다. 세계시민교육은 "닫힌 민족주의가 아니라 오히려 국가와 민족에 대한 성찰 능력을 갖는 존재"로 우리 아이들을 성장시키는 교육이어야 합니다.

그런데 이러한 혁신미래교육이 어떠한 교육행정 위에서 전개되는가 하는 것은 또 다른 쟁점입니다. 이를 위해 저는 '소통하고 지원하는 어울림 교육행정'을 표방했습니다. 학교 위에 군림하는 것이 아니라 학교를 지원하고 교육이 일어나는 현장인 학교와 소통하면서 학교에 서비스하는 교육행정이 되어야 한다는 것을 의미합니다. 이는 교육행정에서 민주주의의 실현이라는 의미를 또한 담고 있습니다.

취임사에서도 밝혔듯이, "1987년 이후의 도도한 민주주의의 물결이 교육행정과 학교행정에도 확산되어야" 합니다. "민주적 거버넌스와 참여, 소통, 교육 수요자에 봉사하는 행정, 교육 수요자에 의해 평가받는 행정, 권한의 분산과 민주적 수렴이 조화되는 행정, 투명하고 청렴한 행정으로 변화되어야" 하며 "상명하복, 지시와 명령, 수직적인 위계, 권위적 관료주의를 청산하고 시민의 눈높이에서 학생, 교사, 학부모의 마음을 헤아리는 동반자적인 교육행정으로 거듭 태어나야" 합니다. 이를 위해 취임사는 "교육청을 여러분의 집 옆으로, 교육감실을 여러분의 옆방으로 옮기는 상상, 교장선생님과 아이들이 격의와 허물없이 도시락을 나눠 먹는 풍경, 교사와 학부모가 이웃 친구처럼 아이들의 교육을 함께 가꿔가는 장면이 꿈이 아닌 현실이 되도록 하겠다"라고 다짐하고 있습니다.

'No.1 교육'에서 '오직 한 사람(Only One) 교육'으로

저는 혁신미래교육을 세월호 이후의 교육을 실현하는 '4·16 교육'이라고 표현하고자 했습니다. 2014년 4월 16일 발생한 세월호 사건은 아이들을 죽음으로 이끄는 현 단계 한국 사회와 교육의 진면목을 그대로 보여주었습니다. 그래서 300여 명의 아이들을 잃는 슬픔 속에서 우리 국민은 기존 사회와 교육의 변화에 대한 열망을 갖게 되었고 그것이 2014년 6·4 지방선거에서 교육혁신을 표방하는 진보교육감의 대거 당선으로 이어졌습니다.

취임 1주년 기자회견문*에서는 세월호 이후의 교육변화에 대한 요구를

'4·16 교육'으로의 전환에 대한 요구로 해석하고 있습니다. 그렇다면 세월호 이후의 4·16 교육은 어떤 내용을 가져야 하는가. 이에 대해 저는 4·16 교육의 핵심을 '넘버원(No.1) 교육', 기존의 일등주의 교육에서 '온리원(Only One) 교육', 즉 '오직 한 사람 교육'으로의 변화로 정식화했습니다.

일등주의 교육이란 서양을 따라잡을 수 있는 일등 인재를 만들어내는 것을 지향하는 교육입니다. 지금까지는 앞선 서양의 지식, 기술, 문화, 제도 등을 빠르게 습득하는 것이 한국을 서양처럼 근대화하는 첩경이라고 판단하고 이에 부응하는 일등 인재를 키우는 것이 교육의 목표가 되었습니다. 그런 견지에서 1등이 아닌 2등, 3등, 4등을 비롯한 꼴등은 1등보다 열등한 존재이며 이들은 모두 1등이 되기 위해 진력해야 하는 존재가 됩니다. 사실 한국이 서양에 경제적으로 근접한 성공한 산업화 국가가 된 역사를 전제로 할 때, '넘버원 교육'이 글로벌 경쟁력을 갖는 소수의 인재들을 길러 서구를 경제적으로 따라잡는 '추격산업화' 시대의 성공적 바탕이 되었던 것은 사실입니다. 그러나 이 일등주의 교육은 현재 극단으로 치달아 이제는 우리 학생들의 삶과 사회공동체를 무너뜨리는 수준에 이르고 있습니다. 이런 점에서 우리의 교육은 '오직 한 사람 교육'으로 전환되어야 합니다. 1등만이 아니라, 1등이 아닌 모든 학생들이 1등이 갖지 못한 다양한 재능을 꽃피울 수 있는 교육이 진정한 의미의 선진국 교육이라고 할 수 있습니다. 이는 아프지만 세월호 사건을 겪으면서 아이들 한 명, 한 명이 얼마나 소중한지를 눈물겹게 깨달음으로써 가능하게 되었습니다. 1주년 취임사는 "1등이 되라고 강요하기보다는 자신이 가지고 있는 재능과 꿈, 끼를 마음껏 발휘해 사회에서 유능한 인재로 인정받는 '온리원 교육'이 필요한 때"라고 말하고 있습니다.

---

* 취임 1주년 기자회견문은 2015년 6월 30일 발표되었고 "새로운 '4·16 교육체제'를 실현하기 위한 다양한 노력을 지속하겠습니다: 일등주의(No.1) 교육에서 오직 한 사람(Only One) 교육으로"라는 제목을 갖고 있다.

주: 국가 운영의 기본 원리와 방향을 담은 '국정지표'와 마찬가지로, '서울교육지표'는 교육감 임기 4년 간의 대원칙 및 핵심 정책방향을 의미한다.
자료: 서울시교육청.

이러한 지향 위에서 저의 공약을 기초로 하면서, 취임 이후 교육청 안팎의 많은 분들의 의견을 종합하여 다음과 같은 서울교육정책의 지표를 만들었습니다. 지금 이 지표는 서울의 모든 학교에 게시되어 있습니다.

'혁신 1기'의 3대 기본 정책의 복원과 진전

주지하다시피 2010년부터 2012년까지는 곽노현 교육감(경기도에서는 김상곤 교육감)이 재직하고 있었습니다. 그리고 2013년부터 2014년 6월까지는 문용린 교육감이 재직했습니다. 곽노현 교육감이 재직했던 시기를 서울교육의 '혁신 1기'라고 한다면, 저는 혁신 1기의 교육혁신정책들을 복원하고 재정착시키는 시대적 과제와 또한 혁신 1기를 뛰어넘는 새로운 교육혁신정책 추진이라고 하는 시대적 과제를 부여받았다고 생각합니다. 물론 문용린 교육감 시기의 긍정적 정책들을 계승·발전시키는 것도 중요한 과제라고 할 수 있습니다.

혁신 1기의 핵심 교육정책 중에서 가장 중요한 것으로 세 가지로 들 수 있습니다. 첫째는 혁신학교, 둘째는 친환경 무상급식, 그리고 셋째는 학생인권조례입니다. 2014년 하반기와 2015년을 통해서 이상의 세 가지 핵심 교육혁신정책이 복원되고 안착하는 데 비교적 성공했다고 말할 수 있겠습니다. 물론 혁신학교를 안정적으로 확대·심화하고, 친환경 무상급식을 질적으로 제고하며, 식생활 교육 및 생명·생태교육을 발전시키는 것, 그리고 학생인권의 제도적 틀을 만드는 것을 넘어서서 그것이 실제로 현장에서 지속적으로 보호·존중되도록 하는 것 등의 과제는 끝나지 않았지만, 적어도 일정하게 제도적 토대를 구축했다는 점에서 '성공'이라고 할 수 있습니다.

먼저 혁신학교는 2014년에 68개에 머무르고 있었는데, 2015년 말에는 119개, 2016년 9월 현재 129개로, 혁신학교의 수가 원상회복되는 것을 넘어서 활발하게 늘어나고 있습니다. 혁신학교를 학교혁신의 선도적인 모델이라고 한다면, 학교혁신의 새로운 역동성이 살아나고 있다고 말할 수 있겠습니다.

둘째, 친환경 무상급식입니다. 우리 사회의 오랜 논쟁 끝에 초중학교에 무상급식의 큰 흐름이 잡혔고(여전히 일부 시·도에서는 지자체와 교육청의 갈등이 반복되고 있지만) 전국으로 확산되어가고 있습니다. 서울에서 친환경 무상급식의 현실적 쟁점은 친환경 식재료 비율을 높이는 문제, 이의 보조수단으로 서울시 친환경 유통센터를 개별 학교들이 많이 이용하도록 하는 문제 등이었습니다. 이와 관련해서 2014년 후반과 2015년을 거치면서, 서울시 의회 여야 의원들과 함께 합의안을 만들어서 친환경 식재료 비율을 다시 70%로 올리고, 수의계약의 범위를 2000만 원까지로 하면서 모든 공급업체로 확대했습니다. 이와 함께 서울시 친환경 유통센터를 이용하는 학교 수가 2014년 358개에서 지금은 700여 개(721개)로 증가되었습니다. 이는 2012년의 784개 수준을 회복해가고 있는 것입니다. 이 점에서도 친환경 무상급식이 다시 안착되는 방향으로 발전했다고 하겠습니다.

셋째, 학생인권의 확립입니다. 이와 관련해서는 학생인권조례에 대한 초기의 논란에도 불구하고 시간이 흐르면서 조례가 안착되어왔습니다(다른 시·도에서도 일정한 진전의 흐름이 있었습니다. 예를 들면 최근 2016년 5월 31일 '충북판' 학생인권조례라고 할 수 있는 "충북교육공동체선언"이 발표되었습니다). 취임 이후, 학생인권조례 관련해서 논란이 되었던 학생인권옹호관에 대한 대법원 제소를 철회하고 학생인권옹호관이 새로 임명되었습니다. 이의 연장선상에서 2016년에는 학생인권옹호관실의 역할에 대한 실효성을 강화하기까지 했습니다. 성평등정책관과 노동인권정책관을 임명하는 등 인권옹호관실의 근무자가 10명에 이르는 수준으로 확대되었습니다. 이 점에서 학생인권조례를 둘러싼 정책이 원상회복 및 재정착을 이루었다고 할 수 있습니다. 이제 필요한 것은 학생인권의 내용과 정신을 학교 현장에 더욱 깊게 뿌리내리게 하는 일이라고 할 수 있을 것입니다.

'혁신 2기', 새로운 교육혁신정책 확대를 넘어 '현장의 변화'로

2015년이 새로운 학교혁신정책의 기본 골격이 형성되고 본격적으로 가동되기 시작한 해였다고 한다면, 2016년은 이렇게 초석이 다져진 학교혁신정책이 현장에서 더욱 안착·심화되는 해라고 할 수 있습니다.

새로운 학교혁신정책은 다음과 같은 몇 가지 골격으로 이루어진다고 하겠습니다. 이는 2016년 신년 기자회견문을 기초로 하는데, 이때 네 가지 중점 정책방향이 천명되었고 현재도 이 방향에서 정책이 추진되고 있습니다.

모든 혁신의 출발점으로서의 '교원업무 및 학교업무 정상화'

혁신을 하고자 하더라도 모든 선생님들은 잡무에 억눌려 있으며, 수업과 생활지도에 전념할 여건이 되지 않는 경우가 많습니다. 서울시교육청은 2015년 12월에 학교업무정상화 정책을 발표했는데, 이는 '선생님들이 수업과 생활지도에 전념하도록 한다'는 것을 궁극적인 목표로 명확히 제시하고 있습니다. 이러한 목표를 달성하는 것은 물론 교육청의 힘만으로는 되지 않습니다. 2016년 신년 기자회견문은 서울시교육청이 지닌 국가교육과정 및 국가교육행정체계의 일부로서의 한계를 인정하면서(이에 대한 대안제시 노력도 병행하면서), 서울시교육청 내에서 이 목표를 현실화하기 위한 노력을 강력하게 추진하고자 한다고 천명하고 있습니다. 곽노현 전 교육감이 그의 『징검다리 교육감』이라는 책에서 언명한 것처럼, 교원업무 정상화는 '학교혁신의 마스터 키'이기 때문입니다.

이를 위해 서울시교육청 본청과 교육지원청이 학교의 지원기관이라고 하는 새로운 인식을 가지고, 학교와의 관계를 새롭게 바꾸어가고자 하고 있습니다. 서울시교육청은 2015년부터 '눈물겹도록' 혼신의 힘을 다해 여러 측면에서 교원업무와 학교업무를 축소하기 위한 노력을 계속해왔고, 2016년에도 이를 견결히 추진함으로써 학교에서 훨씬 체감될 수 있도록 하고 있습니다. 정책사업을 30% 이상 줄인 것을 비롯하여 '공문 없는 날' 제정, 학교에 전달되는 각종 공문의 사전 스크린, 의회로부터 요구되는 각종 자료의 사전 점검 등 다양한 노력을 행해왔습니다. 교장, 교감, 교사 등 학교 구성원들의 최대의 요구사항인 학교평가를 '학교 자체평가'로 바꾼 것도 이런 목적에서 였습니다.

그리고 '업무 다이어트'라는 이름으로 서울시교육청의 새로운 자체 업무 축소 노력도 있었습니다. 본청과 교육지원청이 모두 이를 전면적으로 실행하면서 하나의 '업무 다이어트 프로세스'를 만들었습니다. 2016년에는 모든 학교에서 자체적으로 이 프로세스를 가동하여 가능한 범위 내에서 자체적인 축소 노력을 하겠다는 것도 신년 기자회견문에서 천명되었습니다.

과거 권위주의 모델을 뛰어넘는 학교 민주주의 모델의 현실화

서울시교육청이 지향하는 것은 과거 수십 년 동안 학교에 정착해온 낡은 학교 권위주의 모델을 뛰어넘어 학교 민주주의 모델이 모든 학교에서 안착될 수 있도록 하는 것입니다. 물론 이미 많은 학교에서 그런 노력이 이루어지고 있는바, 서울시교육청은 모든 학교가 '혁신과 자율의 공동체'가 될 수 있도록 현재도 다양한 지원과 노력을 하고 있습니다.

이러한 노력의 일환으로, 먼저 학교 자율성을 확대하도록 본청 및 교육지원청에서 스스로의 권한과 권력을 내려놓고 지원기관으로 거듭나기 위한 노력을 지속하고 있습니다. 궁극적으로 수업, 생활지도, 평가, 학교 운영 등에서 학교는 현재보다 더욱 높은 수준의 자율성을 향유할 수 있어야 합니다. 국가교육과정에 의한 제약이 있지만, 선생님들의 평가권을 확대하는 노력도 지속해야 합니다. 또한 학교 교장선생님이 갖는 예산 편성의 자율권도 확대해야 하며 지금도 그런 노력을 지속하고 있습니다. 중앙정부나 교육부가 교육청의 예산 편성권을 더욱 확대해가야 하듯이(오히려 교육부는 누리과정과 관련하여 '의무지출 경비' 등의 방식으로 제약을 강화하려고 하지만), 교육청도 학교

교장선생님들의 예산 편성권을 더욱 확대하려는 노력을 하는 것이 큰 방향에서 이 시대 교육개혁의 중요한 부분이라고 할 수 있습니다.

둘째, 학교 내의 구성원들의 자율성을 확대하고 그 기초 위에서 새로운 학교 협치 모델이 안착되도록 노력하는 것입니다. 우리가 지향하는 새로운 학교는 학교 구성원들이 더욱 많은 자율성을 향유하는 주체적인 구성원들이 되고, 그 바탕 위에서 과거와는 다른 민주적-소통적 협치 모델을 만드는 것입니다. 이것이 산업화와 민주화 이후 시대에 달라진 국민들의 잠재적 역동성을 끌어내고 그 역동성을 온전히 학교 발전의 종합적 에너지로 만드는 계기라고 생각할 수 있습니다.

이런 점에서 서울시교육청은 학교 구성원들의 자율성을 확대하기 위한 다음과 같은 정책들을 추진해왔으며, 현재도 이를 지속적으로 추진함과 동시에 이에 기초하여 학교 자체에서 새로운 협치-협력 모델이 안착되도록 노력하고 있습니다.

첫째, 학생자치를 확대하고 학생들이 민주시민으로 성장하도록 하는 민주시민교육의 확대입니다. 이를 위해 작지만 학생회별로 50만 원, 전체 6.5억 원의 학생회 자율예산을 2016년에 제공하고 확대해나가고 있습니다. 학생들 모두가 졸업 전에 '교복 입은 시민'으로서의 식견과 미덕을 갖추도록 노력하는 것을 견결히 추진하고 있습니다.

둘째, '토론이 있는 교직원 회의'를 통해서 학교 의사결정 과정에 교사들이 능동적으로 참여하도록 하는 정책을 확대하고 있습니다.

셋째, 학부모회 조례 제정(2015년 10월 8일 공포, 2016년 1월 1일 시행)을 계기로 하여, 학부모들의 학교 참여 기회를 더욱 폭넓게 제도화하고 재정적 지원을 하고 있습니다. 학부모 학교 참여 공모사업을 통해 초중고 및 특수 학교 200개교 학부모회에 예산(교당 200만 원)을 지원하여 학부모회 모범사례를 발굴하고, 우수사례 모델화를 통해 전체 학교로 확산하는 방향으로 노력하고 있습니다. 학부모회가 공식화됨에 따라, 학부모회 회장 및 임원에 대한 직무 연수, 학부모회 운영을 위한 지원 컨설팅 등이 이루어지고 있으며 학부모회 구성원들로부터 학부모회 예산 배정, 학부모회실 공간 등에 대한 요구가 제기되고 있습니다.

이미 일부 모범적인 학교에서는 비제도화된 형태로 학부모회가 존재해 왔습니다. 그러나 조례에 의해 공식화된 서울학부모회는 이전과는 다른 위상과 성격을 갖습니다. 학부모를 대표하는 일종의 '대표자적 참여', 혹은 의회적 참여의 성격을 갖는 것입니다. 기존에 학부모들은 내 자식의 성적이나 교사로부터의 더 많은 관심을 위한 '자식 편의를 위한 참여'에 국한하거나, 자녀가 학생회장 등의 직책에 있을 경우 학교 측의 요청에 의해 자원을 제공하고('자녀가 학생회 임원이면 부모도 임원이다'라는 말이 있을 정도로) 노력 봉사를 하고는 했습니다. 이전에 기성회나 육성회가 있을 때에는 기성회비나 육성회비를 통해서 학교 재정을 보충하는 역할도 맡은 바가 있습니다. 그러나 이제는 전혀 다른 의미를 갖습니다. 예컨대 서울시교육청의 경우 학교에서 '교장 공모제'를 선택할 것인가 하는 의사결정에서 학부모들의 의견을 수렴하도록 하고 있는바, 이 경우 학부모회라는 대표 조직이 의견 수렴의 중심적 역할을 하게 됩니다. 기존 '학부모의 의견 수렴'이 이제는 '학부모회를 통한 의견 수렴'을 하지 않으면 안 되는 방향으로 크게 변화했다고 할 수 있습니다. 이는 학교 민주주의의 새로운 차원을 의미합니다.

물론 부작용도 있을 수 있습니다. 학부모의 과도한 개입, 왜곡된 개입으로 학교장의 학교 운영이나 교사들의 교육과정에 불편이 초래될 수도 있습니다. 그래서 서울시교육청은 학부모회 임원 연수에서 특별히 참여의 열정 외에도 '내 아이의 관점이 아니라 우리 아이의 관점에 서는 공공적 시각', 학교장이나 교사의 애로를 적극 이해하며 공감하고자 하는 '협력적 마인드'와 존중의 자세를 가져줄 것을 요구한 바 있고 그렇게 하고 있습니다.

넷째, 이처럼 학교 구성원들이 능동적 참여주체가 되는 것과 함께, 교장의 새로운 민주적-소통적 리더십이 필요합니다. 이것은 비단 학교장에게만

학교민주주의 개념도

학교권위주의 ➡ 학교민주주의

교장

토론이
있는
교실

교사

학교

학부모

학부모회
조례

학생

교복 입은 시민

자료: 서울시교육청.

국한되는 것이 아닙니다. 우리 사회가 전체적으로 과거의 권위주의 체제에
서 민주화하면서 지도자나 기관의 책임자들은 과거와 달리 수평적인 리더
십, 소통과 경청의 리더십을 요구받고 있습니다. 많은 경우 권위주의적 리더
십이 역으로 갈등을 확대하는 경향도 존재합니다. 과거와 달리 구성원들이
더욱 주체화되고 자신의 의견을 표출하고 관철하고자 하는 데 적극적이기
때문에, 이를 적절한 참여의 열정으로 수렴하고 그 참여의 열정을 끌어안는
민주적 리더십, 소통적 리더십이 중요해집니다. 참여는 언제나 참여하는 존
재의 능동성을 발현하게 되고, 그것은 그 공동체의 역동성을 제고합니다. 기
업에 '황제경영'이 있었다고 한다면, 일부이지만 학교에도 '황제경영'이 있는
곳이 있었습니다. 변화된 구성원들의 능동적 참여를 새로운 역동적 학교모
델로 완성해내기 위해서는 교장선생님들의 새로운 민주적-소통적 리더십이
필요합니다. 많은 학교에서 이미 그런 노력이 성공을 거두고 있지만, 모든

학교에서 이것이 이루어질 수 있도록 협력과 지도, 연수를 확대하는 것도 서울시교육청의 중요한 정책방향입니다. 이런 노력을 통해서 바로 새로운 학교가 탄생하는 것입니다.

교육과정의 다양화와 창의적 교육과정의 촉진

그런데 이러한 노력은 구성원들 간의 '관계'의 혁신을 수반하게 되는데, 궁극적으로 이러한 새로운 관계 위에서 새로운 '내용'의 창의교육이 이루어져야 하고 학생들이 하나의 잣대에 기초한 일등 인재로 성장하도록 강요되기보다는 자신들이 지닌 다양한 잠재력과 능력, 소양을 다양하게 꽃피울 수 있도록 해야 할 것입니다(이것을 저는 '넘버원 교육'에서 '온리원 교육', 즉 '오직 한 사람 교육'으로의 전환이라고 표현했습니다).

이를 위해서, 취임 이후 만들어진 기본 방향 위에서 제도적 노력들을 지속하고 그것이 안착되도록 노력하고 있습니다. 이를 두 가지 방향에서 생각해볼 수 있습니다.

첫째, 교육과정의 다양화를 위한 노력은 다음의 몇 가지로 표현되고 있습니다.

① 교육내용의 혁신이라는 점에서 선도적인 실험이 바로 서울시교육청에서 시행하고 있는 오디세이학교(고교 1년 과정의 학생들이 자신들의 꿈과 끼를 발견하고 그것을 구현하는 인생의 방향에 대해 고민하게 하는 일종의 고교 자유학년제로서의 '인생학교')입니다. 이는 정규 교육과정에서의 '트랙 다양화'의 노력이라고 할 수 있습니다. 2015년 40명으로 출발한 오디세이학교는 2016년부터는 90명으로 확대되어 시행되고 있습니다. 단지 숫자를 확대하는 것을 넘어서, 여기서 이루어지는 새로운 교육실험을 고등학교 교육 전반에 일반화하기 위한 고민도 병행하고 있습니다. 예컨대 오디세이적 교육과정을 일선 학교에 있는 대안교실의 교육과정 혁신 모델로도 확대할 수 있을 것입니다. 교육이 대학입시를 위한 '도구'가 되어버린 현실을 넘어서, '삶을 가꾸

는 교육'이 될 수 있도록 하는 노력의 일환이라고 하겠습니다. 현재처럼 일 등주의 교육체제하에서 일부의 일등 그룹에게만 유의미한 수업이 강제되고 그것에 의미를 느끼지 않는 학생들은 엎드려 자는 상태를 넘어서기 위해, 삶을 풍부하게 하기 위한 교육실험으로서의 오디세이학교를 더욱 지원하고 있습니다.

② '일반고 전성시대'는 한 마디로 일반고 내에 '멀티(multi) 교육과정'이 가능하게 지원하는 것입니다. 학생맞춤형 선택 교육과정의 다양화로 진로진학교육을 강화하는 것도 핵심에 있습니다. 이는 일반고 내의 모든 학생들을 포기하지 않고 보듬겠다는 의지의 표현이기도 합니다.

③ 중앙정부와 교육부에서 강력하게 추진하고 있는 자유학기제를 서울시교육청에서는 '서울형 자유학기제'라는 이름으로 두 학기로 확장하여 실시하고 있습니다. 자유학기제는 주지하다시피 중간·기말고사를 보지 않는 대신 토론·실습 수업이나 진로 체험활동 등과 같은 다양한 삶 중심적 교육활동을 하는 것을 말합니다. 평가도 지필시험을 치르지 않고 수행평가 중심으로 이루어지고 있습니다. 자율과정은 진로탐색 활동, 동아리 활동, 예술-체육 활동, 선택 프로그램 활동 등으로 구성됩니다. 자유학기제는 기존 입시 위주의 암기식 교육을 뛰어넘어 다양한 창의적인 교육, 체험적 교육, 학생들의 삶을 풍부하게 하기 위한 새로운 교육을 위한 시도입니다. 서울형 자유학기제에서는 2학년에서는 자유학년제와 학교혁신을 결합한 '혁신자유학년제'를, 3학년에서는 '맞춤형 자유학년제'를 시행하고 있으며 이를 보다 풍부하게 할 계획입니다.

둘째, 창의적 교육과정의 촉진입니다.

① '질문이 있는 교실' 정책은 기존의 다양한 창의적인 수업혁신 노력과 결합되면서 교실에서의 변화를 끌어내고 있습니다. 질문이 있는 교실은 우리 시대에 요구되는 창의적 교육에의 요구를 집중적으로 추진하고자 하는 것으로, 인공지능 시대에 대한 관심이 촉발되면서 더욱 강조되고 있습니다.

서울시교육청은 이를 위한 지속적인 노력을 경주하고 있습니다.

② 서울교육지표에서는 '지성-감성-인성이 어우러지는 창의교육'이 천명되고 있는데, 이를 위해 서울시교육청은 2015년 '문화예술교육 활성화' 정책을 발표했고 그에 기초하여 문화예술교육의 확대·강화에 노력하고 있습니다. 미래 사회의 창의적 인재는 단지 국영수 중심의 암기 지식에 능통한 인재가 아니라 문화예술적 감수성을 내재적으로 갖는 인재라고 할 때, 서울시교육청은 이러한 '미래형 인재'를 길러낸다는 취지로 노력하고 있습니다.

사실 하나의 교육정책과 그것이 현장에서 정착하여 잘 작동하는 것은 다른 차원의 이야기입니다. 모든 경우에 정책과 현장 간의 괴리는 불가피하지만, 교육 영역에서는 특히 이것이 큽니다. 그런 점에서 저는 2016년 초 신년 기자회견에서 2016년을 '교육혁신정책의 현장 안착의 해'로 천명했고 이를 위해 각별한 노력을 기울이고 있습니다.

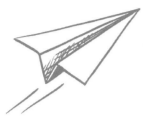

혁신미래교육을 구현하는 주요 정책들

　이 장은 지난 2년간 서울에서 추진된 많은 혁신적 교육정책들의 흐름에 대한 기록입니다. 제가 갖고 있는 몇 가지 핵심적 교육지표인 수평적 다양성에 입각한 평등한 고교체제, 과거의 틀에 갇힌 학교를 미래지향적인 살아 있는 학교로 혁신하는 것, 학교를 넘어선 더 큰 학교를 만들겠다는 것, 우리 아이들을 건강하고 주체적인 열린 세계시민으로 키우고자 하는 것, 몇몇 교과의 지식 중심 교육이 아니라 문화·예술교육을 통한 전인격적 인재로 키우는 것, 교육의 공공성 강화 차원에서 유치원을 공교육체제에 확고히 편입하려는 노력과 사학의 공공적 역할을 강화하는 것 등에 입각한 주요한 몇 가지 정책들의 배경과 방향, 구체적인 추진 과정 등을 정리했습니다. 이것들은 일반고 전성시대, 혁신학교와 학교혁신, 혁신교육지구, '교복 입은 시민' 프로젝트, 세계시민교육, 1인 1기 문화예술교육, 유아교육 공공성 강화, 고졸 성공시대, 비리사학 정상화 등의 정책으로 표현됩니다. 이 외에도 크고 작은 정책들이 많지만, 서울교육의 큰 흐름을 보여주는 대표 정책들을 보면서 우리 서울교육이 어디로 가고 있는지 가늠해볼 수 있을 것입니다.

혁신미래교육이라는 방향을 가지고 서울교육청은 다양한 교육정책들과 프로그램을 추진하고 있습니다.

다음은 서울시교육청의 대표적인 정책을 모은 것입니다.

서울시교육청의 주요 정책

주: 교육생활문화사박물관은 아직 구상 중인 정책이다.
자료: 서울시교육청.

여기서는 몇 가지 정책들을 중심으로, 혁신미래교육이 어떻게 촉진되어 왔는가를 드러내고자 합니다.

미래지향적인 '제2의 고교평준화': '자사고' 정책과 '일반고 전성시대'

조희연 하면 떠오르는 것이 아마도 자사고(자율형사립고등학교) 관련한 네거티브한 일련의 조치와 일반고 전성시대 정책이 아닐까 싶습니다. 최소한 고교 교육에 연관된 많은 사람들에게 그렇게 각인되어 있을 것으로 짐작됩니다.

이 두 가지 정책은 동전의 양면입니다. 현재의 수직서열화된 고교체제를 '수평적 다양성'을 특징으로 하는 고교체제로 전환하기 위해서는 먼저 일반고를 고교 단계의 공교육 중심에 확고하게 세우는 것이 중요합니다. 그다음으로는 그것을 위한 상보적 정책의 일환으로 현재 국가의 자사고 정책이 폐지되거나 축소·개편될 필요가 있습니다.

지금까지 외고-자사고-일반고로 이어지는 고등학교의 서열화, 입시 명문이 되기 위한 무한 경쟁이 고교 교육을 크게 왜곡시켜왔습니다. 이명박 정부의 자사고를 포함한 '고교 다양화' 정책은 진정한 고교 다양화가 아니고 왜곡된 '수직적 다양화' 정책이었습니다. 현재의 고교서열화 체제를 근본적으로 변화시키는 못하지만, 최소한 일반고와 자사고가 '선발경쟁'이 아니라 '교육경쟁'을 하는 상태를 만들기 위한 노력이 경주되어야 합니다. 자사고 역시 우수한 학생의 '선발효과'에 기대는 것이 아니라, 최소한 일반고와 동일한 학생들을 받아서 특성화된 학교 목표에 따라 좋은 학생으로 성장시키기 위한 진정한 '교육경쟁'을 하는 것이 바람직합니다.

서울시교육청은 미래지향적인 '제2의 고교평준화'를 구현한다는 목표하에, 한편에서는 법에 정해진 대로 엄격한 자사고 평가를 통해 자사고의 취지에 부합하지 않는 자사고를 취소하고 다른 한편에서는 일반고의 교육역량을 강화하기 위한 대대적인 지원을 하고자 했습니다.

돌이켜 보면, 1974년 박정희 대통령이 고교평준화를 시행한 지 40여 년이 흘렀습니다. 평준화는 획일화와 더딘 발전, 두 가지 문제를 낳았습니다. 그런데 고교 간 서열화가 이 문제들을 해결하기 위한 대안일 수 없음에도 우리의 고교체제는 서열화의 방향으로 달려왔습니다. 그런 의미에서 저는 과거와 같은 경직된 고교평준화를 넘어서서 다양성을 존중하는 고교평준화가 필요하다고 봅니다.

'자사고 정책'의 전개와 그 의미

저는 7월 1일 취임하자마자 자사고 정책을 전면적으로 전환하고자 했습니다. 자사고 폐지* 혹은 축소·개혁이 저의 핵심공약이었기 때문에 자사고 정책에 몰두했습니다. 그런데 2010년과 2011년에 지정된 자사고(자율형 사립고)는 총 49개에 이릅니다. 그중 25개가 서울에 집중되어 있었는데, 2010년에 지정된 14개의 자사고가 2014년에 5년마다 받게 되어 있는 평가를 받고 있었고 2011년에 지정된 11개의 자사고가 2015년에 평가를 받게 되어 있었습니다.

저는 2014년 7월 1일 취임했는데, 이미 취임 전에 자사고 평가의 서류심사 및 실사가 완료되어 있었고 교육감의 결재만 남겨놓고 있는 상태였습니다. 취임한 이후 교육정책국을 중심으로 자사고 TF가 만들어져서 기존에 진행된 평가와 새로운 평가의 기준 등에 대해 논의하기 시작했습니다.

먼저 기존의 자사고 평가가 14개 전체 자사고가 통과되는 식으로 봐주기식 평가에 그쳤으며 국민들이 바라는 강력한 평가와는 거리가 멀었습니다. 그런 점에서 TF에서는 공교육에 대한 자사고의 영향 등을 중심으로 하는 새로운 지표를 개발하고 그에 의해 '봐주기식' 1차 평가를 새롭게 정밀히 재평가했습니다. 그런데 이러한 정밀한 평가를 위해서는 시간이 필요했기 때문에, 즉 평가의 객관성을 유지하고 평가의 결과에 따라 자사고가 대비할 시간이 필요하다는 점을 고려해 서울시교육청에서는 평가의 적용시점을 2015년에서 2016년으로 연기하기로 했고, 나아가 공교육 영향 등을 담은 2차 평가지표를 일부 포함하면서 1차 평가의 핵심 지표까지 포함하는 종합지표를 만들어 평가(일종의 종합평가)하기로 했습니다. 7월 25일 저는 기자회견을 통해

---

* '자사고 폐지'라는 표현은 엄격히 보면 성립하지 않는다. 폐지해야 한다면 그 대상은 자사고 정책 또는 자사고 제도인 것이고 교육청에서 할 수 있는 것은 단지 평가를 통한 지정 취소(일반고로 되돌리는 것)일 뿐이다. 학교가 없어지는 것은 아니다. '자사고 폐지'라는 표현을 사용함으로써 마치 학교를 없애는 것과 같은 '과격한' 의미로 받아들여지게 된 측면도 있다.

이를 발표했습니다. 그 결과 최종적으로 '자율학교 등 지정·운영위원회'의 의결을 거쳐서, 2014년 10월 31일 자사고 6개교를 지정 취소하고 2개교를 지정 취소하는 대신에 '2년 유예' 하는 결정을 내리게 되었습니다.

평가 결과는 다음의 표와 같습니다.

> • 지정 취소 학교(6개교): 경희고, 배재고, 세화고, 우신고, 이대부고, 중앙고
> • 지정 취소 유예 학교(2개교): 숭문고, 신일고

특히 신일고와 숭문고는 선발제도를 포함하여 평가에서의 지적사항을 확실하게 개선하겠다는 의지를 표명했고 그것이 최종 결정에도 영향을 미쳤다고 할 수 있습니다.

그런데 교육청이 지정 취소한 6개 자사고에 대해 11월 18일 교육부에서 지정 취소를 다시 직권으로 취소했습니다. 이에 교육청에서는 이것이 교육부의 권한을 넘어서는 부당한 조치라고 판단해 대법원에 소를 제기하여 현재도 계류되어 있는 상태입니다.*

저는 평가과정에서 지속적으로 '선발효과'에 기대지 않는 새로운 '정상적 자사고 모델'을 만들고자 하는 목표를 가지고 있었습니다. 이것은 자사고 입시과정에서 완전추첨제 형태로 실현될 수 있는데, 신일고와 숭문고는 이를 수용해주었습니다.

당초 많은 사람들이 저에게 요구했던 자사고에 대한 제도적 폐지는 실제적으로 교육감의 권한을 넘어서는 것으로서, 자사고 운영평가를 통해 현저히 문제가 있는 자사고의 일부를 지정 취소하는 정도가 교육감의 권한이었

---

* 본래 당시 초중등교육법 시행령에는 교육감이 법에 정해진 기준에 따라 문제가 없는 자사고를 지정 취소할 때 교육부장관과 '협의'해야 한다고 규정되어 있었다. 이 '협의'의 의미가 교육부의 동의 권한이냐 아니냐를 놓고 해석 차이가 있었고, 그때는 협의의 절차적 의무로 해석되었기에 서울시교육청으로서는 교육부의 직권취소 행위가 부당하다고 본 것이다. 교육부는 이 일을 계기로 그후 '협의'를 '동의'로 바꾸어 시행령을 개정했다.

습니다. 그래서 자사고 평가 과정에서, 자사고가 우수한 학생을 선발과정에서 독점하는 입시방안을 포기하고 완전추첨제에 의해 선발하는 방향으로 스스로 자기개혁을 해주기를 기대했고 감독기관으로서 요청했습니다. 그러나 다른 자사고는 이를 거부하고 2개 자사고만 이를 수용했습니다.

10월 31일 자사고 평가결과를 발표하면서 공개된 회견문은 다음과 같이 쓰고 있습니다.

저희는 일반고와 동일한 선발방식인 완전추첨제는 자사고가 정상화되는 데 있어 중요한 조건이라고 판단했습니다. 입시와 관련한 자사고의 우월적 지위를 구성하는 핵심 요소는 △ 학생 선발권과 △ 교육과정 자율권입니다. 이들 학교는 학생 선발권과 교육과정 자율권이라고 하는 두 가지를 '정상화'하겠다는 의지를 보여주었기에, 일반고 전환에 준하는 정도의 혁신 가능성을 믿었습니다. 특히 이들 학교들이 면접 없이 선발하겠다는 것은 이후 자사고들이 선발권 개선을 통해 정상화되는 데 출발점이 될 것이라 생각합니다. 자사고 전반의 선발권 개선을 추진해 나가겠습니다. 추첨제로 선발하겠다는 것은 상당한 '특권'을 내려놓는 것이라 봅니다. 이 점에서 자사고 정상화에 뜻을 같이 해주신 신일고와 숭문고에 감사하게 생각합니다. 해결의 기미가 잘 보이지 않을 만큼 교육청과 첨예한 의견 차이가 존재했지만 끝까지 접점을 찾기 위한 소중한 노력을 해주셨습니다. 한 교장선생님께서는 언론에서도 밝힌 것처럼 "자사고가 우수 학생들을 독점하지 않고 일반고와 자사고가 공존할 수 있도록 배려"하겠다고 했습니다. 또 "성적과 무관하게 건학이념에 맞는 학생들을 받아 좋은 학생으로 키우겠다"고 밝혔습니다. 이것이 본래의 자사고입니다. 두 학교의 자발적이고 적극적인 개선 의지에 거듭 감사의 뜻을 전합니다. 이들 자사고는 '일반고화된 자사고'라고 부를 수 있을 것입니다.

사실 '자사고 제도'를 포함한 서열화된 고교체제의 개선에 정부, 국회가 본격적으로 나서야 해결책을 마련할 수 있음에도 불구하고, 서울시교육청이 어렵게 자사고 정책을 밀고 가는 동안에 국회에서는 자사고 학부모들의 반발을 우려해서인지 아무런 노력도 행하지 않았습니다. 제도 개선 내지 해소의 권한을 갖고 있는 정부와 국회가 책임 있는 자세로 나서야 함에도 불구하고 직무유기를 했다고 저는 생각하고 있습니다.

2015년 평가를 마치면서 저는 다음과 같이 회견문에 썼습니다. 그 내용은 당시의 인식과 심정을 잘 말해주고 있습니다.

자율형사립고, 즉 '자사고' 문제는 저에게는 참으로 큰 도전과제이자 취임 직후 교육행정가로서 치러야 하는 혹독한 신고식이기도 했습니다. 자사고를 본래의 취지에 맞게 건전하게 운영하는 것을 기본으로 하되, 그것이 어려울 경우 건강한 일반고로 전환하여 서울 공교육 발전에 기여할 수 있도록 하겠다는 것이 저의 방침이었습니다. 자사고가 애초의 정책 취지와 달리 비록 결과적으로 고교의 균등한 발전을 저해하는 수직적 서열화의 첨병이 되었지만, 자사고가 갖고 있는 '다양성' 가치는 모든 학교에서 구현되어야 하는 새로운 시대의 교육 원리이기도 합니다. 다만, 그 다양성이 교육 평등성을 저해하는 수준으로 나아가서는 안 될 뿐입니다.

취임하자마자 직면한 자사고 평가는 저의 의도와 별개로 법률적으로 정해진 절차로서 저로서는 최대한 공정한 교육적 잣대로 접근하려고 노력했습니다. 그러나 자사고에 대한 엄정한 평가에 대한 대중적 이해가 충분치 않은 상태에서 저의 철저한 행정 행위는 이른바 진보교육감의 공약에 따라 자사고를 없애려 한다는 것으로 매도되거나 정치적으로 오해받기도 했습니다. 세 가지는 지금도 확실히 다시 말씀드리고 싶습니다. 하나는, 자사고 평가는 저의 공약과 무관하게 법적으로 해야만 하는 당연한 절차였다는 점입니다. 자사고는 일반 학교와 달리 5년마다 평가와 재지정의 과정을 거쳐야 하는 학교입니다. 특목고도 그렇습니다. 제가 취임했을 당시가 바로 자사고가 지정된 이후 최초로 5년이 되어 평가를 받아야 하는 그때였습니다. 두 번째로는, 자사고는 법에 규정된 고교 유형입니다. 법을 개정하기 전까지는 자사고라고 하는 제도 자체를 없앨 수가 없습니다. 교육감은 그저 평가와 재지정 권한을 갖고 있을 뿐입니다. 평가와 재지정도 임의적으로 할 수 없습니다. 교육부가 정한 기준 내에서 엄격하게 해야만 합니다. 자사고가 맘에 안 든다고 함부로 평가를 안 좋게 하거나 재지정 취소를 할 수는 없습니다. 마지막으로, 저는 자사고가 공교육에 대한 기여 가능성이 있다고 생각합니다. 비록 지금은 고교서열화의 상위 그룹으로서 부정적 영향도 큰 편입니다만, 자사고가 본래적 취지에 따라서 수평적 다양성에 기여하는 방식으로 학교 운영을 한다면, 여타 모든 고등학교에 대한 긍정적이고 선도적인 역할을 할 수도 있다고 생각합니다.

다음으로 2015년에 5년마다의 운영평가를 받게 되어 있는 자사고는 11개였습니다. 2014년 평가에서 평가지표를 교육청이 수정했다고 하는 자사고와 일부 언론의 비판을 고려하여, 2015년의 자사고 평가에서는 평가의 절차적 공정성에 대한 논란을 완전히 불식하기 위해 교육부의 평가지표를 기본으로 하고, 교육부의 평가지표에서도 허용하는 교육청의 자율지표에 '자사고의 공교육 영향' 등의 지표를 일부 추가하는 방식으로 평가를 진행했습니다.

그리하여 2015년 7월 20일, 2015년 자율형 사립 고등학교 운영성과 평가 최종결과를 발표했는데, 지정 취소 대상 학교 4개교에 대해 청문 절차와 '자율학교 등 지정·운영위원회'의 논의를 거쳐 미림여고 1개교는 '지정 취소', 경문고, 세화여고, 장훈고 3개교는 '2년 후 재평가'로 최종 확정했습니다.

2015년 자사고 평가를 마치면서 저는 교육부에 대해서 교육부 역시 자사고의 문제점에 귀를 막지 말고 다음과 같은 방향에서 개혁을 위한 조치에 나서 줄 것을 촉구했습니다.

첫째, 고교체제 전반의 정상화를 위한 방안 마련을 위해 교육부가 적극
적으로 나서줄 것을 촉구합니다. 둘째, 위와 같은 노력을 함께하기 위해 교
육부와 우리 교육청의 공동협의 기구를 구성·운영할 것을 제안합니다. 셋
째, 자사고가 선발효과에 의존하지 않고 헌법적 가치인 평등교육의 기초 위
에서 당초 지정 목적인 건학이념 구현과 교육 다양성 실현에 기여할 수 있
도록, '선 지원, 후 추첨' 등 학생 선발방법의 개선을 추진해줄 것을 또한 요
구합니다. 넷째, 일반고와의 상생이라는 측면에서 자사고로의 상시 전입학
을 제한하는 방향으로 시행령 등 법규를 개정할 것을 요구합니다. 다섯째,
일반고로 전환되는 자사고에 대해서는 학생 충원이 미달되는 경우에 한정
하지 않고 교육부에서 특단적인 행정·재정적인 지원을 제공해줄 것을 요구
합니다. 여섯째, 일반고가 황폐해지는 고교체제의 문제점을 인식하여 2009
년에 교육부에서 발표했던 고교체제 개선 방향의 하나인 '외고-자사고-일
반고 동시 전형' 방법을 포함하여 다양한 개선책에 대한 논의를 제안합니
다. 필요하다면 우리 교육청도 적극 협력하겠습니다. 일곱째, 교육부에서도
교육자치의 큰 방향에서 교육감의 자사고, 특목고 등에 대한 평가 권한을
확대 추진하다가 2014년 하반기 이후 오히려 축소로 후퇴했는데, 교육자치
의 큰 틀에서 당초 방향대로 교육감에게 평가의 모든 실질적 권한을 보장하
도록 초중등교육법 시행령 개정 등을 요구합니다.

근원적으로는 자사고 제도가 폐지되어서 현재와 같이 수직서열화된 고
교체제가 개혁되어야 하겠지만, 그것이 교육감의 권한을 넘어서는 것이고
국회가 이에 나서지 않는다는 조건 위에서, 일반고의 황폐화를 막고 일반고
를 공교육의 중심에 다시 세우기 위해 최소한으로라도 이러한 개혁이 필요
함을 역설하고자 했습니다. 물론 교육부가 이의 어느 하나에 대해서도 아무

런 반응을 보이지 않았음은 두말할 나위가 없습니다. 2015년 자사고 평가를 마치는 회견문의 말미에 저는 이렇게 썼습니다.

> 저는 여전히 꿈을 포기할 수 없습니다. 평범한 시민들의 자녀들 그리고 서민들의 자녀가 다니는 일반고가 고등학교 공교육의 중심에 확고히 서는 것입니다. 어느 누구든 부모의 경제적 불평등의 영향을 받지 않고 보통의 일반고를 다녀서 자기가 원하는 대학에 가고 이른바 '일류 대학'에도 갈 수 있어야 합니다. 저는 이른바 수월성 교육을 부정하지 않습니다. 당연히 사학은 '자율적'이어야 합니다. 아니 모든 학교가 '자율적'이어야 하고 그런 방향을 지향하고 있습니다. 그러나 수월성 교육과 자율성이라는 이름하에 중심적 공교육이 위협받아서는 안 됩니다. 수월성 교육은 중심적 공교육을 위협하지 않는 방식으로 공존해야 합니다. 저는 국가개혁에 대한 충정 위에서 작년 취임 이후 자사고 평가를 해왔습니다. 그 과정에서 저는 역설적으로 법제도적 제약과 현재의 고교체제 및 대학입시체제의 제약 때문에 교육감이 할 수 있는 일이 제한되어 있음을 뼈저리게 깨달아왔습니다. 이제 민의의 전당인 의회가 '대안적 고교체제'가 무엇인지, 그 법제도적 방안은 무엇인지 중의를 모으는 작업에 나서주어야 할 것입니다. 교육부도 이제 일반고의 황폐화를 상쇄하고 '일반고 전성시대'를 여는 방안이 무엇인지, 이른바 수월성 교육과 평등교육이 공생할 수 있는 방안이 무엇인지에 대해서 심도 있는 고민을 해주시기를 바랍니다.

일반고 전성시대 정책

2014년 말 현재, 다음과 같이 전체 고교 318개 중 자율고(44교), 특목고(19교), 특성화고(70교)를 제외한 일반고는 184개(58.0%)입니다.

성적우수자가 특목고, 자사고, 일부 특성화고로 몰리면서 일반고에 중하위권 학생의 비율이 높아지고, 다음과 같이 일반고 사이에서도 후기 일반고

서울지역 고교유형별 현황

총계	일반고		소계	자율고		소계	특수목적고						소계	특성화고		소계
	일반1	일반2 (종합고)		사립	공립		과학고	외국어고	국제고	예술고	체육고	마이스터		직업	대안	
318	183	1	184	25	19	44	3	6	1	6	1	3	20	70	·	70

서울지역 학교유형별 최상위권(중학교 내신석차 10% 이내) 학생 분포 비율

구분	2010년도	2011년도	2012년도	2013년도	2014년도
자사고 평균	22.5%	24.5%	25.2%	25.6%	22.5%
일반고 평균	9.2%	8.4%	8.6%	8.5%	8.7%

서울지역 일반고 학생성적 분포비율

구분		2010년도	2011년도	2012년도	2013년도	2014년도
A고	최상위권 학생	18.5%	24.8%	22.3%	24.5%	23.5%
	최하위권 학생	1.1%	2.7%	1.4%	1.1%	0.6%
B고	최상위권 학생	3.9%	3.1%	6.1%	6.4%	2.6%
	최하위권 학생	18.4%	20.8%	20.3%	31.3%	26.7%

주: 최상위권 학생 _ 중학교 내신석차 10%이내, 최학위권 학생 _ 중학교 내신석차 90% 이하.
자료: 서울시교육청(이상 표 3개).

배정 방식의 영향으로 입학생의 성적 차이가 확대되어왔습니다.

그 결과 일부 지역의 일반고는 수업과 생활지도가 어려워지는 등 심각한 상황이 나타나고 있으며, 이는 일반고의 학업성취도 저하와 낮은 대학 진학률을 초래하게 되었습니다. 또한 일반고 학생들의 학력, 학업 의욕, 희망 진로의 격차와 다양성이 심한 교실에서 일반고 교사들은 모든 아이들을 위한 교육을 할 수 없다는 무력감에 더해 심화되는 수업 좌절감을 겪고 있습니다. 2014년 전국 174개 4년제 일반대학 신입생 가운데 일반고 출신 비율은 78%로 2013년도보다 1.4%P 줄고 자율고는 9.2%로 1.7%P 늘어났습니다(대학알리미 참조).

이러한 현상들이 이른바 '일반고 황폐화' 현상이라고 할 수 있습니다. 사실 황폐화라는 말 자체를 하는 것이 일반고를 과잉 저평가하는 것일 수도 있지만, 저는 문제의 본질을 명확히 드러내고 대안을 마련하기 위해서 2014년에 이 문제를 공론화했습니다.

그리고 이에 대응하여 '일반고 전성시대' 정책이라는 이름으로 일반고의 교육역량을 강화하기 위한 다양한 정책들을 펼쳐왔습니다.

먼저 일반고와 실업고가 존재하던 과거의 고교체제와 달리, 현재는 특성화고가 '상위' 직업교육학교로 정착되어 있는 상황에서, 현재 일반고 학생들은 ① 대학 진학을 목표로 하는 학생, ② 특성화고에 입학하지 못했거나 차후에 직업교육을 희망하게 된 진로직업 희망학생, ③ 부적응 학생을 포함하여 대안교육을 희망하는 학생으로 크게 범주화해볼 수 있습니다. 일반고가 향후 이러한 세 부류의 학생들을 위한 교육방향에서 무엇을 중점에 둔 학교로 갈 것인가, 혹은 현재와 같이 복합적 성격을 갖는 학교로 유지될 것인가 하는 것은 교육토론의 큰 주제가 될 것입니다. 그러나 지금으로서는 현 상태를 전제로 하면서, 이 세 부류의 학생들이 원하는 교육을 충분히 받을 수 있도록 하는 지원대책을 펴고 있습니다.

현재 일반고에서는 외고나 자사고에 비해, 대학입시를 희망하는 학생을 위한 다양한 교과·비교과 프로그램 운영이 미흡하고, 교육과정이 획일적인 인문·자연 과정에 편중되어 있어 예체능, 직업진로 교육 등 학생들의 다양한 교육 수요를 충족하기에 미흡하며, 학교생활 부적응학생을 위한 대안교육 프로그램이 충분히 제공되지 못하고 있습니다. 이 중에서 대학진학의 통로로서 일반고가 외고나 자사고에 비해서 주변화되어 있는 현실을 극복하는 것도 '일반고 전성시대' 정책의 중요한 내용이라고 하겠습니다.

2014년 9월 4일 발표한 '일반고 전성시대' 정책의 구체적인 내용을 총괄해보면 다음 페이지의 그림과 같습니다.

이 그림에서 나타나는 바와 같이, '일반고 전성시대'의 주요 추진 과제는

2014년 서울시교육청 '일반고 전성시대' 정책 발표내용

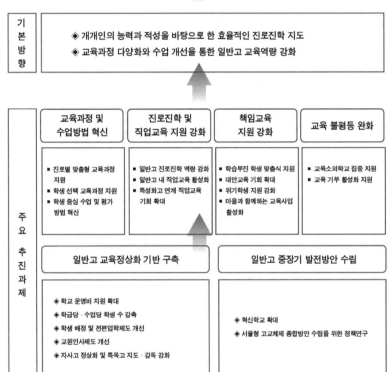

일반고 교육역량 강화를 통해
모두가 행복한 혁신미래교육

기본방향	◈ 개개인의 능력과 적성을 바탕으로 한 효율적인 진로진학 지도 ◈ 교육과정 다양화와 수업 개선을 통한 일반고 교육역량 강화

	교육과정 및 수업방법 혁신	진로진학 및 직업교육 지원 강화	책임교육 지원 강화	교육 불평등 완화
주요 추진 과제	▪ 진로별 맞춤형 교육과정 지원 ▪ 학생 선택 교육과정 지원 ▪ 학생 중심 수업 및 평가 방법 혁신	▪ 일반고 진로진학 역량 강화 ▪ 일반고 내 직업교육 활성화 ▪ 특성화고 연계 직업교육 기회 확대	▪ 학습부진 학생 맞춤식 지원 ▪ 대안교육 기회 확대 ▪ 위기학생 지원 강화 ▪ 마을과 함께하는 교육사업 활성화	▪ 교육소외학교 집중 지원 ▪ 교육 기부 활성화 지원

일반고 교육정상화 기반 구축	일반고 중장기 발전방안 수립
◈ 학교 운영비 지원 확대 ◈ 학급당·수업당 학생 수 감축 ◈ 학생 배정 및 전편입학제도 개선 ◈ 교원인사제도 개선 ◈ 자사고 정상화 및 특목고 지도·감독 강화	◈ 혁신학교 확대 ◈ 서울형 고교체제 종합방안 수립을 위한 정책연구

자료: 서울시교육청.

① 일반고 교육정상화 기반 구축, ② 학생 맞춤형 교육과정 운영 및 수업 방법 혁신, ③ 진로진학 및 직업교육 지원 강화, ④ 책임교육 지원 강화, ⑤ 교육불평등 완화, ⑥ 일반고 중장기 발전 방안 수립 등입니다.

첫째, 일반고 교육정상화 기반을 구축하기 위해 학교운영비를 확대하고,

학급당·수업당 학생 수를 감축하며, 고입 배정 방법 및 전입학·편입학제도를 개선하도록 했습니다. 2015년에 이어 2016년에도, 일반고 교육역량 강화를 위해 학교당 평균 5000만 원의 학교운영비를 학교의 규모와 여건에 따른 사용 계획 등을 고려하여 지원하되 그 기준을 1억 원으로 대폭 확대했습니다. 이를 통해 일반고에서 외고나 자사고에 못지않은 다양한 교육프로그램을 제공할 것을 기대하고 있습니다.

나아가 교원수급, 재정여건 등을 고려하여 단계별로 학급당 학생 수를 감축하고, 교과에 따라 많은 학생들의 참여와 집중이 어려운 수업에는 다양하게 분반할 수 있도록 수업당 학생 수 감축을 지원하고자 하고 있습니다. 일반고 교원의 사기를 진작하기 위해 열악한 일반고에 30~40대 교사, 학교 경영 역량이 뛰어난 교장을 우선 배치하는 등 교원 인사 제도를 개선하고자 하고 있습니다.

일반고에 위협이 되는 자사고 문제는 우수한 학생을 수시로 자사고에 전학하도록 유도하고 심지어 '기획'하기까지 하는 것에서도 확인됩니다. 그런 점에서 자사고 전학 시기를 일정 시기로(매 학기 초로) 제한하고 자사고 운영 전반에 대해 엄격하게 관리하는 것을 지향하고 있습니다. 현재의 초중등교육법상 학생들의 수시 전학을 막지 못하기 때문에 자사고의 자발적인 협조가 있어야 하나, 자사고의 비협조와 교육부의 무대책으로 이러한 일반고 우수학생 유출 사태는 여전히 지속되고 있습니다.

일반고 살리기를 위한 제도적 기반을 구축하는 차원에서 특목고-자사고-일반고의 동시전형과 같은 고입전형방법도 연구 중에 있습니다.

다음으로 일반고에는 다양한 학생들이 재학하고 있습니다. 이를 감안하여 일반고 학생들도 자사고나 특목고, 특성화고 학생들처럼 각자의 학업능력과 희망진로에 따라 원하는 교육을 받을 수 있도록 일반고 교육과정 편성·운영의 자율성을 확대하고 학생들의 실질적 과목 선택 기회를 확대하며, 수업 방법의 혁신을 지원하고 있습니다.

일반고에 대한 재정지원을 활용하면서, 개별 학교에서 학생들이 실질적으로 원하는 선택과목을 배울 수 있게 하고 학교에서 학생들의 진로 희망을 고려한 진로집중과정을 운영할 수 있도록 하고 있습니다. 대학진학 희망학생의 경우도 마찬가지이겠지만, 단위학교에서 개설하기 어려운 교과목은 학교 간 협력 교육과정을 운영하여 지원하고 있습니다. 일반고 지원예산을 통해 소인수(小人數) 과목의 개설이 용이해진 것도 하나의 변화양상으로 꼽을 수 있겠습니다.

교육의 질을 높이고자 토론형, 협력형, 참여형 수업을 확대할 수 있도록 교원 대상 연수 및 컨설팅을 강화하고, 수업과 평가의 연계를 확대하고자 지필평가보다는 수행평가 비율을 점진적으로 확대하도록 하고 있습니다.

결국 이를 위해서는 일반고 교육과정 내에서 다양한 교육프로그램이 실시되어야 하는바, 이를 위한 정책의 일환으로 2016년 4월 19일, 일반고의 학생 선택 교육과정 혁신을 위해 2016년 2학기부터 '개방-연합형 종합캠퍼스 교육과정(안)'을 시범 도입하고, '2015 개정 교육과정'이 적용되는 2018년 이후까지 단계적으로 확대 추진하겠다고 발표하기도 했습니다.

셋째, 대학 진학을 원하는 학생은 수준과 적성에 맞는 대학 진학을 돕고, 소질에 맞는 직업 교육을 원하는 학생에게는 다양한 직업 교육을 받을 수 있는 기회를 확대하는 정책을 펴고 있습니다. 학교의 대입 진로진학 역량 강화를 적극적으로 지원하며, 서울진로진학정보센터 운영의 내실화를 지원하고 있습니다.

대학 진학보다는 졸업 후 직업을 갖기를 원하는 학생들을 위해서는 학교 내 직업교육과정 운영을 확대하고, 산업정보학교 등 직업 위탁교육 기회를 확대하는 노력을 하고 있습니다. 이를 위해 아현산업정보학교나 서초문화예술정보학교 등 일반고 학생들을 위한 직업교육학교의 수용 인원수를 최대한 늘리려는 작업을 진행하고 있습니다.

넷째, 일반고 학생 중 학업에 의욕이 없는 학생들에게 깊이 있는 학습 멘

토링을 제공하고, 학교생활에 적응하기 힘들어하는 학생들에게는 대안교육의 기회를 확대하여 학업 중단이 일어나지 않도록 지원체제를 구축하며, 이를 위해 서울시 등과 공동 협력해 나가는 것도 주요한 정책입니다. 이미 존재하고 있는 '서울학습도움센터'에서 학습부진 유형별 지원을 강화하고 단위학교에서 학습부진학생 책임지도가 이루어질 수 있도록 지원하려는 노력도 병행하고 있습니다. 또한 학교 내 대안교육으로서 학교별 여건에 맞는 대안교실 운영 지원을 확대하고 다양한 대안교육 프로그램을 갖춘 '서울희망교실'을 운영할 예정입니다. 아울러 공립 위탁형 대안학교를 확대·내실화하고, 일반고의 희망학생을 대상으로 자신의 인생에 대해 생각해볼 체험 기회를 제공하는 '인생학교'를 '오디세이학교(고교 자유학년제)'라는 이름으로 이미 시행하고 있습니다. 나아가 위기학생의 진단·상담 등 체계적 관리 및 지원을 위해 Wee 클래스를 확대 운영하며, '학업중단숙려제' 운영을 내실화하고 교원 상담 전문성 신장을 지원하는 노력도 확대하고 있습니다. 이 과정에서 자치구청에서 운영하는 '지역교육복지센터'와 연계하여 교육소외학생을 지원하고, 지역사회 인증기관과 연계하여 문예체(文藝體), 직업, 대안교육 프로그램을 운영하는 등 마을과 함께하는 교육사업을 활성화하고 있습니다.

또한 교육소외학교에 운영비를 우선 증액 지원하고, 교육복지특별지원사업과 연계하여 일반고 교육소외학생 지원을 확대하려는 정책도 실시하고 있습니다.

'일반고 전성시대'라는 이름으로 일반고를 활성화하기 위한 다양한 지원정책을 교육청에서 실시하고 있지만, 많은 학교를 방문하면서 드는 생각은 결국 일반고를 살리는 것은 학생들의 교육을 담당하는 선생님들의 열정과 헌신, 의욕이라고 하는 점이었습니다. 하나의 정책이 학교를 바꾼다고 하면 이미 학교는 바뀌었을 것입니다. 이미 이전에 교육부에서도 '고교 점프업(Jump-up)' 정책을 실시한 바 있습니다. 결국 중요한 것은 선생님들의 열정이고 헌신입니다. 교육청은 일반고 전성시대 정책으로 지원해드리고 선생님들이 이를 우호적 환경으로 활용하면서, 개별 일반고에서 열정을 가지고 헌신해 주시기를 소망하는 것입니다.

혁신학교 확대 및 학교혁신으로의 확장

학교혁신은 세 차원에서 이루어져 왔고 이제 이를 학교에 안착시켜 학교 자체적으로 혁신의 동력이 자리 잡도록 하겠다는 것이 서울시교육청의 확고한 방침입니다.

저는 초기부터 '혁신학교 교육감'이라고 하는 말을 종종 해왔습니다. 혁신학교'만의' 교육감이라고 하는 의미에서가 아니라, 혁신학교에서 전개되어온 새로운 교육운동과 교육실험이 이 시대에 요구되고 있는 교육혁신의 선도적인 모습이라고 보고 그것을 전거로 하여 다양한 교육혁신활동을 전개한다고 하는 의미에서입니다.

저의 관점에서 보면, 혁신학교는 학교 민주주의 프로젝트이며 민주적 교육공동체를 만들기 위한 운동이라고 말하고 싶습니다. 더 구체적으로 혁신학교는 수동적인 학교를 능동적 학교로 전환하는 프로젝트, 권위주의적 학교문화를 새 시대에 걸맞은 '참여와 자율에 기초한 민주적 학교 문화'로 바꾸는 프로젝트라고 할 수 있는데, 학생들의 내면에 다양한 '배움의 역동성'을 일구어내는 프로젝트, 국영수 위주의 입시 교육에만 머물지 않고 '또 다른 배움의 역동성'을 만들어내는 프로젝트라고 할 수 있습니다.

우리 사회에서 혁신학교가 때로 이념적 논란이 되기도 했지만, 그래도 혁신학교는 기존의 '죽은 학교'를 '역동적인 살아 있는 학교'로 만들기 위한 학교 구성원 전체의 선도적인 노력모델이었다고 생각합니다. 교장도 새로운 민주적-소통적 리더십을 발휘하고, 교사는 학생교육에 전념하고 역동적으로 연구하고 협력하는 노력을 하며, 학생들은 자기주도적인 학습과 주체적인 참여활동을 하는 등 학교구성원 전체가 달라진 존재로서 주체적으로

서울형혁신학교의 기본정신과 운영모델

주: 2016년 서울시교육청에서 제작한 서울형혁신학교 안내 브로슈어 내용 중 일부.

움직이고 협력하는 노력을 해왔습니다. 모든 학교가 이상적인 것은 아니지만, 이러한 학교혁신의 선도적인 맹아 및 모델들을 학교 전체로 확산하기 위한 노력이 현재에도 강력히 추진되고 있습니다.

저는 연수에 참여하여 이야기할 때마다 '혁신학교란 과연 무엇인가', '혁

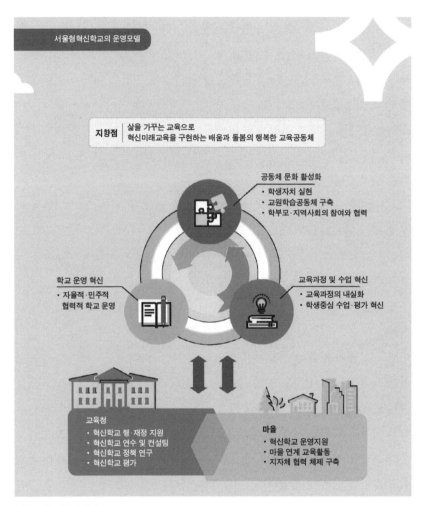

지향점 | 삶을 가꾸는 교육으로
혁신미래교육을 구현하는 배움과 돌봄의 행복한 교육공동체

공동체 문화 활성화
• 학생자치 실현
• 교원학습공동체 구축
• 학부모·지역사회의 참여와 협력

학교 운영 혁신
• 자율적·민주적
협력적 학교 운영

교육과정 및 수업 혁신
• 교육과정의 내실화
• 학생중심 수업·평가 혁신

교육청
• 혁신학교 행·재정 지원
• 혁신학교 연수 및 컨설팅
• 혁신학교 정책 연구
• 혁신학교 평가

마을
• 혁신학교 운영지원
• 마을 연계 교육활동
• 지자체 협력 체제 구축

자료: 서울시교육청.

신학교의 본질은 무엇인가'라는 질문을 던집니다. 사실 혁신학교에서는 다양한 활동이 이루어집니다. 기존의 국영수 중심의 암기교육을 넘어서서, 학생들의 자기주도적인 학습과 교육이 이루어지도록 하는 다양한 노력을 합니다. 창의적 체험활동을 통해 학생들이 다양한 배움을 스스로 얻도록 하는 다

양한 교육프로그램을 개발하고 시행하고 있습니다. 교무행정 전담팀을 구성하여, 교사들이 학생들의 수업과 생활지도에만 전념할 수 있도록 하는 환경을 조성하고 있습니다. '다(多)모임(교사 또는 학부모의 자율의사결정체)'을 통해서 교사 전체가 모여서 교육과정 및 학교 운영 전반에 대해 치열한 토론을 하고 결정합니다. 수업 및 학습 연구동아리가 만들어지고 교사들의 공개수업을 통해서 서로의 티칭 경험을 공유하고 더 좋은 티칭을 위한 지혜를 개발해갑니다. 기존의 학교와는 다른 다양한 이런 모습들을 혁신학교에서 발견할 수 있습니다.

그렇다면 무엇을 해야 혁신학교라고 할 수 있는가. 저는 그런 점에서 혁신학교를 '민주적 교육공동체' 운동 혹은 '학교 민주주의 프로젝트'라고 그 핵심을 요약하고 싶습니다. 앞서 열거한 다양한 새로운 교육적 노력들은 교사들의 주체성, 역동성, 열정, 능동성이 살아날 때 가능한 것입니다. 기존에는 교육감-교육장-교장-교사로 이어지는 수직위계적인 권위구조하에서 교사들은 위로부터의 지시에 따라 국가교육과정을 수행하는 수동적 존재가 되어왔고 그렇게 강요당해왔습니다. 그러나 그런 구조에서는 새롭고 능동적인 교육적 노력이 진행될 수 없습니다. 혁신학교는 바로 그렇게 학교교육을 죽게 만들고 수동화하는 과거의 학교 권위주의 구조를 과감하게 버리고, 교사가 교육의 주체로 새롭게 정립되고 그 자발성에 기초하여 학교를 아래로부터 재구성하는 운동이라고 생각합니다. 그래서 민주적 학교문화가 혁신학교의 가장 근저에 있습니다. 어떤 의미에서 '필요조건'이라고 할 수 있습니다. 이 필요조건에서 출발하여 완전한 혁신학교가 되려면 위와 같은 다양한 역동적 교육활동, 학교 구성원들 간의 새로운 수평적이고 민주적인 관계가 결합되어야 합니다. 후자가 이루어져야 혁신학교의 충분조건이 충족되었다고 말할 수 있습니다.

나아가 이러한 교육혁신의 노력은 모든 학교로 확산되어야 합니다. 그것을 저는 '혁신학교에서 학교혁신으로'라고 천명했습니다. 이 목표의 실현을 촉진하고 돕기 위해 '학교혁신지원센터'도 설립했습니다. 그리고 그동안 혁신학교 운동의 가장 상징적인 인물인 김정안(전 삼각산고 혁신부장) 선생님을 센터장으로 모셨습니다.

그동안 혁신학교는 학교구성원의 참여와 협력을 바탕으로 민주적인 학교 문화 정착과 전인교육 추구 등 공교육의 변화 및 내실화에 중요한 역할을 해왔습니다. 이제 우리는 '모든 학교의 혁신'이라는 새로운 목표하에서 혁신학교의 좋은 사례가 서울의 모든 학교에 학교혁신으로 전파될 수 있도록 노력해야 하며 현재 그렇게 노력하고 있습니다.

혁신학교의 방향과 실험은 단지 혁신학교에만 머물러서는 안 됩니다. 그런 점에서 모든 학교에서 다양한 형태로 다양한 학생들의 요구에 부응하는 '자율적 역동성'이 살아나도록 노력하고 있고 이를 지원하고 있습니다. 그래서 저는 특강을 할 때마다 "모든 학교가 혁신학교가 되어야 하고, 궁극적으로는 혁신학교라는 이름도 사라져야 한다"라고 말하고는 합니다. 혁신학교는 권위주의적 교육행정 체제하에서, 국영수 중심의 암기식 지식교육하에서 죽은 학교, 잠자는 학생을 깨우기 위한 시대적 과제입니다.

혁신학교적 교육실험을 확장하기 위한 노력의 하나로, 학교의 개별적인 교육혁신 프로그램을 지원하는 정책으로 SnS(School and Society) 프로그램을 마련했습니다. 학교가 개별적으로 프로그램을 창안하여 제시하거나 학교와 지역단체들이 협력하여 프로그램을 만들 수도 있고, 지역사회와 시민사회단체들, 문화예술단체, 교육 관련 단체들이 학교 교육을 위한 프로그램을 공모 과정에 제출하여 그것을 학교가 수용하는 형태로 새로운 교육프로그램이 학교에서 실시될 수도 있습니다. 예컨대 시민단체에서 민주시민교육 프로그램을 제안하고 학교에서 이를 교육과정에 활용하도록 교육청에서 프로그램 운용비용을 지원하는 것입니다. 이 외에도 학교에서 개별적으로 다양한 혁신정책을 추진하도록 지원하고 있습니다. 2016년의 경우 기존의 공모사업 중에서 200만 원 이하의 공모사업을 11개로 모아서 세 개의 필수

과제만을 지정하고 나머지 여덟 개의 지정과제들은 학교가 자체 판단으로 선택하여 시행하도록 하고, 그에 상응하는 재정만 지원하는 '공모사업 선택제'도 실시하고 있습니다. 사실 학교가 너무 많은 공모사업에 '신음'하고 있는 점이 있는데, 2017년부터는 이 정책에 대한 높은 호응을 바탕으로 교육부와 교육청에서 제시하는 거의 모든 공모사업을 다 패키지로 학교에 제시하고 학교가 학교 구성원들이 추구하는 학교 특성에 맞추어 여러 공모사업을 선택해서 조합하여 시행하도록 하는 방안을 추진하고 있습니다. 이는 학교 교육과정의 자율성을 대폭 확장하는 의미를 갖습니다. 궁극적으로 교육자치는 학교자치로 발전되어야 한다고 저는 믿고 있습니다.

혁신교육지구: '학교와 지역사회의 새로운 협력모델'

앞서 언급한 바와 같이 혁신교육지구 정책은 서울시교육청의 가장 중요한 정책이며 정책사업비 중 많은 예산이 투여되는 분야입니다.

혁신교육지구는 학교와 마을, 학교와 지역사회의 최고의 교육을 향한 새로운 협력 노력이라고 할 수 있습니다. 혁신교육지구는 교육지자체인 교육청(및 11개 교육지원청)이 일반지자체(서울시와 25개 구청)와 학교교육을 위해서 상호협력하는 프로젝트입니다. 이를 위해 서울시와 교육청이 각각 7.5억 원을, 구청이 매칭자금으로 5억 원을 투여하여 총 20억 원의 사업비로 다양한 사업들을 추진하고 있습니다. 학급당 학생 수의 감축과 이를 위한 협력교사 배치, 청소년 자치 및 동아리 활동, 학부모와 지역주민과 학교가 함께하는 다양한 교육활동사업, 학생들의 진로직업 체험활동 지원사업, 그리고 이러한 사업을 위한 민관학 거버넌스 구축 등이 이루어지고 있으며, 이를 통해 학교가 학생들의 다양한 교육요구에 부응할 수 있게 하고 있습니다. 민관학 거버넌스는 관(官)으로서 일반지방자치단체, 민(民)으로서 지역사회 및 마을의 다양한 구성원들, 학(學)으로서 교육청, 교육지원청, 학교 간에 새로운 분

혁신교육지구 지정 현황

	2015년 지정		2016년 지정		
	혁신지구형	우선지구형	혁신지구형	우선지구형	기반구축형
자치구	금천구, 은평구, 도봉구, 구로구, 관악구, 노원구, 강북구(7개)	종로구(1개)	강동구, 동작구, 서대문구, 성북구, 양천구(5개)	강서구, 동대문구, 영등포구(3개)	광진구, 마포구, 성동구, 중구(4개)
운영예산	서울시 7.5억 교육청 7.5억 자치구 5억 (총 20억)	서울시 3억 교육청 5천 (총 3.5억)	서울시 5억 교육청 5억 이상 자치구 5억 (총 15억)	서울시 3억 교육청 2억 자치구 5억 (총 10억)	교육청 1억 자치구 2억 이상 (총 3억 이상)
지정기간	2년(2015~2016년)		1년(2016년)		

자료: 서울시교육청.

업 및 협력 모델을 구현하려고 하는 프로젝트입니다.

2015년 11개였던 서울형 혁신교육지구는 2016년에는 총 20개로 늘어났습니다(총 20억을 지원하는 혁신교육지구는 12개이고 교육우선지구 5개, 기반조성형 3개로 총 20개입니다).

혁신교육지구 사업은 교육격차 해소를 위한 노력으로서의 의미도 담고 있습니다. 교육격차 해소를 위해 교육청과 지자체, 지역사회와 민간단체가 함께 손잡고 추진하는 것입니다.

이 혁신교육지구 사업은 서울시와 교육청 간 협력사업의 일환이기도 합니다. 교육지자체와 일반지자체 간에 갈등이 심한 곳도 있고, 기본적으로는 정치적 지향이 다른 갈등구조이지만 부분 협력하는 곳도 있습니다. 저는 전자를 '전면 갈등 모델', 후자를 '연정 모델'이라고 부릅니다. 이와 달리 서울시와 서울교육청은 박원순 시장과 조희연 교육감의 협력으로 '전면 협력 모델'이 구현되고 있다고 하겠습니다.

2015년에 20개 협력사업을 진행한 데 이어, 2016년에는 7개를 더해 27개 협력사업이 진행되고 있습니다. 서울시와의 협력사업은 많은 호평을 받고 있는데, '쾌적하고 가고 싶은 화장실 만들기' 사업, 학교의 '역사의 벽' 만들기, 학교 생태정원 조성사업, 학교의 다양한 환경개선사업, 평생교육의 일환으로서 문해교육 지원 확대 등 다양한 사업들이 추진되고 있습니다.

혁신교육지구 정책은 앞서 언급한 바와 같은 마을결합형 학교 및 교육을 실현하고자 하는 노력의 중요한 표현입니다. 혁신교육지구 사업 내에서 마을과 학교의 상생을 위해 자치구, 지역의 각종 센터, 지역주민 모임 등과의 협력체계를 구축하려는 노력이 진행되고 있습니다. 마을연계형 방과후학교,

서울시와 서울교육청의 27개 협력사업

- 쾌적하고 가고 싶은 학교 화장실 만들기
- 안전한 통학과 체험활동을 위한 스쿨버스
- 친환경 학교급식 확대
- 함께하는 안전한 학교 만들기 프로젝트
- 500개 학교 지붕을 햇빛발전소로
- 이재민 수용시설 지정학교 내진보강사업 추진
- 학교환경개선 컬러컨설팅 사업 추진
- 학교와 함께하는 에너지 협력사업
- 서울학생 꽃과 친구가 되다
- 우리학교 역사의 벽 함께 만들기
- 서울형 자유학기제 활성화
- 학교 밖 청소년을 위한 맞춤형 지원 확대
- 서울 Wee 스쿨 건립
- 특성화고 지원 및 특화 마이스터고 운영
- 소외학생 지원을 위한 교육복지 네트워크 구축
- 다문화학교 대상 '글로벌 문화학교' 지원
- 여학생이 두 바퀴로 만드는 푸른 서울
- 인권친화도시 '서울'
- 학교마을 공동교육 '통합돌봄시스템' 구축
- 학력인정 문해교육 프로그램 지원 강화
- 지역사회와 함께하는 진로체험교육
- 민주적 참여에 의한 '학교협동조합 활성화'
- 이전 및 통폐합 학교부지 활용도 극대화
- 학교를 평생학습 공유공간으로 확대
- 공공개발과 연계한 교육체험공간 확대
- 시설복합화를 활용한 마을결합형학교 추진
- 서울형 혁신교육지구 확대

자유학기제를 활용한 마을결합형 진로교육과정 운영, 지역사회 교육과정 운영 등을 위한 마을결합형 선도학교 11개교를 지정하여 나침반 역할을 하도록 하고 있기도 합니다.

'교복 입은 시민' 정책: 학생자치 활성화 정책

저는 임기 초반부터 혁신미래교육의 핵심 사업으로 '학생자치 역량 강화' 정책을 '교복 입은 시민' 프로젝트라는 이름으로 추진해가고 있습니다.

2015년 2월 5일 발표된 '학생 자치활동 활성화 지원대책'을 중심으로 이 정책의 의미와 내용을 살펴보겠습니다. 이 지원계획은 "성장과 배움의 주체로서 시민적 권리를 인정받는 학생, 민주적이고 능동적으로 교육을 실천하는 교사, 민주적 리더십을 바탕으로 학교경영의 혁신을 이끄는 학교장"이라는 표현에서 보는 것과 같이 단지 학생자치 활성화뿐만 아니라 교사와 교장 등 학교 주체들의 변화된 상을 전제로 하고 있습니다.

서울시교육청이 학생자치 활성화를 역점 사업으로 추진하고자 하는 이유와 '교복 입은 시민' 프로젝트가 가지는 의미는 다음과 같습니다.

먼저 학생들의 자기결정능력 제고입니다. 오늘날 학생들은 일종의 '자기결정능력장애'를 겪고 있다고 할 정도로, 스스로의 문제를 판단하고 분석하고 결정하는 교육적 훈련의 기회를 갖지 못하고 있습니다. 이는 국영수 위주의 암기교육에 학생들이 매몰되고 있는 현실 때문입니다. 이전에 학교에 있던 HR 시간마저도 치열한 입시경쟁의 와중에서 '사치스러운' 것으로 여겨져 현저히 약화되어 있는 현실도 이를 반영하고 있습니다. 이런 점에서 초중등 교육과정에서 학생들의 자치능력 혹은 자기결정능력을 육성하기 위한 교육적 노력이 더욱 강조되어야 하는 것은 시대적 요구입니다.

하지만 여전히 우리 사회에서 학생들은 '훈육의 대상', 성인의 하위 존재, 학교와 교사의 권위 아래 있는 수동적/피동적 존재, 통제와 관리의 대상, 단지 어리고 미숙한 존재 등으로 인식되고 있습니다. 사회 전체의 '시민성'이 약하기도 하지만(시민사회의 불완전성/미완의 근대), 특히 학교는 안타깝게도 (군대와 더불어) 시민 민주주의로부터의 거리가 가장 먼 곳에 위치한 공간이기도 합니다.

그렇기 때문에 학생들을 '교복 입은 시민'으로 대우하는 교육철학적 전환이 갖는 의미는 큽니다. 한 인간은 태어난 순간부터 시민으로 존중받아야 하고 학생 시기는 보다 성숙한 시민으로 성장하는 과정이어야 하나, 실제로 우리 사회에서 시민성을 부여받는 것은 사실상 성인이 된 이후입니다. 예비 시민, 잠재적 시민으로서의 역량이 존중받지 못하고 계발되지도 못하며 억압되는 시대 상황은 자율적, 자치적 역량을 키우는 것이 교육의 주요한 내용이어야 함에도 그렇게 하지 못하고 학생들을 '기계적 기능인'으로 키워내고 있습니다.

주지하다시피, 1980년대 이후 한국 사회에 민주화의 물결이 확산되면서 이전에 권위주의하에서는 보장되지 않았던 시민적 권리들이 보장되게 되었습니다. 국가적 목표에 통합되어서 국가적 전사로 혹은 산업 전사로 존재하던 '국민'은 이제 '시민'으로 전환되었습니다.

여기서 말하는 시민적 권리는 두 가지 권리를 포함합니다. 첫째는 권위주의 권력에 의해 보장되지 않았던 시민적·정치적·사회문화적 권리의 폭넓은 보장입니다. 둘째는 '직선제'의 부활에서 보듯이, 모든 국민이 자신의 삶의 중요한 문제들을 스스로 결정하는 권력과 권한을 갖게 되는 것입니다. '직선제'를 포함하여 선거는 작지만 국민들이 자신들의 삶의 문제를 스스로 뽑은 대표자를 통해서 결정하는 권한을 갖게 되었음을 의미합니다.

그런데 우리 사회에서 이러한 시민적 권리주체로 인정되지 못하는 두 집단이 존재합니다. 하나는 군인이고 다른 하나는 학생입니다. 최근 윤 일병 사건을 기점으로 일기 시작한 병영문화 혁신 논의과정을 보면, 군인들이 특수한 위치에 있지만 그들을 '군복 입은 시민'으로 대우하고자 하는 긍정적인 시도라고 할 수 있습니다. 이런 의미에서 저는 특강을 할 때마다 "우리 사회가 학생을 '교복 입은 시민'으로, 군인을 '군복 입은 시민'으로 대우하게 될 때, 우리 사회는 진정한 민주시민사회가 된다"라고 말합니다.

이러한 맥락에서 학생자치 활성화 계획은 학생들을 '교복 입은 시민'으로 대우하고자 하는 시도입니다. 교복 입은 시민으로서의 학생들의 권리가 「학생인권조례」라는 모습으로 표현되었다면, 이제 또 다른 권리, 즉 '자기결정능력'을 육성하기 위한 교육적 노력이 필요합니다.

또한 학생자치력 및 자기결정력은 다양한 창의적 체험활동 속에서 구현되어야 합니다. 다양한 창의적 체험활동도 궁극적으로는 학생들의 자기결정능력 제고를 목표로 해야 한다는 의미입니다. 기존 입시 위주의 경쟁교육은 학생들에게 입시와 연관되지 않은 교육과정을 주변화(周邊化)하도록 했습니다. 그런 속에서도 기존의 입시교육에 의해 도외시된 학생들의 다양한 능력을 육성하기 위한 노력이 혁신학교, 자유학기제, 창의적 체험활동, 문예체교육 등으로 표현되었다고 할 수 있습니다. 그동안 이런 교육과정이 주로 '체험 확대'라는 관점에서 이루어졌다고 한다면, 학생자치 활성화 계획은 이러한 체험이 궁극적으로는 학생들의 '자기결정능력의 육성'으로 이어져야 한다는 점을 함의하고 있습니다.

서울시교육청의 학생자치 활성화 계획은 기존 민주시민교육 및 학생자치활동의 심화와 확장의 의미를 담고 있습니다. 학생자치활동은 기존의 교육과정에서 이루어지던 창의적 체험활동, 동아리 활동, 학생회 활동, 봉사활동, 지역사회와의 연계 활동 등을 포함하고 확대하면서 동시에 그러한 교육과정을 통해서 초중등교육 이후 사회생활을 위해서 필수불가결한 자기결정능력을 육성하는 것을 목적으로 합니다.

2015년 2월 당시 독일의 17세 여학생이 트위터에 올린 학교교육을 비판한 짧은 글이 독일교육 논쟁의 도화선이 되었습니다. 학교에서는 4개국 언어로 시(詩)를 분석하는 데는 능하도록 교육을 받았지만 세금, 집세, 보험 등

실생활에 도움이 되는 것을 배우지 못했다는 내용이었습니다.

비록 독일과 우리의 사회문화가 다르다고 할지라도, 이 독일 여학생의 외침을 그냥 스쳐버릴 수 없는 까닭은 중등교육 이후 시민으로 살아가는 데 필요한 최소한의 실생활 교육조차도 입시교육에 매몰되어버린 우리 교육의 현실과 겹치는 면이 있기 때문입니다.

이러한 의미를 담은 학생자치 활성화 정책을 실현하기 위해 서울시교육 청에서는 중점 추진과제를 발표했습니다(아래 표 참조).

서울시교육청 학생자치활동 활성화지원대책 중 중점 추진과제

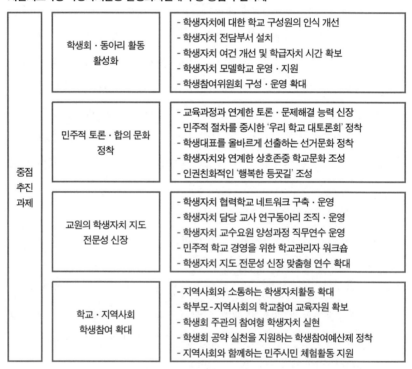

중점 추진 과제	학생회 · 동아리 활동 활성화	- 학생자치에 대한 학교 구성원의 인식 개선 - 학생자치 전담부서 설치 - 학생자치 여건 개선 및 학급자치 시간 확보 - 학생자치 모델학교 운영 · 지원 - 학생참여위원회 구성 · 운영 확대
	민주적 토론 · 합의 문화 정착	- 교육과정과 연계한 토론 · 문제해결 능력 신장 - 민주적 절차를 중시한 '우리 학교 대토론회' 정착 - 학생대표를 올바르게 선출하는 선거문화 정착 - 학생자치와 연계한 상호존중 학교문화 조성 - 인권친화적인 '행복한 등굣길' 조성
	교원의 학생자치 지도 전문성 신장	- 학생자치 협력학교 네트워크 구축 · 운영 - 학생자치 담당 교사 연구동아리 조직 · 운영 - 학생자치 교수요원 양성과정 직무연수 운영 - 민주적 학교 경영을 위한 학교관리자 워크숍 - 학생자치 지도 전문성 신장 맞춤형 연수 확대
	학교 · 지역사회 학생참여 확대	- 지역사회와 소통하는 학생자치활동 확대 - 학부모-지역사회의 학교참여 교육자원 확보 - 학생회 주관의 참여형 학생자치 실현 - 학생회 공약 실천을 지원하는 학생참여예산제 정착 - 지역사회와 함께하는 민주시민 체험활동 지원

자료: 서울시교육청.

물론 학급 자치활동 시간 확보의 어려움, 토론 수업을 부담스러워하는 교실, 민주적 의사결정 구조가 충분하지 않은 학교 내 소통구조의 한계 등과 같이 현실적으로 극복해야 할 장애요인들이 많을 수 있습니다. 서울시교육청은 그와 같은 현장의 조건을 고려하면서도 학생자치가 교육과정의 중요한 부분으로 자리 잡을 수 있도록 지속적 노력을 경주해야 한다고 생각하고 있습니다.

세계시민교육: 공존과 상생의 세계시민 육성을 위한 새로운 교육

2015년 5월, 향후 15년간의 세계적인 교육의제를 설정하기 위한 세계교육포럼이 인천에서 열렸습니다. 폐막과 함께 발표된 '인천 선언문'은 세계시민교육의 중요성을 핵심적으로 강조하고 있습니다. 유네스코에서도 오랫동안 '글로벌 시민교육(global citizenship education)'을 강조하고 있습니다.

세계시민교육이라고 할 때, 그 내용은 미완성이며 여전히 세계시민교육이 무엇이어야 하는지에 대해 고민해야 합니다. 보수적 시각의 세계시민교육도 있을 수 있고 진보적 혹은 급진적 시각에서의 세계시민교육도 있을 수 있습니다. 그만큼 시각에 따른 내용적 차이도 있을 수 있습니다. 구체적이고 실질적인 내용은 우리 모두가 완성해야 할 몫으로 남아 있지만, 그래도 공통적인 철학과 교육적 방향은 명확하게 존재할 수 있다고 생각합니다.

제 생각은 이렇습니다. 세계시민교육과 관련된 교육적 지향은 몇 가지로 단계를 구분해볼 수 있습니다. 먼저 1990년대 중반 세계화 교육을 강조하던 단계의 교육적 지향입니다. 이는 일종의 친세계화 교육이라고 할 수 있겠습니다. 당시 우리는 세계화를 경쟁적 개념으로 접근했습니다. '이제 간신히 근대화의 시기를 통과했는데, 세계화의 물결이 몰려오고 있으니 다시 열심히 뛰어야 한다'라는 식의 내포를 담고 있었습니다. 우리 안의 경쟁주의를 세계사적으로 확대 적용한 개념이었습니다.

한국에서 1990년대 중반 세계화가 국정지표로 정해지면서 이루어진 세계화 교육은 '글로벌 경쟁력 강화'의 기조 위에서 강조되었습니다. 국가 간

경쟁체제에서 생존을 위한 불가피한 측면도 있었지만, 이것이 진정한 상생과 공존의 가치에 입각해 있다고 보기는 어렵습니다.

그다음 단계로, 2000년을 전후하여 아시아 각국으로부터 이주민을 받아들이면서 세계화는 새로운 국면을 맞이하게 되었습니다. 이른바 '다문화교육'을 통해서 일정한 포용과 배려로서의 흡수 시스템이 구축되었지만, 다분히 동화주의, 즉 우리를 '중심'과 '기준'으로 놓고 여기에 타자를 인위적으로 맞추는 경향을 지니고 있었습니다. 그들의 입장과 관점에서 세상을 바라보는 관계적 평등성이 부족했다고 할 수 있습니다. 그래도 다행스러운 것은 한국 사회에서 다문화주의가 강조될 때 김대중 정부와 노무현 정부라고 하는 '진보' 민주정부 시대에 놓여 있었다는 점입니다. 그래서 상대적으로 '진보적인' 의미에서 다문화주의가 강조되고 정책화되었습니다. 특히 김대중 정부 시기에 설립된 국가인권위원회가 본격적으로 활동하는 등, 다문화주의는 동화주의적 경향이 있기는 했지만 배제적인 함의를 강하게 띠지는 않았습니다. 당시 다문화주의적 흐름에서, 이제 한국의 일원이 된 아시아계 이주민, 국제결혼 여성, 새터민, 중도입국자녀들을 포용적 관점에서 바라보고 이들의 인권을 존중해야 한다는 식의 사회적 분위기도 존재했습니다. 그런 분위기 속에서 여야가 다문화 주민들을 포용하고자 하는 경쟁을 했고, 야당보다 앞서 새누리당에서 필리핀계 국제결혼 여성인 이자스민 씨를 비례대표 후보로 영입하기까지 했습니다. 저는 개인적으로 이것이 한국 사회의 다문화주의의 확산이라는 점에서 다행스러운 일이라고 생각합니다. 대개 보수정당이 '배외주의적 민족주의' 경향을 띠는 경향이 있고 진보정당이 포용주의적 경향을 띠는데, 포용적 다문화주의가 지배적 흐름을 띠고 배외주의 혹은 동화주의적 경향이 상대적으로 약화되는 방향으로 나아가게 되는 데 일조를 한 것이 아닌가 생각하고 있습니다.

서울시교육청이 상정하는 세계시민교육은 이러한 경쟁적 친세계화주의, 동화주의적 다문화주의의 두 가지 관점을 뛰어넘는 한 단계 높은 개방적 교육을 지향한다고 할 수 있겠습니다. 향후 수십 년 내에 우리는 더 이상 단일한 민족적 정체성을 갖는 집단으로서만 존재할 수 없게 될 것입니다. 급변하는 세계화 속에서 우리는 하루아침에 이국민이 될 수도 있고, 다른 나라 누군가가 대한민국 국민이 될 수도 있습니다. 대한민국이 세계 속으로 나아가고 있기도 하지만, 대한민국 내부의 세계화도 급속히 진행되고 있습니다. 이 피할 수 없는 시대적 흐름 속에서 과연 어떤 인품을 갖춘 인간을 육성할 것인가가 교육의 핵심 과제가 된 것입니다.

앞으로 우리 아이들은 오래지 않아 국가, 인종, 민족, 문화, 종교 등의 여러 측면에서 거대한 차이를 갖는 이방인을 마주하며 살아가게 될 것이며 사실 지금도 그러합니다. 이러한 이방인을 이방인이 아니라 지구촌 공동체의 친구로, 지구촌 공동체의 이웃으로, 함께 살아가는 존재로 인식하고 마주하는 덕성을 가질 필요가 있습니다. 환대, 우의, 우정(friendship), 공존, 상생, 포용, 평등, 배려, 존중의 가치를 내면화하고 그것을 태도화하는 교육이 필요합니다.

이런 의미에서, 우리 아이들이 자국 중심적인 다문화 정책과 교육을 넘어서서 다문화를 다름과 차이로 보되 주류-비주류, 정상-비정상, 우(優)-열(劣)이라고 하는 차별적 인식틀로 보지 않고 '동등한 다름', '상호존중적 차이'로 이해하는 교육으로 나아가게 해야 합니다. 기존 다문화교육의 포용적 측면을 계승하고 업그레이드하면서 세계시민교육으로 재구조화하는 노력이 필요하고, 여기에 세계시민교육이라는 문제 설정의 의미가 있습니다.

이는 우리 사회가 민주화 과정에서 정립해온 민주시민교육의 확장으로도 이해할 수 있습니다. 그래서 저는 가끔 세계-민주시민교육이라는 표현을 사용하기도 합니다. 두 가지 모두 핵심가치는 배려, 존중, 평화, 공존, 상생, 포용, 평등입니다. 차이는 단지 이것이 한 민족과 국가 내에서 폐쇄적으로 이루어지는가, 아니면 지구촌을 단위로 하는 세계적 맥락에서 실현되는가입니다. 국가, 인종, 민족, 문화, 종교에 따른 형질적 차이를 더 이상 낯선 대상으로 느끼지 않는 것, 모든 세계 공동체 일원을 '또 다른 나'로 인식하는 것, 그것이 세계시민교육이 추구하는 이상입니다. 단순히 맹목적 양보만을 의미하는 것은 아닙니다. 우리 사회가 세계 속에서 건강하게 공존하기 위한 적절한 기술적 지식과 자원을 만들어가는 것 역시 세계시민교육의 중요한 한 부분입니다.

이러한 세계시민교육을 구현하기 위해 서울시교육청은 다양한 정책을 구상하고 추진하고 있습니다(아래 표 참조).

서울시교육청 세계시민교육 종합계획 중 중점 추진과제

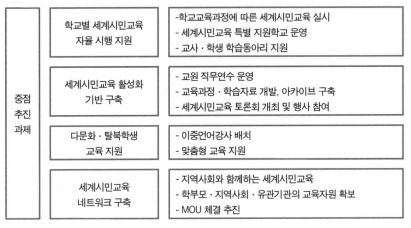

중점 추진 과제	학교별 세계시민교육 자율 시행 지원	-학교교육과정에 따른 세계시민교육 실시 - 세계시민교육 특별 지원학교 운영 - 교사 · 학생 학습동아리 지원
	세계시민교육 활성화 기반 구축	- 교원 직무연수 운영 - 교육과정 · 학습자료 개발, 아카이브 구축 - 세계시민교육 토론회 개최 및 행사 참여
	다문화 · 탈북학생 교육 지원	- 이중언어강사 배치 - 맞춤형 교육 지원
	세계시민교육 네트워크 구축	- 지역사회와 함께하는 세계시민교육 - 학부모 · 지역사회 · 유관기관의 교육자원 확보 - MOU 체결 추진

자료: 서울시교육청.

문화예술교육의 강화: 모든 학생이 '악기 하나, 운동 하나'

2015년 10월 7일 서울시교육청은 "학교문화예술교육 강화로 '1인 1문예 시대'가 옵니다"라는 제목으로 문화예술교육 중장기 발전계획을 발표했습니다.

혁신미래교육이 미래지향적 혁신교육이라고 할 때, 그리고 미래사회가 경쟁과 서열화와 지식 암기 위주가 아닌 감성과 창의성과 소통과 협력적 인성이 강조되는 '문화의 세기'로서 인간의 감성을 충족시키는 사회, 예술과 문화를 통한 창의적 상상력이 소중한 감성사회, 더불어 살아가는 창의적인 사회라고 할 때, 문화예술교육은 혁신미래교육의 핵심에 자리하지 않을 수 없습니다.

과거의 문화예술교육은 여타의 과목이나 교육과 분리되어 이루어졌습니다. 그러나 미래지향적 문화예술교육은 통섭적 문맥에서의 문화예술교육이어야 합니다. 이것은 서울시교육청이 '감성, 인성, 지성이 어우어지는 교육'이라고 표현하는 것과도 부응합니다.

통섭형 인재를 기르는 맥락에서 문화예술교육의 강조와, 그 문화예술교육에서 길러진 감성이 여러 다양한 교육과 내재적으로 연결되고 시너지를 발휘하는 어떤 교육이 이루어져야 합니다. 기자회견문에서도 밝힌 바와 같이, 통섭형 인재는 "삶을 총체적으로 디자인하는 능력(design), 설득, 의사소통, 자기이해를 위한 스토리 구성능력(story), 통합을 위한 조화를 이루어내는 능력(symphony), 균형과 배려의 공감 능력(empathy), 진지함에 놀이를 더할 수 있는 능력(play), 가치와 함께 의미를 발견할 수 있는 능력(meaning)"을 겸비한다고 할 때, 통섭형 인재를 키우는 문화예술교육의 필요성을 다시 강조하지 않을 수 없습니다.

문화예술교육의 강화라는 차원에서 서울시교육청은 임기 초부터 다양한 사업들을 전개해왔습니다. 먼저 2014년 7월 1일에는 앞서 문용린 전 교육감이 주도해서 완성된 서울창의인성교육센터가 개원했습니다. 2015년 10월 현재 2만여 명의 학생들이 2000여 개의 프로그램에 참가하고 있습니다. 다음으로 문화예술 중심 창의·감성학교를 운영하고 있습니다. 문화예술 프로그램 우선 지원을 통해 학교교육과정과 연계한 문화예술 중심 창의·감성교육 모델을 개발하고 우수사례를 확산하는 노력을 진행하고 있습니다. 셋째로, 예술강사 지원 사업을 지속적으로 추진하고 있습니다. 물론 이것은 서울시교육청만의 사업이 아니기는 하지만 문화예술교육에 중요한 기초가 됩니다. 현재 학교교육과정과 연계한 예술교과 협력수업을 통해 서울 학생들의 문화적 감수성 및 창의력이 향상될 수 있도록 지원하고 있습니다. 넷째, 학교예술교육 활성화를 위해 학생오케스트라, 학생뮤지컬, 예술동아리, 학생 연극회 및 연극동아리, 지역연계 예술교육시범교육지원청을 운영하고 있습니다. 특히 '2015 서울학생 오케스트라 향연'에 참가한 234개교 중 12팀이 '2015 세종문화회관 시민예술제'인 제2회 생활예술오케스트라 축제에 참여하게 되었습니다. 2016년 2월 26일에는 생활예술의 연장의 차원에서 '학생 필하모니 오케스트라'를 창단했습니다. 이 학생 필하모니 오케스트라는 2016년 3월 5일 세종문화회관에서 열린 생활예술 오케스트라 축제에서 일반 시민생활 필하모니 오케스트라와 함께 협연하기도 했습니다. 다섯째, 악기지원 사업을 통해 중학교 62개교에 음악교육을 지원하고 있습니다. 이 외에도 서울문화재단, 한국예술교육진흥원, 서울시 및 자치구 등 문화예술 관련 유관기관과 지속적인 협력을 통해 학생들에게 다양한 문화예술교육의 기회를 확대했습니다.

이 사업들은 일종의 지속사업이라고 할 수 있고, 특히 혁신미래교육의 일환으로 문화예술교육을 강화한다는 차원에서 다양한 노력을 기울이고 있습니다. 먼저 2014년 하반기부터 2015년 상반기까지 학교문화예술교육 활성화를 위한 정책들을 연구하고 문화예술교육 중장기 발전계획을 수립했습니다. 이 발전계획에서는 지금까지의 학교문화예술교육이 주로 예술 엘리트를 양성하고, 초중등학교의 예술교과가 지식과 기능 위주의 교육에 치우쳐 있다는 문제점을 개선하기 위한 근본적인 대책을 마련하고자 종합적으로 접근했습니다.

이 학교문화예술교육 중장기 발전계획은 2020년까지 실천해야 할 4대 실행 목표와 10대 추진 과제, 5대 핵심 사업으로 구성되어 있습니다(74~75쪽 그림 참조).

5대 핵심사업의 내용을 소개하면 다음과 같습니다. 첫째, 문화예술교육 강화를 위한 학교교육과정 개정 사업을 통해 문화예술을 단위학교의 교육과정과 연계한 (가칭) 문화예술 학교교육과정 개정 사업을 추진하는 것입니다. 이의 일환으로, 초등학교는 다양한 문화예술체험 기회 확대, 중학교는 1인 1 예술 집중 체험, 고등학교는 학년별 특색 있는 예술창작활동 참여 등 학교급 별로 역점 추진 내용과 구체적인 운영방법을 제시하는 문화예술교육과정 개 정 지침을 마련하고 있습니다.

둘째, 창의감성교육센터 확대 조성 지원을 위해 동부지역에 제2센터를 구축하고 기존의 창의인성교육센터라는 명칭을 창의문화예술센터로 개칭 하는 것입니다. 2014년 7월 1일 은평구에 문화예술센터의 기능을 하는 서울 창의인성교육센터가 개원했습니다. 중장기적인 목표는 권역별로 학교의 문 화예술교육을 지원하고 다양한 프로그램을 학교에 제공하며, 학생들의 문화 예술적 활동의 요람 기능을 하는 문화예술센터를 만드는 것입니다. 그러한 중장기적인 목표의 일환으로 제2센터 구축작업에 돌입하여 현재 진행 중에 있습니다.

특히 2016년 서울형 자유학기제 전면 실시에 따른 문화예술 및 창의적 체험활동 공간의 필요성 증대 및 학교 문화예술교육 활성화 지원의 필요에 부응하기 위해서도 이러한 센터는 절박하게 요구되었습니다. 그래서 동부 에 있는 서울동명초등학교의 유휴공간을 활용하여 2016년 말 개관을 목표 로 개원준비작업을 진행하고 있습니다. 센터 명칭은 센터의 본래적인 목적 을 잘 반영하는 '창의문화예술센터'로 개칭하고자 합니다.

셋째, 가장 역점을 두고 있는 것이 '1학교 1문화 예술브랜드'를 만들도록 지원하는 것입니다. 오케스트라, 애니메이션 등 학교의 특색을 살린 문화예 술 프로그램 운영에 필요한 예산을 확보하고, 유관기관과의 협약 등을 통해 인력 풀을 제공함으로써 학교별로 특색 있는 문화예술 브랜드를 만들도록 하는 것입니다.

넷째, 문화예술교육의 활성화를 위해서 학생들 개개인이 문화예술기예 (樂技) 하나, 스포츠 하나 정도는 충분히 즐기며 즐겁게(樂) 살아갈 수 있는

2015년 서울시교육청 학교문화예술교육 중장기 발전계획

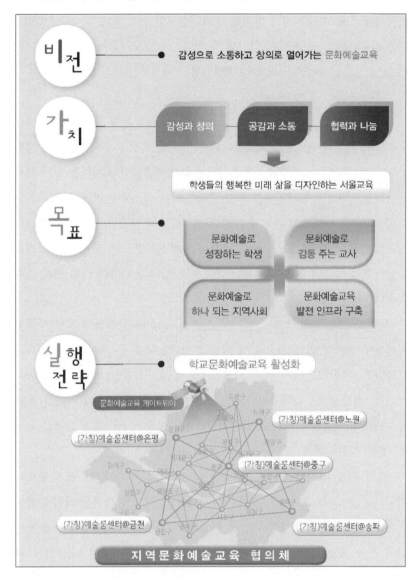

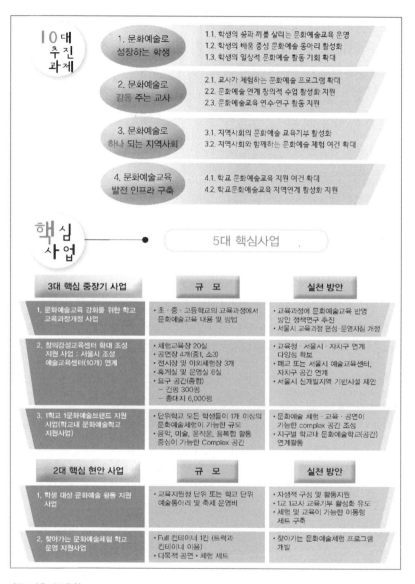

자료: 서울시교육청.

힘을 길러주는 것이 중요하다고 판단하고 이를 지원하는 것입니다. 1인 1예술동아리 활동으로 발표 기회를 확대하고, 1인 1문화예술 창작 프로젝트에 참여하여 학생 눈높이에 맞는 소규모 오페라 및 연극 제작 발표회를 갖도록 지원하고자 노력하고 있습니다. 또한 1인 1문화예술 활동 즐기기를 위해서는 감상체험 중심의 문화예술교육을 강화하고, 학기 단위로 희망하는 학교에 악기를 대여하는 등 1인 1악기 연주능력 갖추기를 위한 내실화 방안을 마련하며 문화예술공연 관람 기회를 확대하고자 노력하고 있습니다.

다섯째, 2015년 발표된 안에서 새로운 것인데, (가칭) 예술꿈버스 지원을 통해 단위학교로 찾아가는 문화예술체험을 지원하는 것입니다. 문화예술의 찾아가는 서비스 프로그램이라고 할 수 있습니다.

1차원적 인간에서 3차원적 인간으로

1964년에 출판된 마르쿠제의 책은 「1차원적 인간」이라는 제목을 달고 있습니다. 이는 현대의 소비사회에서 비판적 능력을 결여한 인간을 의미하는 것인데, 저는 국영수 중심의 암기식 지식교육으로 길러진 인간을 '1차원적 인간'으로 표현하고 싶습니다. 저는 서울 학생들을 그런 '1차원적 인간'이 아니라 '3차원적 인간'으로 길러내는 소망을 가지고 있습니다.

기존의 지식교육에 더하여 '악기 하나, 운동 하나'(문화예술기예 하나, 스포츠 하나)를 지향하여 스포츠 활동을 통해 단련된 인간, 문화예술적 감수성을 풍부하게 가져 스스로의 삶을 즐길 수 있는 인간으로 서울 학생들이 변화해 갔으면 좋겠습니다.

이런 의미에서 서울시교육청은 2016년 후반부터 연극, 뮤지컬, 영화 등 학생들이 집단적으로 함께 수행하는 '협력종합예술'을 중학교의 모든 학생들이 학급 단위로 행해볼 수 있도록 하는 정책을 추진하고 있습니다. 이미 학급 단위에서 이런 집단예술을 행해본 학교들이 많이 있습니다. 한결같이 그 효과가 단지 아이들의 문화예술적 감수성을 키우는 데 그치지 않고 학생들 간에 새로운 우정의 관계를 형성함으로써 학교폭력 감소 등의 효과까지 동반하고 있다고 말하고 있습니다.

이미 우리 학생들은 기성세대에 비하면 '신인류'라고 할 수 있을 정도로 폭넓은 음악적·문화예술적 감수성을 가지고 있습니다. 그래서 교사들이 이러한 능력들이 발휘될 수 있는 시간과 공간, 무대를 마련해준다면 더욱 폭넓게 확대되어갈 수도 있을 것입니다.

이를 위해서는 아무래도 전문적 지도능력을 갖는 문화예술가들이 필요합니다. 이런 의미에서 가칭 '학교문화예술 총감독' 같은 형태의 전문적 지도인력을 제공하는 방식으로 협력종합예술이 학교에 뿌리내릴 수 있도록 노력하고 있습니다.

공교육 강화의 연장선상에서 유아 교육의 강화

그동안 유아교육은 유치원과 어린이집으로 나뉘어, 전자는 교육의 연장으로 후자는 보육의 일부로 이루어져 왔습니다. 그래서 전자는 교육부와 교육청에 의해 관리되고 지원되어온 반면, 후자는 보건복지부와 지방자치단체를 통해서 관리되고 지원되어왔습니다. 정부가 추진하고 있는 누리과정은 바로 이 두 가지에 대한 국가책임을 천명하고 이를 일정하게 통합하여 공통의 교육·보육과정으로 진행되도록 하는 것입니다.

사실 좋은 대학에 가기 위한 입시경쟁, 내 자녀가 교육을 통해서 좋은 대학, 좋은 직장, 높은 사회적 지위에 이르도록 하기 위한 교육경쟁은 이제 유아기에서부터 시작되고 있습니다. 그래서 자기 자녀들을 좋은 유치원에 보내기 위한 경쟁도 점차 치열해지고 있으며, 이 과정에서 부모의 경제적 격차가 유치원 교육에까지 확연한 격차로 관철되어가고 있습니다. 이런 의미에서 유치원 교육을 공교육의 일부로 인식하고 그 과정에서 격차를 줄이며, 더욱 좋은 유치원 교육을 제공하고자 하는 노력은 이전에 비해 훨씬 큰 의미를 갖게 되었습니다. 저도 처음부터 유치원 교육을 강화한다는 점을 강조하고 그런 방향에서의 지원에 노력하고 있습니다.

취임한 지 6개월이 조금 되지 않은 2014년 11월 24일, 저는 '유아교육 발전을 위한 서울특별시교육청 종합계획'을 발표했습니다. 이 종합계획은 단기과제 5개 안과 중기과제 2개 안을 담고 있었습니다. 그 핵심정신은 교육청의 유아교육에 대한 책무성과, 더 나아가 유아교육의 공공성을 강화하는 것으로 요약할 수 있습니다.

먼저 단기과제를 제시해보고자 합니다. 첫째, 유치원에 교무행정실무사를 배치하는 것입니다. 유치원 특히 전임 원장·원감선생님이 없는 공립 병설유치원은 수업에 전념해야 할 교사들이 행정 업무로 많은 어려움을 겪고 있습니다. 누리과정 학비 지원, 유치원 정보 공시, 운영위원회 등 수업 외 교무행정업무가 많이 늘어나 교사들이 수업 준비 등 교육에 전념하는 데 어려움이 있습니다.

곽노현 전 교육감 시절에 교원업무 정상화라는 지향 아래, 초중등 학교급에는 교무행정지원사 혹은 실무사가 배치되었습니다. 그러나 유치원에는 어려운 예산 사정으로 인해 배치하지 못하고 있었습니다.

이에 서울시교육청에서는 단계적 배치를 한다는 원칙 아래, 먼저 2015년에 15개 병설유치원에 교무행정실무사를 배치했고, 2016년에는 97개 유치원에 이를 배치했습니다. 유치원 선생님들이 교무행정 부담에서 벗어나서 아이들을 위한 수업에 전념할 수 있도록 앞으로도 점차적으로 확대 배치하고자 하는 계획을 가지고 있습니다.

다음 둘째로, 1일 수업시간을 3~5시간 범위 내에서 탄력적으로 편성할 수 있도록 허용했습니다. 교육부 고시 유치원 교육과정에는 1일 수업시간을 5시간 편성하도록 하고 있습니다. 만 3세부터 만 5세까지를 교육하는 유치원 유아들의 발달 특성상 일률적인 1일 5시간, 즉 300분 편성은 초등학교 1~2학년의 일일 수업시수 평균 3.75시간보다 더 많은 시간입니다. 교육부의 지침에 따라 1일 5시간 편성으로 유치원 귀가시간이 초등 저학년 귀가시간 보다 늦은 오후 2시가 됩니다. 이는 유아 발달상, 특히 만 3세 유아의 경우는 심리적·체력적으로 큰 부담이 되고 있는 것이 사실입니다. 유치원 교사들도 수업시수의 탄력적 운영을 줄기차게 요구해왔습니다.

정부가 학부모의 요구, 누리과정 학비 지원 등을 고려하여 1일 5시간(30분 범위 내 조정 가능)을 편성하도록 했으나, 유아들의 체력적 부담, 교사의 수업 부담에 대한 어려움이 있었던 것이 사실입니다. 그래서 서울시교육청에서는 2015년부터 유치원별로 5시간을 기준으로 수업시간을 편성하되, 학부모의 의견 및 지역적 특성을 고려하여 유치원 운영위원회 심의 및 자문을 거쳐 3~5시간 범위 내에서 탄력적으로 편성할 수 있도록 허용하는 식으로 정책을 변화시켰습니다.

셋째로, 학급당 정원 기준을 하향 조정하는 정책을 추진했습니다. 2014년 말 현재, 유치원 학급당 정원은 '만 3세 18명, 만 4세 24명, 만 5세 28명이며, 단서조항으로 인가 정원 내에서 급당 인원을 조절할 수 있다'라고 되어 있었습니다. 이는 초등학교보다 많은 인원으로, 가정을 벗어난 첫 학교생활인 유치원에서 생활교육이 이루어지기 위해서는 개별적인 보호와 상호작용이 필요하며, 안전 관리 면에서도 학급당 정원 조정이 필요한 실정이었습니다. 2015년에 과도기간을 둔 후에 2016학년도부터 연령별로 2명씩 줄여 '만 3세 16명, 만 4세 22명, 만 5세 26명'으로 조정하고, 소그룹 활동 및 보조적인 지원인력이 추가되기도 하는 사립유치원은 운영 특성을 고려하여 조절이 가능한 범위를 설정하여 '만 3세 16~20명, 만 4세 22~25명, 만 5세 26~30명'으로 학급당 정원을 조정했습니다.

넷째, 유치원 교권 보호를 위한 상담센터를 설치·운영하는 것입니다. 민주적이고 행복한 유아들의 학교, 교사들의 일터가 되도록 지원하려 하고 있습니다. 공립은 대다수가 규모가 작은 병설이며, 사립은 임면권이 설립자(대부분 개인)에게 있는 실정을 감안하여 교사들의 소통 창구를 마련해야 할 필요가 있었습니다. 그래서 가칭 '유치원 교권상담센터'를 설치하여 교사들의 애로사항을 청취하고 지원하는 창구로 활용하게 만들었습니다.

다섯째, 사립유치원 공공성 확보를 위해 '공공형 운영 모델'을 마련하겠다는 것이며, 이를 위해 현재 그 모형을 개발하고 실행을 준비하는 중에 있습니다. 서울에는 유치원이 880여 개가 있는데, 그중 공립유치원은 약 20% 정도, 사립유치원은 약 80%를 점유하고 있습니다. 이런 상태에서 서울시교육청은 초등학교의 병설 유치원을 대대적으로 확충하고 단설 공립유치원도 최대한 확대하며 학급 수도 최대한 확대하여 공립유치원에 아이들을 맡기고 싶어 하는 수많은 학부모들의 요구에 부응하고자 노력하고 있습니다. 이전의 교육감 시절부터 준비되어온 것도 있지만, 제가 취임한 이후에 개원식을 한 유치원이 청계산 유치원, 위례별초 단설 유치원 등 다섯 개에 이릅니다. 사실 저는 인수위 시절 공립유치원을 임기 내에 최대 100개를 더 만들겠다는 공약을 한 바 있습니다. 현실적으로 만만한 일은 아니지만, 공립유치원 증설 이외에도 공영형 사립유치원 방식으로 범공립유치원을 확대해간다면 충분히 가능하지 않을까 생각합니다. 그래서 지금 사립유치원의 공공성 강화와 공립유치원 확대라는 두 가지 목표를 달성하기 위해 공영형 사립유치원 추진을 독려하고 있습니다.

2015년 9월 16일, 교육부가 새롭게 개발되는 지역에 법적으로 세워야 하는 공립유치원의 의무비율을 유아학생 수의 4분의 1에서 8분의 1로 줄이려고 하는 시행령 개정안을 입법예고한 바 있습니다. 서울시교육청은 이것은 교육부가 사립유치원의 로비나 요구에 의해 잘못된 방향으로 가고 있는 것이라고 판단했습니다. 그래서 시도교육감협의회를 통하여 교육부에 건의했고 국회 교육문화관광위원회의 의원들에게도 요청하여 교육부의 이런 방침을 철회하도록 노력한 바 있습니다. 다행히 교육부는 국민적 반대에 부딪혀 이 방침을 철회했습니다.

당시 「유아교육법 시행령 개정안」 입법예고에 대해 서울시교육청은 다음과 같은 논평을 발표한 바 있습니다.

교육부의 「유아교육법 시행령 개정안」 입법예고에 붙여

안녕하십니까, 서울시교육감 조희연입니다.

최근 교육부에서 "도시개발 사업 등에 의한 인구 유입지역의 공립유치원 유아 수용 규모를 초등학교 정원의 4분의 1 이상에서 8분의 1 이상으로 변경"하는 내용으로 「유아교육법 시행령 개정안」을 입법예고했습니다.

이는 학부모들의 공립유치원에 대한 높은 선호도를 외면하고 선택권을 제한할 뿐만 아니라, 유아교육의 공교육 강화 추세에도 역행하며, 정부의 유아교육정책과도 배치되는 방향의 개정입니다.

2012년도 우리나라의 전체의 공·사립유치원 수용률(공·사립유치원에 취원한 원아 수 비율)은 공립 20.7%, 사립 79.3%로, 2012년도 OECD 평균(공립 68.6%, 사립 31.4%)과 비교하면 공립유치원의 수용비율이 현저히 낮다는 것을 알 수 있습니다. 특히 서울은 2015년 기준 공립유치원의 원아 수용률이 16.5%에 불과합니다. 그 중요한 이유 중 하나는 서울의 공립유치원 비율이 전국 평균의 절반에도 미치지 못한다는 점입니다.

저는 교육감 취임 이래 유아교육 공교육화를 위해 많은 노력을 기울여왔습니다. 그중에서도 전체 유치원 수 대비 22%에 불과한 서울의 공립유치원 비율을 전국 평균 수준인 50%까지 끌어올리기 위해 공립 단설유치원 신설 및 초등학교 병설유치원 확충 정책을 꾸준히 추진해왔습니다.

그러나 서울은 도시개발이 이미 완료되어 도심 내 유치원 용지 확보가 매우 어려워서 단설유치원 신설은 거의 불가능한 실정입니다(최근 3년간 설립된 단설유치원 7개원 중 6개원 개발지구 내 신설, 1개원은 기설 초등학교 부지 내 신설). 초등학교 병설유치원을 신설하는 경우에도 돌봄교실, 교과교실제, 학급당 학생 수 감축 정책 등으로 인해 초등학교 내에 병설유치원을 설치할 수 있을 만큼의 여유 교실을 확보하기가 사실상 어렵습니다. 따라서 서울의 경우 택지개발 지역에 공립유치원을 신설할 수밖에 없는 실정인 것입니다.

또한 「2014 취학 수요조사」[영유아(만 0세~만 4세) 보호자(표본 4만 1611명)를 대상으로 유치원(공·사립), 어린이집, 사교육기관 및 미취학 등에 대한 수요조사] 결과 공립유치원에 입학을 희망하는 비율은 43.4%(서울: 45.7%)이지만, 실제 공립유치원에 다니는 비율은 11.0%(서울 5.7%)에 불과하여, 수요에 비해 공립유치원이 매우 부족한 실정임을 잘 알 수 있습니다.

이번에 입법예고된 '유아교육법 시행령 제17조 제3항 제3호'는 도심개발이 이미 완성된 지역이 아닌 도시개발사업·택지개발사업 등 인구 유입 지역에 한하여 적용하는 규정입니다. 만일 입법예고안과 같이 유치원 정원 기준을 절반으로 낮추는 것이 타당성을 가지려면, 해당 지역 공립유치원의 경쟁률이나 충원율이 낮아서 정원을 채우지 못하는 유치원이 많아야 하나, 현실은 그렇지 않습니다.

2014년과 2015년, 위 규정에 의해 설치된 전국 개발지역의 공립유치원 충원율은 100%에 육박하며, 특히 서울 솔가람유치원의 경우 입학경쟁률이 76대 1에 이르렀습니다. 이와 같이 개발지역에 공립유치원 공급이 부족한 실정을 감안하면 법 개정의 타당성이 결여되었다는 것을 알 수 있습니다.

법령 개정으로 '인구 유입 지역의 공립유치원 유아 수용 규모'가 절반으로 축소되면 신설 공립유치원 설립 규모가 현재의 반으로 줄게 되어 유아 공교육의 기회 또한 반으로 축소될 수밖에 없습니다. 이는 바로 교육비 상승으로 이어져 학부모의 부담을 가중시키는 등 비교육적인 결과를 초래할 것입니다.

또한 이번 개정안은, 양질의 유아교육서비스를 제공하기 위해 '병설유치원을 수요자 만족도가 높고 효율적인 운영관리가 가능한 단설 유치원 체제로 전환하고, 공·사립유치원 설치 비율의 균형 잡힌 개선을 통해 공교육 기회를 확대'하고자 교육부에서 2013년도 발표한 '유아교육발전 5개년 계획'과도 배치되는 것입니다.

유아교육의 공교육화를 앞당기기 위해서는 기존의 거주 지역에는 이미 설립된 사립유치원과 어린이집을 고려하여 공립유치원 신설 대신 공적지원 확대로 공공성을 강화하고, 택지개발지구 등 인구가 새로 유입되는 곳은 공립유치원을 설립하는 것이 더 실질적인 방안이 될 것입니다. 이를 통해 학부모의 수요를 충족하고, 공·사립 간 인프라 구축이 균형 있게 이루어져 교육의 질적인 향상이 달성될 것입니다.

이에 서울시교육청은 교육부의 "유아교육법 시행령 제17조 제3항 제3호의 1/4 이상에서 1/8 이상으로 축소 개정"하는 안에 대해 현행 유지를 건의합니다. 이와 함께 서울시교육청은 앞으로도 학부모의 선택권을 보장하고 유치원의 공교육화가 원활하게 추진될 수 있도록 최선을 다할 것입니다.

2015.10.8. 서울시교육감 조희연

또한 많은 누리과정 예산이 투입됨에도 불구하고 학부모의 학비 경감에 대한 체감 효과가 낮은 사립유치원의 운영 및 재정 투명성을 확보하는 일이 매우 중요합니다. 이에 사립유치원 공공성 확보를 위한 '사립 공공형 운영 모델'을 제안·시행하고자 준비하고 있습니다. 이 공공형 운영모델은 서울시에서 시행하고 있는 '서울형 어린이집'과 같은 형태를 띨 수도 있고, 사립대처럼 법인으로 전환이 가능한 유치원의 경우 개방이사를 두는 방안도 있을 수 있습니다. 더욱 높은 수준의 공영 유치원을 상상해본다면, 법인으로 전환하고 이사회의 과반수 이상을 개방이사나 관선이사가 차지하고 설립자의 정신을 대표하는 상징이사가 참여하며, 반대로 교육청에서는 공립유치원과 동일한 재정적·행정적 지원을 하는 방안도 있을 수 있겠습니다.

저는 이와 함께 다음과 같은 두 가지 중기과제를 또한 추진하고 있습니다. 먼저 유아교육진흥원과 같은 유아 체험교육관을 권역별로 설치하는 것입니다. 유아교육진흥원의 분원이 될 수도 있고, 독립적인 유아 놀이체험 교육관 같은 형태를 가질 수도 있겠습니다. 현재 사직동에 있는 유아교육진흥원은 서울 전역의 유치원 아이들의 놀이 수요를 충분히 수용하지 못하고 있습니다. 어린 시절의 다양한 놀이 체험이 평생의 삶에서 미치는 긍정적 영향, 유아의 지적 발전에 미치는 긍정적 영향에 대해서는 이미 널리 인정되고 있습니다. 이런 의미에서 마음껏 뛰어놀며 건강과 꿈을 키워 나가야 할 유아들을 위해, 체험활동을 할 수 있는 터전을 마련하는 작업은 중요성을 갖습니다. 대도시 특성상 아파트 등 집단 거주지가 대부분으로, 우리 아이들이 신나게 뛰어놀 수 있는 공간을 제공해주지 못하는 것이 현실이므로, 유아교육의 연장에서 이를 해결하는 방안이 시급합니다.

서울교육청 산하 학교 이적지 등을 포함하여, 서울시의 대규모 도시개발 지역에서 공간을 확보하는 것 등을 통해 유아 놀이 체험교육관을 확대하는 노력은 지속되어야 한다고 생각합니다.

마지막으로 일종의 상징적인 작업이라고도 할 수 있는데, 유치원을 '유아학교'로 개명하는 작업입니다. 일제 잔재인 유치원이란 명칭을 '유아학교'로 개명하도록 법 개정을 위해 노력하겠다는 약속을 2014년 11월 기자회견에서 한 바 있습니다. 이미 국민학교는 초등학교로 개명이 이루어졌는데, 아직도 유치원이란 명칭은 그대로 사용되고 있습니다. 유아학교로의 개명은 교육의 출발점이 되는 유아교육의 공교육 체제 확립을 위해 필요하며, 초중등교육과 나란히 공교육 체제하의 기초교육으로 확고히 자리매김한다는 큰 의미가 있다 하겠습니다. 물론 이는 교육청의 의사결정으로 이루어지는 것이 아니라, 국회 차원의 법률개정이 필요하므로 이를 위한 여론 형성과 협력의 노력이 필요하다고 하겠습니다.

능력 중심의 사회 구현을 위한 '고졸 성공시대' 정책

혁신미래교육정책의 가장 핵심에 일반고 전성시대 정책이 있다고 하면, 이 정책과 함께 쌍두마차로 추진하는 정책이 '고졸 성공시대' 정책입니다. 이는 학교유형 측면에서는 특성화고 교육을 지원하겠다고 하는 의지의 표현입니다.

현재 우리 사회는 점점 더 '격차사회'가 되고 있습니다. 직업 간에, 정규직과 비정규직 간에, 고졸과 대졸 간에, 좋은 학벌대학과 그렇지 못한 대학 간에 '보상과 혜택의 격차'가 너무 크게 되어버렸습니다. 이제 어느 정도의 격차가 더 정의로운지, 어느 정도의 격차를 용인하는 것이 '최대 다수의 최대 행복을 위해서' 더 좋은지, 격차를 줄이기 위해서 무엇을 할 수 있는지를 고민해야 할 때라고 생각됩니다. 서울시교육청의 두 주요 정책이 '일반고 전성시대'와 '고졸 성공시대' 정책이라고 한다면, 후자는 특성화고 지원정책이라고 할 수 있습니다. 격차 사회를 줄이기 위해서는 고졸 성공시대가 열려야 하고, 일반고가 공교육의 중심에 확고하게 자리 잡아야 합니다.

사실 일반고 전성시대 정책의 강화 속에는 일반고의 직업교육 강화도 있지만, 진학교육의 강화라는 내용도 핵심적으로 존재합니다. 그러나 이것은 모두가 대학 가는 사회를 만들고 그것을 육성하겠다고 하는 것을 의미하지는 않습니다. 일반고 전성시대 정책은 대학진학교육의 기능이 공립학교에서는 현저히 약화되고 일부 사립 외고나 자사고에 집중되는 것에 대한 보완이라고 할 수 있는바, 이는 특성화고가 제자리를 굳건히 지키며 '심각한 학력 인플레와 이른바 스펙 경쟁에서 벗어나 능력 중심의 선진사회'를 견인하는 역할을 하는 것과 함께 가는 정책이어야 합니다.

선진국이라 하는 스위스의 경우, 고교 졸업생의 70%가 바로 직업세계에 진출하여 성공적인 삶, 행복한 삶을 영위하고 있습니다. 우리나라 청년들의 입직 시기는 OECD 평균에 비해 3.5년, 독일에 비해서는 무려 5년이 늦어지고 있는 것이 현실입니다.

대학 진학이 꿈인 학생들에게 최적의 교육이 이뤄져야 하는 것은 물론이지만, 그에 못지않게 직업 세계로 나아가는 것이 꿈인 학생들의 적성 개발과 맞춤형 교육 역시 매우 중요합니다. 고등학교만 졸업해도 꿈을 이루고 행복한 삶을 영위할 수 있어야 합니다. 그래서 서울시교육청에서는 진학교육과 직업교육의 대등하고 균형 있는 발전을 추구하고 있습니다.

이에 산업분야별로 특화되어 있는 특성화고등학교에서 소질과 적성에 따른 충실한 직업교육을 통해 행복한 삶을 영위하고 성공할 수 있게 하는 사회적 분위기를 조성하여 능력중심사회를 구현하는 데 일조하기 위해, 서울시교육청은 2014년 11월 21일 '고졸 성공시대'라는 모토를 내걸고 몇 가지 정책을 발표한 바 있으며 그 정책을 이후 지속적으로 추진해오고 있습니다.

첫째, 고졸 취업기회 확대를 위해 특성화고 및 마이스터고 졸업생의 서울시교육청 기술직 공무원 채용을 50%로 확대하고, 특성화고 기능대회에서 입상한 우수 인재를 실기교사로 채용하는 정책입니다.

둘째, 내실 있는 교육을 위해 특성화고 학과를 미래 유망분야 중심으로 개편·지원하고, 글로벌 Job 프로젝트를 실시하여 특성화고 학생들이 선진국에서 해외 현장실습과 기술 봉사를 하도록 하며, 일반고 학생들의 다양한 직업교육 기회를 지속적으로 확대하여 진로수정의 기회를 부여하고자 하는 정책입니다. 이를 위해 2015년 8월 31일, 서울시교육청 관내 일반고(자율형 공립고 1학년 포함)와 특성화고 간에 정해진 절차를 통해 학업이 중단되지 않고 학적을 옮길 수 있도록 진로변경 전학제도를 보완한 '서울형 고교 중간 진로변경 전입학제' 추진을 발표했습니다. 이것은 일반고에서 특성화고로 전학을 원하는 학생들을 위해 서울시교육청이 주도해 수시가 아닌 정시 전형으로 일괄 신청을 받고, 결원이 있는 특성화고 현황을 공지해 학생들이 편리하게 진로를 수정할 수 있도록 한 제도입니다. 2015년 2학기에 처음 시행된 이 제도 덕분에 236명의 일반고 학생 신청자 중 143명이 자신이 원하는 특성화고를 선택해 전학하는 데 성공했습니다. 2015년 상반기 일반고에서 특성화고로 전학한 학생이 총 46명이었던 점을 생각하면, 큰 성과가 있었다고 말할 수 있겠습니다.

셋째, 소질과 적성에 맞는 경로 설계를 지원하고자 일·학습 병행제에 적극 참여하고, 직업교육 진흥에 관한 조례를 추진하고자 노력하고 있습니다.

넷째, 고졸 성공시대 정착을 위해 중학생들의 자유학기제 연계 특성화고 진로체험을 체계적으로 실시하고, 사회 인식을 개선하기 위한 공익광고 캠페인을 강화하며, 고졸 성공시대 지원단으로 민관 거버넌스를 구성하여 운영하는 정책을 추진하고 있습니다. 현재 특성화고의 적극적인 협조 아래, 자유학기제를 경험하는 중학교 학생들이 특성화고의 실습장을 진로체험 공간으로 방문하는 사업이 성공리에 전개되고 있습니다.

사실 고졸 성공시대 정책은 일개 교육청의 노력만으로는 그 성공을 기대하기 어렵습니다. 무엇보다 사회적 직업세계에서 고졸자와 대졸자 간의 임금 및 소득 격차가 줄어들어야 합니다. 이런 방향에서 범사회적 노력이 경주되어야 하며, 노동조합운동 등도 더욱 강화되어 고졸 노동자의 권리와 권익이 더욱 증진되어야 합니다. 그런데 이런 노력과 함께 문화적 전환 노력도 필요하다고 하겠습니다. 한국 사회에서는 고졸과 대졸 간에 학력차별에 준하는 문화적 차별의식까지도 존재하고 있다고 할 수 있습니다. 사실 한국 사회는 긍정적인 의미에서는 능력주의(meritocracy) 사회라고 말해지는데, 그 능력이 학력 및 교육기간에 의해 주로 측정되는 독특한 문화적 전통을 가지고 있습니다. 전근대사회에서부터 '과거제도'와 같이 한 번의 시험을 통한 '엘리트의 능력주의적 선발기제'가 존재함으로써 이러한 특징이 더욱 강화된 면도 있습니다. 그러나 그것이 오히려 지금은 부정적 기능을 불러일으켜 심각한 학력중시사회, 학력차별사회, 혹은 학력인플레사회로 전환되어 있습니다. 이런 한국 사회를 개혁하려는 거대한 노력 속에 우리의 '고졸 성공시대' 정책도 놓여 있다고 할 수 있겠습니다.

'비리사학의 정상화'와 '사학의 공공성 확보'를 위한 정책

우리나라 사학은 그동안 고유한 건학이념을 가지고 학생 수용 및 균등한 교육기회 제공을 통해 사회에 지대한 공헌을 해왔습니다. 다만 일부 사학이 본연의 건학이념을 잊고 학교를 사유-재산화하거나 족벌체제로 운영하는 등 문제가 있는 것도 사실입니다.

사학의 공공성과 건전성을 훼손하는 병목 지점은, 잘못된 사유재산 의식과 공공기관으로서의 인식 부족이라고 생각합니다. 그리고 공공성과 건전성을 가능케 하는 법제도, 즉 사립학교법의 한계라고 봅니다.

국가재정이 취약한 상태에서 사재(私財)를 털어서 '교육을 통한 사회공헌'을 하고자 했던 것이 1세대 사학의 근본정신이었습니다. 그러나 지금은 국가재정이 튼튼해져 교직원들의 월급과 학교 운영비까지 국가재정으로 충당할 수 있게 되었습니다. 그러나 일부 사학에서 창업세대의 자녀와 손자손녀들이 창업주의 이러한 정신을 잃어버리고 사학을 일종의 '개인사유물'처럼 생각하여 이를 족벌사학처럼 운영하고 있습니다. 사유물 중에서도 큰 재산이 되니 이 재산을 누가 차지할 것인가를 둘러싸고 갈등이 생기거나, 후손들이 총장, 이사장, 교직원 등의 중요 직책에 포진하여 공공기관에 걸맞지 않게 전횡을 하는 경우가 나타나게 되었습니다(법원에서도 사학을 궁극적으로 개인 사유물로 판정함으로써 이를 조장했다고 할 수 있습니다).

본래 개인 기업이 아니라 '법인'화되는 순간, 이는 사유물의 성격을 넘어 공공성과 책무성을 갖는 기관으로서의 성격을 갖게 됩니다. 그런데 우리나라에서는 법인으로 전환하는 것(예컨대 복지기관이 개인 소유에서 법인으로 전환되는 것)을 국가재정 지원을 받기 위한 형태 전환 정도로 생각하고, 법인의 공공적 성격은 구현되지 않은 채 '무늬만 법인'으로 운영되는 경우가 일정하게 존재합니다. 사학의 문제도 바로 이런 점을 반영하고 있습니다.

그런데 이러한 왜곡성은 학생의 학습권과 사학에 대한 국민의 신뢰를 위태롭게 합니다. 이런 점에서 서울시교육청은 불건전한 일부 문제 사학에 대해서는 '사학의 공공성과 투명성'을 높이기 위한 강도 높은 대책을 강구하고자 노력해왔습니다.

그러나 2004년 사학법 개정이 좌절된 이후, 현재의 사학법에 의해서는 감독관청인 교육청이나 교육부의 권한이 대단히 제한되어 있습니다. 공립학교의 경우 감사를 하고 그 감사결과를 이행하지 않는 경우 적절한 감독권을 행사하여 그 문제점을 근원적으로 해결해갈 수 있습니다. 그러나 사학의 경우 '자율성'이 보장되기 때문에, 감사에 따른 징계 요구 등에 대해서 사학이 불응하는 경우 적절한 감독권을 행사하는 것이 제약됩니다. 물론 형사 고발을 하여 형사적 과정으로 처리되는 경우 그에 따라 일정한 개선이 이루어지기는 하지만, 그마저도 충분히 이루어지지 않는 경우가 많습니다.

이를 위해 서울시교육청은 몇 가지 측면에서 노력을 경주해왔습니다. 먼저 감사체제의 강화입니다. 감사관실의 역할을 확대 강화하고 교육지원청의 감사팀을 보강하기 위한 노력을 계속하고 있습니다.

그리고 서울시교육청의 청렴도를 획기적으로 제고하고 청렴의식이 전 조직에 확산될 수 있도록 우리 사회에서 청백리의 표상이 될 만한 분들로 '청렴종합대책위원회'를 구성하며, 강도 높은 청렴대책을 실시하는 등의 노력을 하고 있습니다. 서울시교육청이 생각하는 것과 달리 국가권익위원회에서 실시하는 시·도 교육청 청렴도 평가에서 매번 하위에 위치하고 있기는 하지만, 서울시교육청의 청렴의지나 청렴대책의 지향성에 대해서는 많은 인정을 받고 있습니다.

2015년 3월, 서울시교육청의 홍보영상으로 촉발된 촌지 논란은, 비록 일부 오해를 낳기도 했지만 큰 사회적 반향을 일으키며 더 이상 학교에 촌지문화가 용납될 수 없다는 강한 사회 분위기를 만들었습니다. 학교에서 교사들이 촌지를 받거나, 사학에서 공공연하게 교사 채용의 대가로 돈을 수수하는 등의 과거 관행은 상당 부분 극복되고 있다고 보입니다. 또 강력한 '성범죄 원스트라이크 아웃제'를 실시하여 묵과할 수 없는 비교육적 행태가 더 이상 학교 현장에 발붙이지 못하도록 하는 노력을 행했습니다. 이러한 노력의 일 환으로 '청렴시민감사관' 제도를 더 강화했고, 학교 운동부 비리 근절 등 청 렴도 향상 대책도 실시하고 있습니다.

또한 사학 법인의 재정 건전성, 법인 운영 공공성 확보를 위해 사학기관 운영평가제 도입을 추진하고 있습니다. 전국 시·도 교육청과 공동으로 학교 법인의 과태료 부과기준을 도입하기 위해 교육부에 이를 건의하는 등의 노 력도 하고 있습니다. 사학의 비리 영역 중에 교원 임용과정에서의 비리에 대 한 대처 방법의 하나로 사학의 교원임용시험 위탁제도(사학에서 채용 시험을 공립학교와 동일하게 교육청에서 주관하게 하고 일정 배수의 시험 통과 교원 중에서 사학이 최종 선발하게 하는 방안)를 확대하기 위해 노력하고 있습니다. 이의 촉 진을 위해, '동일 시·도 내 공·사립 동시 지원 합격제'를 도입했습니다. 즉, 교원 임용시험에 지원하는 후보자들이 공립학교나 사립학교에 동시에 응모 할 수 있도록 하는 것입니다.

2016년 4월에는 수년 동안 이사들 간의 갈등으로 교장을 선출하지 못하 고 있던 숭실고에 임시이사가 파견되었습니다. 많은 비리로 주목받고 있던 충암고에는 2015년 10월 전면 급식감사가 실시되었고, 그 결과 검찰에 충암 고가 고발되어 현재도 검찰의 수사가 진행되고 있습니다. 입시 비리로 이사 장이 구속되어 있기까지 하는 영훈 국제중은 2015년 12월 사학분쟁조정위 원회의 의결에 의해 임시이사체제가 정이사체제로 전환되면서 오륜교회가 새로운 운영주체가 되었습니다. 2015년 10월에는 하나고가 문제가 되었습 니다. 오세훈 시장 시절의 특혜와 비리 등에 대한 서울시의회 차원의 특별위 원회가 구성되어 청문회가 개최되었고, 의회의 요구에 부응하여 서울시교육 청에서 전면감사를 실시했으며 입시 부정 등 몇몇 중요 사안에 대해서는 검 찰에 수사를 의뢰하고 부적절한 학사 운영 등에 대해서는 교육청 차원의 징 계요구가 이루어졌습니다. 이 과정에서 학내 비리를 공개한 '공익제보자' 전모 교사에 대한 인권 및 교권 침해가 문제가 되었습니다. 2016년 1월에는 내부비리를 '공익제보'한 안 모 교사를 해직하고 유죄 판결까지 받은 행정실장을 옹호하는 등 문제가 제기된 동구마케팅고에 대해서 특별감사를 벌여 1억 5000만 원을 횡령한 사실을 적발함으로써, 교장과 행정실장에 대한 파면을 재단에 요구하고 검찰에 고발하기도 했습니다.

다양한 교육·문화 인프라 구축 정책

서울교육의 운영은 단지 학교라는 공간에만 의존하지 않습니다. 다양한 교육문화 인프라가 보강된다면 더욱 풍부한 교육이 가능할 수 있습니다. 이런 점에서 정독도서관을 지식과 문화예술의 종합공간으로 조성하고자 하는 작업이 진행되고 있습니다. 도서관이 단지 책 보는 장소일 뿐만 아니라 종합문화예술 공간으로 탈바꿈하고 있는 흐름에 발맞추어, 상징성을 갖는 정독도서관을 선도적으로 복합적인 창의문화예술 공간으로 전환하려는 프로젝트가 기본계획에 이어 추진되고 있습니다. 특히 정독도서관은 구 경기고등학교 터로서 한국이 낳은 세계적인 예술가, 백남준의 상징성이 존재하는 장소입니다. 그런 점에서 백남준 문화예술센터로서의 성격도 가지게 될 것으로 예상됩니다.

다음으로 제가 정력적으로 추진해보고 싶은 것이 '교육박물관', 더 나아가 '교육생활문화 박물관'을 건립하는 것입니다. 현재도 정독도서관 내에 작은 교육도서관이 있어서 교과서나 교복, 교실 등을 일부 재현해 보여주고 있습니다. 저는 이런 차원을 넘어서, 교육을 둘러싼 다양한 근현대사 생활문화의 변화과정을 보여주고, '교육입국(敎育立國)'의 전 측면과 과정을 보여주는 박물관을 건립하려는 꿈을 가지고 있습니다.

근현대사의 전 과정에서 변화해온 교육정책, 교육행정시스템, 입시정책 등을 보여주는 것은 물론, 학교 건축, 학생들이 즐겨보던 만화, 초등학생들이 즐겨 사용하던 장난감, 학교 앞 문방구의 변화, 이른바 '무즙 사건' 등 각종 교육 관련 사건들, 왕따, 학교폭력 등 부정적인 학교 현실의 단면, 유해식품 등 학생생활과 밀접한 연관을 가진 사회적 현상 등이 어떻게 변화해왔는가를 당시의 모습들을 재현하면서 보여준다면 우리 스스로를 돌아볼 수 있는 중요한 성찰적 교육의 보고가 될 것이라고 생각합니다.

한편 (가칭) 서울교육가족 힐링연수원 건립을 추진하고 있습니다. 최근들어 학교는 여러 가지 사건사고와 다양한 갈등의 발생으로 피로도가 높아지고 부담감이 더해지고 있습니다. 특히 교사의 역할과 부담이 날로 커져가고 있으며, 심지어 교사에 대한 학생의 폭력까지 벌어지는 상황입니다. 서울시교육청이 '교권보호 전담변호사'를 두어, 소송을 당하는 교사들에 대한 체계적인 법률지원을 하고자 하는 것도 이러한 현상에 대한 대응입니다. "선생님 한 분이 아프면 교실 전체가 아프다"는 말처럼, 교사들의 성찰과 치유는 교육의 회복력으로 이어져 자연스럽게 교육의 질이 높아질 것입니다. 현재 서울시교육청이 보유하고 있는 시설을 리모델링하거나 제주 등에 서울교육가족 힐링연수원을 건립하는 방안도 추진하고 있습니다.

일등주의
교 육 을
넘   어

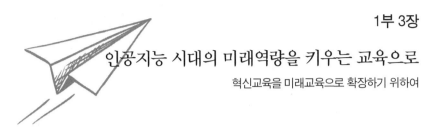

인공지능 시대의 미래역량을 키우는 교육으로

혁신교육을 미래교육으로 확장하기 위하여

유독 한국에 국한되어 두드러진 현상이긴 했지만, 국내 최고의 바둑기사 이세돌과 구글의 인공지능 바둑 프로그램인 '알파고'의 극적인 대결은 우리의 미래와 관련하여 많은 점을 고민하게 한 중요한 사건이었습니다. 혹자는 결과적으로 알파고가 인간을 이긴 이 세기의 대결을 두고 인공지능 시대의 도래를 크게 강조하기도 했고, 일각에서는 과도한 흥분이라고 비판하기도 했습니다. 그러나 분명한 것은, 2016년 대한민국을 뜨겁게 달군 '인공지능 시대'라는 화두는 교육과 직결되는 큰 과제로 다가왔다는 점입니다. 제4차 산업혁명 시대로 진입한 이때, 우리의 미래의 삶은 지금까지와는 다른 예기치 못한 조건, 또는 상당한 대비를 해야 하는 새로운 환경에 놓일 가능성이 높아졌습니다. 그러한 미래 사회상에 부합하는 인간 또는 그것을 주체적으로 극복하고 운영하는 인간을 어떻게 길러낼 것인가가 교육의 핵심 과제가 아닐 수 없습니다.

기술 중심주의적 시각에서 보면 인공지능 시대는 인간의 노동을 기계와 인공지능이 대신하고 인간은 여유로운 삶을 누릴 수 있는 것처럼 보입니다. 하지만 반대로 사회학적 시각에서 보면 오히려 노동의 소외, 기술 독점에 따른 경제적 불평등 심화 등 우울한 미래가 점쳐지기도 합니다. 불안하고 불안정한 미래에서, 자신의 삶을 스스로 가꿔가고, 더 나아가 사회공동체에 공공적으로 기여할 수 있는 사람으로 성장해가는 것은 점점 더 만만치 않은 일이 될 것입니다. 인간과 기계의 경계를 넘는 신인류의 등장, 자신의 존재론적 고찰을 처음부터 다시 해야 할 정도의 정체성 혼란 등을 목도하며, 이를 능동적으로 이겨낼 미래역량이 절실히 필요한 때입니다. 그래서 저는 그것을 '인공지능' 시대에 맞서 필요한 진정한 '인간지성'이라고 표현하기도 했습니다. 이 장은 그러한 인공지능 시대의 교육 방향에 대한 고찰을 담고 있습니다.

요즘 인공지능, 알파고, 이른바 제4차 산업혁명이라는 말이 교육계의 이슈가 되면서 학부모들의 불안이 커지고 있습니다. 「UN미래보고서」에 따르면 2030년까지 20억 개의 일자리가 없어지고, 현존하는 일자리의 80%가 사라진다고 합니다. 미국에서는 향후 20년 사이에 미국 내 '직업'의 47%가 사라지거나 변할 것이라는 보도도 있습니다. 2016년 세계경제포럼(WEF)에서는 "2020년이면 로봇에 의해 500만 개의 일자리가 사라질 것"이라는 보고서가 발간되기도 했습니다.

사실 생각하기에 따라서는 인공지능 시대가 몰고 올 미래의 변화는 지금 우리의 예측보다 훨씬 더 깊고 넓을 수 있습니다. 예컨대 콜센터 직원, 특허청이나 헬스케어 분야에서 일하고 있는 이들, 데이터를 다루는 직업군이 사라질 것이라고 합니다.

「UN미래보고서」를 인용해보면, "기술이 버스 안내양을 소멸시킨 것처럼 무인자동차는 운전기사를 소멸시킬 것"이라고 합니다. 버스와 택시, 운송업종이 소멸되는 것은 물론 심지어 의사, 변호사, 의사, 교수 등의 직업도 소멸될 것이라는 전망이 나옵니다. 무인자동차와 충돌방지시스템이 보편화되면 자동차 보험업 역시 사라질 것이며, 인터넷의 보급과 발전은 부동산 중개업과 같은 정보매개적 직업을 사라지게 만들 것이라고 이야기됩니다. 온라인 수업이 보편화되면서 언제 어디서나 대답해주는 가상교사가 현실의 교사를 대체할 것이라고 하며 음성인식 프로그램의 발전은 속기사와 비서 등의 직업을 소멸시키고 3D 교정장치가 발명되면 교정치과의사의 설 자리가 줄어들 것이라고도 합니다. 머지않은 미래에 인간 비서는 없어지고 로봇 비서가 보편화될 것이라고도 하고요. 그러니 한국의 부모들은 불안하지 않을 수 없습니다.

저는 이러한 불안의 현실성은 더 엄정하게 따져보아야 한다고 생각하지만, 어쨌든 이러한 변화에 대응하고자 노력하는 것은(비록 과잉이라고 하더라도) 충분히 의미가 있다고 생각합니다. 이런 점에서, 알파고 대국이 서울에서 이루어진 것은(학부모들의 불안을 과도하게 증폭시킨 측면도 있으나) 몹시 다행스러운 일입니다. 일각에서는 과잉 위기의식이며 정작 고민할 것은 다른데 있다고 하는 논자도 있지만, 그래도 한 10년 정도 인공지능 시대에 대비하는 예견적 준비를 일찍 시작할 수 있게 된 점은 다행입니다.

알파고 시대가 의미하는 것은 무엇인가

먼저 알파고 시대 혹은 인공지능 시대가 의미하는 것이 무엇인가에 대해서 논의를 할 필요가 있겠습니다.

주지하다시피, 알파고는 이전의 기계와는 전혀 다른 차원을 우리에게 보여주었습니다. 알파고는 '몬테카를로 트리 탐색' 알고리즘을 통해서 인간의 지능처럼 방대한 경우의 수에서 표본을 추출해 승률을 계산하고 여러 경우의 수를 저울질하면서 가장 유리한 선택을 합니다. 이와 함께 '심층 신경망(돌을 놓을 위치를 선택하는 '정책망'과 돌을 놓았을 때 승자를 예측하는 '가치망'으로 구성)' 기술을 결합해 최적의 한 수를 찾아내는 '인공지능적' 결정을 합니다. 물론 알파고는 단지 알고리즘의 발전만을 의미하는 것은 아닙니다. 과거와 다른 점은 데이터의 양이 무한대로 증가하며 새로운 경험들이 현재의 판단을 위한 데이터로 축적되어간다는 점입니다. 다양한 정보에 기초한 선택의 누적 과정에서 자체 강화학습이 이루어지고, 이는 곧 인간과 유사한 지능의 발전을 의미합니다. 이른바 '딥 러닝(deep learning)' 과정을 통해 스스로 판단하고 추론하는 능력이 확대되는 것입니다. 김대식의 이야기대로, "이제 기계는 사람보다 물체를 더 잘 인식한다. 바둑에서조차 사람을 이기기 시작한 기계는 머지않아 자동차를 운전하고, 건강을 책임지고, 노후대책을 마련해줄 것이다. 학습하는 기계의 등장은 호모 사피엔스만의 영역이었던 대부분의 지적 노동 역시 자동화될 수 있다는 것을 시사한다. 이런 자동화의 순간, 지적 노동은 대량 생산되기 시작할 것이다. 알파고와 이세돌 9단의 진정한 대결은 바둑이 아니다. 알파고의 승리는 어쩌면 그동안 경쟁자 없이 지구를 지배하고 있던 호모 사피엔스의 시대가 서서히 막을 내리고 있다는 사실을 보여주는지도 모른다"(김대식, 2016, 『김대식의 인간 vs 기계』, 동아시아, 12쪽).

사실 이런 인공지능의 새로운 차원은 알파고 대국을 통해 우리에게 당장이라도 현실이 될 것 같은 모습으로 다가왔습니다. 인공지능 관련 연구는 상당히 오랜 기간 누적되어왔는데 여기에는 과거의 산업혁명과는 분명히 다른 차원이 내재되어 있습니다. 즉, 인간의 고유한 능력이라고 판단했던 '지능'적 능력의 일정한 범주를 기계가 가지게 되었다는 것입니다. 더구나 (현재로서는 알파고가 인간을 흉내내는 데 그치는 '약한' 인공지능 단계에 머물러 있겠지만) 앞으로 인공지능의 발전에 따라 기계가 인간의 자아 상태와 같은 감정, 정서, 상상력 등의 지능적 능력을 갖는 '강한' 인공지능 단계로 발전할 가능성마저 있다고 할 때, 이것의 전환적 의미는 크다고 하겠습니다.

알파고를 포함한 인공지능 기계는 이전의 기계와는 확연히 다릅니다. 순수하게 인간의 능력이라고 여겨졌던 지능의 일정 측면이 인공지능 기계 자체의 내재적인 능력으로 수행된다는 점에서 전적으로 다릅니다. 기존의 기계는 도구적 기계, 즉 단순 기계였습니다. 설령 자동화 기계이더라도 그것이 수행하는 기능은 프로그래밍한 단순한 기능의 반복적 수행에 불과했습니다. 즉, 주체적인 정보 취득과 전략적 판단 능력에서 하위 수준의 기계였습니다. 그러나 인공지능적 기계의 탄생은 새로운 차원을 의미합니다. 일정한 지능적 판단회로를 거치는 기계의 탄생인 것입니다. 이것은 일종의 '기계 인간화'라고 표현할 수도 있습니다. 다시 말해 인간의 특정 기능을 자체의 내재적 기능으로 갖는 기계의 탄생인 것입니다. 더구나 신경과학, 인지과학, 뇌과학 등의 발전이 지속되면서 이러한 전환은 계속 충격적으로 확장될 것입니다.

그런데 저는 알파고 대국을 '인간 대 기계의 대결'로 보는 시각보다는 '인간 대 인간의 대결'로 보는 시각이 더욱 변화의 본질에 가깝지 않겠는가 하고 생각합니다. 알파고와 이세돌의 대국에서 이세돌이 '1승 4패'를 하는 충격적인 대국 결과가 나왔습니다. 많은 언론이 이 결과를 두고 '인간 대 기계의 대결'로 조명했음은 주지의 사실입니다. 마치 "인간 대 '인간이 된 기계'의 대결"에서 후자가 이긴 것처럼 보도하기도 했습니다. 그런데 당시 상식처럼 유포된 이런 견해대로 알파고와 이세돌의 대국을 단지 '인간 대 기계'의 경쟁으로 보는 것은 부절적한 것이 아닌가 생각합니다. 오히려 "'인공지능적 기계를 활용하는 인간' 대 그렇지 않은 인간의 대결"이었다고 보는 것이 타당하지 싶습니다. 그런 점에서는 기계가 승리한 것이 아니라 또 다른 인간이 승리한 것이라고 할 수 있겠습니다.

알파고와 이세돌의 대국 결과를 놓고 미래를 대비하는 차원에서 위기의식은 갖되 과도한 불안에 휩싸일 필요는 없을 것 같습니다. 궁극적으로 "인공지능 기계는 결국 사람이 만들며, 인간의 경험을 토대로 만들어진 것"이고, "인공지능 기계에 업무나 일을 지시하고 프로그램화하여 원하는 기능을 실행하도록 하는 역할은 결국 인간의 몫이며 인간만이 할 수 있는 것"이기 때문입니다. 인공지능이 인간을 따라잡는 과정, 즉 인공지능이 현 상태를 넘어 인간의 더 높은 능력을 따라잡게 하는 모든 것 역시 인간의 새로운 능력에 의해서만 가능하다는 점이 강조될 필요가 있습니다.

인공지능 시대의 교육개혁의 방향

어떤 견해를 따르던 간에, 앞으로 우리는 '인공지능을 발명하고 관리하는 인간'을 만들어내는 교육이 어떻게 변화해야 하는지를 고민해야만 합니다. 이러한 고민은 거시적인 교육철학 차원에서부터, 예컨대 수업시간에 인터넷이나 모바일 검색을 허용하는 문제를 포함해 ICT 매체활용 교육방식의 타당성과 방향, 코딩교육의 필요성과 방향 등의 구체적인 쟁점까지 광범위

합니다(손동빈, 2016, '알파고 시대의 학교교육', 서울시교육청·(사)징검다리공동체 공동주최 심포지엄).

먼저 인공지능 시대의 교육 변화와 관련하여, 제가 무엇보다 강조하고 싶은 것은 학생들을 '공부기계'로 만드는 낡은 교육을 넘어서야 한다는 점입니다. 특히 현재 한국의 교육은 기존의 '암기식 지식교육' 위주의 낡은 교육으로부터 빨리 탈피해야 합니다.

'기계의 인간화' 시대에 기계적 공부를?

한국 교육을 지배하고 있는 현재의 교육은 암기식 지식교육이라고 압축해볼 수 있는데, 이는 학생들을 '공부기계'로 만드는 교육입니다. 어떤 의미에서 '기계의 인간화'가 나타나고 있는 시기에, 우리는 아이들에게 '인간의 기계화'라는 방향에서의 교육을 강요하고 있는 셈입니다.

그 대표적인 예가 바로 선행학습입니다. '선행학습빨'로 좋은 대학에 가도록 아이들을 경쟁시키는 것이 오늘날의 대학입시교육입니다. 어떤 물리학자의 이야기에 따르면, 특목고 등 일류 학교에서 온 학생들이 대학교 1~2학년에는 공부를 잘한다고 합니다. 그런 유수한 고등학교를 나온 학생들이 대학 1~2학년까지의 교재를 선행학습으로 미리 '떼고' 들어오기 때문입니다. 그러나 그 이후에는 오히려 지적 발전이 지체되는 경우가 많다고 합니다. 우리를 환호케 한 이세돌의 한 수는 기계의 상상력을 뛰어넘는 '변칙수(變則手)'에 있었습니다. 이처럼 앞으로의 미래 교육은 기계의 프로그램화된 판단능력을 뛰어넘는 인간의 초(超)프로그램적 상상력을 키우는 교육이어야 합니다.

이제 아이들을 기계처럼 공부하게 하는 교육이 아니라, 기계가 할 수 없는 한 단계 높은 차원의 인간적 능력을 개발하는 교육으로의 전환이 이루어져야 합니다. '인간이 되고 있는 기계'와 '기계가 되도록 닦달하고 있는 교육'

사이의 갭이 지금처럼 큰 한국 교육은 반드시 혁신되어야 합니다. 이 갭을 극복하는 것이야말로 현 단계 우리 교육이 개혁해나가야 할 핵심과제입니다.

진정한 창의교육, 그것을 구현하는 '질문이 있는 교실': 모난 돌이 빛나는 교실

이런 점에서 다가올 인공지능 시대에 우리 아이들의 교실과 학교에서 이루어져야 할 교육은 무엇보다도 창의적인 교육입니다. 단순히 지식을 암기하는 '죽은' 교육이 아니라, 새로운 지식을 탐구하고 창출할 수 있도록 창의력을 키우는 교육이 필요한 것입니다. 서울시교육청에서는 이러한 창의교육의 실험을 '질문이 있는 교실'이라는 정책으로 압축하고 있습니다. 현재 우리의 교실에서 예상 밖의 질문을 하는 학생은 "왜 엉뚱한 질문을 하니? 진도 나가기도 바쁜데"라는 힐난을 받기 일쑤입니다. 이것은 우리의 교육이 '정답'을 찾는 교육으로 진행되고 있기 때문입니다. 앞으로 우리는 '모난 돌이 정 맞는' 교육환경이 아니라, '모난 돌이 빛나는' 교육환경을 만들어야 합니다. 괴짜가 왕따가 되는 것이 아니라, 괴짜의 참신함까지 돋보이게 하는 교육환경을 만들어야 합니다. 그리고 모든 아이들은 그 잠재성에서 독특함을 가졌다고 생각할 필요가 있습니다. 독특하지 않은 꽃은 없듯이, 우리 아이들을 세상에서 유일무이하고도 특별한 존재라고 인식해야 합니다. 지난 국가교육과정은 우리 아이들을 '근대적 지식보유자'로 만들기 위해 '획일적'으로 운용되어왔습니다.

사실 알파고를 이긴 이세돌의 변칙수는 기존의 정답을 뛰어넘는 상상력 위에서 가능한 것이었습니다. 그런 점에서 우리의 교육환경도 엉뚱한 질문을 '격려'하는 교실로 전환되어야 합니다. 이제 서양의 앞선 지식을 그대로 암기해 빨리 따라잡아야만 한다고 생각하는 '추격 마인드'로는 새로운 지식의 세계를 개척할 수 없습니다. 어떤 의미에서, 학생들이 외로운 창의적 길을 가도록 만들어야 합니다. 그리고 그런 교실 분위기를 만들어야 합니다. 인간만이 발휘할 수 있는 창의성(그렇지만 인공지능에 의해 부단히 추격당하는 창의성)을 북돋우는 교육이 진정으로 필요한 것입니다.

창의성은 여백의 교육에서 나온다

창의성을 함양하는 교육을 해야 한다는 주장에 대해 이의를 제기할 사람은 없을 것입니다. 단지 제가 하나 더 지적하고 싶은 것은 창의성도 삶의 여유와 여백이 있어야 나온다는 것입니다. 저는 평소 교사나 학부모와 이야기할 때 "쉼과 놀이, 적당한 잠이 있어야 창의성이 나온다"라고 말합니다. 이는 우리의 입시경쟁이 아이들을 가능하면 "쉬지 말고 놀지 말고 가급적 잠도 적게 자면서 열심히 공부"하는 방향으로 닦달하고 있음을 비판하기 위한 것입니다. 2015년 5월 강원도교육청이 주도해 전국 시·도교육감들이 함께 만든 '어린이 놀이헌장'은 "어린이에게는 놀 권리가 있다. 어린이는 차별 없이 놀이 지원을 받아야 한다. 어린이는 놀 터와 놀 시간을 누려야 한다. 어린이는 다양한 놀이를 경험해야 한다. 가정, 학교, 지역사회는 놀이에 대한 가치를 존중해야 한다"라고 말하고 있습니다. 어른들만 '저녁이 있는 삶'을 박탈당한 것이 아니라 아이들도 그렇습니다. 오죽했으면 어떤 어린이는 "대통령이 되어서 학원을 없애버리겠다"라고 말하기도 했습니다. 추격산업화 시대에 서양을 따라잡기 위한 교육에서는 어떻게든 서양의 앞선 지식을 고민 없이 단순히 모방하면서 '쉬지 말고 놀지 말고 가급적 잠도 적게 자면서' 머릿속에 지식을 우겨넣는 것으로 버틸 수 있었습니다. 그러나 이제 그러한 방식의 교육은 통하지 않습니다. 인공지능 시대는 바로 이 점을 우리에게 더욱 절박하게 알려주고 있습니다. 그런 점에서 우리는 인공지능 시대의 교육에서 창의성을 위한 '여백의 교육', '쉼이 있는 교육', '놀이가 있는 교육'을 역설적으로 촉진할 필요가 있습니다.

다양한 인문학적 상상력과 문예적 감수성을 북돋워야

새로운 창의적 능력에는 단순히 지식교육뿐만 아니라, 기계가 갖지 못한 감성적 능력을 함양하는 것이 필요합니다. 우리가 함양해야 하는 새로운 능력에는 '인문학적 상상력, 문화예술적 감수성, 협력적 인성, 감성능력' 등이 포함될 수 있습니다. 인공지능 시대의 새로운 교육은 이처럼 다양하게 구현될 수 있습니다. 문화예술감성교육, 독서인문토론교육, 협력적 인성교육, 인류의 다양한 지적 유산에 대한 감수성을 높이는 교육 등도 그러한 목록에 있을 것입니다. 최근 강조되는 자기관리역량, 의사소통역량, 심미적 감성역량, 창의적 사고력, 지식정보처리역량, 공동체 역량 등을 함양하는 것도 새로운 시대에 필요한 교육의 요목이 될 것입니다. 이 점은 뇌과학적 측면에서도 정당화될 수 있습니다. "통상 뇌과학자들의 분석에 따르면, 수학·연상·논리 등을 관장하는 좌(左)뇌와 문화예술·음악 등을 관장하는 우(右)뇌가 있다. 한국의 교육은 '뇌의 한쪽만을 편애하는 교육'이다. 선행학습을 통해 더 많은 지식을 좌뇌에 밀어넣는 교육인 것이다. 어떤 의미에서는, 인공지능이 발전한 나라에서 가장 취약해질 수 있는 뇌영역에 집중하는 교육을 하고 있는 셈이다. 뇌의 전 영역을 발전시키는 교육을 해야 한다"(정재승, 2016.5.2, '제4차 산업혁명 시대의 교육의 도전과 전망', 서울교육청 11층 강당).

기술주의적·인문주의적 극단을 피해

그런데 이러한 능력 가운데 기술적 지식의 중요성을 굳이 부정할 필요는 없다고 생각합니다. 제가 강조하고 싶은 것은 인공지능 시대의 교육개혁에서 극단적인 기술주의적 사고와 극단적인 인문학주의적 사고라는 양 극단을 피하는 것입니다. 먼저 기술주의적 사고는 인공지능 시대에 필요한 교육을 소프트웨어 교육이나 코딩교육으로 협애화하는 것입니다.

저는 새로운 소프트웨어 교육이나 그 일부로서 코딩교육의 확대 필요성을 지지합니다. 사실 '생각을 현실로 만드는' 기술적 방법은 기술 발전에 따라 달라집니다. 그런 점에서 소프트웨어 교육이나 코딩교육에 대해 적극적인 입장입니다. 단지 그것을 기술학습의 본질로 왜소화해서는 안 된다고 생각합니다.

예컨대 저보다 나이가 많은 기자나 문필가들 중에는 만년필이나 볼펜을 잡지 않으면 사고를 하거나 글을 쓸 수 없는 사람이 많습니다. 저를 포함해 우리 세대만 되어도 자판을 두드리지 않으면 사고가 나아가지 않는다고 말하는 사람이 많습니다. 이런 점에서 사고를 현실화하는 기술적 방법은 다양하며 시기에 따라 변해갑니다. 이 같은 변화의 측면에서 인공지능 시대의 우리의 아이들은 기성세대보다 더욱 높은 수준에서 자신의 사고를 '프로그램'적으로 구현하는 기술적 방법에 대해 학습할 수 있어야 합니다. 미래의 아이들이 살아가는 시대에는 인간의 사고와 상상력을 구현하는 기술적 방식이 더욱 발전할 것이고 그러한 발전에 부응하는 기술적 도구능력을 강화시켜야 할 것입니다.

그러나 이것은 '프로그램'적 사고의 훈련 과정, 논리적 사고의 확장과 훈련 과정으로서 이루어져야 하지, 단순 기술학습이 되어서는 안 됩니다. 만년필이나 볼펜, 자판, 코딩기술 그 자체가 중요한 것은 아니며, 그와 같은 기술적 도구에 갇혀서도 안 됩니다. 그런 점에서 소프트웨어 교육을 하지만, 거기에 매몰되어서는 안 된다는 것입니다.

소프트웨어 교육도 어떤 관점에서 접근하느냐에 따라 달라질 수 있습니다. 어린 시절에 배우는 소프트웨어 교육이나 코딩교육이 역으로 그러한 기술적 도구에 의해 아이들의 상상력을 가두는 식으로 작동해서는 안 됩니다. 오히려 어린 시절에는 더 많이 배우고 더 넓은 상상력의 세계로 나아가게 해야 합니다. 사실 어린 시절만큼 상상력을 확장할 수 있는 기회는 없습니다. 이른바 코딩교육의 핵심이 "프로그래밍 과정에서의 '숏컷(shortcut)', 즉 더

짧고 효율적인 알고리즘을 발견하는" 것이라고 할 때, 우리의 교육과정에 중요한 것은 새로운 숏컷을 발견하고 사고할 수 있게 하는 것, 그리고 다른 사고를 가능하게 만드는 새로운 상상력의 경험을 확장시켜주는 것입니다. 프로그램에 매몰되고 주입식으로 배움으로써 그 안에 갇혀서는 안 됩니다. 프로그램을 그대로 외우는 것이 아니라 프로그램에 재현되어 작동하는 논리적 능력을 학습하게 하는 교육이 이루어져야 합니다(구글 같은 글로벌 창의기업의 직원들이 자신의 아이들이 어릴 때 컴퓨터나 휴대폰을 사용하지 않도록 하는 '역설적인' 노력도 이런 점에서 의미가 있습니다). 여기서 문제는 기술이 아니라 그 기술을 뛰어넘는 인간 고유의 논리적 상상력을 배양하는 교육입니다.

반대로 인공지능 시대의 교육개혁을 위해 인문주의적 편향으로 달려갈 필요는 없습니다. 기계와는 다른 인간의 고유한 능력을 개발하려면 '기계가 할 수 없는 능력'을 개발해야 한다고 말하는 경우가 많은데, 이는 어떤 의미에서 인문주의적 편향이라고 할 수 있습니다. 이는 '인간 대 기계의 대립'을 전제로 한 제언인 셈입니다. 그러나 '인공지능적 기계를 활용하는 인간 대 그렇지 못한 인간', '인공지능적 기계 시대를 살아가는 인간 대 과거의 기술적 조건에서 사고하는 인간'의 대립이라는 틀에서 보면 또 다른 제언을 할 수 있습니다.

이런 두 가지 편향적 사고에서 나아가, 새로운 인공지능적 기술능력과 인문학적 상상력이 별개가 아니라 상호연결되고 시너지적 상호작용을 낼 수 있어야 한다는 점도 강조될 필요가 있습니다. "첨단 물리학의 발전은 결국 수학과 철학의 발전에 달려 있다"라는 말의 의미도 이것과 연관이 있습니다.

근대적인 분과학적 사고를 넘어야

이를 위해서는 기존의 문과·이과 구분과 그것을 강화하는 대학의 분과학적 체제에 고착된 사고를 넘어서야 합니다. 이것은 최근 창의융합교육에 대한 강조와도 맥을 같이하는 것입니다.

사실 우리의 교육은 지나치게 기존의 문과·이과 구분을 포함한 학과 구분, 대학의 학문편제 구분에 고착되어 사고하는 경향이 있습니다. 인공지능 시대의 새로운 도전은 근대적인 분과학편제에 대한 해체적 사고를 요구하고 있습니다. 이미 오래전부터 탈(脫)분과학적인 혹은 포스트분과학적인(post-disciplinary) 사고의 필요성이 지적되어 왔습니다. 마치 유교와 유학이 중국에서보다 한국에서 더욱 '고전적인' 형태로 숭배되듯이 말입니다. 인공지능 시대의 기술주의적 편향과 인문주의적 편향을 넘어서기 위한 노력에는 바로 근대 분과학적인 분류체계를 상대화하는 인식이 요구됩니다. 인공지능 시대는 근대적인 학문분류체계에 의한 지식의 칸막이마저도 넘어서야 한다고 요구합니다. 인공지능으로 대표되는 현실에 조응하는 유연한 개방적 사고를 비롯해 여러 분과학들을 뛰어넘는 초(超)연결적 네트워크형 사고 또한 필요합니다. 인공지능 시대가 요구하는 새로운 지혜 탐구의 자세는 기존의 분과학적 분류, 심지어 인간과 기계의 경계마저도 상대화하는 '초월적' 사고입니다.

이런 점에서 인공지능 시대의 교육개혁에는 교사와 교수의 역할을 재조정하는 것이 포함됩니다. 교수와 교사의 기존 역할 중에서 지식전달의 역할은 아마도 인공지능의 등장으로 인해 약화될 수밖에 없을 것입니다. 인터넷과 모바일 시대가 도래함에 따라 학생들이 알지 못하는 '방대한 지식을 자랑하는' 식의 교수방법과 역할은 도전받고 있습니다. 결국 인공지능 시대의 교육개혁은 지식탐구자로서 학생의 자기주도적 성장을 돕고, 학생과 소통하는 교사의 역할을 강조하는 방향으로 나아갈 수밖에 없습니다. 어떤 의미에서 교사와 교수의 역할은 대화이자 소통인지도 모르겠습니다. 최근 관심을 모으는 '거꾸로 교실(flip-learning)' 같은 것만 하더라도 교사의 변화된 역할을 내포하는 교수법이고, 그러한 변화가 교실을 생동감 있게 만드는 데 성공하고 있음은 시사하는 바가 큽니다.

이 같은 변화는 단지 교수방법의 개선만을 의미하지는 않습니다. 학생을 지식의 전달대상이 아니라 교사와 동일한 지식탐구자라고 인식할 필요가 있습니다. 학생이 지식을 전달받는 대상인 것은 분명합니다(협력적 지식탐구자가 되면 더욱 좋을 것입니다). 그러나 초등학교에서조차 학생이 교사와 다른 지식탐구의 자세를 갖는다면 교사보다도 더 월등한 지식탐구의 최종 목적지에 도달할 수도 있을 것입니다. 아무래도 교사와 학생 간의 지식 '위계'가 큰 초중등교육에서는 이러한 입장의 설득력이 부족할 수 있습니다. 한국 사회에서는 대학원 수준에서도 교수와 학생 간 지식탐구의 위계가 큽니다. 우리의 일반적 지식 문화가 그러하다는 것입니다. 대학원 수준이 되면 교수와 대학원 학생은 거의 수평적인 지식탐구의 존재가 되어야 합니다. 교수와 다른 사고와 접근방법을 가지면 가질수록 더욱 창의적인 지식탐구를 할 수 있습니다. 다른 출발점과 시선, 시각, 발상으로 접근할 때, 새로운 지식의 창출자가 될 가능성이 큽니다. 그러나 현실은 정반대입니다. 대학원 수준이 그러할진대, 지식 자체의 위계가 큰 초중등교실에서는 더 말할 나위가 없습니다. 나아가 정치적 권위주의, 그리고 그 위에서 관행화된 학교 권위주의가 이런 지식의 위계구조를 공고히 하고 있습니다. 어떤 의미에서 새로운 창의적 사고는 이 같은 현실의 배경적 변화까지 우리에게 요구하고 있다고 하겠습니다.

인공지능 시대의 새로운 교육불평등

인공지능 시대는 산업생산, 사회적 삶, 정치적 삶 등에서도 획기적인 변화를 몰고 올 것이 분명합니다. 그런 점에서 인공지능 시대를 살아내고 그 시대를 관리할 인간을 육성하는 교육은 당연히 이런 변화에 대처하는 능력을 함양해야 합니다. 우리의 고민도 여기에 있습니다. 인공지능 시대를 맞이하는 우리의 교육 도전 앞에는 사회적 불평등과 그 일부로서의 교육불평등도 존재합니다.

저는 취임 100일째 되는 날에 '교육불평등에 도전하는 교육감'이 되겠다고 말한 바 있습니다. 개인적으로 가장 핵심으로 내세우는 교육정책 방향 역시 교육불평등의 완화입니다. 그렇다면 다가오는 인공지능 시대에는 교육불평등이 없어져 있을까요? 그렇지 않습니다. 한때 세계화가 평등한 장밋빛 세상을 가져올 것이라는 기대가 있었지만 도리어 훨씬 더 '울퉁불퉁한 세계'를 불러왔음을 상기한다면, 오히려 새로운 도전이 제기될 것이라고 봅니다.

인공지능 시대에 로봇이나 인공지능이 인간이 하던 어려운 일들을 하고 인간은 오히려 즐기는 위치에 있게 될 것이라는 전망도 나옵니다. 그러나 내 생각은 정반대입니다. 기존의 시대와 달리 (새로운 응전을 하지 않는다면) 인공지능 시대는 더 큰 불평등과 교육불평등을 동반할 가능성이 큽니다.

인공지능 시대에 격차가 더욱 확대될 수도 있다?

그 이유는 몇 가지로 생각해볼 수 있습니다. 먼저 기술의 복잡성과 고도성은 기술사용자인 소비자와 기술활용 생산자의 갭을 크게 할 것이기 때문입니다. 저는 소비자가 기술제품의 원(原)기술과 거리가 멀면 멀수록(보통 사람이 자력으로 도달하기가 어려우면 어려울수록), 그 기술은 자본과 기술을 가진 사람에게 더 큰 이익과 권력을 부여하게 된다고 생각합니다.

사실 로봇 생산, 인공지능을 활용한 생산은 이전에 비해 생산력(生産力)의 비약적 발전을 가져오게 될 가능성이 큽니다. 그리하여 인공지능을 활용하는 개인이나 기업과 그렇지 않은 개인이나 기업 사이에, 이전의 '디지털 디바이드(digital divide)'보다 훨씬 더 '인공지능 디바이드'가 확대될 것입니다. 그러한 생산력으로 창출되는 부를 둘러싸고는 더 큰 집중과 격차가 발생할 가능성이 있습니다. 그래서 보통 사람이 더욱 이해하기 어려운 기술이 생겨나는 인공지능 시대에는 이전보다 불평등이 더 심화되고 부의 격차, 기술의 소유주와 소비자 간의 거리가 한층 더 확대될 가능성이 크기에 이에 대한 대응이 필요한 것입니다.

다음으로, 인공지능 시대에 불평등이 더욱 심화될 것으로 생각하는 이유는 자본이 노동에 의존하는 정도가 더욱 작아지기 때문입니다. 마르크스가 이야기한 '필요노동과 잉여노동의 관계'는 자본의 노동의존성을 전제로 한 것입니다. 이미 생산자동화와 생력화(省力化)를 통해 경험한 바와 같이, 자본의 노동의존도 감소는 재산과 소득에 대한 노동의 접근성을 현저히 약화시켜온 것이 사실입니다. 로봇의 등장과 인공지능 기계의 산업화는 이러한 경향을 더욱 촉진시킬 것이 명확합니다.

이런 점에서도 위기가 존재합니다. 심지어 제4차 산업혁명 시대의 의학기술 발전은 모든 사람의 평균 수명과 그들의 질병 치료를 평균적으로 향상시키지만 수명을 둘러싼 계급계층 간 차이를 심화시킬 가능성이 큽니다. 심지어 죽음조차 불평등해질 가능성이 더 커진다는 이야기입니다. 예컨대 저소득층의 수명과 고소득층의 수명 차이가 10년 이내라면 감내할 수도 있겠지만 50년이나 된다면 이는 사회의 공동체성이 깨질 정도가 될 것입니다. 이러한 위기적 요소는 역설적으로 제4차 산업혁명 시대에 심화될 가능성이 큽니다. 인간의 주체적 응전이 필요한 때입니다.

이렇게 보면 기본소득을 포함하여 (복지국가 시대와는 다른) 생산력과 부의 '공유' 모델이 필요합니다. 그런 마인드를 갖도록 하는 사회적 교육도 요구됩니다. 만일 공유의 기제가 과거와 다른 방식으로 작동하지 않는다면, 사회가 공동체로서 유지되기는 어렵습니다. 폴라니가 시장의 확대에 따른 사회의 위기를 예견했던 것보다도 더욱 확대된 규모로 위기가 출현할 가능성이 있습니다.

개인적인 수준에서도 제4차 산업혁명의 시대의 개인들, 특히 젊은 세대들은 더욱 심화된 '잉여'인간이 될 가능성이 큽니다. 아무리 경쟁적으로 능력을 키워도 잉여인간이 될 가능성이 크고 지금과는 전혀 다른 양상으로 경제적 불평등과 소외가 심화될 가능성이 농후합니다. 여기서 불평등에 대한

민감성, 공동체에 대한 책임감, 기술발전 방향에 대한 윤리적·철학적 비판 능력을 키우기 위한 교육이 강조되지 않는다면, 교육은 단지 가진 자들을 위한 것으로 전락할 가능성이 있습니다.

물론 우리에게 희망이 없는 것은 아닙니다. 인간의 발명품에는 과학기술, 인공지능만 있는 것이 아니라 민주주의도 있기 때문입니다. 아마도 불평등이 심화된다면, 인간과 사회의 저항적 능동화가 나타날 것이고 이 에너지는 민주주의적 기제를 통해 부의 배분체계에 역작용하여 모종의 변화를 촉발할 가능성이 있습니다. 그러나 이는 인간의 주체적 실천의 영역이므로 단정하기는 어려울 것입니다.

인공지능 시대의 교육은 바로 이러한 새로운 윤리성과 사회성에 대한 감수성을 키우는 것이어야 합니다. 새로운 변화는 인공지능 시대에 새로운 윤리학적·인간학적 탐구가 필요함도 말해줍니다. 왜냐하면 인공지능의 발전은 궁극적으로 '인간과 기계의 경계'가 무엇인가 하는 근원적 쟁점을 제기할 것이기 때문입니다. 이는 근대 이후의 '인간과 동물의 경계'는 무엇인가 하는 물음을 연상시킵니다. 새로운 뇌를 달고 복제된 인간은 과연 '인간'인가. 이는 휴먼(human)이라는 것이 무엇인가 하는 쟁점을 제기합니다. 미래의 교육은 바로 이렇게 새로운 윤리학적·인간학적 내용을 포함해야 할 것입니다.

미래역량의 두 가지 축: 미래학력과 미래인성

알파고로 대변되는 제4차 산업혁명 시대로의 대전환 속에서 지금까지의 사회경제적 시스템에 수동적으로 조응해오던 교육의 역할을 넘어서 보다 선제적이고 능동적인 교육으로의 전환을 요구받고 있다고 할 때, 그것을 혁신 '미래'교육이라고 표현할 수 있습니다.

눈앞에 닥친 '인공지능 시대'를 맞이하여, 그동안 혁신교육운동 및 혁신 정책 속에서 추구되어온 '혁신'을 더욱 심화하고 확장해가는 노력이 필요합니다. 기회이자 위기일 수도 있는 새로운 세계사적 국면에 조응하는 형태로 풍부화된 혁신교육이야말로 미래교육입니다. 2016년 오늘, 인류 삶의 물적 토대를 좌우할 기술과 산업의 대전환의 국면 속에서, 그에 주체적으로 적응하며 인간의 가치와 정의를 새롭게 지켜나갈 수 있는 인간을 키워내는 것, 그것이 우리의 '미래교육'입니다. '미래'적 조건에 맞는 '인간'을 만들어내는 것 말입니다.

미래역량은 미래학력과 미래인성으로 나누어볼 수 있습니다. 교육이라는 것이 한편으로는 개인이 사회적 존재로서 살아갈 수 있는 '지적 성장'의 과정이며 다른 한편으로는 더불어 살아갈 수 있는 '인격적 성장'의 과정이라고 할 때, 미래교육은 전자의 측면에서 미래학력을 함양하는 교육이어야 하며 후자의 측면에서는 미래인성을 함양하는 교육이어야 합니다.

입시를 넘어 주체적 삶을 위한 '미래학력'

우리의 현 입시제도는 구시대적 학력, 낡은 학력을 기르는 방식으로 작동하고 있습니다. 이제 이런 단순한 입시용 지식을 중심으로 한 학력이 아니라 다양한 기술산업적 변화 속에서 다양한 재능과 자질이 주체적이고 창의적으로 함양된 학력, 그리고 거대한 시대의 변화를 읽고 인류의 공존과 상생을 도모하는 데 기여하는 인성적 가치가 결합된 지적 능력으로서의 학력, 즉 미래학력이 필요합니다. 미래학력은 형식적 측면에서는 구시대적 암기식 교육과 주입식 교육을 넘어서는 교육, 감성과 인성이 결합된 학력이며, 내용적 측면에서는 단순 교과적 지식을 넘어서는 것으로서 인류의 삶에 관계된 모든 다양한 지식과 가치로 역량을 풍부하게 하는 것입니다. 일각에서는 낡은 학력에 대응하는 학력을 '참학력'이라고 표현하기도 하나, 저는 이를 미래학력이라고 표현하고 싶습니다.

우리는 그동안 과거의 학력신장 관점에서, 그리고 그것을 강화하는 서열화된 대학입시 경쟁 속에서 우리 아이들이 '공부기계'가 되도록 강요해왔습니다. 아이들은 쉬지 않고 놀지 않고 잠을 최대한 줄이면서 기계처럼 공부해야만 했습니다. 그러나 역설적으로 기계처럼 공부하는 것은 이제 기계가 더 잘할 수 있는 시대에 직면했습니다. 더구나 기계가 딥 러닝(deep learning)까지 하는 지능적 기계로 발전한 시대에 돌입했다고 할 때, 구학력적 교육의 시효는 만료되었다고 보아도 무방합니다.

앞서 이야기한 대로, 많은 학부모들이 인공지능 시대에 아이들을 어떻게 교육해야 하는가, 미래에 어떻게 대응해야 하는가에 대해서 불안해하고 있습니다. 인공지능 시대는 과거의 낡은 산업사회적 패러다임을 넘어서는 미래지향적 교육을 요구하고 있습니다. 미래학력을 키우는 교육은 일종의 '포스트산업사회적 상상력'을 길러주는 교육이 되어야 합니다.

미래학력에서는 학생의 주체성이 대단히 중요합니다. 학생을 지식에 대한 주체적인 판단자이자 논쟁자, 다양한 관점의 비교토론자, 해석자가 될 수 있도록 해야 합니다. 다원성, 비판성, 학생주체성의 원리 위에 서는 미래지향적 교육은 결국 '생각의 힘'을 키우는 교육이 될 것입니다. '아이들의 잠재력을 기존 지식으로 제약하지 말고 새로운 상상력으로 발전하도록 탈(脫)표준화'하는 교육이 필요하다는 마인드에 따라 교육이 이루어져야 합니다. 제4차 산업혁명 시대의 교육이 변화해야 한다면, 이전에 교사가 전달하던 많은 지식 자체보다는 지식의 종합능력, 활용능력, 지식 기반으로서의 상상력을 촉발하는 교육이 되어야 할 것입니다. 이런 점에서 서울시교육청은 미래지향적 교육과정의 운영 방향으로 2016년 4월 '개방-연합형 종합 캠퍼스 교육과정' 방안을 발표한 바 있습니다. 이를 위해 연차적으로 다양한 교육감 승인 교과목을 신설·개발하고, 일반고 '자유교양과정' 운영에 도입할 계획입니다. 창의적·융합적인 내용과 학생의 탐구활동을 촉진하는 방식의 교과목으로 개발하여 인공지능 시대에 부응하는, 인간의 상상력을 확장하는 새로운 창의교육을 펼쳐가고자 하는 노력이 이 과정에서 이루어질 것이며, 수업과 평가에서 교사의 자율권을 강화하고 교사의 자긍심 및 행복감을 높이는 방향의 노력도 경주해나갈 것입니다.

다음으로 미래인성은 협력적 인성, 공유적 인성, 공동체적 세계시민으로 서의 인성을 내용으로 해야 합니다. 인공지능 시대가 과거와 다른 점이 있다 면, 한 천재적 개인에 의존하는 것이 아니라 다양한 구성원들 간의 집단지성 을 만들어낼 수 있는 협력적 미덕을 지닌 인성을 필요로 한다는 것입니다. 고립적 천재를 중심으로 하는 독창성이 아니라, 산재하는 여러 역량들을 네 트워크형으로 종합하여 집합적 독창성을 견인하는 능력이 필요합니다. 이 를 위해서는 협력적 인성과 공감능력이 더욱 중요합니다. 나아가 산업사회 의 기본적 운영원리가 모든 자원과 부를 한 기업으로 집적해내고 집중하는 일종의 '독점에 기초한 영리추구의 원리' 위에 서 있었다고 한다면, 현재 지 식정보사회에서는 공유의 원리 위에서 영리추구의 원리가 작동하고 있다고 볼 수 있습니다. 이런 점에서 새로운 인성의 함양이 미래역량의 중요한 구성 요소가 되어야 합니다.

공동체적 세계시민으로서의 '미래인성'

다음으로 국경이 없는 지식정보화와 인터넷의 시대는 곧 지구촌 시대로 작동하게 됩니다. 그런 점에서 역설적으로 인공지능 시대가 교육에 요구하 는 바는 지구촌 현실 속에서 살아갈 수 있는 역량을 키우는 것입니다. 따라 서 미래인성은 지구촌 시대를 살아가는 데 필요한 보다 고차원적인 인격을 함양하는 것이라고 할 수 있습니다. 이것을 저는 세계시민교육이라고 하는 방향성과 결합시키고 있습니다. 인종, 민족, 문화의 다양성을 차원 높게 포 용하고 공존과 상생의 관점에서 서로 협력하고 조화를 이룰 수 있는 그런 대 동(大同)세계적 존재로 아이들을 키워내는 것입니다. 인공지능 시대에 요구 되는 미래인성의 핵심에 이와 같은 세계시민성이 자리하고 있으며, 세계시민성의 기본 원리는 바로 협력성입니다. 제4차 산업혁명 시대의 교육은 공동체로서의 사회를 유지할 수 있는 새로운 윤리, 감수성과 상상력, 새로운 문화를 키우는 교육이어야 할 것입니다. 공동체적 감수성, 협력적 인성, 타인의 상황을 이해하고 '다름'을 수용하며 관계를 형성하는 공감능력을 키우는 교육이어야 합니다.

안타깝지만 현재는 참으로 잔혹한 시대입니다. 국내외적으로 인간의 생명을 경시하는 가혹한 정치사회적 상황도 전개되고 있습니다. 사회의 각박함은 인간이 서로를 따뜻하게 보듬고 배려하는 것을 불가능하게 만들기도 합니다. 거기에 더해 지금까지 우리의 교육은 '인간'과 '생명'을 중심에 놓기보다는 '성적'과 '등수'를 우선시했습니다. 인본주의적 교육이 아닌 기능주의적 교육으로 흘러왔습니다. 그 과정의 결과물인 '경쟁적 인성'을 이제 '협력적 인성'으로 바꾸어야 합니다. 역설적으로 인공지능 시대가 이것을 우리에게 요구하고 있습니다.

다시 '오직 한 사람 교육'으로

이상에서 인공지능 시대의 교육의 변화와 개혁을 논의했습니다. 우리는 1960년대 이후 추격산업화 시대의 낡은 교육을 새로운 교육으로 혁신해야 함을 역설하기도 했습니다. 저는 그러한 '과거와 단절하는 교육혁신'과 인공지능 시대에 대응하는 '미래지향적 교육혁신'이 연속성 위에 있다고 생각합니다. 즉, 추격산업화 시대의 낡은 교육을 뛰어넘어 새로운 교육혁신을 도모하는 노력을 심화·확장·풍부화하는 데 인공지능 시대의 교육혁신이 위치하고 있다는 것입니다. 추격산업화 시대의 국영수 중심의 암기식 지식교육을 뛰어넘는 새로운 창의교육, 일등주의 교육을 넘어 학생 각자의 개성과 잠재력을 발양하고자 하는 '오직 한 사람 교육'은 바로 인공지능 시대에도 정확히, 아니 더욱 높은 수준에서 요구되는 것입니다.

암기식 지식교육을 뛰어넘는 새로운 창의교육이야말로 인공지능 시대에 요구되는 개혁과 혁신의 핵심내용이라고 할 수 있습니다. 이 점은 앞서 누누이 서술했습니다.

나아가, 저는 현재와 같이 우리 학생들을 한 줄로 서게 해서 맹목적 무한경쟁의 대열에 뛰어들게 하는 교육을 '넘버원 교육(No.1 교육)' 혹은 일등주의 교육이라고 부르고, 그에 대립하여 학생 한 사람 한 사람의 개성과 소질을 최대한 피어나도록 하는 교육을 '오직 한 사람 교육(Only One 교육)'이라고 부릅니다. 인공지능 시대의 도전이 있는 지금 이러한 전환이 절실합니다. '넘버원 교육'은 대체로 현재적 척도에 의한 수리적·논리적 연산 능력으로 학생들의 등수를 매깁니다. 그러나 알파고 충격 이후 이런 과거식의 연산 능력만을 중시하는 교육은 한계에 도달했습니다. 이 같은 과거의 연산능력, 특히 암기적 연산능력은 인공지능 시대에 부응하는 미래역량을 배양할 수 없습니다. 인간이 인공지능보다 더 우위에 서는 영역은 도리어 욕망과 감수성 등 획일화하기 어려운 개성의 영역이라는 것이 전문가들의 조언입니다. 이런 점에서도 우리 교육의 큰 줄기가 '넘버원 교육'에서 '온리원 교육'으로 전환해야 함은 명백합니다.

교육개혁은 사회개혁과 함께 가야 한다

인공지능 시대의 교육개혁을 위해서는 단지 초중등학교의 교실 현장에만 주목해서는 안 됩니다. 우리의 사회 현실이 왜곡된 대학 현실을 낳고, 왜곡된 대학 현실이 왜곡된 초중등학교 현실을 낳기 때문입니다.

단적으로 한국 사회는 대단히 수직서열화된 격차사회로 작동하고 있습니다. 우리 아이들은 이 험악한 사회에서 생존하기 위해 수직서열화된 격차사회의 '상층'에 있는 지위를 (절망적으로) 소망하게 됩니다. 마찬가지로 자녀를 둔 부모 입장에서도 수직서열화된 격차사회의 '상층'을 이루는 '일류대학'

―그것이 안 되면 수도권 대학, 그마저도 안 되면 어쨌든 대학이라도― 에 아이를 보내기 위해 치열한 경쟁을 마다하지 않습니다. 좋은 대학에 들어가기 위해서는 남보다 더 일찍 입시전쟁에 뛰어들어야 합니다. 앞서 이야기한 대로 '선행학습빨'이 작동하기 위해서는 사교육도 당연히 마다해서는 안 됩니다. 더구나 우리 사회는 강한 가족주의 사회이고, 많은 부모들이 자녀들의 교육에 모든 것을 걸기를 주저하지 않습니다. 그래서 경쟁은 더 치열해집니다. 나름대로 큰 교육적 의미를 갖고 있는 논술교육, 독서교육, 창의적 체험활동, 봉사활동 등은 모두 엄마의 부담을 증가시키거나 사교육을 증가시키는 요인으로 왜곡되어 작동하게 됩니다.

그런 점에서 우리는 좋은 교육을 만들기 위해 힘쓰고, 좋은 사회를 만들기 위해 노력해야 합니다. 그 과정이 곧 수직서열화된 사회를 수평적 다양성의 사회로 전환하는 계기를 만들 것입니다. 앞으로 우리는 일류대학과 비(非)일류대학의 격차를 줄여야 함은 물론, SKY 대학의 졸업장이 갖는 혜택이 수능 5~10점 차이에서 발생한다는 점을 고려하여 이것이 인간의 삶에 평생에 걸쳐 작용하는 특권적 문서가 되지 않도록 변화시켜야 합니다. 직업에서의 최고와 최저의 차이를 가급적 줄이고, 그에 상응하여 최저의 직업을 갖는 사람도 최소한의 우아한 인간적 삶(decent life)을 누릴 수 있도록 사회복지제도를 확충해야 합니다. '대한민국이라는 사회가 갖는 소명의 위험성'을 경고하는 저출산의 위기에도 불구하고, 우리는 (저출산 시대에 여성의 최대 고민이라고도 할 수 있는) 교육에 과감한 지원을 해야 합니다. 자녀교육 문제 때문에 아이 낳는 것을 회피하는 사회 현실을 수정해야 하는 것입니다. 두 자녀를 둔 한 동료는 선진국에서 유학하는 동안 자녀에 대한 유학국가의 지원 덕분에 부부가 조금 더 마음 편히 공부할 수 있었다고 설명하기도 합니다. 저는 이런 사례를 남의 나라 일이 아니라 우리나라 일로 만들어야 한다고 생각합니다(둘째 아이부터는 유치원부터 대학 학비까지 모두 면제하는 제도를 생각하지 못할 게 무엇입니까).

이런 점에서 역설적으로 인공지능 시대에 요구되는 창의교육으로의 전환은 단지 우리가 초중등학교에서 새로운 교육혁신을 수행하는 것만으로는 충족되지 않습니다. 현재의 '수직서열화된 사회'를 '수평적 다양성의 사회'로 전환하는 과정 속에서 진정한 창의교육의 공간이 열립니다. 수평적 다양성의 사회는 '하나의 척도' 혹은 '하나의 기준'에 의해 일렬종대로 평가되는 사회가 아니라 다양한 척도 혹은 다양한 기준이 작용하는 사회여야 할 것입니다. 사실 우리의 교육체제에서 여러 '학교 유형들(자사고, 특목고, 자공고, 일반고 등)'은 수평적 다양성이 아니라 수직서열화된 계단에서 의미를 갖게 되어 있습니다. 수직서열화된 격차를 완화함으로써 이러한 서열화를 완화하고, 그것이 다양한 트랙으로 인정되어 어느 트랙을 가더라도 차별받지 않는 사회 현실이 기다리고 있어야 합니다. 마찬가지로 여러 트랙들 간의 이동도 자유로워야 할 것입니다. 사회개혁의 필요성까지 감안할 때, 창의교육을 향한 노력은 인공지능 시대 교육개혁의 필요조건이지 충분조건은 아닙니다. 교육개혁은 궁극적으로 사회개혁과 함께 가야 합니다.

일등주의
교 육 을
넘   어

2부

대화

조희연이 꿈꾸는 교육

일등주의
교 육 을
넘 어

2부 1장

조희연이 묻다
석학들과의 대담

이 장은 ≪중앙SUNDAY≫와 함께 진행했던 「조희연, 5인의 지성에게 길을 묻다」 시리즈와 2015년 한국을 방문한 세계적인 교육학자 마이클 애플 교수가 서울시교육청을 방문하여 대담을 한 기록, 총 6편을 모은 것입니다.

주로 제가 묻고 석학들이 답하는 방식으로 진행되었는데, 대담의 온전한 기록은 따로 있지만 분량도 제법 많고, 언론사에서 정리한 것으로도 충분히 대화의 핵심을 전달할 수 있을 것이라 생각되어 기사로 대신합니다.

참고로 「조희연, 5인의 지성에게 길을 묻다」 시리즈의 실제 대담을 한 날짜와 기사로 게재된 날짜는 다릅니다. 이 책에서는 기사 게재일 순서로 싣습니다.

"진보진영, 이념 틀 벗어나 지속 가능한 정책 제시해야"*

조희연(서울시교육감) / 박세일(한반도선진화재단 이사장)**

박세일 한반도선진화재단 이사장은 김영삼 정부 시절 서울대·법대 교수에서 청와대 정책수석으로 변신했다. 조희연 서울시교육감은 성공회대 사회학과 교수 출신이다. 두 사람에게는 정책·행정 분야에 뛰어든 학자라는 공통점이 있다. 시민단체 활동에 적극적으로 참여했다는 점도 닮았다. 박 원장은 경제정의실천시민연합(경실련) 창설을 주도했고, 조 교육감은 참여연대의 탄생에 기여했다.

박 원장은 학계에서 통상 중도 또는 중도보수 성향으로 분류된다. 조 교육감은 교수 시절 진보 진영의 대표적 학자로 꼽혔다. 다른 이념적 성향을 가진 두 사람이 만났다. "서울시 교육의 방향에 대한 조언을 듣고 싶다"는 조 교육감의 청에 따른 것이다.

박 원장은 "진보 세력에는 정책이 결핍되어 있다"고 말했다. 이른바 '진보교육감'들이 교육정책에 대한 준비는 제대로 하지 못했다는 지적이었다. 그는 또 "모든 사람을 일률적으로 돕는 것(보편적 복지)은 옳지 않다"는 견해를 밝혔다. 무상급식·무상보육에 대한 반대 의사 표명이다. 교육에서의 경쟁, 특히 교사와 학교 간의 경쟁을 유발하는 교육 행정이 필요하다고 역설하기도 했다.

"학문은 현실의 문제 풀기 위해 존재"

조희연 _ 대학에서 법학을 공부했지만 이후에는 경제나 경제학과 관련한 활동을 해온 독특한 경력을 가지고 계십니다. 특히 '경제'와 '정의'라는 두 분야를 연계시키는 활동을 많이 하셨습니다. 이런 특이한 이력의 배경이 궁금합니다.

---

* 《중앙선데이》, 2015년 12월 22일 자.

** 박세일: 1948년 서울 출생. 서울고, 서울대(법대) 졸업. 미국 코넬대 경제학 박사. 서울대 법대 교수, 청와대 정책기획 수석비서관·사회복지 수석비서관, 한나라당 국회의원(비례대표), 한나라당 정책위의장 등을 역임했다.

박세일 _ 대학에서 법학을 공부할 때 관심 분야가 '정의'의 문제였습니다. 그런데 1960년대의 대한민국의 정의는 우선 국민이 먹고사는 문제가 해결되어야 실현이 되겠다, 그런 생각을 갖게 되었습니다. 그래서 경제발전론 쪽으로 관심이 옮겨갔습니다. 한 사회가 발전하려면 세 가지 요소가 필요합니다. 첫째는 자유입니다. 자유가 있어야 경제적 효율성과 합리성이 보장됩니다. 둘째는 정의입니다. 그리고 셋째는 역지사지하는, 즉 입장을 바꿔 생각하는 능력입니다. 동양에서는 인(仁), 서양에서는 사랑으로 표현되기도 합니다.

조희연 _ 경실련에서 사회 참여 활동을 시작해 국가정책이나 행정의 영역에서도 일하시기도 했습니다. 저 역시 참여연대에서 출발해 지금 비슷한 길을 걷고 있습니다. 국가정책 영역에 발을 디뎌 보니 시민사회운동을 할 때보다 생각할 게 많습니다. 매일 다양한 이해집단의, 서로 모순된 요구와 씨름을 합니다. 저 같은 '행정 분야 진입 후배'에게 조언을 부탁드립니다.

박세일 _ 학문이란 현실의 문제를 풀기 위해 존재하는 것입니다. 지적 유희가 아닙니다. 국민의 어려운 문제를 풀어주는 것이 지식인의 역할이기 때문에 학자의 현실 참여는 중요합니다. 저는 '폴리페서'야말로 올바른 지식인이라고 생각합니다. 그런데 학자가 현실에 참여할 때 두 가지를 염두에 둘 필요가 있습니다. 하나는 학자로서 주장한 가치관을 현실에서 실천하도록 노력해야 한다는 것입니다. 자신의 소신을 지킬 수 없다면 물러나야 합니다. 둘째는 여론과 공론을 구분할 수 있어야 합니다. 여론은 사회의 지배적 견해이고, 공론은 특정 사안에 대해 전문가들이 공익을 생각하면서 내놓은 의견입니다. 율곡 선생은 공론을 세우는 게 선비이고, 공론과 선비는 나라의 버팀목이라고 말했습니다.

조희연 _ 부동산 문제와 교육정책은 대표적으로 개인이나 집단의 이해가 충돌하는 곳입니다. 이해관계를 떠나 공공선을 위해 조절하고 타협하는 정신이 필요한데, 사익 추구를 위한 권리 의식이 강해 문제 해결이 어려운 경우가 많습니다.

박세일 _ 우리 사회가 산업화, 민주화, 근대화를 거치면서 서구적 제도만 가져왔지 정신은 가져오지 못했습니다. 그 사이에 원래의 우리 것도 잃어버렸습니다. 사회지도층의 기본적 윤리인 선비정신도 사라졌습니다. 선비정신의 핵심은 선공후사(사익보다 공익을 앞세우는 것), 절제와 금욕입니다. 이런 정신을 잃어 지도층이 지도층답지 못하니까 백성도 백성답지 못하게 되었습니다. 정신적 리더십의 붕괴는 '가치 집단'인 시민단체나 노동조합도 이익집단으로 만들었습니다. 동양의 정신적 전통을 학교와 사회가 가르치지 않은 데 따른 일입니다.

"자유와 공동체의 조화로 접근해야"

조희연 _ '이익 전쟁'의 장처럼 되어버린 우리 사회에서 학생들을 공동체 전체를 생각하는 사람들로 어떻게 키울 수 있을지 고민스럽습니다.

박세일 _ 우리 사회가 많은 문제를 풀 때 '공동체 자유주의'가 좋은 접근 방법이라고 생각합니다. 인류의 역사를 보면 개인적 자유에서 창의와 혁신이 나옵니다. 그런데 개인의 자유는 이기적인 자유로 폭주하지 않고 공동체를 소중히 하는 자유로 가야 합니다. 자유는 발전의 원리고, 공동체는 통합의 원리입니다. 교육 문제도 이러한 관점에서 풀어나갈 수 있습니다. 교육정책도 개인의 자유와 창의성을 최대한 존중하는 쪽으로 접근하되 공동체를 더 강화하는지, 공동체와 충돌하는지를 따져보고 선택하면 답을 얻을 수 있을 것입니다.

조희연 _ 보수와 진보의 견해 차이 때문에 교육 행정에도 어려운 일이 많이 일어납니다.

박세일 _ 우리나라에는 철학적 보수는 별로 없고 정치적 보수만 많습니다. 진보는 이념적 진보는 많은데, 정책적 진보가 드뭅니다. 그래서 진보·보수 논쟁이 늘 겉돌고 의미가 없는 경우가 많습니다. 진보는 어떻게 해야 지속가능한 정책이 될 것이냐를 더 고민해야 합니다.

조희연 _ 무상보육과 무상급식을 둘러싼 논쟁이 치열합니다. 어떻게 생각하십니까.

박세일 _ 어려운 사람을 도와주는 것은 공동체가 당연히 해야 할 일입니다. 하지만 모든 사람을 일률적으로 도와주는 건 틀렸다고 봅니다. 그것은 특정 정파가 권력투쟁에 이용할 수는 있지만 지속가능하지는 않은 정책입니다. 두 문제 모두 철 지난 권력투쟁의 이념적 표현 같다는 생각이 듭니다. 보육 문제의 경우 최근 시카고대 등의 연구를 보면 아이들의 인지 능력이 2~5세에 많이 결정된다고 합니다. 따라서 어려운 집안 아이들의 보육에 정부가 좀 더 신경을 쓰는 것이 옳습니다. 그것은 국가 전체의 발전을 위해서도 바람직합니다.

조희연 _ 저성장 양극화 사회에서 교육은 어떤 역할을 해야 합니까.

박세일 _ 양극화의 원인은 크게 두 가지입니다. 하나는 세계화입니다. 세계화가 진행되면서 이른바 '중위 수준 기술'과 관련된 사업은 해외로 나갑니다. 그러면 고급 기술 산업과 서비스 산업만 국내에 남게 됩니다. 둘째는 과학기술의 발달입니다. 중간 기술이 로봇으로 대체됩니다. 창조적 기술 분야와 대면 서비스 산업만 고용이 늘고 일반적 중간층의 고용 수요와 소득이 줄어듭니다. 따라서 양극화의 폐해를 줄이기 위해서는 창조적이고 고급 기술을 가진 인재를 길러내는 교육이 필요합니다. 또 실직하는 사람에 대한 복지정책과 재교육을 연계시켜 재취업할 수 있도록 해줘야 합니다.

"10년은 지속될 교육개혁위 만들어야"

조희연 _ 20년 전의 '5·31 교육개혁'으로 수능이 도입되고, 대학 입시의 다양화도 이뤄졌습니다. 그러나 수능에서 여러 문제가 생겨나고 입시 위주 교육의 틀에서도 벗어나지 못했습니다. 특목고·자사고·일반고 순으로 학교가 서열화되는 병폐도 생겨났습니다.

박세일 _ 5·31 이후 여러 땜질형 교육정책이 나왔습니다. 5·31 개혁 때와 같은 근본적이고 체계적인 연구가 필요합니다. 입시제도 개혁도 포함해야 합니다. 10년 정도 유지될 수 있는 대통령 직속의 교육개혁위원회가 만들어져야 합니다.

조희연 _ 자율형 사립고 폐지 문제로 제가 지난 반년간 논란의 중심에 서 있었습니다. 자사고 폐지, 일반고 지원은 교육 평등을 위한 정책으로 추진했습니다. 수월성 교육과 평등 교육의 조화에 대한 지혜를 주십시오.

박세일 _ 성장과 복지 중에서 어떤 것이 중요하냐며 논쟁하는 나라는 대한민국 밖에 없습니다. 성장과 복지는 함께 추구해야 하는 것입니다. 수월성과 형평성도 마찬가지입니다. 논쟁하는 것 자체가 틀렸습니다. 다양한 종류의 학교, 다양한 교육 프로그램을 만들어 학생들이 선택하도록 해야 합니다. 경쟁이 없으면 발전이 없습니다. 그런데 그동안에는 학생들끼리의 경쟁만 심했지 교사나 학교 간의 경쟁은 적었습니다. 교사들이 열정과 능력을 발휘할 수 있고, 또 발휘해야만 하는 교육 환경을 우리가 만들었느냐를 반성해봐야 합니다.

조희연 _ 교사의 질 향상을 원하는 학부모가 많습니다. 교대·사범대 입학 때는 최고 수준의 인재인데, 막상 교단에 서게 되면 열정과 적극성이 떨어지는 경향이 있습니다.

박세일 _ 그래서 종합적인 교육개혁이 필요합니다. 학교 내부에서 끊임없이 혁신이 이뤄져야 합니다. 선생님도 새로운 수업 방법을 연구해야 하고, 학교마다 다양한 교육 프로그램을 개발해야 합니다. 이러한 활동으로 평가받고 보수도 더 받는 시스템으로 나아가야 합니다.

"진보교육감들, 서둘지 말고 작은 변화부터 끌어내야"*

조희연(서울시교육감) / 전성은(전 샛별중학교·거창고등학교 교장)**

조희연 서울시교육감이 전성은 전 샛별중·거창고 교장을 만났다.

전 전 교장은 국내 최초의 대안학교인 거창고를 이끌어온 인물로, 노무현 정부에서는 교육혁신위원회 위원장을 맡았다. 그는 중앙집권적 교육에서 벗어나 학교 자율형 교육으로 나아가야 학생들이 행복해진다고 줄곧 외쳐왔다.

전 전 교장은 조 교육감에게 "교육 관료와 싸우지 말고 교육의 관료주의와 싸우라"고 조언했다. "학생 사이의 경쟁보다 학교 간, 지역 간 경쟁이 중요하다"고 역설하기도 했다. 그는 이른바 '진보교육감' 전체를 향해 "욕심내지 말고 천천히 가라"고 당부했다.

조희연 _ 선생님께서는 최근 수년 동안 학교와 교육, 교육정책이 사람들을 불행하게 한다는 내용의 책 세 권(『왜 학교는 불행한가』, 『왜 교육은 인간을 불행하게 하는가』, 『왜 교육정책은 역사를 불행하게 하는가』)을 잇따라 내셨습니다. 어떤 문제의식에서 그런 진단을 했는지 듣고 싶습니다.

전성은 _ 역사는 불평등에서 평등으로, 억압에서 자유로, 착취에서 공존·상생으로 흘러가야 합니다. 그런데 국가독점·국가통제 아래에서의 학교 교육은 그 반대 방향으로 갑니다. 학교는 출세의 통로가 되고, 그렇게 출세한 사람들이 국

---

* ≪중앙선데이≫, 2014년 12월 29일 자.
** 전성은: 41년간 거창 샛별초등학교, 샛별중학교, 거창고등학교에 몸담고 교사·교장으로서 참다운 교육을 스스로 일궈온 이 시대의 스승이다. 나름의 교육관과 뚜렷한 교육개혁 정신으로 지난 참여정부 당시 교육혁신위원회 위원장을 지내기도 했다. 저서로는 『왜 학교는 불행한가』, 『왜 교육은 인간을 불행하게 하는가』, 『왜 교육정책은 역사를 불행하게 하는가』 등이 있다.

가가 주도하는 반역사적 사건들을 기획하고 추진해오지 않았습니까.

조희연 _ 사람들이 불행으로 이끄는 교육의 원인과 증상을 제대로 구별하지 못한다고 하셨는데, 설명을 좀 해주시죠.

전성은 _ 길 가는 사람에게 물어봐도 공통적으로 오늘날의 교육 문제는 인격 교육이 아닌 입시 위주의 교육을 하는 것이라고 대답합니다. 입시를 위한 지나친 경쟁과 사교육은 문제의 증상이지 원인이 아닙니다. 원인은 국가통제의 학교 교육입니다. 교육부는 국가로부터 독립되어야 합니다. 지금처럼 대통령이 장관을 임명하면 임명권자의 철학·역사관·국가관에 맞는 교육을 하게 되어 있습니다.

조희연 _ 교육부를 국가교육위원회와 같은 독립적인 기구로 만들어야 한다는 말씀인 것 같습니다.

전성은 _ 교육부가 독립하고, 각 학교들에 교육과정이나 평가에 대한 최종 결정권을 줘야 다양한 학교가 생겨납니다. 그래야 아이들의 다양한 재능과 소양에 맞는 교육이 가능해집니다. 전국 단위로 아이들을 경쟁으로 몰아넣는 것은 교육적 범죄행위입니다.

"도덕은 기성세대 언행이 교과서"

조희연 _ 경쟁에 대해 부정적인 관점을 가지고 계신 것 같습니다. 경쟁의 긍정적인 측면은 인정해야 하는 것 아닙니까.

전성은 _ 지역끼리, 학교끼리 경쟁해야 하는데 지금은 아이들끼리의 경쟁을 시키고 있습니다. 누가 더 잘 가르치느냐를 놓고 각 지역과 학교들이 경쟁해야 합니다.

조희연 _ 인터넷 댓글 등을 통해 사회에 분노와 적의를 드러내는 청소년들이 많아졌습니다. 교육자의 입장에서 이 문제를 어떻게 봐야 하고, 어떻게 풀어야 하는지를 고민하고 있습니다.

전성은 _ '지식'은 책이나 강의를 통해 얻지만 '가치'는 잠재적 교육과정을 통해 습득합니다. 기성세대의 행동을 듣고, 보고, 따라하게 됩니다. 아버지나 선생님이 사회에서 하는 것을 보고 배우는 것입니다. 청소년들이 없는 것을 만든 것이 아닙니다. 교사나 부모가 '고운 말을 써야 한다'고 얘기하는 것은 그들 스스로가 고운 말을 쓰지 않는 한 소용 없는 일입니다.

조희연 _ 6·4 지방선거로 저를 포함해 이른바 '진보교육감'들이 대거 당선했습니다. 저희들에게 어떤 조언을 해주고 싶으신가요.

전성은 _ 얼마 전 박종훈 경남 교육감이 찾아왔을 때 '교육청에 팽배한 관료주의와 싸워야지 관료와 싸워서는 안 된다'고 얘기했습니다. 관료주의는 모든 조직에 다 있고, 모든 조직은 관료주의화하는 성향을 갖고 있습니다. 따라서 관료주의와의 싸움은 인류의 영원한 과제입니다.

조희연 _ 교육청의 관료주의를 없애려면 어떻게 해야 합니까.

전성은 _ 교육청에 독립된 평가 전문기구를 만들 것을 제안합니다. 이 기구가 교육청과 각 학교를 평가하는 것입니다. 상벌이나 예산 지원 연계와 무관하게 '컨설팅'의 개념으로 평가받는 것을 의미합니다.

"개혁은 하루아침에 이뤄지지 않아"

조희연 _ '진보교육감'들은 교육의 변화에 대한 국민의 열망에 부응하는 방법을 찾고 있습니다.

전성은 _ 너무 서두르지 말기를 바랍니다. 개혁은 하루아침에 이뤄지는 것이 아닙니다. 종교, 군대, 공무원 사회 모두 마찬가지입니다. 한꺼번에 해치우는 것은 혁명입니다. 그런데 혁명으로 근본적인 변화를 이끌지 못한다는 것은 역사적으로 입증이 되었습니다. 너무 욕심내지 말고 천천히 가십시오. 부모들이 피부로 느낄 수 있는 작은 변화부터 이끌어내십시오.

조희연 _ 선생님은 평소 '사랑의 실천으로서의 교육'을 말씀하셨습니다. 이는 어떤 교육을 의미합니까.

전성은 _ 교육에서의 '사랑'은 힘이 있는 사람이 힘없는 사람을 섬기는 것입니다. 돈이 있는 사람이 돈 없는 사람을 섬기고, 도덕 수준이 높은 사람이 낮은 사람을 섬기는 것입니다. 교사들이 이것을 행동으로 보여줘야 합니다. 공부 잘하는 학생을 예뻐하고 싸움 일으키는 학생은 미워하는데, 이것을 거꾸로 해야 합니다.

"섣불리 뜯어고치지 말고 교육현장부터 파악해야"*

조희연(서울시교육감) / 조한혜정(연세대 명예교수)**

조희연 서울시교육감이 대학 은사인 조한혜정 연세대 명예교수에게 서울교육의 방향을 물었다.

조한 교수는 대한민국을 대표하는 페미니즘 석학이자 문화인류학자다. 2000년대 청소년 직업 체험센터인 '하자센터'를 설립해 이끌어오고 있다. 2013년 연세대 사회학과 교수를 정년퇴임한 뒤 지난해 말『자공공: 우정과 환대의 마을살이』를 출간했다.

조 교육감은 연세대 대학원에서 사회학 박사과정을 밟던 당시 조한 교수에게 가르침을 받았다. 조한 교수는 제자에게 협동적인 아이들을 길러내야 한다고 강조했다. '아이는 자신만이 키울 수 있다'고 생각하는 엄마들, 교실 대신 화장실에서만 대화하는 청소년들로 가득 찬 세상에서는 찾아오는 고난을 슬기롭게 극복하기 어렵다고 했다.

조희연 _ 지난해 6·4 지방선거 이후 전국 시·도 교육감에게 '섣불리 무리해서 수술하려 들지 말라'고 당부한 칼럼을 쓰신 것을 봤습니다.

조한혜정 _ 능력이 없으면 뜯어고치지 말라고 말한 겁니다. 예를 들어 김대중 정부 때 이해찬 교육부 장관은 '하나만 잘하면 대학 간다'는 당시로서는 필요할 법한 정책을 썼죠. 하지만 그땐 정작 하나만 잘한다고 될 수 있는 환경 자체가 갖춰지지 않은 상태였습니다. 결국 그 정책은 실패했죠. 톱다운(Top-down·상

---

* ≪중앙선데이≫, 2015년 1월 26일 자.

** 조한혜정: 연세대 명예교수로 대한민국을 대표하는 페미니즘 석학이자 문화인류학자다. 전 길남 KAIST 명예교수의 부인인 그는 자녀들과 서로 이름이나 별명을 허물없이 부르며 소통한다. 딸 주원 씨는 엄마를 '조한'으로, 엄마는 딸을 '노자'라고 부른다. 가족 간의 소통이 교육의 출발점이라고 강조한다.

의하달식)으로 무언가를 할 때는 아래에서 준비가 잘되었는지 바텀(Bottom)을 확실하게 보고 가야 합니다.

조희연 _ 현장에서 공감받는 새로운 교육실험을 주목하고, 이를 일반화하는 게 필요할 것 같습니다.

조한혜정 _ 자율성을 얼마만큼 줄 수 있느냐가 관건입니다. 학교를 작게 하라는 것도 같은 이유에서입니다. 보통 전교생이 120명 정도면 좋다고 합니다.

조희연 _ 현재 추진하는 일 가운데 중요한 것이 바로 학교 통폐합입니다. 서울 중구나 종로구는 도시공동화 현상 때문에 학교를 계속 줄여야 합니다. 하지만 말씀하신 대로 소규모 학교 클러스터 모델이 생긴다면 지속가능성도 고려해볼 수 있겠네요.

조한혜정 _ 학생 수가 줄어드는 서울 신촌 지역의 초등학교들을 보죠. 신촌 일대에는 아티스트나 생태 프로젝트를 하는 청년들이 많은데, 이 초등학교의 빈 공간을 그들의 공방으로 활용할 수 있도록 하는 겁니다. 장인들에게 학교 공간을 내주는 거죠. 공방은 그 학교 학생들에게는 교실이 되고, 힐링이 필요한 청년들은 작업 공간으로 활용하는 개념입니다. 지방과 달리 도심 학교가 가질 수 있는 풍부한 인적자원을 활용해 훌륭한 소규모 학교 모델을 만들 수 있을 겁니다.

"학교는 학생·교사가 머리를 맞대는 곳"

조희연 _ 학교를 둘러싼 마을의 다양한 문화적·교육적 자원이 몰려드는 '소규모 마을 결합형 학교'겠군요.

조한혜정 _ 교장이 아이들의 이름을 다 외우지 못하면 그건 학교가 아닙니다. 지금처럼 정문을 닫아걸고 이상한 사람이 올까 봐 폐쇄회로TV(CCTV)를 설치하는 그런 학교와는 다릅니다. 학교란 수상한 사람이 오면 아이들이 선생님에게 알리고, 이를 해결하기 위해 구성원끼리 머리를 맞대고 해결하는 구조여야 합니다.

조희연 _ 지난해 우리는 큰 비극을 겪었습니다. '4·16 이후의 교육 체제'라는 표현을 하는 분도 있습니다. 교육이 뭐가 달라져야 할까요.

조한혜정 _ 당시 배에 있던 아이들은 가만히 있으라고 해서 가만히 있었다고 하지요. 어릴 때부터 엄마에게 "모여 있지 말아라", "작당하지 말아라", "지금은 공부할 때다" 하는 얘기를 듣고 큰 겁니다. 사실 아이들은 "지금 왜 이렇게 되었지?", "망보고 올게"라고 서로 머리를 맞대고 작당했어야 했는데, 그저 손만 잡고 있었던 거죠. 우리 시대는 그 정도의 활동력이 있는 아이만 키우고 있습니다. 이런 재난은 또 일어날 수 있어요. 서로 협력해 스스로 일정 부분 안전을 챙길 수 있는, 그런 아이를 키우고 있는지 돌이켜봐야 합니다.

"현 공교육은 노동을 위한 인간만 배출"

조희연 _ 공교육 황폐화를 벗어나기 위해 지향해야 할 것이 무엇인가요.

조한혜정 _ 문제가 심각한데 왜 이렇게 터무니없이 낙관적인가 하는 생각이 듭니다. 현실 파악을 제대로 해 어떻게 아이들을 바꿀지 고민해야 합니다. 도심에 새로운 학교를 만들어 본다든지, 교과 내용도 사회성을 키우도록 한다든지 ……. 연극을 기본 과목으로 한 뒤 수학을 배우게 하면 굉장히 깊이 있는 물리학자도 나올 수 있어요. 현행 교육체제에서는 노벨상 받는 사람이 못 나옵니다. 노동자만 나올 겁니다.

조희연 _ 가만 보면 학교가 근본적으로 많이 무너져 있거든요. 아이들은 이전 세대와는 전혀 다른 감수성을 가지고 있는데 교육시스템은 낡은 상태 그대로입니다. 그러니 부조화가 있는 거예요.

조한혜정 _ 부모들도 심각성을 잘 알고 있습니다. 하지만 어떤 프로그램을 하든 신뢰를 못하고 있죠. 신뢰받을 수 있는 공간에 1년을 맡기면 아이들도 굉장히 달라집니다. 그 공간은 소규모여야 하고, 거기엔 마을이라는 개념이 있어야 합니다. 책임지는 어른, 존경받는 어른들이 있고, 괜찮은 청년들이 돕고, 세대 간의 배움이 가능한 확실한 장소성을 지닌 공간이죠. 이 모델을 제대로 내는 게 새 교육감들이 해야 할 일입니다.

"아이 키우는 경험이 백 배 더 중요"

조희연 _ 적대적인 약육강식의 사회라지만 그래도 공유 지점은 있어야 합니다. 그런데 그런 점이 전혀 없는 상태로까지 우리 사회가 험악해지고 있는 것 같습니다.

조한혜정 _ 이 시대의 환대 관계는 오직 엄마와 아이뿐이에요. 그래서 엄마는 오로지 매니저 맘이 되어버렸죠. 환대란 세 명 이상이 구성한 사회여야 하는데, 한 명의 엄마가 남에게 맡기는 걸 불안해하며 아이를 혼자 다 키우려 합니다. 아이 입장에서 엄마 외엔 신뢰하는 사람이 없다면 그 아이는 절대로 협동적 자아, 사회적 존재가 될 수 없는 거죠.

조희연 _ 엄마의 독립도 필요한 것 같네요. 아이 교육을 위해 자신의 삶이 완전히 도구화된 엄마가 아니고, 아이의 매니저로서의 엄마를 넘어서는 그런 엄마요.

조한혜정 _ 제가 고민하는 부분입니다. 엄마가 너무 주체적으로 독립했기 때문에 내가 다 애를 키워야 한다고 생각한다는 거죠. 사회는 끊임없이 '경력 단절'이라는 용어로 '엄마도 경력을 계속 갖고 있어야 한다'는 식으로 얘기해요. 아이를 키우는 존재로서의 감각이 없는 겁니다. 사회 구성원 모두가 연봉 얼마짜리 경력을 관리하는 것보다 아이를 키우는 경험이 백 배 중요하다는 것을 알아야 합니다. 그 경험을 바탕으로 사회적 경제와 새로운 학습 공간도 만들어낼 수 있습니다.

"자사고 폐지보다 제대로 운영되는지 감독해야"*

조희연(서울시교육감) / 김신일(전 교육부총리)**

김신일 전 교육부총리 겸 교육인적자원부 장관은 노무현 정부의 마지막 교육부총리 였다. 서울대 교육학과 교수와 한국교육학회장 등을 역임한 그는 노무현 정부 후반기 인 2006년 9월 교육부총리로 임명되었다. 2008년 2월까지 16개월 동안 교육정책을 관 장하면서 로스쿨(법학전문대학원) 도입과 내신성적 위주의 대입 정책 등을 주도하며 평준화·수월성 정책의 충돌을 직접 경험했다. 당시 대학들은 전국 권역별 로스쿨 인 가와 내신 위주의 입시 정책에 거세게 반발했다. 퇴임 후 김 전 교육부총리는 "평생을 교육학자로 일하다 직접 정책을 만들고 시행해보니 평준화를 비롯한 교육계의 가치 충돌이 정말 심하다는 것을 깨달았다"고 회고하기도 했다.

김 전 교육부총리는 교육사회학을 전공했다. 그가 쓴 『교육사회학』은 1980년대 교 육학도들에게 필독서였다. 그런 김 전 교육부총리를 조희연 서울시교육감이 만나 서 울교육정책의 방향에 대한 조언과 지혜를 구했다. 성공회대 교수 출신인 조 교육감 역 시 전공이 사회학이어서 원로 학자이자 교육계 수장이었던 김 전 교육부총리와 자율 형 사립고(자사고)와 고교평준화 문제 등 구체적인 사안까지 문답을 주고받았다.

김 전 교육부총리는 조 교육감에게 "진영논리에 빠지지 말고 교육의 기본 가치에 충 실하라"고 당부했다. 이명박 정부가 확대한 자사고를 축소·폐지하려는 조 교육감의 방침에 대해서는 "폐지보다는 설립 목적에 맞게 운영되도록 관리하는 게 옳다"고 의견 을 밝혔다.

---

* ≪중앙선데이≫, 2015년 2월 24일 자.

** 김신일: 1941년 충북 청주 출생. 청주고, 서울대 교육학과를 졸업하고 미국 피츠버그대에서 박사학위를 받았다. 서울대 교육학과 교수, 한국교육학회장, 부총리 겸 교육인적자원부 장관 을 역임했다. 저서로 『교육사회학』, 『평생교육원론』, 『시민의 교육학』 등이 있다.

조희연 _ 선생님의 책에는 소득에 따른 학력차이는 정의사회에 반하는 일이며 공교육의 기본 정신에서도 벗어나는 것이라는 문제의식이 담겨 있습니다. 저는 요즘에 교육불평등이 더욱 고착되고 있다는 생각이 듭니다.

김신일 _ 현대 국가가 등장해서 학교가 사회적 지위 경쟁의 통로가 되니까 어느 사회에서나 학교가 계층구조를 재생산하는 역할을 해왔습니다. 그래서 그것을 감안해 입시제도나 학교 교육과정 결정 등의 정책을 통해 선진국은 그 문제를 꽤 줄였습니다. 우리 사회에서도 근대화 과정에서 학교가 부나 사회적 지위의 불평등한 분배의 통로로 작용하기 시작했습니다. 그것이 근래에 와서 더 강해졌는데 일종의 과도기적 측면이 있습니다.

조희연 _ 저는 자사고의 축소나 폐지를 주장해왔습니다. 자사고가 학생들 간의 교육불평등을 심화시키는 요인이라고 보기 때문입니다.

김신일 _ 자사고가 애초에 왜 만들어졌으며 우리 공교육이 추구하는 것이 무엇이냐를 생각해보는 게 좋겠습니다. 학교 중에는 외국어고·과학고·체육고 등 다양한 학교가 있는데 그것들이 각각의 특수한 목적 때문에 필요해 세워졌다면 정말 그 목적에 맞게 운영되는지를 확인할 필요가 있습니다. 자사고도 마찬가지입니다. 폐지보다는 설립 목적에 맞게 운영되도록 입시준비학교와 다를 바 없이 운영되지 않도록 교육 당국이 엄격하게 감독해가며 관리를 잘하는 게 옳다고 생각합니다.

"교육감이 내신 부풀리기 막아야"

조희연 _ 자사고가 설립 목적에 맞게 운영되는지를 우선 살펴보라는 말씀이네요.

김신일 _ 그것은 그야말로 원칙의 문제입니다. 일반 고등학교에서 교육할 수 있는 범위를 넘어서는 외국어 재능을 가진, 앞으로 외국어 중심으로 생애를 살고자 하는 사람이 있으니 일찍부터 외국어를 철저히 교육시키는 학교를 만들자는 취지에서 만들어진 것이 외국어고입니다. 그런데 그동안 관리가 잘못되어 일부 학교가 입시준비학교가 되었습니다. 외고든 과학고든 설립 취지를 지켜야 한다고 생각합니다. 그것을 정상적으로 관리하는 게 정부의 역할입니다.

조희연 _ 저는 일반고 살리기를 제2의 고교평준화로 보고 있습니다.

김신일 _ 흔히 고교평준화를 교육평등 정책이라고 보는데 평준화가 교육평등화에 이바지한 면이 있는 것은 사실이지만 교육평등을 위한 정책은 아니고 중학교 입시 경쟁을 완화하기 위한 정책이었습니다. 제가 이 말씀을 드리는 것은 평준화가 교육평등 정책으로 오해되면서 정작 별도로 만들어서 시행해야 할 다양한 교육평등 정책에 모두가 소홀했기 때문입니다.

조희연 _ 교육부총리로 일하실 때 대입 문제도 이슈였는데 지금의 입시체제를 어떻게 보십니까.

김신일 _ 대학입시에서 가장 큰 문제는 대학들이 '우리가 가르칠 학생 우리가 알아서 뽑겠다는데 왜 정부가 개입하느냐고 생각하는 것입니다. 그러나 분명한 것은 대학도 교육의 큰 틀 안에 있다는 것입니다. 우리나라는 이제 학생 대부분이 대학에 가는 나라입니다. 대학은 고등학교를 존중해야 합니다. 대학에 다양한 아이들이 들어오면 가르치는 데 힘은 들어도 재미가 있습니다. 소위 선진국 대학입시의 제1원리는 다양성입니다. 성적이 좀 떨어져도 다양한 재능을 가진 아이들을 뽑는다는 것을 대학들이 원칙으로 삼으면 좋겠습니다.

조희연 _ 선생님께서 교육부 장관이었을 때 이른바 '고교 교육 정상화'를 위한 입시개혁이 진행되었습니다. 당시 대학들의 반발이 꽤 있었습니다.

김신일 _ 당시 개혁의 기본은 입시에서 내신의 비중을 올리는 것이었습니다.

그전에도 내신 중심의 입시를 얘기해왔지만 잘 안 되었으니 실행에 옮기자는 계획이었습니다. 제가 장관이 되기 전인 노무현 정부 초창기에 너무 세게 밀어 붙였습니다. 사실 정책 시행에는 강도와 시간의 조절이 필요한데 다소 조급하게 진행되었습니다. 사실 그때까지 고교들이 내신의 입시 활용 가치에 대해 연구가 안 되어 있었고 내신 자료도 제대로 갖춰지지 않았습니다. 살펴보니 대학에서 '이걸 가지고 어떻게 학생을 뽑으란 말이냐'는 소리가 나오게 되어 있었습니다. 저도 그 정도까지인 줄은 몰랐습니다. 내신 자료를 대학에서 신뢰할 수 있도록 만들고 내용도 풍부하게 만드는 데는 교육감의 역할이 큽니다. 내신 부풀리기를 막는 것도 교육감이 나서서 해결해야 합니다.

"학습자가 뭘 원하는지 늘 생각해야"

조희연 _ 교육감직을 맡고 보니 정책 집행자로서 균형 있는 자세가 어떤 것인지를 계속 고민하게 됩니다.

김신일 _ 교육한다는 것은 아동이건 성인이건 사람들이 학습하는 데 도와주는 것 아니겠습니까. 그런 면에서 교육의 중심은 학습자입니다. 교육행정도 마찬가지로 배우는 사람들의 학습을 돕기 위해 있는 것입니다. 결정의 추를 학습자에게 두는 것이 제일 중요합니다. 내가 학습자라면 뭘 원할까를 생각해야 합니다.

조희연 _ 교육감이 되고 난 뒤 저에게 '진영논리'에 휘둘리지 말라고 비판적인 조언을 하는 분이 많습니다.

김신일 _ 물론 사람마다 정치적으로 자기의 진영이 있을 수 있습니다. 하지만 일단 행정의 책임자가 되면 진영논리에 빠지지 않도록 노력해야 합니다. 교육의 기본 가치에 충실해야 합니다. 저도 교육부총리로 일할 때 청와대와 논쟁하면서 나름대로 기본에 충실하고자 했습니다. 교육감은 특정 진영의 대표가 아니라 교육행정 조직의 대표입니다.

"잠재력과 내면의 아름다움 꽃피울 '살림의 교육' 펼치자"*

조희연(서울시교육감) / 현경(미국 유니언신학대 교수)**

● ●

2014년 4월. 대한민국 국민은 말을 잃었다. 세월호 참사로 숨졌거나 실종된 안산 단원고 학생은 모두 252명. 꽃을 피워보지도 못한 채 스러져 간 생명들을 보며 어른들은 부끄럽고 무력했다. 세월호 사고가 아니더라도 우리나라 청소년들은 위기에 노출되어 있다.

경제협력개발기구(OECD) 통계에 따르면, 2010년 현재 한국 아동·청소년(10~24세) 인구 10만 명당 자살자 수는 9.4명. 31개 OECD 회원국 가운데 2위에 해당하는 숫자다. 경쟁만능주의로 인한 학업 고민, 가정과 사회의 케어시스템 부실 등이 빚어낸 총체적 문제다.

세계적 종교학자이자 평화운동가, 에코페미니스트인 미국 유니언신학대 현경교수는 "우리나라 교육이 '살림'의 교육으로 바뀌어야 한다"고 말한다. '살림'은 '살리다'를 명사형으로 만들어낸 조어(造語)다. 현경 교수는 스스로를 '살림이스트'라 부른다. 지난 세기가 죽음과 폭력으로 점철된 시대였다면 앞으로의 시대는 살림의 에너지가 만들어 갈 것이란 게 그의 분석이다.

조희연 서울시교육감과 동갑인 현경 교수는 한국 교육의 나아갈 방향을 묻는 질문에 "내면에 있는 다양한 잠재력과 아름다움을 꽃피울 수 있도록 자존감을 깨닫게 하는 교육이 되어야 한다"고 조언했다.

● ●

---

* ≪중앙선데이≫, 2015년 2월 24일 자.

** 현경: 1996년 아시아 여성 최초로 세계 진보신학의 명문인 미국 뉴욕 유니언신학대학 종신교수가 되었다. 이화여대 기독교학과와 대학원을 졸업하고 유니언신학대에서 박사학위를 받았다. 1991년 호주 캔버라에서 열린 세계교회협의회(WCC) 총회에서 초혼제를 지내 세계 종교계의 주목을 받았다. 저서로는 8개 국어로 번역된『다시 태양이 되기 위하여』,『결국은 아름다움이 우리를 구원할 거야』,『연약함의 힘』등이 있다.

조희연 _ 세월호 이후 교육이 달라져야 한다는 공감대가 생겼습니다. 많은 생명을 잃고 나서야 깨달은 것이지요.

현경 _ 우리 사회가 안고 있는 총체적 모순을 보여줬습니다. 아이들을 다시 살려낼 수는 없겠지만 '죽임의 문화' 속에 살게 하는 모순을 극복한다면 더 이상 그런 희생을 겪지 않아도 되겠지요.

조희연 _ '살림의 교육'을 하려면 어떻게 해야 합니까.

현경 _ 불교에선 모든 고통의 원인이 '탐진치'(貪瞋癡: 욕심·분노·어리석음)라고 가르쳐요. 종교에선 고통을 모두 개인적 차원에서만 이야기했지만 개인과 사회는 연결되어 있습니다. 세월호 사건은 우리 시대의 탐욕과 미움, 어리석음이 구조화되어 일어났다고 봐요. 죽임의 문화가 세월호를 통해 극명하게 드러났고, 이런 문제들을 바로 보고 깨어날 때 억울하게 죽어간 아이들을 살림의 세상으로 끌어낼 수 있을 겁니다.

조희연 _ 선생님 책에서 읽은 '네 안에는 부서지지 않는 빛나는 아름다움이 있다'는 말이 인상적이었습니다. 아이들이 내면의 아름다움을 꽃피우게 하고 찬란하게 드러내도록 하는 것이 '살림의 교육' 아닐까 생각합니다.

현경 _ '살림'이란 말이 한국말에서 가장 아름다운 것 같아요. '살림이스트'란 말도 살려내는 사람이란 뜻으로 만든 거고요. 나만 살려내는 게 아니라 내 이웃·사회·지구 전체를 살리는 사람을 만드는 게 '살림의 교육'이지요. 어떻게 하면 살려낼 수 있을까. 학생이 내면의 자기다움을 꺼내 표현할 때 이를 긍정해주고 학생들이 자존감을 가질 수 있게 해주는 것이라고 생각해요. 자신을 믿고 사랑할 수 있는 사람을 만드는 것이지요. 나르시시즘이나 자기애와는 달라요. 내가 우월하다거나 열등하다는 생각을 넘어 나답게 살면 된다고 믿게 하는 것입니다.

조희연 _ 자기다움을 개발할 수 있게 해야 한다는 말씀이시군요.

현경 _ 넘버원 교육에서 온리원 교육으로, 일등주의 교육에서 유아독존적 교육으로 변해야 합니다. 네가 세상에서 가장 소중하다. 가장 가슴 뛰는 일을 해라하고 가르쳐야죠. 사람이 언제 살고 싶냐면 자기 내면의 떨림, 소리대로 살고싶을 때 그렇거든요. 가슴이 뛰어야 안 죽어요. 크게, 싱싱하게 자랄 수 있어요.

조희연 _ 우리나라 청소년 자살률이 세계 최고라고 합니다. 무한한 잠재력을 꽃피우기 위해 세상에 왔는데 교육시스템이 가로막아온 것이죠.

현경 _ 제가 미국 맨해튼에 사는데 뱅크스트릿이란 학교가 있어요. 그 학교에선 초등학생에게 가족사진을 만들어오라고 해요. 뉴욕이니까 이혼가정, 동성애부부, 조손가정 가지각색이거든. 톰은 아버지만 둘이고 메리는 어머니만 둘이에요. 발표를 하게 하는데 가치판단을 하지 않아요. 아이들의 특성에 맞게 '톰네는 이러이러해서 아름다운 가정이구나', '메리네는 이런 부분이 행복한 가정이구나' 하고 칭찬을 해줘요. 소통과 공감의 교육, 학생 안의 아름다움을 끌어내는 교육이란 이런 것이지요.

조희연 _ 선생님이 말씀하신 '연약함의 힘'도 그런 소통의 힘을 말씀하신 건가요.

현경 _ 네. 테드(TED) 강연에 갔을 때 전 세계에서 가장 창조적 성향이 강한 기업을 조사했는데 공통적으로 공감하고 소통하는 문화를 갖고 있다는 사실을 발견했다고 하더군요. 그것을 '연약함의 힘(The Power of Vulnerability)'이라고 부릅니다. 그 얘길 들으면서 한국 교육을 생각했어요. 버락 오바마 대통령이 칭찬하는 한국 교육은 새벽부터 밤까지 사교육을 하는 걸 얘기하는 게 아니에요. 근면하고 실용적이며 공익을 앞세우는 한국 사회의 가치를 얘기하는 것이죠.

조희연 _ 기성의 틀로 분재(盆栽)형 인간을 만들어선 안 된다고 생각합니다. 20

세기 교육이 근대가 추구하는 가치를 아이들에게 주입시켰다면 21세기 교육은 역동적 생명력 자체를 발현할 수 있게 도와줘야 하지 않을까요.

현경 _ 저는 학생들이 덕담을 해달라고 하면 '신나시길'이라고 써줘요. '신' 자 다음에 한자로 꼭 '神'이라고 씁니다. 생명력 넘치는 사람, 내 생명을 꽃피워서 다른 사람의 생명도 꽃피울 수 있는 사람이 되란 뜻이지요.

조희연 _ 선생님 책 제목인 '결국은 아름다움이 우리를 구원할 거야'란 말이 인상적이었습니다. 미(美)의 시대, 아름다움의 교육은 어떠해야 할까요.

현경 _ 20세기의 힘은 맹수의 힘이었어요. 지배와 종속의 힘이지요. 21세기의 힘은 자발성을 이끌어내는 매혹의 힘이라고 생각해요. 남을 복종시키더라도 절대로 자발성을 이끌어낼 순 없어요. 하지만 매혹시키면 스스로 내면의 것을 꺼내 보여주거든요. 어찌 보면 남성의 시대에서 여성의 시대로, 신(神)이 여성이었던 고대문화의 시대로 돌아가는 것입니다. 문자 그대로의 남성, 여성이 아니라 소통과 공감, 연약함의 힘을 말하는 것이지요.

조희연 _ 열린 시민을 만드는 교육이군요.

현경 _ 그렇지요. 환경운동가이자 핵물리학자인 반다니 시바 박사는 "21세기 문명의 전환은 지배와 종속, 폭력의 문화에서 상생의 문화로 갈 것이고 이는 숲의 원리에 의해 가능할 것이다"고 했어요. 숲의 원리란 다양한 종이 서로 주고받으면서 지속가능성을 높여가는 걸 말합니다. 바로 "연약함의 힘"입니다.

조희연 _ (웃으며) 결국은 아름다움이 교육도 구원할 수 있겠군요.

현경 _ 네. 아이들의 내면에 있는 다양한 잠재력, 아름다움을 꽃피우게 하는 교육이 '살림의 사회'를 만드는 것이니까요.

"민주주의의 마지막 제도가 학교"[*]

조희연(서울시교육감) / 마이클 애플(미국 위스콘신대학 석좌교수)[**]

2015년 10월 27일, 지난 100년간 교육학에 지대한 영향을 미친 책 20권 중 한 권에 선정된 『교육과 이데올로기(Ideology and Curriculum)』의 저자 마이클 애플(Michael Apple) 석좌교수와 조희연 교육감이 세계시민교육과 역사 교과서, 학교 민주주의와 혁신학교 등 서울교육의 근본적인 주제와 '실천 교육학'에 대해 대화를 나눴다. 당시 마이클 애플 교수는 교원단체의 초청으로 한국을 방문해서 강연과 토론 등 다양한 일정을 소화하고 있던 중이었다. 조 교육감의 집무실에서 진행된 대담은 진보적인 교육학자와 사회학자의 만남이기도 했다. 자연스럽게 조희연 교육감이 강조하는 주제인 '교육과 사회의 관계'에 대한 진지한 토론의 시간이 이루어졌다. 마이클 애플 교수의 제자이기도 한 성열관 경희대 교수가 사회와 통역을 맡았다 (편집자 주).

성열관 _ 역사 교과서 국정화 문제가 중요한 화두가 되고 있습니다.

조희연 _ 현 정부가 역사 교과서를 국정으로 만들겠다는, 단일한 국가 승인 교과서만을 전국 학생들이 쓰도록 한다는 정책을 채택해 전 국민적인 논쟁과 갈

---

[*] ≪한겨레≫, 2015년 10월 27일 자.

[**] 마이클 애플: 교육과 권력, 문화정치, 교육과정 이론에 대한 세계적인 교육이론가이자 '실천 교육학'의 대가로서 현재 미국 위스콘신대학의 석좌교수로 있다. 1979년에 쓴 *Ideology and Curriculum*(한국어판 제목은 『교육과 이데올로기』)는 "지난 100년 동안 교육학에 지대한 영향을 미친 세계적인 책 20권"에 선정되기도 할 정도로 교육학계에 미친 영향이 크다. 1989년에 한국을 방문했을 때 전교조 지지 발언으로 안기부에 연행된 적이 있을 정도로 우리나라와 '진보적 관계'가 각별하다. 그 외의 저서로는 『교육과 권력(Education and Power)』, 그리고 최근 한국에 번역되어 소개된 『교육은 사회를 바꿀 수 있을까(Can Education Change Society?)』 등이 있다.

등의 이슈가 되고 있습니다. 동아시아의 신권위주의 내지 신보수주의는 국가정체성을 강조합니다. 국가중심주의를 완화시키는 게 중요한 세계화 시대에 동아시아의 권위주의·보수주의 정부는 국가정체성을 강조하고 있습니다. 역사에 대한 우익적 재해석을 동반하는데 일본과 한국에서 동일한 양상으로 나타납니다. (한국·일본은 물론) 부분적으로 중국 동북공정 재해석도 동아시아의 신보수주의가 역사에 대한 자폐적인 민족주의적 해석을 동반해 나타나는 것으로 보입니다.

마이클 애플 _ 동아시아와 세계 많은 나라들에서 정체성의 일부가 되는 '역사의 기억'을 잊어버리고 재해석하려는 시도가 나타나고 있습니다. 기억은 우리가 누구인가 하는 정체성과 관련이 있습니다. 지배 집단은 과거를 재해석하고 개인들에게 새로운 정체성을 주입하려고 노력하고 있습니다. 국정 교과서를 만들려는 우익의 노력은 사실적이지 않고 균형 잡히지 않고 민주주의를 해치는 위험한 일입니다.

조희연 _ 국정화는 교수님이 중요하게 생각하는 '교육과 권력의 관계'에 관한 것이기도 합니다. '누가 누구를 위한 지식을 어떤 식으로 전달하는가', '역사와 사회에 대한 이해의 방식과 내용을 누가 결정하는가'의 문제입니다. 교수님은 교육이란 것을 인간의 상식과 세계관, 인식과 지식이 형성되는 과정이자 장으로 보시는 듯합니다. 그 과정에서 (권력이) 특정한 상식, 세계관, 인식, 지식을 대중적으로 착근시키려는 것이 아닌가, 국정 교과서야말로 교수님이 말씀하시는 교육과 권력의 치열한 관계를 보여주는 게 아닐까 생각합니다.

마이클 애플 _ 조희연 교육감 말씀이 옳은 것 같습니다. 세계에는 광대한 지식이 있습니다. 합법적인 것도 있고 불법적인 것도 있고, 공식적인 것도 있고 유명한 것일 수도 있습니다. 역사적 논쟁, 역사적 사실이 중요하다기보다는 그 역사적 사실을 누가 선택할 권한이 있는지가 중요합니다. 수학과 과학에서도 마찬가지입니다. 프랑스 학자 부르디외가 말한 상징적 폭력이라고 한 것과 마찬가지로, 권력과 지식 연계에 의한 모델이 한번 정해지면 많은 교사들이 하나의 모델만 따라야 하고 창의성과 자율성의 공간이 사라집니다.

성열관 _ 애플 교수님은 민주주의에 대한 언급을 많이 하시는데, 교육과 민주주의의 관계는 무엇인지요.

조희연 _ 보수적 근대화라고도 하는데, 보수적 현대화로 번역하는 게 나을 거라고 생각합니다. 애플 교수님은 신자유주의와 신보수주의가 결합된 독특한 세계 질서의 재편, 그 일부로서 교육질서의 재편을 이야기하시는 듯합니다. 저는 특히 1960년대 이후 한국의 산업화를 '서양을 따라잡는 추격산업화'라고 얘기하는데, 추격산업화는 교육을 통해서 성공했습니다. 한국의 교육입국에는 추격산업화를 성공시키려는 교육경쟁과 교육행정시스템이 있었습니다. 한국은 추격산업화 과정에서 고착된 낡은 교육시스템, 교육경쟁시스템을 어떻게 개혁할 것인가, 혁신할 것인가 하는 과제에 직면해 있습니다.

특히 추격산업화 과정에서 고착된 낡은 교육시스템의 세 가지 측면이 개혁 대상이 되고 있습니다. 첫째는 학교 권위주의입니다. 권위주의적 학교 질서와 행정 질서가 고착된 것을 개혁하는 과정에 있습니다. 둘째는 일등주의 경쟁 시스템입니다. 서양과 경쟁할 수 있는 일등 기업만을 위한 일등 인재를 만들어내는 지금의 교육경쟁시스템을 개혁해야 합니다. 셋째, 교육불평등입니다. 추격산업화 과정에서 잘살게 되면서 잘사는 부모와 못사는 부모로 양극화되었고, 교육불평등이 심화되었습니다. 이것들은 서구의 교육개혁과 중첩되는 것 아닌가요.

마이클 애플 _ 한국만 유일하게 그런 게 아닙니다. 전 세계적으로 신자유주의와 신보수주의가 확산되고 있는 상태입니다. 많은 나라의 교육 분야에서 불평등 현상이 나타나고 있습니다. 많은 (신자유주의·신보수주의) 정부들이 '이것만이 길이다'라고 얘기하는데 종교적 신념처럼 무조건 믿게 합니다. 실증적 증거가 없으면서도 그것만이 길인 것처럼 우리의 '상식'으로 고착시키는 것이 심각한 문제입니다.

조희연 _ 신자유주의 이념이란 게 종교화되어 있습니다. 효율성과 경제의 중요성이라는 이름으로 확산되고 있지요. 사회진화론이라는 표현을 쓰시는 분이 있습니다. 그람시적인 의미에서 사람들의 인식, 문화, 상식을 경쟁 이데올로기 속에 종속시키고, 신자유주의 질서가 교육을 통해 작동하는 것입니다. 신자유주의와 신보수주의를 교육을 통해서 실행하는 관료집단이 있습니다. 신경영통제 관료주의적으로 평가와 경쟁, 수월성을 앞세웁니다. 서구의 새로운 보수주의와 한국의 박근혜 정부로 상징되는 새로운 보수주의 차이가 무엇일까를 고민해봤습니다. 서구의 새로운 보수주의 세력 집단은 난민 이민자 등 인종적 이방인을 적대시함으로써 내부를 단결시킵니다. 반면 한국이나 동아시아의 새로운 보수주의는 오히려 '두 개의 국민' 전략을 취하고 있습니다. 박근혜 정부가 취하는 것은 반공주의적 국가정체성에 맞는 국민과 종북적·친북적 국민으로 나누는 '두 개의 국민' 전략이라는 점에서 서구와 다릅니다.

마이클 애플 _ 우리와 타자를 구분하는 방법에서 한국과 미국이 다른 것은 사실입니다. 그러나 좀 더 복잡한 문제입니다. 미국에서도 내적으로 여성과 (소수) 인종을 타자로 생각하고 외적으로는 중국과 타국을 타자로 생각합니다. 한국에서도 베트남인, 중국인 등이 타자로 만들어지고 있습니다.

성열관 _ 서구를 따라잡는 '추격교육'의 결과, 한국에서는 구시대적 교육틀과 산업화 사회의 부조화로 교육불평등이 심화되고 있습니다.

조희연 _ 산업화 이후에 새로운 문제로서 교육불평등이 심각하게 제기되고 있습니다. 교육감으로서 교육불평등 완화를 위한 나름의 노력을 합니다. 고교와 대학 서열화 완화 노력들이나 현재 시스템 안에서 저소득층 학생과 비선호학교를 재정적으로 더 많이 지원하기 위한 더 많은 정책들이 그 노력의 일환입니다. 그러나 한국은 갈수록 사교육이 확대되고 공교육 비중이 축소되고 있습니다. 공교육에서도 일류 사교육이 우위고 일반 공립학교 대다수는 하위 이류 학교가 되는 역전과 퇴행 현상이 나타나고 있습니다. 진보적 교육행정가로서 노력을 많이 하지만 절망감을 느끼는 상황입니다. 그전에는 교육이 희망의 통로로 작동해서 한국의 추격산업화가 가능했는데, 이제는 교육이 절망의 통로가 되고 있습니다. 서구는 이런 걸 어떻게 극복했는지, 교육불평등을 획기적으로 완화해서 교육이 사회적 이동성을 촉진하는 계기로 작동할 수는 없는 것인가요.

마이클 애플＿ 우선 조 교육감이나 다른 여러분들이 하고 계신 일에 대해 높이 평가하고 싶습니다. 왜냐하면 정작 미국에서는 소수 민족이나 노동계층에 들어가는 교육재정 지원이 굉장히 감소하는 추세이기 때문입니다. 한국에서 저소득층 재정지원이 계속 이뤄지고 있다는 것은 굉장히 큰 박수를 받을 일입니다. 어려운 상황에서도 지속적인 노력을 한다면 이것이 하나의 좋은 모델이 되어 합법적인 정책으로 시행이 될 수 있을 것입니다.

성열관＿ 민주주의 이슈에서 중요한 것은 민주교육을 실천하는 것이 아닌가 합니다.

조희연＿ 혁신학교의 의미가 무엇일지 가끔 생각해봅니다. 과거의 학교 권위주의에 대응하여 새로운 학교, 민주주의적인 학교를 만들기 위한 교육실천, 교육개혁 프로젝트가 아닌가 생각합니다. 교육감, 교감, 교사로 이어지는 수직적 구조하에서, 교육 관료제의 상층은 공문을 내려보내고 현장에서 아이들을 대면하는 교사는 공문 처리에 짓눌린 권위주의적인 학교 시스템을 민주적인 학교로 전환하는 프로젝트입니다. 이런 전환은 학교 구성원들의 관계의 정상화와 수평화를 의미합니다. 학교 구성원 전체가 다층적인 의사 결정에 평등하게 참여하고, 그런 참여를 통해서 학교 내 교육과정이라든지 이런 것들이 결정되는 것이지요. 학생들도 단지 지식을 전달받는 순응적 대상이 되는 것이 아니라 스스로 자기 주도성을 회복하는 것이 학교 민주주의 회복의 중요한 내용이 아닐까 생각합니다.

마이클 애플＿ 민주주의는 '쟁송적' 의미를 가지고 있습니다. 그동안 권력을 가진 사람들은 민주주의의 의미를 훔쳐왔습니다. 얇은 민주주의와 두터운 민주주의의 의미가 있습니다. 두터운 민주주의에서는 모두가 참여할 수 있는 조건이 마련되는 게 가장 중요합니다. 물컵을 민주주의의 개념으로 봅시다. 물컵에서 진보적 의미의(두터운) 민주주의 물은 버리고 다른 의미(얇은)의 시장 질서를 이 물에 넣습니다. 물컵에 소비자, 선택할 수 있는 권리, '점수 높은 학교가 좋은 학교다', '교사는 성적을 올려야 한다' 등 시장 질서를 계속 채워 넣습니다. 특히 미디어의 역할이 중요한데, 미국은 실패한 학교와 교사의 이미지를 미디어가 계속 내보냅니다. 우리는 이것과 싸워야 합니다. 학교 안에서 민주적 시민을 길러야 합니다. 민주주의의 마지막 제도가 학교라는 것을 반드시 이해해야 합니다.

조희연 _ 학교는 사회의 일부라고 하신 말씀을 들었는데, 학교 내에도 사회적 계층화와 위계가 존재한다는 말씀이 인상적이었습니다. 서울에도 교직원이 8만 명인데 비정규직이 2만 2000명이고, 수십 개의 다종다양한 직종으로 구성되어 있습니다. 점심 급식을 지원하는 비정규직 인력 등 학교에서 이뤄지는 모든 교육과정에 비정규직이 있습니다. 이 자체가 불평등한 노동시장이라는 의미로 [교수님의 말을] 받아들였습니다. 요즘 우리 대학 안에 스타벅스가 들어오는 등 학교라는 공간이 수익창출 공간이 되고 있습니다. 학생을 소비자로 인식해서 수익창출 공간으로 바라보고 접근하는 경향이 강해지고 있습니다.

마이클 애플 _ 최근에 한 헤지펀드 매니저가 《월스트리트 저널》에 "학교가 돈 벌 수 있는 새로운 이윤 창출의 장소가 되었다"라고 얘기한 적이 있습니다. 학교야말로 정치적·경제적 장소라고 할 수 있습니다. 얼마 전에 한 친구는 학교에서 할 수 있는 게 없다고 했습니다. 경제가 학교를 장악하고 있기 때문입니다. 하지만 나는 학교가 사회를 바꿀 수 있다고 생각합니다. 학교에는 급식사와 경비, 청소원 등 많은 비정규직이 있습니다. 아이들을 위해 이들의 의료보험·사회보험을 보장해주는 것이 필요합니다. 학교 안에서 정치·경제 문제를 생각해야 합니다. 학교가 지역사회 연대 등 여러 가지 방법을 통해 아이들에게 학교에 있는 다른 비정규직 성인들과 '비착취적 관계'를 형성하게 하는 것이야말로 진

정한 교육입니다. 학교가 그런 교육을 통해 사회 변화의 단초를 마련할 수 있다
고 생각합니다.

조희연 _ '교육을 통해 길러지는 이상적인 인간'은 어떤 존재일까? 하는 원론적
인 말씀을 드리고 싶습니다. 교육이라는 게 기본적으로 자연적 인간을 직업적
인간으로 만들어내고, 직업적 인간으로서 기술적 지식을 습득하고 준비하는 과
정입니다. 다른 한편으로는 사회적 인간으로서 인격 형성을 해야 합니다. 개인
적으로는 시민이라는 개념을 쓰는데, 시민적 인간이 있고, 민주시민적 인간이
있고요. 최근에는 세계시민적 인간이 되어야 한다는 생각을 합니다. 민주시민
적 인간이라면 민주주의적 가치라든가 다원성의 가치가 중요합니다. 세계화 시
대에는 국가나 민족의 경계를 넘어설 수 있는, 자폐적 민족주의와 국가중심주
의를 넘어서 국가와 민족을 성찰할 수 있는 능력을 가진 세계시민적 인간을 만
들어야 하지 않겠나 생각합니다. 그래야 외국인 노동자, 난민, 국제결혼자를 차
별하지 않는 시각을 갖게 됩니다. 지구화 시대의 공존형 인간을 만들 수 있는
그런 교육을 생각하고 있습니다.

마이클 애플 _ 조희연 교육감의 말씀에 전적으로 동의하는 바입니다. 다만 용
어 사용은 조심스러울 필요가 있습니다. 권력집단도 세계시민성이라는 개념을
사용하고 있습니다. 그러나 세계로 뻗어나가면서 착취만 할 뿐 학교도 지어주
지 않고 시민을 위한 교육기회를 주지 않습니다. 세계시민이란 세계 문제에 대
한 '완전한 참여'를 이야기하는 것입니다. 세계는 지배당하고 활용당하고 있기
때문에 용어 사용은 조심스러워야 합니다. 시민의 정의와 경계를 넘어서 국경
밖 사람들과의 연대에 대해서 깊게 생각할 때입니다.

조희연 _ 세계시민을 구성하는 사람들이 평등하지 않다는 것을 동시에 인식해
야 합니다. 어제 유네스코 아시아태평양국제이해교육원 개회사에서 한 말이 있
습니다. 협소한 국가주의와 민족주의를 넘어 세계시민교육을 해야 하는데, 출
발은 우리 모두가 지구촌 공동체이자 동등하고 수평적인 구성원이라는 인식에

서 출발해야 한다는 것입니다. 다른 한편으로는 세계시민교육의 진정한 성공
은, 지구촌 공동체가 불평등하게 위계화되어 있는데 이것이 불평등한 세계라는
인식을 가질 때만이 비로소 가능합니다. 요즘 학생들한테 이렇게 얘기하고 싶
습니다. 두 개의 국적과 시민권을 갖고 있다고 생각하라고. 하나는 대한민국(코
리아 리퍼블릭)이고, 다른 하나는 인종과 국적을 뛰어넘어 평등한 지구공화국
(글로벌 리퍼블릭)입니다.

마이클 애플 _ 그런 이상적인 목표를 갖는 것은 굉장히 중요하다고 생각합니
다. 우리의 미래와 구성원들에게도 굉장히 중요한 것입니다. 나는 학생들한테
수업 첫날에 자신이 입고 있는 셔츠의 상표를 보라고 말합니다. 그런 단순한 것
으로 인해 스스로 다른 나라 사람들과 연계되어 있다는 걸 알게 되지요.

일등주의
교 육 을
넘 어

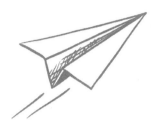

조희연에게 묻다

언론 인터뷰

　이 장에는 여러 언론 인터뷰 내용을 그대로 옮겼습니다. 지난 2년간 언론 인터뷰
와 라디오 및 TV방송 출연이 매우 많았습니다. 다 소중한 기회였고, 나름대로 진솔
하게 그리고 진지하게 발언했습니다. 갑자기 서울시교육감이 된 이후 익숙하지 않
은 방송 인터뷰를 하게 되다 보니 때로는 부족한 표현이 나가기도 하고, 때로는 설
명이 충분히 되지 않아 아쉬움이 남는 인터뷰도 많습니다. 이런 것도 다 제가 감당
해나가야 하는 '배움의 필수 과정'이라고 생각합니다. 그 과정에서 좀 더 저를 단련
도 하고 교육에 대한 생각도 가다듬어나갈 수 있으리라 봅니다.

　어느 것 하나 중요하지 않은 인터뷰가 없었지만, 그중 저의 인간적인 면을 가장
잘 드러낸 인터뷰와 저의 교육철학 및 정책적 사고를 잘 담고 있는 인터뷰를 엄선
했습니다. 〈EBS 초대석〉 인터뷰 글과 ≪헤럴드경제≫ 인터뷰 글은 '인간 조희연'
을 잘 보여주는 인터뷰라고 생각되어 실었습니다. 조금 부끄럽지만 제가 살아온 과
정과 배경 등을 보시면 지금의 교육감 조희연을 이해하는 데 더 도움이 되지 않을
까 합니다. 〈KBS 일요진단〉 방송대담 글부터 뉴스1 인터뷰 글까지 6개 글은 '교육
감 조희연'을 비교적 상세하게 설명하고 있습니다. 그때그때 시의적인 주제를 다루
기도 했고, 특별한 계기를 맞아 교육감으로서 추진하고 있는 정책들의 의미에 대해
종합적으로 설명한 인터뷰이기에 1부의 연장에서 함께 이해해보시면 좋을 듯합니
다. EBS와 KBS 인터뷰 글은 실제 방송내용을 채록한 것이기에 표현에 현장감이
많이 들어가 있습니다. 혹여 글이 매끄럽지 않더라도 이해해주시리라 생각합니다.

"교육도 사람이 먼저다"*

진행자 _ 오늘 모신 분 새삼 소개가 필요 없죠. 교육혁신의 아이콘, 서울시교육청 조희연 교육감을 초대했습니다. 오랜만에 뵙습니다. 취임 후 두 달 되셨지요?

조희연 _ 정식으로 하면 한달 반, 두 달 거의 되어갑니다.

진행자 _ 여전히 정신없으신가요, 정신 차리셨나요?

조희연 _ 적응기를 거치고 있습니다.

진행자 _ 아직 적응기.

조희연 _ 그래도 많이 업무에 익숙해졌습니다. 앞에 소개할 때 빛나는 분들을 모셨다고 해서 제가 벌써 약간 꿀립니다.

진행자 _ 안경이 매우 빛이 납니다. (웃음) 〈EBS 초대석〉 첫 번째 질문은 항상 자기가 자기를 스스로 소개하는…… 학생들 대학입시나 기업 입사할 때 자소서를 쓰잖아요? 비슷하게 본인이 자기를 소개한다면요?

---

* 2014년 9월 3일 〈EBS 초대석〉에 출연해서 가진 인터뷰(진행자 정관용)이다.

ⓒ 〈EBS 초대석〉.

조희연 _ 저는 평범한 교수입니다. 어린 시절은 공부하고 교회밖에 모르는 FM 모범학생이었습니다. 대학에 들어가서 사회 참여에 눈을 뜨기 시작해서 대학원을 간 이후 주로 비판적인 연구자로 사회 분석하고 살아왔고 성공회대 교수로서 25년 동안 재직을 했고 1990년대 중반부터는 박원순 서울시장과 참여연대 창립을 했고 주로 시민운동을 했습니다. 크게 보면 시민사회에 좀 가까운 비판적 지식인으로 오랫동안 교수활동, 교육운동을 해왔다고 말씀드릴 수 있겠습니다. 특별히 독특한 것은 없습니다. 평범하게 살아왔습니다.

진행자 _ 그러다가 차출당해서 서울시교육감!

조희연 _ 차출이라는 말이 저한테는 적합합니다. 서울시교육감이라는 중책에 많은 준비를 안 하고 나와서 너무 송구스럽지만 어쨌든 차출되어 나왔습니다.

진행자 _ 고등학교 때까지는 공부하고 교회만 다녔다……

조희연 _ 네, 저희 두 형님이 목사입니다. 그것도 상당히 보수적인 목사십니다.

진행자 _ 대학 들어가기 전에는 흡연 및 음주는 해보신 적이 없습니까?

조희연 _ 저는 뭐 진짜 FM으로 모범생으로 살아왔고 교회활동을 열심히 해서 중·고 때 가장 고민했던 것이 입시를 해야 하는데 일요일도 공부해야 되는가 그 거였습니다.

진행자 _ 공부 안 하고 그걸 고민하셨다…….

조희연 _ 주일날에는 공부하지 말고 안 시켜야 하는데 죄스런 마음을 가지고 그랬었습니다.

진행자 _ 저하고 오랜 인연을 가지고 계십니다. 제가 처음 뵌 것은 대학원 계실 때니까, 제가 본 모습과 전혀 다른 중·고등학교 시절이 있었군요. (웃음) 대학 에 들어가서 사회 관심, 사회 참여, 쉽게 말해서 운동권, 그렇지요?

조희연 _ 네, 그런데 운동권은 꼭 된 것은 아니고 그때가 유신체제였습니다. 학 생운동이나 정부에 반대하는 게 거의 유행같이 되고 일반적인 현상이었습니다.

진행자 _ 누구나 다…….

조희연 _ 누구나 다 하는 일이었고 저도 자연스럽게 빨려 들어가서 그 과정에 서 열심히 투쟁하는 학생도 아니었어요. 1975년부터 1979년까지가 긴급조치 9 호 시대입니다. 우리 현대 사회에서 민주주의의 최대 암흑기라고 표현할 정도 로 국민들의 귀나 눈을 다 막았던…… 그다음에 정부나 대통령, 헌법을 비판하 면 무조건 구속하고 경찰에 끌려가던 시절이었습니다. 어떻게 하다 보니 저도 감옥까지 끌려가고 제적도 당하고 그랬죠.

진행자 _ 사회참여로 복역 경험도 있고 하신 분은 경로가 여럿 아니겠습니까.

그 당시 노동운동하던 분, 일찌감치 정치하러 가신 분, 그런데 학문의 길을 가야 되겠다……

조희연 _ 저희 때는 노동현장으로 가야 되는 것이 강박관념처럼 따라다녔어요. 저도 제적당하고 감옥 갔다 오니 할 일이 없었습니다. 그래서 전북이 고향인데 내려가서 아이들 과외를 했습니다. 그 당시에는 노동현장 가는 것이 강박관념처럼 되어서 가야지 하는데 제가 약간 비겁해서 전투적이고 그러지는 않아서 자격증이라도 하나 따 가지고 가야겠다 해서 열관리기능사 자격증 시험 봐서 1차 합격했습니다. 제가 보일러를 만져본 적이 없어서 2차는 실기인데 여지없이 떨어졌죠.

진행자 _ 공부로만 1차 시험 봤고 보일러는 보지도 못했다. (웃음)

조희연 _ 그런데 마침 전두환 정권 들어서고 1980년에 복학을 시켜줬습니다. 그래서 노동현장에 가야 된다는 시대적 압박감을 가지고 가는 방향으로 있었는데 졸업의 기회가 되고 대학원 가는 기회가 주어져서……

진행자 _ 학문의 길로 가야겠다고 결심하고 대학원 간 건가요, 일단 공부 조금 더 해보자 해서 가신 건가요?

조희연 _ 아니 원래 사회계열로 들어갔어요. 경제학과, 경영학과, 법대도 갈 수 있었습니다. 성적이 되어서 법대도 갈수 있었는데 사회학과를 제가 선택했고 사회학과 선택할 때 교수가 되겠다고 생각했어요. 학과장이 신영학 교수였어요. 유명한 사회학자셨는데 저를 꽤 귀여워해 주셨습니다. 왜냐하면 법대, 경영대 갈수 있는데 사회학과 왔다고 우수성적 학생이 왔다고 해서…… 사회학 잘하는 것은 아닙니다, 물론. (웃음)

진행자 _ 사회학 교수로 25년 하셨으면서 잘하는 것 아니라고 하면 어떻게 합

니까. (웃음)

조희연 _ 그래서 이제 잠깐 학생운동을 해서 교수가 될 수 있는 길이 막혀버렸잖아요. 노동현장 가든지 아이들 아르바이트 해서 살아야 할 형편이 되었는데 다시 대학원 갈 기회가 주어지니까…… 그 당시 노동현장 가고 반독재 민주화운동을 열심히 하는 분이 많았어요. 제가 부끄러움이 있었고 제 홈페이지에 "2선 지식인"이다라고 글을 올렸습니다. 평생 1선에 나서서 열심히 싸우지는 못하고 단지 1선에서 열심히 헌신하면서 시대의 짐을 지고 사는 동료들, 친구들 뒤를 따라가면서 2선에서라도 열심히 살겠다…… 그런 의미에서 2선 지식인으로 살아왔습니다.

진행자 _ 제가 칭찬을 드리자면 조 교육감님 정도면 1선입니다. (웃음) 간략히 지난 시절이 정리되었습니다. 다시 돌아가서 차출된 이야기 하겠습니다. 심지어 부인께서는 이혼 얘기까지 꺼내셨다고요. 교육감 선거 나가면 이혼하겠다.

조희연 _ 아내가 책 읽기 좋아하고 교사예요. 제가 학교 현장에 대해서 많이 얘기 듣는데 나서기 싫어하는 스타일입니다. 가족하고 여행하기 좋아하고 나가면 공인이 되어서 노출되니까 그걸 안 하려고 난리 치고 그랬지요.

진행자 _ 이혼이 두렵지 않으셨어요? (웃음)

조희연 _ 그래도 제가 어떤 길을 가면 꼭 따라와줬기 때문에 이번에도 그럴 것이다…… 속으로는 생각을 했죠. 저희가 빚이 많았어요, 집 사느라고. 그러다 거의 빚을 다 해결할 정도가 되었습니다. 수천만 원 남기고, 그런데 또 빚 생기지 않을까 그런 우려 때문에 강력히 반대를 했죠. 진짜 많이 반대를 했습니다.

진행자 _ 선거과정 초창기에는 거의 피가 마르셨겠는데요. 지지율이 초반에 낮게 나와서 선거자금 되돌려 받는 것도 안 되셨을 것 같습니다.

조희연 _ 염려도 실제 있었습니다. 그래도 저희가 놀랜 건 20년 동안 지식인으로 살아왔고 교수 사회에서는 알려진 사람이고 어떤 분은 조희연 모르면 간첩이라고 할 정도로 알려졌는데 선거판에 나오니까 지식인 사회에서 알려진 것하고는 너무…….

진행자 _ 대중의 바다는 지식인의 도랑하고는 비교가 안 되지요.

조희연 _ 네, 너무 다른 것 같아요.

진행자 _ 초반에 대중의 바다가 넓구나 하는 걸 느낄 만큼 지지율이 낮다가 상당한 차이로 당선되었습니다. 서울 시민의 선택, 뭘 의미한다고 보세요?

조희연 _ 세월호 사건을 겪으면서…… 현재의 교육시스템에서 3년만 고생해서 좋은 대학 가면 되니까 고생해라, 비인간적 교육 경쟁 현실을 인정하고 순응하면서 아이들을 닦달하는 것이 우리 현실 아닙니까. 그러다가 세월호를 겪으면서 변화에 대한 열망이 많이 생겨난 것 같아요. 그런 과정에서 교육변화에 대한 희망을 걸 수 있는 사람이 누구냐 찾다가 진보교육감 후보에게 선택을 하신 것이 아닐까 싶습니다. 개개인은 많이 부족하지만 그걸 감안하지 않고 교육변화에 대한 열망으로 투표했다고 저는 표현하고 싶습니다. 열망에 투표했다, 희망에 투표했다…….

진행자 _ 그런 열망과 희망을 받아서 앞으로 임기 4년 어떤 일들을 어떻게 해갈지 차근차근 오늘 듣겠지만 먼저 교육이 뭐라고 생각하십니까?

조희연 _ 우리 아이들 그리고 모든 인간들은 다양한 잠재력을 가지고 태어납니다. 인간이 갖는 혹은 아이들이 갖는 다양한 잠재력들을 키워내고 사회가 필요로 하는 방식으로 사회가 필요로 하는 재능으로 만들어내는, 그리고 지원하는 과정…… 한 인간이나 아이들이 능력 있는 존재로 변해가는 과정이 그게 교육과정이고 교육이라고 생각합니다.

진행자 _ 어린아이를 사회 구성원으로 만드는 것이겠죠?

조희연 _ 맞습니다. 그런데 저는 '분재형 인간'을 만든다고 말합니다. 분재를 만드는 분이 특정한 방향으로 나무에, 분재에 몸통이나 가지를 자라게 하는 거죠, 어른이 원하는 방향으로. 그런데 그 아이는 다양한 DNA와 다양한 잠재력, 다양한 모습으로 뻗어나갈 수 있는 잠재력을 가지고 있는 거죠. 그런 점에서 저는 교육이 변화되어야 한다고 봅니다.

진행자 _ 어른이 생각하는 쪽으로만 이끌어간다?

조희연 _ 네, 분재형으로 아이들을 기르고 있다. 그래서 왜곡된 교육이 되는 것이죠.

진행자 _ 분재형 교육을 벗어나서 산림형 교육으로…….

조희연 _ 자율형 교육이라고 표현하는 것이 더 좋을 것 같습니다. 창의형 교육이고요.

진행자 _ 어린아이가 사회 구성원이 되는데 본인이 가진 다양한 잠재력을 사회에 기여할 수 있는 능력으로 키워 나가는 과정. 그 능력 중에 공부라는 능력은 여러 능력 중 일부 아닌가요?

조희연 _ 그게 모든 논의의 출발인데, 기존 국영수 교과과정 중심을 통해서는…… 제가 이런 표현을 씁니다. '일원적 인간'을 만드는 것 같다. 저는 삼원적 인간을 만들어야 된다고 봅니다. 지성 '지'라고 표현하는 것이 있고 예술 문화 '예', '체', 지예체 삼원적 인간을 만들어야 하는 것 아닌가 하는 생각이 들어요.

그런데 지금은 일원적 인간을 만드는 거죠.

진행자 _ 지만 강조한다.

조희연 _ 네, 그것도 국영수 중심의 지만 만들어내고 있죠.

진행자 _ 공부 중에서도 입시 공부만.

조희연 _ 이런 교육철학의 전환을 위해서 우리가 교육변화를 만들어가야 하지 않을까 하는 생각이 들어요. 생각해보면 우리가 사는 것이 뭐냐 좋은 삶이 뭐냐 생각해봐야 할 것 같습니다. 아이들이 공부도 당연히 해야죠. 그런데 우리 세대는 문화, 음악, 미술 이런 것들을 충분히 향유하지 못했습니다. 그런 것들을 충분히 발휘하고 악기 하나 정도는 하고…….

진행자 _ 요즘은 휴대폰 가지고도 다 할 수 있어요. 세계 일류 피아니스트 곡도 금방 들을 수 있구요.

조희연 _ 그런 것들을 향유할 수 있고 자기가 표현할 수 있고, 그리고 몸이 건강해야 합니다. 다양한 스포츠 활동을 하고 1인 1기 정도는 하고 생활체육도 이어지고 건강하게 살고…… 이거 아니겠어요?

진행자 _ 교육이 커다랗게 있다면 일부가 공부이고, 공부 중 일부가 입시 공부인데, 저는 그렇게 규정하는데 우리나라는 전부 입시 공부만 생각한단 말이죠.

조희연 _ 1960~1970년대 초기 근대화 산업화 과정에서는 이게 필요했을 수 있어요. 서양에게 뒤떨어진 게 서양이 이미 달성한 지식, 기술을 충분히 자력으로 성취하지 못해 식민지가 되고 뒤떨어진 것이기 때문에 이걸 빨리 따라잡아야 한다는 인식이 있었던 거구요.

진행자 _ 또 따라잡자면 지하자원도 없고 인적 자원밖에 없다, 아이들 닦달해서라도 공부시킬 수밖에 없다, 그거죠?

조희연 _ 그 당시에는 일리가 있었다고 봐요. 그리고 세계가 인정을 해요. 바로 그런 풍부한 노동력, 유능한 노동력, 교육이 현재의 한국 경제의 고도성장을 가능하게 했다는 것까지는 맞죠. 그런데 달성한 상태에서 전환이 되어야 하는데 옛날 방식으로 교육이 이뤄지고 입시경쟁이 이뤄지는 거죠. 옛날에도 일류고, 일류 대학이 있었습니다. 그 경쟁도 나름 치열했어요. 문제는 지금은 더 어렵고 파괴적인 결과가 나오는 것이, 우리가 잘살게 되었잖아요. 잘살게 된 경제력으로 아이들을 귀하게 여기다 보니 아이들 교육에 '올인'하는 거죠. 옛날보다 교육이 훨씬 더 치열하고 파괴적이고 거의 과열 경쟁을 넘어 미친 경쟁 수준의 경쟁과 입시가 이루어지고 있는 거죠. 그러다 보니 전환점이 왔다고 봅니다.

진행자 _ 조금 과격한 표현이지만 미친 경쟁 수준의 그런 경쟁을 헤치고 다니느라고 아이들은 초등학교 전 단계부터 행복을 잃습니다. 자유시간도 없고 뛰어놀게 하지도 못하게 하고. 그러면서 부모들은 과외비, 학원비 대느라고 행복을 잃어요. 심지어는 가정주부가 어디 가서 식당 일을 하고…… 치열하게 경쟁을 해서 좁은 문을 뚫고 몇몇은 좋은 대학 가지만 대다수는 그냥…….

조희연 _ 옛날에는 그 정도 노력을 했으면 좋은 직장이 기다리고 있죠.

진행자 _ 제 말이 그겁니다. 대학 나왔다고 해서 직장이 있습니까? 어렵게 직장에 들어가고 보면 직장에서는 도대체 뭘 배워서 왔는지 모르겠다고 하죠. 이게 온 국민이 일치단결해서 낭비하는 것 아닌가요? 학생도 부모도 다 낭비하는 것 아닌가요?

조희연 _ 한 사회에 존재하는 자원이 생산적으로 쓰여야 한국 경제도 지속되는 거죠. 그런데 수조 원의 사교육 시장이라는 데 투자가 되는 거죠. 이건 경제 자체로도 왜곡이 되는 점이 있는 겁니다. 지금 말씀하신 것처럼 일류 대학 나와도 낭떠러지 같은 사회가 기다리고 사오정으로 대표되는 사회가 기다리고 있는 거죠. 험악한 사회가 기다리고 있어요. 그런데도 옛날 방식의 입시경쟁 체제에서 돈을 모조리 투자해서 더 치열한 교육을 시키는 거죠.

개인적으로 교육감 권한은 아니지만 이제 사회의 격차, 학벌, 학력, 직업, 정규직이냐 비정규직이냐에 따른 격차를 조금 줄여야 됩니다. 조금 약화시키고 현재 입시경쟁시스템도 바꿔야 합니다. 지금처럼 무모하게 경쟁하지 않고, 학부모들이 지금처럼 아이들의 대학 입시경쟁에 모든 경제적 자원을 투자하는 방식의 무모한 경쟁을 바꿔야 합니다. 생각해보면 이 정도 성장하면, 적절한 배분 시스템을 갖춘다면 이렇게 무모한 경쟁을 하지 않아도 될 수 있지 않을까, 저는 기대를 그렇게 해봅니다.

진행자 _ 교육에 대한 그림을 그리거나 이론적으로 규정을 할 수는 있지만 당장 내 자식을 그렇게 가르칠 수 있느냐는 다른 문제거든요. 전부를 투자하는 치열한 경쟁의 배경에는 이 시대 학부모들의, 어떤 의미에서는, 절박함이 있습니다. 그분들은 전체 통계를 보면 대학 못 가신 분들이 많아요. 요즘은 거의 다 대학을 가지만 1980년대 말까지 대학 진학률이 30%밖에 안 되었었기 때문에 본인이 대학을 못 갔는데 주변을 보니 대학 간 친구들은 잘살더라. 그러니 내 자식만큼은 무조건 어떻게 해야겠다, 그런 절박함과 열망의 표출이 이런 엄청난 경쟁을 만든 것일 수도 있거든요. 그분들한테 '이제는 시대가 변했다. 경제가 성장하기 위해서도 천편일률적인 공부 능력이 아니라 새로운 창조 능력이 필요하다'라고 설득을 해야 하는데 설득이 잘 안 되죠. 세상, 사회가 안 그러니까.

조희연 _ 부모의 절박함이 있는 거죠. 세상은 더 험하고. 그러다 보니 좋은 학벌, 좋은 대학을 보내야 하고, 그러다 보니 더 아이들 입시경쟁에 몰입하고 아이들을 닦달해야만 하는 현실이 있는 겁니다. 크게 보면 정치권, 정부, 교육청이 바꾸어가야 합니다. 문제는 누가 먼저 시작할 것이냐죠. 모든 학부모는 어려운 사회 여건 속에서 합리적으로 경쟁을 하고 있는 겁니다. 그런데 전체적으로는 비합리적인 거죠. 그런 현실인데, 얼마 전 속리산학교에 갔습니다. 비인가 대안학교예요. 그런데 초등과정에 90명의 학생이 있고요, 중등과정에 80명이 있었습니다. 총 170명이, 상상해보세요. 아이들을 정규 초등학교에 안 보내는 분이 90분이 있더라고요. 저는 솔직히 용기가 없어서 주류 경쟁 과정에 방치하면서 키웠거든요. 그런데 그렇게 용감하게 벗어나는 분들이 있어요. 그 얘기는 변화는 시작되었고 변화에 대한 절박성을 많은 분이 가지고 있다는 거죠.

진행자 _ 대학 진학률이 80% 정점을 찍고 점점 내려오고 있습니다. 70% 초반 때까지 가고 있는데, 저는 그것도 변화가 이미 시작된 하나의 증거라고 보이고요.

조희연 _ 학생 수가 급속히 줄어들 거고 2002년부터 아이들 출생 수가 40만 대로 떨어졌습니다. 앞으로는 중고등학교, 대학교 올라가는 학생이 격감합니다. 15만 이상이 내려갑니다. 이 계기를, 학력 인구나 인구의 축소…… 이런 시대를 개혁의 계기로 삼아야 한다고 봅니다.

진행자 _ 교육 전체의 구조조정의 계기로……. 그냥 넘어가려고 했는데, 본인은 용기가 없어서 주류 경쟁 체제에 방치했다고 하셨는데요. 솔직히 학원, 과외 많이 시키셨나요?

조희연 _ 단과 학원 다니는 정도. 물론 개인 과외도 조금 했는데 그렇게 많이는 하지 않았어요.

진행자 _ 엄격하게 공부 쪽으로 닦달했나요, 풀어 놓으셨나요. 어떤 아버지셨어요?

조희연 _ 자유방임적이었어요. 처도 자유방임적이어서 제가 바쁘니까 아이들을 방목해서 키웠는데도 삐뚤게 나가지 않고 공부도 잘해서…… 험악한 세상에서 사는 부모로서, 아이를 기르는 부모로서 열심히 공부해주고 다른 데 한눈팔지 않는 것만으로도 고마움을 느끼죠. 감사하는 심정입니다.

진행자 _ 그런 말을 듣는 게 얼마나 얄미운지 아세요? 나는 우리 아이를 방목했는데 아이는 공부를 잘했어. (웃음)

조희연 _ 교수들은 대개 교환교수를 가거든요. 저도 미국, 캐나다 가 있었고요. 1~2년 있으면 영어를 잘하게 됩니다. 현재 이것도 불합리한 것이기도 합니다. 국영수 입시제도에서 영어 3분의 1을 먹고 들어가면, 조금만 노력해서 국어, 수학을 잘하면 공부를 잘하게 되어 있거든요.

진행자 _ 그래서 일각에서 아예 대학 입시에서 영어를 빼자. 영어 과목을 중요 과목으로 두는 것은 이 사회 기득권층의 재생산의 중요한 기제다. 비판하시는 분도 있거든요.

조희연 _ 영어가 교육불평등에 중요한 기제가 되어서…… 영어는 자격 제도를 도입하고 저소득층은 국가가 지원해서 자격을 따는 데 어려움이 없도록 하는 쪽이 좋겠다고 생각하고 있습니다.

진행자 _ 일상 대화를 잘할 수 있는 교육 위주로 가자.

조희연 _ 우리 사회는 영어 과잉 사회이기도 합니다. 영어를 잘하면 여러 가지 가능성이 열리니까 생겨나는 문제이기도 하거든요. 학문적으로도 잉글리시 디바이드라고 해서 영어로 사회적 계층이 벌어지게 되는 중요한 현상들이 있으니까 이것도 고민해봐야 할 지점입니다. 돈이 있는 분은 조기 유학이나 초등학교 때 1년 정도 외국에 보내서 하고…….

진행자 _ 교수도 상류층이니까, 교환교수도 특권이라 볼 수도 있고…… 대기업에 있는 분들 해외 파견도 많이 가고 그런 기회를 갖게 되면 저절로 아이들이 영어를 잘하고 그게 아이들 미래를 결정하고…….

조희연 _ 네, 저도 그런 의미에서는 그런 체제의 수혜자인 셈이기도 하죠.

진행자 _ 근본적 고민이 필요한 대목 중에 하나다, 그것도.

조희연 _ 네.

진행자 _ 교육이 무엇인가로 시작을 해서 우리 사회 현재 교육의 문제점까지 대충 얘기를 했습니다. 듣다 보니 서울시교육감이 해결할 수 있는 문제가 아닌 게 너무 많아요. 대학입시 제도, 영어 문제도 그렇고, 더 나아가 학력, 학벌에 의한 사회적 격차…… 서울시교육감이 어떻게 못하죠. 사실 대통령도 어떻게 못하는 문제죠. 그러나 문제의식을 가지고 서울시교육감의 자리에 오르셨습니다. 일하실 수 있는 시간 4년 보장되어 있습니다. 모르죠, 그 사이 무슨 일이 있을지 모르겠습니다만 (웃음) 교육감으로서 교육의 변화, 임기 중에 나는 최소한 이것은 해내야겠다. 어떤 결심이 있으실 거 아니겠습니까.

조희연 _ 세계에서 교사의 레벨이 가장 높은 사회가 한국일 겁니다. 사대 들어가기가, 교대 들어가기가 의대 다음이잖아요. 한국에는 최고의 교사가 있다는 겁니다. 제가 가장 먼저 중시하는 건데 교사들에게 지금처럼 엄청난 잡무가 아니고 최고의 교사들이 최고의 열정으로 아이들을 교육할 수 있도록 여건을 만들어주는 것이 굉장히 중요할 것 같아요. 그것만 해도 한국의 교사들이 훨씬 더 열정적으로 아이들을 가르칠 것이라고 생각하고요.

진행자 _ 일선 교사 잡무 없애자는 얘기 나온 것도 벌써 수십 년 전에 나온 건데 왜 이렇게 안 됩니까. 교육청에 직접 가보니 원인을 알겠어요?

조희연 _ 교사 입장에서 보면, 국회에서도 정기국회가 되면 무슨 자료 달라고 국회의원이 교육부에 요구해요. 교육부는 교육청에 요청하고, 그럼 교육청은 또 학교에 요청하고요. 교육청에서 또 자체로 요청하는 것도 있어요. 저희가 공문을 30% 이상 줄이자 해서 줄이는 작업을 하고 있는데, 가만히 생각해보면 내년에 또 30% 늘어나 있을 것 같아요.

진행자 _ 왜요?

조희연 _ 계속 새로운 게 생기는 거예요. 이것도 구조적 문제이기도 하고.

진행자 _ 한때 일선 학교에 그런 일만 하는 전담하는 직원을 따로 채용하자 그런 얘기도 있었거든요.

조희연 _ 곽노현 교육감 때 처음 교무행정지원사 보조하시는 분들을 배치했죠. 나름대로 성과를 냈었고 그런 부분을 강화해서 하려고 생각하고 있고요. 최대한으로 학교에서 교사들이 수업과 학생지도에만 전념할 수 있는 환경을 만들어드리는 것이 1차적으로 중요하고요. 아무래도 일반고 살리기가 저의 공약이 되어 있습니다. 지금 일반고가, 어떻게 보면 맨 위에 특목고, 그다음 자사고, 일반고로 이어지는 수직적인 체계가 되어서…….

진행자 _ 학력으로 수직적이에요.

조희연 _ 최근에는 특성화고가 생겼어요. 옛날에는 실업계고라고 했는데 바로 직장으로 취업하는 국가 지원에 힘입어 꽤 좋은 학생이 갑니다.

진행자 _ 마이스터고…….

조희연 _ 마이스터고도 일부가 되죠.* 그러다 보니 일반고가 여기 저기 다 못간 아이들이 모이는 학교같이 되어버린 거예요. 일반고에 대해 고민을 하고 있는 부분인데, 종합적인 지원대책을 통해서 일반고가 공교육의 중심에 확고히 서야 된다, 저는 그런 생각을 합니다. 특별히 국공립, 공립 일반고가 공교육의 중심에 확고히 서야 되는 거죠. 대학도 국립대가, 그래도 학비도 싸고 인재들이 갈 수 있게 중심에 서고 일류 사립대가 병존해야지 국립대 체제가 무너지면 여러 가지 문제가 발생하는 것처럼, 고등학교에서도 그걸 만들어내는 것이 중요한 문제이고 그렇습니다.

진행자 _ 첫 번째가 최고의 교사들이 수업, 학생지도에 전념할 수 있게 하는 것, 두 번째가 일반고 살리기. 또 있나요?

조희연 _ 고등학교 수준, 중학교 수준, 초등학교 수준으로 여러 가지 노력을 해야 될 거라고 생각하고요. 이상적으로 생각하는 것이 마을결합형이라고 하는데, 한 지역공동체 마을에 학교가 중심이 되는, 그리고 학교와 지역사회와 마을 공동체가 유기적으로 결합되어 있는, 그런 모델을 만들었으면 좋겠어요. 서울시에서도 마을 만들기라는 이름으로 도시형 마을을 새롭게 회복시키거나 혹은 만들기 위한 노력들이 있는데, 그런 것들을 결합해서 지역사회와 함께 가는 학교, 지역사회로 열린 학교, 이런 모델을 만들었으면 하는 생각들을 합니다.

진행자 _ 최고의 양질의 교사들이 계시는 것 맞습니다. 그런데 그분들이 전혀 배워보지 못한, 그분들이 경험해지 못한 세계의 자라나는 아이들을 가르쳐야 합니다. 교사가 자기가 배워보지 못하고 가르친다는 것은 정말 어려운 것이거든요. 변화하는 세태와 문화의 변화 속도에 맞출 수 있도록 충분한 교육의 기회가 주어져야 하거든요. 거기에 대한 복안이 있으신가요?

---

* 마이스터고는 실업계고 계열의 학교에서 시작했지만 특성화고가 아니라 정확히는 특수목적 고등학교로 분류된다. 이명박 정부 시절 이른바 '고교다양화 300' 정책에 따라서 신설된 학교 유형이다. 초중등교육법에 "전문적인 직업교육의 발전을 위하여 산업계의 수요에 직접 연계된 맞춤형 교육과정 운영을 목적으로 하는 고등학교"로 설명되어 있다. 말 그대로 예비 마이스터를 양성하는 고등학교.

조희연 _ 그 점은 여러 지원책이 필요하고요. 저희가 통상 19세기의 교실에서 20세기의 교사가 21세기의 학생을 가르친다고 하는데, 그만큼 갭이 있는 거죠. 그 갭을 메우는 여러 가지 노력들을 교사 스스로도 해줘야 하고 교육청 수준에서는 다양한 연수 제도가 있습니다. 재교육 프로그램이 있고요. 이런 다양한 노력들이 있어야 되는 거고, 교사 연구년제도라고 해서 교수의 안식년제도와 같은, 이런 것도 확대되어야 하는데, 경기도는 숫자가 많은데 서울은 한 30명 수준밖에 없습니다. 매년 그 정도예요. 이것도 대폭 확대되어야 하고, 저희가 새롭게 자유휴직제라고 하는 걸 한번 [해보려고 하는데,] 어쨌든 쉬어야 될 것 같아요. 산업화 시대 교육은 놀지 않고 쉬지 않고 가급적 잠을 줄여야 공부를 잘하는 겁니다. 저는 [이제는] 오히려 쉬고 놀고 적절히 수면을 취해야 창의성이 나온다고 얘기를 해보고 싶은 심정입니다.

진행자 _ 옛날 교육은 계속 외우는 교육이었다면 지금은 생각해서…… 정보는 어디든지 있으니까 정보를 조합해서 자기 것으로 변형시키는 능력을 키우는 것은 전혀 다르죠.

조희연 _ 그렇습니다. 저는 우리 사회가 만성피로사회인 것 같아요. 쉬어야 합니다. 그래서 교사에게도 쉬고 싶으면 6개월, 1년 단위로 자유휴직을……

진행자 _ 방송 보는 교사분들이 갑자기 기분이 좋아질 것 같네요. (웃음) 두 번째 말씀하신 일반고 살리기, 서열화된 문제점, 자사고를 폐지하느냐 마느냐 상당히 쟁점이기는 합니다만 큰 그림을 그려보면…… 서울 전체 고등학교가 몇 개 되나요?

조희연 _ 서울에 320개인데 일반고가 180개 정도 됩니다.

진행자 _ 나머지 140개는…….

조희연 _ 특성화고도 있고.

진행자 _ 특목고하고 자사고를 합하면…….

조희연 _ 특히 외고가 서울에 6개, 자사고가 25개, 일반고가 180개 되는데 예를 들면 과학고, 예술고, 체육고는 조금 다른 거니 그걸 문제시하는 분은 거의 없거든요. 외고가 문제라고 하는데 6개니까 상대적으로 180개에 미치는 영향은 [적은 편이죠.] 물론 엄청난 입시경쟁이 중학교를 왜곡시키기는 하지만 그래도 상대적으로 수가 적어서 일반고에 바로 미치는 영향이 작은데, 그래도 자사고가 25개입니다. 서울만 유독 많아요.

진행자 _ 경기도는 다 합해서 2개밖에 안 된다고 하더라고요.

조희연 _ 2개라고 하고 이번에 하나가 문제가 되었었고…… 전국적으로 다른 도는 한두 개입니다. 그래서 문제가 안 되는데 서울은 [일반고를] 183개로만 놓고 보면 13%, 14% 되잖아요. 보통 이게 2%, 3%, 4% 이 정도라면 일반고에서 체감되는 게 적어요. 그래서 자사고 문제에 대해서 일반고 학부모, 교장이 상당히 강하게 비판을 하는 이유도 거기에 있는 거죠. 영향이 직접적이니까.

진행자 _ 그쪽에서도 그런 비판과 문제제기를 하지만 이미 자사고로 설립 허용되어서 한참 하고 있는 학부모의 불만과 반발도 많고, 그 사이에 끼어 계시는데 이 복잡한 문제는 지혜를 잘 발휘해서 잘 헤쳐 나가셔야 할 것 같습니다.

조희연 _ 자사고 학부모님들이 저한테 얘기한 게, 저는 그게 맞는 얘기라고 생각하는데, 왜 우리가 자사고를 보내는 거냐, 실제로 자사고로 보내면 안심하고 보낼 수 있는 점이 있는 거죠. 자사고 학부모들의 소망 같은 것이 있습니다. 적절히 대학입시 준비도 해주고 아이들을 잘 돌봐주고 이런 거죠. 자사고에 대해서 학부모가 기대하는 바가 온전히 일반고에서도 실현될 수 있게 해줘야 되는 거죠. 그걸 않고 왜 자사고만 먼저 없애려고 하느냐 반론을 제기하는 분도 있고 일정 측면은 저도 이해가 되는 점이 있습니다.

진행자 _ 결국 일반고에 대한 지원이 확대되어야 하는데 예산은 한정되어 있고 그걸 어떻게 합니까?

조희연 _ 취임할 때 3000억 원 넘게 적자가 있고 전국 교육청이 상당한 적자 상태입니다. 올해 명퇴하시는 분도 많이 못해드리는 상황입니다. 박근혜 대통령도 공약하신 바가 있는데요. OECD 수준으로, 선진국 수준으로 교육재정을 확충하는 그런 노력을 통해서 일반고에 대한 집중 지원을 해야 하는 것이겠죠.

진행자 _ 마을결합형 학교는 조금 생소합니다. 학교라는 것이 학생, 교사, 학부모 이렇게 3주체 이런 얘기를 많이 하는데 거기에 마을까지 포함해서 4주체가 되는 건가요?

조희연 _ 학교에서 이루어지는 교육이 잘되도록 하기 위한 좋은 생태계, 좋은 배후지가 되는 그런 것을 한 번 꿈꿔보고 있습니다.

진행자 _ 아직 좀 추상적입니다. 학교 주변의 좋은 생태계라는 게……

조희연 _ 학교 교육과 지역사회가 더 많은 건설적 관계를 가질 수 있을 것 같습니다. 지금은 녹색어머니회로 아침에 등교 지원하는 수준인데 앞으로 방과후학교를 통해서도 만날 수 있고…….

진행자 _ 방과후학교에 지역사회에 있는 분들이 가서 교육을 한다.

조희연 _ 지금도 참여하고 있지만 더 많이 체계적으로 참여를 할 수 있고요. 사실 한국 사회가, 지역공동체를 잃어버린 도시예요.

진행자 _ 맞습니다. 특히 서울이 그렇죠.

조희연 _ 초등학교 4학년에 '지역사회 알기' 같은 게 있는데 중학교나 고등학교 과정에서도 지역사회를 아는 것, 지역사회가 창의적 체험활동의 중요한 공간이 되는 것, 학습의 공간이 되는 것, 이것이 굉장히 중요하고요. 폭력 문제도 학교에만 방치됩니다. 학생폭력 문제가 예를 들면 학교, 교장, 교감, 교육청 이렇게 관련이 되는 거예요. 그런데 사실은 학교 내 폭력은 학교 밖 이탈한 학생과 연결된 거고 지역사회 폭력구조하고 연결된 거거든요. 그런 면에서 학교 문제를 풀어가는 데 지역사회가 건설적 참여자가 되는 것……. 최근에는 학부모가 굉장히 중요해지고 있고 교육에 대한 참여의지나 아이들에 대한 교육관심이 늘어나고 있거든요. 이런 건설적인 관심들을 내 아이를 잘살고 공부 잘하게 하는 것이 아니라 학교 전체, 학생 전원을 좋은 교육환경을 만들기 위한 튼튼한 버팀목으로 연결시켜내는 여러 가지 노력들을 해보면 어떨까 생각하고요. 흥미로운 것은 교육 하면 교육청만 하는 걸로 아시는데 청소년들이 쉽게 하는 카페가 있어요. 이걸 교육청에서 하는 걸로 아는데 사실은 서울시에서 해요. 입시설명회는 구청에서 합니다. 과거에는 지방자치제가 주로 개발사업 중심으로 이루어져왔는데 최근에는 토공 경제 시대가 가다 보니까. 광역 지자체, 서울시, 구청이 교육 문제에 많은 관심을 가지고 참여와 예산 투자를 하고 있습니다. 저는 어떻게 하면 건설적으로 교육청과 지자체가 협력 모델을 구축하고 적절한 분업을 해야 할 것인가를 생각하고 있고요. 현재는 많이 중첩되어 있어요.

진행자 _ 동네마다 있는 청소년 센터 등등이 그게 다 시나 구가 하는 건가요?

조희연 _ 예를 들면 청소년 문화센터가 은평에 있는데 이건 구청이 하는 겁니다. 저희 교육청이 하는 창의인성센터가 있어요. 거기서 문화활동하게 되어 있어요. 서울시에서 하는 '하자센터'도 문화활동을 합니다. 청소년을 대상으로 하지만 주체가 다른데 각자 따로 해요.

진행자 _ 네트워킹도 없었나요, 그동안?

조희연 _ 네트워킹도 그렇게 잘되지는 않습니다. 학생들에 대한 선택지를 준다는 정도의 네트워크죠. 이것을 모아서 체계적으로……

진행자 _ 프로그램도 공유하고 분업도 할 수 있을 것 같고요.

조희연 _ 불필요한 중첩도 줄여내는 노력도 할 수 있고……

진행자 _ 학교 당국을 연결시키면 학교마다의 프로그램도 거기에 녹아들 수 있고.

조희연 _ 교육청 예산이 대단히 적어요. 서울시에서도 자기 식대로 교육사업에 투자하려고 하지 말고 교육청하고 협의해서 한다면 시너지 효과를 낼 수 있는 거고요. 새로운 모델을 만들어가는 것이 세계적인 추세라고 볼 수 있겠습니다.

진행자 _ 시간은 그리 많지 않은데 하실 일은 참 많고, 하실 일을 제대로 하셔도 결과로 눈앞에 성과로 나타나기에는 교육의 문제가 너무 크고……

조희연 _ 맞습니다. 서로 얽혀 있고요.

진행자 _ 참 어려운 일 맡으셨는데, 4년 뒤 나를 이렇게 불러줬으면 좋겠다, 마지막 질문입니다.

조희연 _ 취임부터 사랑받는 교육감이 되고 싶고, 제 스스로도 선거 기간이지만 진심교육감이라고 표현했습니다. 저도 진심으로 하고 학부모님들도 저를 진심을 다하는 교육감으로 믿어주고, 결과적으로 사랑받는 교육감이 되는 게 제 꿈인데, 현실이 어렵고 제가 능력도 부족해서 많은 분들의 도움을 받으면서 일을 해야 될 것 같습니다.

진행자 _ 마지막 말씀이 남들과 달라서 인상적입니다. 보통 공직이 맡으신 분 임기 마지막 어떤 말씀을 듣고 싶습니까 그러면 성공한 대통령, 공약을 다 실천한, 이런 얘기를 하시는데 진심을 할 테니 사랑 주십시오. 그 말씀 아니겠습니까. 꼭 사랑받는 교육감, 4년 후 되시기를 바랍니다.

조희연 _ 고맙습니다.

진행자 _ 오늘 조희연 교육감과 이런저런 말씀 많이 나눴습니다. 우리 사회 교육이 학생들을, 우리 사회 구성원 모두를 행복하게 해야 하는데 사실 우리 사회 교육은 학생들을, 그 부모들을 불행하게 하고 있지는 않은지 여러분 자문해 보시길 바라면서 그런 계기가 되었으면 합니다.

"오늘의 날 만든 건 초등 때 교생선생님"*

조희연 서울시교육감의 집무실에는 자전거 한 대가 놓여 있다. 취임 100일을 맞아 가진 기자회견장에 이 자전거를 타고 등장했다. 그때 조 교육감이 던진 화두는 바로 '균형'이다. '진보교육감'이라는 딱지를 불식하기 위한 것으로, 균형 감각을 잃지 않겠다는 의지의 표현이다. '교육에는 진보도 보수도 없다'는 인식 속에서 그에게는 '균형'이라는 단어는 '시지푸스의 돌'과 같은 무게감으로 다가온다. 커다란 바위를 산꼭대기로 밀어올리지만, 산꼭대기에 이르면 바위는 다시 아래로 굴러 떨어지고, 이러한 고역을 영원히 되풀이하는 시지푸스처럼 교육감 자리에서 항상 자신을 돌아보며 채찍질을 가하게 하는 매개물이 바로 자전거다.

지난 7월 취임 이후 자사고 지정 취소와 전국교직원노동조합(전교조) 전임자 미복귀 처리 문제 등 교육계 가장 뜨거운 이슈들로 바쁜 그를 15일 서울시교육청 교육감실에서 만났다. 실타래처럼 얽히고설킨 현안과 정책들에서 한발 물러서 '인간 조희연'의 얘기를 들었다.

조희연 서울시교육감의 집무실 한쪽에는 자전거가 놓여 있다. 자전거는 그에게 거울이다. 그는 "자전거는 교육과 많이 닮았다"고 말한다. 전진하기 위해서는 반드시 중심을 잡아야 한다는 것이다. 중심 잡는 것, 균형을 잡는 것. 그가 생각하는 '교육'이다. 취임 100일을 맞아 기자회견을 할 때 자전거를 끌고 간 것은 이 같은 생각을 강조하기 위해서였다.

---

* 2014년 10월 15일 ≪헤럴드경제≫와의 인터뷰이다.

"그때의 교생선생님, 지금 생각해도 애틋"

5남 2녀 중 5남으로 태어난 조 교육감은 다섯 살 때 일찍 어머니를 여의고 아버지가 재혼하면서 교회와 공부에만 열중하는 조용한 아이로 자랐다. 공부도 곧잘 하고 사고 치지 않는 모범생이었지만, 부모님과의 관계는 무미건조했다. 고등학생 때 서울로 유학을 와서도 2~3개월에 한 번씩 아버지께 편지를 써서 건조한 인사말 한두 마디만 급하게 건넨 뒤 '다름이 아니옵고'로 시작해 학비와 생활비를 요청하는 것이 전부였다.

조 교육감은 "아버지가 되고 나서야 비로소 아버지의 마음을 이해할 수 있었다"며 "아버지가 돌아가시고 마음의 짐을 지고 있는 듯했고, 그래서 우연히 발견한 당신의 삶을 적은 일기를 묶은 것이 『뜻밖의 개인사』라는 책"이라고 했다.

조 교육감도 인정한다. "전형적인 모범생 스타일이라 재미는 좀 없었다"며 운을 뗀 그는 "어릴 때 기억에 남는 일 중의 하나는 전주에서 초등학교를 다닐 때 전주교대 교생선생님을 무척 좋아했던 것"이라며 "같은 반 아이들 8명하고 같이 전주 경기전 앞에서 사진을 찍었는데 아직도 사진을 보면 애틋한 느낌이 든다"고 했다. 이 대목에선 얼굴에 가벼운 미소가 스쳤다.

학창 시절의 한 부분은 교회 활동이 차지하고 있었다. "전주 동북교회를 다녔고 중등부 때는 회장을 했는데, 교회 안 나온 아이들 집을 일일이 자전거를 타고 돌아다닐 정도로 부지런하고 열성이었습니다. 지금도 생각나는 친구 한 명은 중1 때 무지하게 음치였는데, 중3이 되니까 성가대를 할 정도로 음정을 잘 맞추기에 친구들이랑 '신앙의 힘은 위대하다. 음치도 고칠 수 있다'고 말하며 놀렸던 적이 있어요."

서울로 유학 와 서울대에 입학하며 무난한 학창 시절을 보낸 조 교육감에게도 시련은 찾아왔다. "제가 굉장히 낙천적인 성격이라 일어설 수 없을 것 같은 절망에 빠졌던 적은 없는 것 같다"면서도 독재 반대 시위에 가담해 실형을 선고받고 가석방되어 출소하니 아버지가 "평생 뭐 먹고 살래? 독립운동 했던 사람들 자녀들은 다 어렵게 산다는데……" 하시며 안타까워하셨던 기억은 아직도 생생하다.

1970년대 말에는 대학생들 사이에 현장론이 득세하고 있었다. 목적의식적으로 노동자가 되겠다는 현장론이 거셌고, 감옥을 가거나 제적을 당하면 직업을 가질 희망이 없었다. 조 교육감은 "출소 이후 익산 고향에 돌아가서 과외를 했다. 하다가 다른 출구가 없어서 생각한 것이 열관리 관리사 자격증을 따 노동자의 삶을 살겠다고 결심했다"고 했다.

시험에는 일가견이 있어 필기시험은 단박에 통과했지만, 보일러를 본 적이 없는 그에게 실기시험은 어떻게 손을 댈 수 없는 것이었다. 본격적으로 실기시험을 준비하려던 차에 1979년 박정희 전 대통령이 사망하면서 '서울의 봄'이 왔고 겨우 복학하게 되었다.

다시 대학을 다니게 된 조 교육감은 인생의 큰 전환점을 마련해준 은사를 만나게 된다. 진보학자인 고 김진균 교수다. "1980년대 김진균 사단으로 있었다는 것은 굉장한 행복이자 자랑입니다. 아직도 마음속에 김진균 선생이 살아 계십니다. 선생이 꿈꾸셨던 세상을 만들어가기 위해 노력하는 자세를 잃지 않을 것입니다."

1983년 김진균 교수와 제자들이 모여 채 10평도 안 되는 '상도연구실'에서 민중사회학을 태동시켰고, 한국산업사회연구회(산사연, 현 산업사회학회)는 '김진균 사단'이라고 불렸다. 그가 기억하는 김 교수는 '너른마당'이라는 별칭처럼 포용적이고 온화하며 사람을 아끼는 분이셨다. 고은 선생도 '만인보'에서 선생을 '항아리 같은 사람'이라고 표현했듯이…….

"선생님은 사실 별말씀을 안 하시는 데도 굉장히 많은 말씀을 하신 것처럼 느껴졌습니다. 상대방이 자신의 문제를 이야기하면서 스스로 해결점을 찾을 수 있도록 옆에서 추임새를 넣어주신다고 할까, 그렇게 툭 건드려 주는 역할을 해주셨죠." 또 덧붙인다. "'개인의 사익보다는 사회의 공공적 이익을 추구하라'는 정의의 감수성을 저희에게 가르치려고 노력하신 것 같아요. 특히 선생님은 굉장히 성실하신 분이셨습니다. 교육감 선거과정에 '진심교육감'이라는 구호를 내걸었는데, 선생님의 이미지를 닮고 싶고 견지하고 싶었기 때문입니다."

"내 철학은 학벌과 학력에 따른 보상 격차 줄이는 것"

조 교육감은 "스스로를 '2선 지식인'이라고 표현하는데, 당시는 대학원에 가면 부끄러운 일이고, 노동자가 되면 존경스러운 삶을 사는 것으로 인식되는 때였다. 100%를 다 던진 친구들에 비하면 저는 기득권도 지키면서 2선에서 따라가는 지식인이라는 생각을 한다. 그러한 부채의식을 가지고 2선 지식인으로 30년간 살아오면서 지켜왔던 진보적 가치를 교육 영역에서 실현하려고 나름의 노력을 하고 있다"고 했다.

자사고 재지정 등 현안들에서 자유로울 수 없는 조 교육감은 아버지로서 아들들의 외고 진학에 굳이 변명을 하지 않겠다고 했다. 그는 "아이들이 공부를 웬만큼 했었고, 부모의 의사라기보다 아이들 본인이 많이 원해서 갔었다. 어찌되었건 송구스러운 마음"이라며 "그러나 아들이 외고에 가기 위해서 1년 반 동안 컴컴한 독서실에서 공부하는 것을 보면서, '이래선 안 된다'는 생각을 많이 가졌고, 그래서 황폐화되고 왜곡된 대학 입시체제가 바뀌었으면 하는 바람을 가졌다"고 조심스럽게 말했다.

그는 "시민운동을 한 사람으로서 아들을 외고에 보냈다고 비판하신다면 달게 받겠다. 하지만 교육감 조희연은 사적인 판단이나 이해관계에 의해 의사결정을 하지는 않을 것이다. 아이들이 모두 비합리적인 입시 경쟁 체제 안에서 경쟁하고 있고, 지금 그 체제를 고치려고 애쓰는 점에 주목해주면 좋겠다"고 했다.

인터뷰가 진행되면서 인간 조희연은 교육감 조희연의 모습으로 돌아오고 있었다. 조 교육감은 "학벌체제, 입시체제가 떡 버티고 있고, 그 뒤에는 또 엄청난 격차가 있는 사회불평등시스템이 있다"며 "초중등교육에서 혁신해도 한계가 있지만, 정부든 누가 개입하든 최소한 학벌과 학력에 따른 보상의 격차를 완화해야 한다"고 역설했다.

"부모 입장에서 보면 세상이 너무 험악하니까 '비정규직이 될까', '좋은 직장에 가도 사오정이 될까' 등 이런 불안이 있어요. 그러다 보면 좋은 학벌, 좋은 대학 보내려고 안간힘을 쓰는 겁니다. 그렇게 하려면 고등학교 때부터 움직이고, 다른 사람이 하기 전에 중학교부터 준비를 시키면서 학대는 시작됩니다."

"교육시스템, 대학 학벌 체제, 그리고 사회경제적 격차 시스템을 공공적 관점에서 합리적으로 조정하는 과정이 진정한 의미의 선진화"라고 규정하는 그에게선 힘이 느껴진다.

"네가 젊었을 때는 마음대로 다녔지만, 네가 나이가 들면 다른 사람들이 와서 네 허리에 띠를 두르고 원하지 않는 길로 데려가리라."

조 교육감은 교육감으로서 사명감을 성경 구절을 인용하는 것으로 갈음했다. 그는 "[이 성경 구절을] 베드로 순교의 상징적인 구절로 해석하는데 운명에 순응하듯이 제2의 인생을 사는 심정으로 교육감직을 수행하고 있다"며 "반대하는 사람들의 목소리에 대한 경청까지 이루지 못한 것 같다. 경계를 횡단하는 경청, 더 원숙한 경청의 미덕을 갖추도록 노력할 것"이라고 했다.

'학이불사즉망, 사이불학즉태(學而不思則罔 思而不學則殆)'. 배우기만 하고 생각하지 않으면 얻는 것이 없고 생각만 하고 배우지 않으면 위태롭다. 조 교육감은 이 단어를 매일 곱씹는다.

"정치형 교육감, 행정가적 교육감, 초중등교육의 틀 안에서만 교육을 고찰하는 교육감을 넘어서서 사회를 크고 넓고 깊게 바라보며 사회와 교육의 근본적인 관계를 성찰하는 교육감, 아이들이 살아가야 할 사회의 미래상까지 함께 고민하는 그런 교육감으로서의 정체성을 갖고 싶습니다."

위기의 공교육, 정상화의 길은?*

진행자 _ 안녕하십니까? 〈KBS 일요진단〉입니다. 17개 시·도 가운데 13개 시·도에서 진보교육감이 선출되었습니다. '여도 야도 아닌 진보교육감의 승리다', 이런 말도 나왔었죠. 그 교육감들 취임 이후 40여 일, 전국 교육현장이 비슷하겠지만 특히 서울에서는 자사고, 자율형 사립 고등학교죠. 폐지 여부를 놓고 논란이 뜨겁습니다. 이번 주 일요진단에서 모신 분 알아차리셨습니까? 조희연 서울시교육감입니다. 어서 오십시오. 귀한 시간 내주셔서 고맙습니다.

조희연 _ 고맙습니다. 초대해 주셔서.

진행자 _ 뉴스를 보니까 취임식을 별도로 하지 않으시더라고요. 말보다는 일로 보여주시겠다 이런 뜻입니까?

조희연 _ 지난 한 달은 굉장히 바빴습니다. 하지만 또 바빴지만 나름대로 보람도 있었고요. 저는 이제 교문현답이라고 그래서, 교육문제의 해답은 현장에 답이 있다, 이런 말이 있습니다. 그래서 현장을 찾기 위해서 제가 여러 학생들이라든지 교장선생님이라든지 그리고 각 영역별로 이렇게 많은 얘기를 들었습니다. 그래서 제가 많은 걸 깨달았고 제가 생각했던 것들도 많이 좀 보충을 하고 있는 그런 상황입니다.

---

* 2014년 8월 10일 〈KBS 일요진단〉에 출연해서 가진 인터뷰이다.

ⓒ 〈KBS 일요진단〉.

진행자 _ 그런데 워낙 뜨거운 쟁점이어서, 자율형 사립고, 자사고 문제가 그래서…… 여러 이슈들이 거기에 묻힌 감이 있어요. 그래서 자사고 문제부터 짚고 넘어가지 않을 수가 없는데.

조희연 _ 사실은 여러 가지 정책을 많이 준비하는데요. 자사고 문제가 8월달에 운영평가를 해야 한다는 시간적인 문제가 있어서 그 문제가 좀 앞에 나왔고 부각이 되었습니다. 그러나 앞으로 많은 좋은 정책들을 선보이겠습니다.

진행자 _ 자사고 문제에 대해서 시청자분 가운데서 어떤 학교인지 정확히 잘 모르시는 분들도 아마 계실 겁니다. 그런데 시간절약을 위해서 설명은 자막으로 대신하려고 합니다. 자막 좀 길게 넣어주세요. 8월달에 발표를 한다고 그랬다가 다시 10월 말로 미뤘어요, 재지정 여부를. 그리고 시행연도도 2015년에서 2016년으로 한 해 미뤘고요. 자사고 폐지 정책이 후퇴하는 겁니까, 어떻게 되는 겁니까?

조희연 _ 후퇴라고 말할 것까지는 없을 것 같고요. 일단 저희가 신중에 신중을…… 왜냐하면 이 자사고에 다니는 많은 학생들이 있고 또 학부모님들이 계시기 때문에 신중에 신중을 거듭하자 이런 취지가 있었고요. 그리고 지금 재학생의 피해를 어떻게 최소화할 거냐, 왜냐하면 이게 정부도 그렇고 교육청도 그렇고 정책이 변화하게 되면 피해를 받는 학생이나 대상들이 있습니다. 그래서 가능하면 그걸 줄이는데, 2016년으로 1년 연기하게 되면 지금 재학생들의 피해가 그래도 2분의 1로 줄어든다고 볼 수가 있어서 제가 그런 점을 감안했고 또 지표 문제를, 평가를 조금 더 여러 의견들을 들어야 되겠다, 그런 취지에서 그렇게 좀 미루게 되었습니다.

진행자 _ 평가 말씀을 하셨는데 전임 문용린 교육감 때 1차 평가가 있었고요. 그런데 서울시내 자사고가 25개 학교죠. 올해 평가 대상이 14개죠.

조희연 _ 14개입니다. 내년에는 11개입니다.

진행자 _ 그런데 14개 학교가 모두 그때 통과가 되었는데 조 교육감이 취임하신 뒤로 2차 평가에서는 어떻게 또 14개 학교가 모두 다 통과를 하지 못하는 그런 결과가 나왔단 말이에요. 그런데 교육감이 바뀌었다고 그래서 이렇게 극과 극으로 결과가 180도 달라지나요? 좀 이해가 안 된다는 사람도 많은데.

조희연 _ 사실은 그 점 때문에 저희가 종합평가를 간 이유이기도 합니다. 이렇게 극단적인 두 평가가 있는데 아무래도 학부모님들이나 일반 시민들이 볼 때 너무 극과 극이 아니냐, 이런 취지가 있는데 사실은 교육부에서 운영평가 할 때 여러 가지 지침들을 내보낸 게 있습니다. 시행령상에 있습니다. 예를 들면, 회계부정이라든지 입시부정이라든지 그다음에 교육과정 운영의 적절성이라든지 이런 문제들이 있는데요. 예를 들면, 감사원에서 중징계를 받은 경우도 평가에서 별로 반영이 안 되었습니다.

그리고 교육과정, 교과과정이 정말 국영수 중심이 아니라, 입시 중심이 아니라 정말 자율적인 원래 목표였던 바대로 되느냐도 굉장히 중요한데요. 그런 점들이 이제 좀 많이 빠져 있었습니다. 그래서 저희가 7월 취임 이후에 한 평가에서는 주로 공교육 영향평가를 많이 했습니다. 그러니까 자사고 자체도 자체지만 자사고가 인근의 학교에 어떤 영향을 미치느냐, 긍정적이건 부정적이건. 이런 공교육 영향평가를 저희가 했습니다. 그런데 여기에서는 거의 대부분이 낙제점이라고 하는 평가가 나왔습니다. 그래서 아까 말씀하신 대로 저희 스스로도 저희가 주도해서 한 평가지만 한 번쯤은 다시 돌아봐야 되겠다, 그래서 재종합을 해야 되겠다, 그런 조금 취지로 저희가 겸손하게 조금 약간 시간을 미뤘습니다.

진행자 _ 방금 말씀하신 공교육 영향평가. 그래서 주변 학교 구성원들한테 물어본다, 이런 부분에 대해서 자사고 측이나 자사고 학부모들이 반발하는 거예요. '주변 학교 사람들이 어떻게 아느냐?', '그 사람들한테 왜 물어보느냐' 이런 건데. 그러면 3차 평가를 하시기로 했습니다. 3차 평가에서는 기준이 보완이 되는 겁니까, 어떻게 되는 겁니까?

조희연 _ 그러니까 공교육 영향평가라는 게 개별 자사고는 책임이 전혀 없다, 이렇게 항변하실 수 있겠지만 사실은 일반고 교장선생님들한테 의견을 들어보면 그동안의 문제점이 이거였습니다. 그러니까 뭐냐 하면 성적이 우수한 학생들을 다 끌어가는 거죠. 물론 자사고만 하는 거 아닙니다. 특목고도 있지만. 성적이 우수한 학생들을 끌어가니까 일반 학교는 말하자면 그런 학생들이 없는 거죠. 그래서 잠자는 학생은 더 늘어나고. 그다음에 또 하나는 자사고가 생김으로써 인근에 있는 학생들이 자사고가 가까이 있음에도 갈 수 없는 그런 문제가 있었습니다. 그래서 공교육 영향평가에서 이런 점들이 사실 평가가 되어 있고요. 그런데 이 부분이 교육제도 전반의 문제입니다. 자사고 제도 전반의 문제이기도 하고, 또 어쨌든 그 자사고 제도 속에 존재하는 그 개별 자사고의 영향이기도 합니다. 그래서 이제 전혀 개별 학교와는 관계없다 그런 말은 할 수 없지 않을까, 이렇게 생각을 합니다. 단지 저희도 나름대로는 자사고 학부모님들이나 교장선생님들의 항변을 저희가 혹시 평가에 반영할 부분이 없는가 고민은 하고 있습니다.

진행자 _ 그래서 3차 평가의 평가기준이 좀 보완되는 게 있습니까?

조희연 _ 그래서 저희는 1차 평가에 상당히 중요한 항목들이 다 있기 때문에 이제 그 부분은 저희가 많이 포괄을 하려고 생각을 하고 있고요. 그다음에 2차 공교육 영향평가에서 이제 문제가 된 부분들은 조금 뺄 수 있는 부분은 빼고, 문제가 된 부분들을 저희가 반영하고, 그다음에 이제 약간의 새 지표가 가능하다면 또 의견을 들어서…… 그래서 3차 종합평가에서는 좀 궁금해하시는 분도 있겠습니다마는 1차 종합평가의 일정 부분은 상당 부분 좀 반영을 하려고 생각하고요. 2차 평가에서도 문제가 된 부분들은 뺄 부분은 빼려고 생각하고 그다음에 한두 개 정도는 새 지표가 들어오는 방향으로 이렇게 하려고 생각하고요. 이제 1차 평가에서는 사실 예를 들면 기본점수를 줘서, 교육과정 운영이 적절하지 않은데 입시 중심으로 이게 흘러가는데도 기본점수를 줘서 사실 70점을 거의 통과하게끔 이렇게 된 부분이 있습니다. 그래서 이런 점에서는 이제 불가피하게 배점이라든가 이런 것은 조금 균형을 다시 맞춰야 될 것같이 생각을 하고 있습니다.

진행자 _ 3차 평가에 자사고 교장단들이 참여하지 않겠다, 이렇게 하는데 어떻게 보시는지요?

조희연 _ 아무래도 저희가 대화를 지금 시작을 했고요. 저도 나중에 대화를 하려고 생각하고 있고요. 저희 청에서 이 책임을 맡으신 장학사님들이라든가 이런 분들이 또 나름의 고충이 있는지 이런 부분들에 대한 대화를 저희가 시작을 했고요. 그래서 교육청과 학교가 긴밀한 관계가 있는데 평가를 거부하거나 하는 것들은 안 해주실 걸로 저도 기대를 하고 있고요. 저희도 이제 자사고 쪽에서 얘기하는 부분들 최대한 수렴하려고 의견 청취를 시작을 했습니다.

진행자 _ 그러면 앞으로 3차 평가를 10월 말까지 발표를 할 예정이신데. 일정이 어떻게 될까요? 그리고 3차 평가에서 14개 학교 중에 몇 개 학교가 통과되리라고 보세요?

조희연 _ 그러니까 전체 최종 결과는 10월에 발표하려고 저희가 이미 공지를 했고요. 그런데 이제 기본평가와 평가지표의 확정, 그다음에 기본조사는 저희가 8월에 마칠 생각으로 지금 있습니다. 그래서 조금 서둘러서…… 왜냐하면 완전히 새로운 평가를 하는 게 아니고 기존의 지표를 가지고 좀 보완하고 데이터도 수정하는 그런 과정이기 때문에 생각보다는 시간이 조금 적게 걸릴 것으로 생각을 하고요. 아무래도 이제 저희가 고민하고 2016년으로 미룬 부분의 하나는, 자사고 폐지라는 말을 저희가 상용한 것도 사실입니다. 그런데 법상으로 교육감이 폐지의 권한은 없습니다. 그건 국회나 정부가 하셔야 될 일이고요. 저희는 이제 정해진 법과 시행령 하에서 5년에 한 번씩 운영평가를 하는 것이죠.

진행자 _ 평가를 통해서…….

조희연 _ 평가를 통해서 일부를 운영평가를 하는데 저희가 이제 여러 의견을 종합해서 2차 평가에서는 공교육 영향평가에서 전부가 탈락하는 걸로 나왔습니다, 14개가. 그런데 아무래도 1차 평가를 저희가 계승하면서 종합평가를 하게 되면 자연히 2차 평가처럼 전체가 탈락하는 방향으로는 [안] 나오지 않을까 그렇게 저희도 기대를 하고 있습니다.

진행자 _ 그러면 몇 개 학교 정도나 통과를…….

조희연 _ 그것은 저희가 발표…… 왜냐하면 저희가 정한 방향대로 되는 건 아니니까. 저희는 지표 구성이나 배점, 이것을 결정하는 거죠. 그 나머지 과정은 상당히 기계적으로 이루어지기 때문에 몇 개 이렇게 말씀드리기는 좀…… 저희가 지금은 말할 수도 없고 결과도 나오지 않은 그런 상태고, 지표구성에 관한 고민과 검토, 의견수렴 과정이 이루어지고 있다, 이렇게 말씀드릴 수 있겠습니다.

진행자 _ 일부 재지정을 받고 일부 탈락한다. 그것도 또 반발이 더 거세질 가능성도 있을 것 같은데요.

조희연 _ 그런데 이제 사실은 과거 교육부, 작년에 서남수 장관의 경우에도 자사고에 대해서 굉장히 강력한 비판을 했습니다. 자사고가 일반고에 굉장히 많은 폐해를 미친다, 이렇게 했고요. 그래서 이번에도 사실은 전부 70점이 커트라인인데요. 어떻게 보면 다 살린다는 큰 방향성이 있어서 그런지 70점은 넘었지만 이게 커트라인을 넘긴 학교가 사실 상당히 있습니다. 그건 교육부에서도 인지하고 있고요. 그래서 누가 봐도 문제가 있는 자사고, 그다음에 굉장히 미달 사태를 빚고 있는 데들, 그다음에 감사원의 중징계를 받은 이런 명확한 대상들은 명백히 있습니다. 그래서 제가 평가가 아마 그래도 균형 잡히게 나오지 않을까 기대하고 있습니다.

진행자 _ 아까 조희연 교육감도 말씀하셨는데 자사고 지정······ 평가를 통해서 지정을 안 하는 권한은 교육감이 갖고 계시는데 교육부 장관하고 협의해야 한다, 시행령 때문에······. 그런데 교육부가 거부를 하더라도 교육감은 지정 취소할 수 있다, 이런 입장을 밝히셨는데 그런가 하면 자사고 측에서는 그럴 경우에 법원에 행정소송을 해서 구제를 받겠다, 이렇게 했단 말이에요. 그런데 황우여 신임 교육부 장관이 엊그제 청문회에서 신중히 대응하겠다 이런 의견을 밝히셨는데.

조희연 _ 왜냐하면 박근혜 정부나 과거 교육부에서도 자사고의 문제점을 일정 측면, 저희하고 물론 100% 생각은 같지 않지만 공유를 하고 있습니다. 그래서 저는 접점이 있을 거라고 생각하고요. 권한 문제는 쟁점이 되는 사안입니다. 그런데 저희가 4명의 변호사들, 변호사 집단에게 자문을 해봤는데 다수 견해는 일단 교육감한테 권한이 있다는 것이고요. 협의권한은 그것이 교육감의 권한을 부정할 수 있는 정도는 아니다. 그러니까 즉 크게 보면 교육감한테 권한이 있다는 게 법령이나 시행령에 대한 변호사들의 다수 견해라고 생각을 합니다. 그래서 물론 이제 저는 자사고에 계신 분들이 법적인 소송을 한다 그러면 민주국가에서 법적인 소송이라는 건 모두에게 허용된 권리이기 때문에 저희도 당연히 존중해야 된다 하는 생각을 갖고 저희도 법적으로 그건 항변을 하고 해야 된다고 생각하고 있습니다.

진행자 _ 황우여 장관하고 전에 교분이 좀 있으셨어요? 잘 통하실까요?

조희연 _ 그런 건 없었고요. 그래도 과거 교육위원회에 계신 분들 중에는 굉장히 균형 잡힌 분으로 저희가 알고 있고요. 저희들이 교수단체에서 여러 가지 개혁 의지를 가지고 교육위원회 쪽에 얘기할 때도 새누리당 쪽에서 거의 유일하게 소통이 되는 분은 저희가 황우여 의원으로 알고 있었습니다. 그래서 아무래도 많이 소통하면서 접점을 찾아갈 수 있지 않을까, 찾아가야 되겠다 이렇게 생각을 하고 있습니다.

진행자 _ 황우여 교육부 장관이죠. 자사고 학부모들의 반발이 거세죠. 그래서 학부모들하고 대화도 가지셨는데 〈KBS 일요진단〉 이번 프로그램 취지가 자사고 문제뿐 아니고 서울시 정식 교육정책 전반을 진단하기 위한 것이어서 조희연 교육감만 모셨습니다. 그래서 자사고 폐지에 반대하는 분을 모시지 않아서 부득이하게 제가 그분들의 입장에서 질문을 드리는 경우가 많다는 거 이해해 주시고요.

조희연 _ 당연히 그렇게 하셔야 됩니다.

진행자 _ 아울러 그 자사고 폐지에 반대하는 자사고 관계자와 학부모들의 주장을 구성물로 준비했습니다. 함께 보시고 말씀 이어가겠습니다.

〈영상: 학부모 집회, 자사고 교장단 기자회견〉

진행자 _ 들으셨죠. 어떻게 답변하시겠습니까?

조희연 _ 학부모님들한테 거리에까지 이렇게 나오시게 해서 저도 좀 죄송스럽게 생각하는 점이 있습니다. 그래서 최대한 피해가 없도록, 줄이도록 제 나름대로는 다는 아니겠습니다마는 노력을 하고자 합니다. 그리고 거리에까지 나오게 해서 죄송스럽다는 말 거듭 드립니다.

진행자 _ 교육감님은 자사고를 그대로 두고서는 일반고를 절대 위기에서 구할 수 없다, 일반고 전성시대를 약속하시면서 이렇게 이야기를 했단 말이에요. 그런데 학부모들 이야기는 그 자사고 한두 명 온다 그래서 일반고가 어떻게 황폐화되느냐, 이렇게 지금 주장하고 있거든요. 거기에 대해서 어떻게, 반론을 펴보시죠.

조희연 _ 저도 제가 조금 멍에인데요. 이게 사실은 자사고가 전국에 49개가 있는데요. 다른 시·도는 한두 개밖에 없습니다. 그래서 그렇게 큰 문제가 아닌데 서울에 25개가 모여 있습니다. 그리고 이명박 정부에서 이걸 시행을 했는데요. 고교다양화 정책으로 시행을 했는데 사실은 기억하실 분들은 기억하시겠지만 출범 당시에도 논란이 많았고 정부 내에서도 반대가 많았습니다. 이제 그래서 그런 점이 있었다는 말씀을 드리고요. 제가 이런 걸 하나 준비했습니다. 그러니까 이거 한번 좀 보여주시죠. 혹시 가능하시면. (준비한 패널을 보이며) 그래서 아주 비판하시는 분은 자사고가 이명박 정부 때 '교육 4대강 사업'이다, 이렇게까지도 비판하시는 분이 있더군요. 그런데 저는 그렇게까지 동의하지는 않습니다마는 그래도 서울에 183개 일반고가 있는데요. 25개니까 10%도 넘습니다. 그러니까 영재 교육이라는 게 예를 들면 3~4%, 2~3%가 있으면 전체에 영향을 미치지 않는데 10%가 넘는 학교가 직접 영향을 미치고 있습니다. 그런 상황에서 저희는 현재 특목고, 자사고, 일반고로 이어지는 일종의 수직 다양화, 수직적 서

〈KBS 일요진단〉 출연 시 사용한 교육철학과 정책 방향에 대한 개념도 (총 4장)

서울교육의 청사진

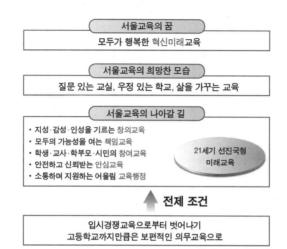

서울교육의 꿈
모두가 행복한 혁신미래교육

서울교육의 희망찬 모습
질문 있는 교실, 우정 있는 학교, 삶을 가꾸는 교육

서울교육의 나아갈 길
· 지성·감성·인성을 기르는 창의교육
· 모두의 가능성을 여는 책임교육
· 학생·교사·학부모·시민의 참여교육
· 안전하고 신뢰받는 안심교육
· 소통하며 지원하는 어울림 교육행정

21세기 선진국형 미래교육

↑ 전제 조건

입시경쟁교육으로부터 벗어나기
고등학교까지만큼은 보편적인 의무교육으로

수평적 다양성에 기초한 균형발전 고교체제

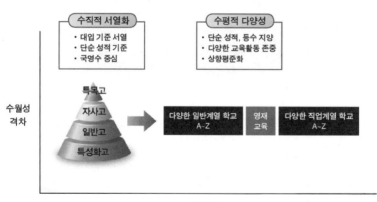

수직적 서열화
· 대입 기준 서열
· 단순 성적 기준
· 국영수 중심

수평적 다양성
· 단순 성적, 등수 지양
· 다양한 교육활동 존중
· 상향평준화

수월성 격차

특목고
자사고
일반고
특성화고

→

다양한 일반계열 학교 A-Z

영재 교육

다양한 직업계열 학교 A-Z

다양성 넓이

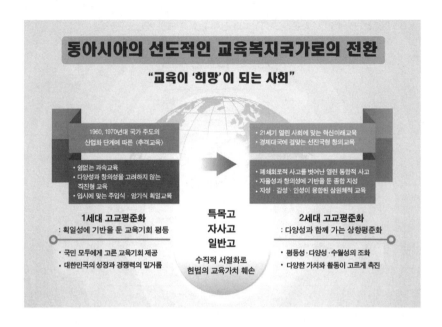

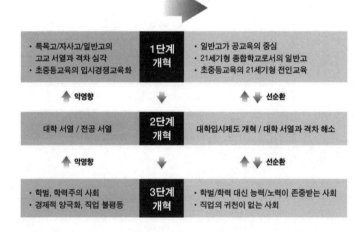

주: 우리 교육의 구시대적 현실을 개념적으로 선명하게 정리하보니 일부 내용에 있어 조금 지나치게 강조된 부분도 있다. 가령, 고교 서열과 관련하여 현재의 특성화고 전체가 명백히 일반고의 하위에 놓이지는 않는다.

자료: 서울시교육청.

열화 혹은 굳이 이명박 정부에서 했던 다양화라는 표현을 한다면 수직적 다양화로 이게 후퇴하고 잘못된 것이다 이렇게 생각을 하고요. 저희는 진정한 의미에서 이렇게 수평적 다양성을 존중하는 방향으로 가야 된다, 즉 이런 거죠, 그러니까 일반계열 학교, 다양한 특성화, 직업학교가 있고 이게 수평적 다양성을 [고취하면서] 경쟁하는 방향이 좋겠다, 그리고 영재 교육도 물론 우수한 학생들을 중심으로 해야 하지만 큰 틀에서 보면 이 수평적인 다양성을 해치지 않으면서 영재 교육도 존재하는 게 좋다. 저는 영재 교육이나 솔선교육 부정하지 않습니다. 그런데 예를 들면 10%가 넘는, 특히 서울로만 놓고 보면…… 전국적으로는 조금 적습니다, 그런데 그런 상황에서 이 교육 생태계를, 일반고가 잘될 수 있는 생태계 자체를 교란하는 점이 있습니다. 그래서 저희가 조금 이 부분을 뭔가 해결하고 넘어가야 되겠다 하는 게 저희들이 갖고 있는 하나의 중요한 생각이고요.

저는 학부모님들이…… 저희가 이제 선거 과정에서 공약도 했고 또 많은 호응도 받았고 저희가 이번에 여론조사를 했는데 60%가 넘는 학부모들이 자사고에 대해 심지어는 폐지라는 표현에 대해서도 찬성을 했습니다. 그리고 한 23% 되는 학부모가 반대하는 정도입니다. 그러니까 여전히 저는 말없는 시민들, 학부모들은 자사고의 정책에 대해서 뭔가 큰 전환이 있어야 된다는 것을 동의하고 있다고 판단하고 있고요. 단지 피해를 어떻게 좀 최소화하고 자사고의 장점을 가능하면 어떻게 살릴까, 이런 게 중요하지 않을까 싶습니다.

진행자 _ 그러니까 말씀하신 대로 수직적 다양화에서 자사고의 수평적 다양화를 기해야 된다, 이렇게 말씀하셨는데 자사고의 지금 좋은 점이 있다면 그 좋은 점을 일반 고등학교로 확산시키는 방향으로 정책이 가야 되는 거 아니냐, 이게 자사고 측의 주장이거든요. 그리고 자사고 측에서는 자기네들이 서울시내 지역적인 편중 같은 게 있지 않습니까? 이런 것도 많이 완화시켰고 그다음에 재정의 어려움, 이런 데도 많이 기여를 했다, 자기네들이 자율적으로 운영하기 때문에 그 남은 예산을 갖고 다른 일반고에 지원이 될 수 있는 거 아니냐. 이렇게 주장을 하고 있거든요. 거기에 대해서는 어떻게 생각하십니까?

조희연 _ 그러니까 저도 학부모님들이 말씀하시는…… 그때 학부모님이 말씀하실 때 이런 표현을 하시더라고요. 자사고를 안 갈 정도의 상황이 일반고에 있으면 왜 굳이 자사고 가려고 하겠냐, 이런 말을 하시는 학부모님들이 계셨습니다. 그런데 저는 맞다고 생각합니다. 그래서 물론 저희가 그걸 충분히 실현할 수 있을지는 모르겠습니다마는 저희가 이제 곧 대대적인, 일반고를 살리기 위한 여러 가지 지원정책들을 발표하려고 생각하고요. 일반고를 자사고 수준으로 상향평준화해야 된다, 이게 저희가 갖고 있는 목표고요. 그다음에 자사고에서 학부모님들이 기대하는 게 있습니다. 저는 그 기대가 일반고에서도 충분히 실현될 수 있는 상태를 만들어야 된다, 저희가 주어진 과제를…… 그런 큰 나름의 생각을 갖고 있다는 말씀을 좀 드리고 싶어요. 자사고에서 여러 가지 장점들이 있습니다. 여러 다양한 체험활동이라든가 진로활동, 여러 가지 활동들을 많이 권장하고 있는 학교도 많이 있습니다. 그래서 일반고에서는 오히려 지원이 적어서 그런 부분, 혁신학교 같은 데서 일부 하는 것을 제외하고서 그런 부분이 좀 부족합니다. 그래서 입학사정관제 특별전형 같은 데서는 어려움을 겪는 것도 있습니다. 어쨌든 큰 틀에서는 일반고에 대한 집중 지원을 통해서 자사고 학부모님들이 말씀하신 그 점이 일반고에서도 폭넓게 실현되도록 하는 방향에서 크게 보면 문제를 해결해가고 싶다, 그렇게 노력하겠다는 말씀을 드리고 싶습니다.

진행자 _ 아까 수직적 다양화에서 보면 맨 위의 층의 특목고도 있거든요. 자사고가 그다음이고. 그러니까 자사고 측에서는 왜 더 귀족학교 소리를 듣는 특목고는 그대로 놔두면서 우리만 갖고 그러느냐. 이런 말씀을 굳이 꼭 드려야 되는지 모르겠습니다마는 두 아드님이 외국어 고등학교를 나오셔서 그래서 그러는 거 아니냐, 이런 이야기까지 있단 말이에요. 특목고에 대해서는 어떻게 생각하세요?

조희연 _ 개인적인 문제로 연결시켜서 파악할 필요는 없을 것 같고요. 저희가 굉장히 비합리적이고 참 비루한 조건 속에서, 참 어려운 조건 속에서 학부모님들이 입시전쟁을 치르고 있는 겁니다. 그래서 저도 그 입시전쟁에서 이렇게 그

입시전쟁의 과정을 지내왔는데, 그래도 입시전쟁을 바꿔가야 됩니다. 저희 애도 솔직히 고등학교 3학년 동안 1년 반 동안을 어두컴컴한 독서실에서 공부하는 걸 봤습니다. 그래서 어떻게 보면 좋은 대학을 갔으니까 성공했죠. 그러나 그렇다 그래서 그 어려운 어두운 고등학교 입시전쟁의 제도를 바꾸지 말라, 저는 꿈을 포기해서는 안 된다, 저는 그런 생각을 갖고 있고요. 이제 자사고의 경우는 출발부터 5년 전에 이것이 논란이 있었고요. 5년 동안 한시적 고교 유형으로 법제화가 된 겁니다. 그래서 이제 이번에 5년 만에 엄정한 운영평가가 예고되어 있었던 것이고, 이제 저는 특목고라든지 다른 부분들은 1차적으로는 예를 들면 외고 그러면 외국어 전문 고등학교로 엄격한 지도감독을 하는 게 목표고요. 그래도 안 된다, 그러면 국민적인 다시 합의과정을 거쳐서 예를 들면 특목고 정책을 전환해가는 것이 저는 순리라고 생각합니다. 저희는 이제 일반고에서 굉장히 문제로 많이 제기한 이 자사고 정책을 선거과정에서 제기했고 국민적 동의를 일정하게 형성을 했기 때문에 이 정책을, 공약을 지키는 차원에서 시행하는 거니까요. 다른 모든 문제도 국민적 합의과정들을 거쳐서 정책을 전환해갈 여지는 열어 놔야 되는데, 저희가 자사고 정책을 지금 가지고 진행을 하고 있는데 왜 특목고는 안 하냐, 이렇게 말씀하시는 것은 조금 차원이 다른 문제로 저는 판단을 하고 있습니다.

진행자 _ 그런데 후보 시절에 국제중학교 폐지 의견을 밝히셨고 그다음에 특목고 폐지 여부에 대해서도 자사고 학부모들하고 면담 과정에서 조금 운을 보이셨단 말이에요. 그런데 최근에 보도를 보니까 서울시교육감 조희연 교육감 인수위원회에서 국제중 특목고 폐지 건의를 했다고 보도를 봤는데. 폐지 쪽으로 가닥을 잡으셨나요.

조희연 _ 아닙니다. 그 점 제가 좀 해명을 드려야 될 것 같은데요. 저희 인수위에 참여하시는 여러 가지 교육단체 관계자들 중에서 조금 강한 입장을 갖고 계신 분들도 솔직히 있습니다. 그러니까 국제중 같은 경우는 초등학교의 사교육을 촉발한다, 그다음에 특목고가 중학교의 사교육을 강화한다, 그렇기 때문에 뭔가 전환이 있어야 된다, 이렇게 강한 의견을 갖고 계신 분들도 있습니다. 그런데 저희는 사실은 국제중 문제나 특목고에 대해서 폐지 공약을 한 바는 없습니다. 저는 일단 제가 한 공약은 최소한 어느 정도는 제가 당선됨으로써 100%는 아니지만 상당한 정도의 추인을 받았다고 생각해서 공약을 지키려고 노력을 하는 거고요. 국제중의 경우는 이제 시청자분들께서 기억하시겠습니다마는 삼성 이재용 씨 아들 입학비리 사건이 있었습니다. 그래서 저희가 입학비리가 있는, 명확한 문제가 있는 경우에는 그런 국제중은 취소할 수 있다, 이런 단서가 있었던 것이고요. 국제중 제도는 저희가 필요하다면 국민적 토론을 해가면 좋겠다, 이렇게 생각하고요. 특목고도 저는 국민적 토론을 해갈 수 있다 이런 입장이지, 제가 현재 자사고와 같이 동일한 입장에서 제가 이번 선거과정에서 공약하지 않고 추인을 받지 않은 문제를 지금 바로 하는 것은 또 다른…… 바로 예를 들면 영재 교육이나 수월성 교육을 부정하냐 이렇게 반론을 펼 것이기 때문에 저희는 어쨌든 공약의 범위 내에서 그 점은 의제로 지금 있지 않다, 이렇게 말씀드리겠습니다. 지도감독을 철저히 하겠다…….

진행자 _ 그런데 조희연 교육감이 자사고 폐지, 일반고 활성화를 주장하시면서 제2의 고교평준화 이렇게 말씀하셨단 말이에요. 이게 1974년도에 1차 고교평준화가 있었지 않습니까? 그런데 사실 1차 고교평준화 이후에 끊임없이 말하자면 하향평준화…… 제가 거기에 동의하는 건 아닙니다마는 하향평준화 논란이 있었단 말이에요. 그래서 특목고라든가 자사고라든가 이런 특성화 고등학교가 그에 대한 대안 성격으로 도입이 된 측면도 있는 거고요. 그래서 그런 부분, 수월성 교육이 필요하다, 이런 지적에 대해서는 교육감님 소신은 어떻습니까?

조희연 _ 저는 수월성 교육이라든가 이른바 영재 교육에 대해서 전면 부정하는 입장은 아닙니다. 단지 저는 일반고를 중심으로 한 공교육이 확실히 서고…… 그런데 지금 이게 흔들리고 있는 겁니다. 이게 확실히 선 다음에야 그것과 공존하는 소수의 영재 교육이나 수월성 교육이나 그런 소수 교육이라는 의미가 있지 않겠습니까? 그것을 해치지 않는, 공존하는 수월성 교육이 같이 가는 게 마땅하지 않냐 이렇게 생각하고요.

도대체 그럼 조희연 교육감이 지향하는 게 어떤 교육모델인가가 궁금하실 것 같아서 제가 이걸 하나 좀 만들어봤습니다. (패널을 보이며) 이거 한번 비춰주시면 좋겠습니다. 저희가 핀란드 모델이라든지 이렇게 북구에 있는 교육을 자꾸 찬양하는데요. 저희는 동아시아의 한국이 선도적인 교육복지국가가 되었으면 좋겠다는 생각을 가지고 있습니다. 저희는 굉장히 교육에 희망을 거는 사회입니다. 그리고 교육평등 의식이 대단히 강한 사회입니다. 그래서 저는 그걸 긍정적인 에너지로 해서 정말 교육이 희망이 되는 동아시아의 선도적인 교육복지국가, 교육복지사회로 한번 가보자 이렇게 생각을 갖고 있고요. 그런 면에서 박정희 대통령이 1974년에 일종의 1세대 고교평준화를 했다면 이제 다시 한 번 생각해보자는 겁니다. [저희가 추구하는 것이 말하자면] 2세대 고교평준화인데, 저는 이것을 획일성으로 가지는 말자, 아까 말씀하신 대로 수월성 교육이라는 걸 인정하면서 다양성과 함께 가는 일종의 상향평준화로 한번 가보자는 생각을 하고 있습니다.

물론 이게 생각처럼 쉽지 않다는 거 저도 인지를 합니다. 그런데 저는 여기서 한 가지만 더 말씀드리고 싶습니다. 우리가 1960~1970년대 초기 산업화 단계에, 조금 어려운 말입니다마는 제가 추격교육이라는 말을 합니다. 선진국, 서양, 미국의 이 앞선 교육을 빨리 추격해서 따라잡자는 겁니다. 그래서 저는 이렇게 표현을 합니다. [추격교육이라는 것이] 가급적이면 놀지 말고 쉬지 말고 가급적이면 잠도 줄이고 빨리 추격하자, 서양의 앞선 지식을 빨리 암기하고 따라가자는 겁니다. 자, 성공했습니다, 저희가. 성공했는데 옛날의 이 모델이 그대로 가고 있는 겁니다. 그래서 저희가 생각하는 큰 틀은 우리 교육 패러다임을 바꿔야 된다는 겁니다. 그리고 이 부분은 저의 주장이 아니고 많은 분들이 이미 주장을 하고 실험을 하고 있는 겁니다. 그래서 그걸 이제 저희가 가칭 혁신미래교육이다, 혹은 선진국형 창의교육이다, 이렇게 말을 해보고 여러 가지 측면에서 한번 생각을 바꿔보자는 겁니다. 예를 들면 교과과정 중심의 입시교육, 그걸 3분의 1로 대폭 줄이고요. 예술, 문화 이런 것들을 3분의 1, 그리고 3분의 1을 체육으로. 저는 지금까지는 저희가 이론적 인간을 만들고 있다고 봐요. 삼원적 인간을 만들자, 다면적 인간. 그리고 창의로운 교육, 창의적인 교육으로 정말 한번 가보자. 그래서 저는 정말 이렇게 말씀드리고 싶습니다. 저희가 이렇게 따라가다 보니까 주말이 없고, 그렇죠? 말하자면 저녁도 없는 그런 교육이 지배적이었습니다. 이제 좀 바꿔보자는 겁니다. 쉬어야 창의성이 나온다, 놀아야 창의성이 나온다, 저는 정말 역설적이지만 그런 표현까지도 한번 써보고 싶은 상황입니다.

진행자 _ 그런데 선진국형 창의교육 말씀을 하셨는데 최근 들어서 미국도 그렇고 영국도 그렇고 프랑스도 그렇고 오히려 동아시아 한국 등의 학력 향상 위주, 경쟁교육을 도입해야 된다, 이런 의견이 나오고 있는 것도 사실이거든요.

조희연 _ 맞습니다. 저는 이렇게 표현하고 싶습니다. 미국은 오히려 동아시아 한국을 포함한 이 나라들의 열심히 공부하는 것을 자기들의 어떤 자유로운 교육 내에서 보완하려고 생각하는 거고요. 반대로 저희는 너무 과잉경쟁 상태예요. 저희는 내버려둬도 엄청나게 교육에 투자를 하는, 그런 교육열이 강한 사회입니다. 그러니까 오히려 내버려둬도 우리가 굉장한 입시전쟁을 치르는 사회입니다. 그래서 오히려 선진국의 그 자유, 자율, 창의적인 요소들을 오히려 반대로, 선진국은 저희들의 장점을 끌어가고 저희는 오히려 선진국의 장점을 끌어와서 동아시아형 모델로 저희가 한번 새로 종합을 해보자. 만날 핀란드만 얘기하고 네덜란드만 얘기할 필요가 어디가 있냐, 저는 그렇게 한번 약간 과감하게 한번 말씀을 드려보고 싶습니다.

진행자 _ 조희연 교육감의 공약의 또 한 축이 혁신학교인데요. 올 하반기 중에 10곳을 추가 지정하겠다 이렇게 하셨는데 어떤 조건을 갖추면 혁신학교가 되나요? 어떻습니까?

조희연 _ 저희가 이제 일단 구성원의 어떤 자발적인 그런 노력이 있어야 됩니다. 그래서 혁신학교가 이제 뭐냐고 하면, 저는 혁신학교가 꼭 유별난 학교는 아니라고 생각합니다. 제가 일산에서 행복박람회를 했어요. 다양한 교육의 모델이 되는 좋은 사례들을 모아놨는데요. 행복교육, 자유학기제, 혁신학교. 여기서 하는 프로그램들이 가만히 보면 다 비슷합니다. 입시 위주의 교육에서 벗어나서 애들의 꿈과 끼를 살리는 다양한 체험활동, 창의적인 활동, 다양한 생활지도, 예술활동, 문화활동을 촉진하는 거. 제가 아까 말씀드린 대로 다면적 인간을 만들어내기 위한, 입시 위주의 교육이 아닌 다양한 창의적 노력을 선생님들이 하는 겁니다. 그래서 혁신학교가 바로 그런 거라고 생각하시면 되고, 지금 굉장히 학교 선생님들이 지쳐 있습니다. 일은 많죠, 그래서 위로부터 또 내려오는 공문 있죠. 그러다 보니까 굉장히 천편일률적으로 지친 수동적인 교육을 하고 계십니다. 혁신학교는 과감하게 그 부담을 덜어드리는 겁니다. 그리고 대개 학교가 교장 위주의 학교입니다. 혁신학교는 교사 위주의 학교입니다. 그리고 학생은 그냥 따라오는 존재인데요. 학생도 창의적인 활동 공간, 말하자면 자기주도적인 학습을 할 수 있는 공간을 부여하는 거라고 생각합니다. 그래서 이것을 행복교육이라는 이름으로 하건 자율학기제라는 이름으로 하건 시범학교라는 이름으로 하건 저는 우리 교육을 살리기 위해서는 다양하게 해야 된다, 이렇게 생각을 하고 이제 저는 이런 의욕을 갖고 있는 어떤 학교든지 간에 대거 받아들여서 저희가 임기 중에는 한 200개 정도까지 늘렸으면 좋겠다, 그렇게 다 될 수 있을지 모르겠습니다마는 그런 소망을 피력했습니다.

진행자 _ 결국은 돈 문제일 텐데요. 아까 말씀하신 체육교육 활성화 이런 말씀 하셨는데 저도 외국 취재하면서 제일 부럽게 보이는 게 아침마다 1시간씩 체육을 하고 수업을 시작한다는 건데, 그런데 와서 그걸 물어봤어요, 우리 교육계에 계시는 분들한테. 그랬더니 대학입시 위주 교육도 있지만 우리는 그렇게 하고 싶어도 운동장 시설이 그렇게 안 되어 있다, 이런 말씀하시는 걸 들었는데 혁신학교라든가 일반고 지원 이런 데 돈이 많이 들겠죠.

조희연 _ 그게 저희도 고민인데요. 그래도 이제 예를 들면 보통 1억 내외, 문용린 교육감 계실 때는 6000만 원 정도를 지원했었거든요. 그러니까 조금 증액해서 1억 원을 잡아도 예를 들면 저희가 연말까지 10개 정도라도 확대한다, 그러면 10억 아니겠습니까? 그다음에 앞으로 한 2, 3년간 100개가 늘어나도 100억쯤 됩니다. 그러니까 개인으로서 보면 100억이 크지만 저희가 서울시교육청 예산이 7조 4000억 원이 되거든요. 그중에서 이제 교육사업비가 한 1조 5000억 원이 됩니다. 거기에 이제 물론 경직성 예산이 많긴 합니다마는 그래도 저는 초중등교육을 살리는 데 100억 정도는 저금해야 된다고 생각을 하고요. 그리고 그것은 장기적으로 보면 이 실험을 거쳐서 전 학교를 혁신화하는…… 행복교육화한다고 표현해도 좋습니다. 그래서 그런 일종의 출발점, 시범의 의미가 있기 때문에 저는 좀 과감하게 투자를 해야 되지 않을까 이렇게 생각을 합니다. 불요불급한 예산을 좀 줄이면서. 저희가 사실은 인수받을 때 3000억 원이 넘는 적자를 지금 인계받았습니다. 그래서 참 골치 아픈 상황이긴 합니다. 어쨌든 불요불급한 거 [위주의] 전략도 하고요. 서울시에서 오는 전입금도 손 벌리기도 하고 있고 지금 그런 상황에 있습니다.

진행자 _ 전교조에 대해서 법외노조 판결이 나왔단 말이에요. 그래서 전교조 전임교사분들에 대해서 복직을 해라, 복직하지 않은 교사들에 대해서 직권면직 처분하고 그렇게 안 한 교육감들한테는 고발 조치하겠다, 이런 게 정부 방침인데 교육감님은 서울시교육청 산하에도 아직 복귀하지 않은 전임교사가 열여섯 분 계신 걸로 알고 있어요. 어떻게 하실 겁니까?

조희연 _ 이게 고민점인데요. 사실은 이게 이제 조금 말씀을 드리면 이분들이 유급 전임자들이거든요. 그런데 이게 임기가 12월에 끝납니다. 원래는 지금 법외노조가 되지 않았다면 내년에도 유급전임자가 그만큼 있게 되는 것이거든요. 그런데 저는 가능하면 박근혜 대통령이나 새로 황우여 장관님께서 한 3, 4개월 정도 말미를 주셔서 가능하면 해직사태 없이 일단 마무리 지으면 내년에는 유급전임자를 안 받아들이면 되는 거니까. 그러면 해직의 계기가 없습니다. 왜 그러냐면 이것은 교사선생님들이 해직이 된다는 것은 우리가 일반 회사에서 해고 문제처럼 굉장히 한 개인한테는 좀 가혹하고, 여러 교사가 해직되면 학생들이, 그를 따르는 학생들의 문제도 있고 그렇기 때문에 저희가 지금까지는 좀 복직

명령 내리라 그래서, 저희가 꼭 그거에 동의하지 않지만 지금까지 교육부 방침을 따라왔거든요. 그런데 지금부터는 해직을 해야 되는 문제이기 때문에 조금, 저희가 물론 직무이행명령을 따라야 된다고 생각하지만 박근혜 정부도 이렇게 많은 분들이 거리에서 나오고 있으면, 또 그분들이 여러 가지 항의행동을 하고 그러시기 때문에 사회적 문제가 되고 교육현장에 혼란도 있으니까 가능하면 좀 해직 문제라는 각도에서 너그럽게 접근했으면 어떨까, 이렇게 생각을 갖고 있습니다.

진행자 _ 교육감님은 전교조에 우호적이신 거죠?

조희연 _ 네, 약간 그런 요소가 있는 것도 사실입니다.

진행자 _ 그래서 이번 법외노조 판결에 대해서 시대의 흐름에 역행하는 판결이다, 그다음에 박 대통령의 선거전략이다, 이런 말씀까지 인터뷰에서 하신 걸 제가 봤어요.

조희연 _ 그 부분은 물론 좀 조심스러운 발언이긴 한데요. 일단은 문제는 작년에 된 건데, 이게 예를 들면 이명박 대통령 계실 때도 사실은 해고자를 전교조가 품고 있었거든요. 그런데도 이제 법외노조로 만들지 않았습니다. 그런데 박근혜 정부가 이걸 유독 지금 시행을 한 겁니다. 그래서 제가 이제 지금이라도 조금 되돌릴 수 있으면 좋지 않겠냐 하는 생각이 들고요. 저는 지금 해고자 문제만 박근혜 정부나 교육부나 교육청이 잘 마무리 질 수 있다면 저희가 학교현장에 혼란 없이 조용하게 평온한 마음으로 법외노조 문제에 대한 사법부의 판단을 지켜볼 수 있지 않을까, 그게 그나마도 일반 시민들이 바라시는 것이 아닐까, 왜냐하면 해고하고 또 그 문제 가지고 종합청사 앞에서 또 데모하고 그런 것보다는 좀 그게 낫지 않을까, 이렇게 생각을 합니다.

진행자 _ 이런 말씀 들어보셨는지 모르겠는데 자녀가 대학을 잘 가냐, 못 가냐는 아버지의 무관심, 엄마의 정보력, 할아버지의 재력 이런 말까지 지금 있지 않습니까?

조희연 _ 맞습니다.

진행자 _ 사교육비 문제 말이에요. 그래서 시중에서는 1980년 전두환 대통령 시절에 했던 과외 전면 금지, 이런 극단적인 대책이 있어야 되는 거 아니냐, 이런 극단적인 의견도 있는데요. 과외문제 어떻게 생각하십니까?

조희연 _ 우선 전두환 대통령 시절과 달리 그렇게 한 번에 과격한…… 사실은 박정희 대통령이나 전두환 대통령이 있을 때는 그때가 권위주의 시대이기 때문에 사실 굉장히 어떤 면에서 과단성이 있다고 할까, 일도양단 식의 정책을 취할 수 있었습니다. 그런데 민주사회는 굉장히 어렵고요. 그래서 현재 제도 내에서 사교육이 좀 확대되지 않도록 하는 여러 가지 노력을 하는 게 좋을 것 같고요. 일단 선행학습 금지법 자체가 하나의 중요한 거고, 교육청은 그걸 잘 일선학교에서 관리되도록 하는 노력을 하는 게 중요하고요. 선행학습 금지법까지 만들어질 정도의 사교육 걱정 없는 세상, 이런 교육단체가 노력해서 만들었는데, 그런 상황이기 때문에 그걸 잘 지키고. 문제는 또 학원 선행학습입니다. 그래서 이 부분에 대해서는 조금 별도의 대책이 필요하지 않을까 하는 생각이 들고요.
　저는 개인적으로는 이제 궁극적으로는 대학 제도나 사회 제도 같은 걸 조금 바꿔가려는 노력들이…… 제가 조금 한번 이거, (패널을 보이며) 이게 세 개인데 마지막입니다. (웃음) 그러니까 제가 말씀드리는 건 사교육 문제도 그렇고요. 지금 초중등교육이 이렇게 왜곡되고 입시전쟁을 치러야 하는 이유가 이게 기본적으로는 초중등교육, 특별히 여기는 고등학교를 주로 썼습니다마는 초중등교육의 배후에 대학 서열, 전공 서열, 대학 제도가 있습니다, 이게. 대학 학벌 제도가 있는 거죠. 그다음에 또 그 배후에는 우리 사회 현실이 있는 겁니다. 굉장히 학벌, 학력 위주의 사회가 있고 비정규직은 엄청나게 차별받는 그런 사회 현실이 있는 겁니다. 그러니까 사실은 이게 제가 학부모 입장에서 보면 그렇죠,

이 사회 현실이 버티고 있죠. 대학이 버티고 있지 않습니까? 그러면 저라도 그렇게 합니다. 저도 그렇게 했고. 우리 애들이 이 어려운 상황 속에서 그래도 정말 잘살아가려고 하면 좋은 대학 가야 되잖아요. 그렇죠? 이 좋은 대학, 좋은 학벌, 대학 가야 그래도 좋은 직장 갖습니다. 우리 사회가, 조금 교육감 권한은 아닙니다마는 정말 우리 정부나 국회에서 이런 걸 해결하기 위해서 국민적 토론을 해주셔야 됩니다. 그러니까 대학 서열, 이 대학 체제, 대학에 있는 분들은 다 공감합니다. 이게 불평등해요. 너무 양극화되어 있습니다. 정규직과 비정규직도요. 저는 비정규직이 [정규직 임금의] 한 90% 정도 받는 사회가 되었으면 좋겠어요. 그러면 입시경쟁의 압력이 좀 약화될 거 아니겠습니까? 그러면 이제 궁극적으로는 사교육도 나름대로 학부모님들이 합리적으로 노력하는 겁니다. 우리 애들이 좀 이 험악한 세상에서 살아가기 위해서요. 그래서 제가 이렇게 말은 쉽게 하지만 어렵다는 거 저도 잘 알고 있습니다. 그런데 저는 제도 내에서 노력하고요. 대통령님께서나 국회에서, 대학 관계자들이 노력 좀 해주시면 좋겠습니다. 제가 일부러 이거 들고 나왔습니다.

진행자 _ 『병든 사회, 아픈 교육』이라는 책도 내셨는데 서울대 폐지론 주장을 하셨어요. 변함없으십니까?

조희연 _ 제가 이게 서울대 폐지를 주장한 건 아니고요. 예를 들면 이 부분을 개혁하려면 어떻게 할 거냐 해서 저도 민주화를 위한 교수협의회나 교육단체에 있었는데 이제 여러 가지 대학 개혁, 대학 학벌개혁에 대한 안들이 있습니다. 그런데 그 안 중에 통합국립대학을 만드는 안이 있었습니다. 지금 제가 교육감으로서의 입장은 전혀 아니라고 말씀드리고요. 이제 이전에 제가 교수 시절에 그런 주장을 했었습니다. 그런데 그것도 사실은 민주당의 대선 공약까지 가 있는 겁니다. 그래서 과거 정동영 후보나 문재인 후보가 공동학위제라는 이름으로 상당히 수용했던 안입니다. 그래서 그것은 서울대 폐지하고 이렇게 동일시되어 있는 안, 예를 들어 통합국립대학을 만드는 방안도 다양한 방식이 있습니다. 너무 이제 이 부분에 대해서 오해하지는 말아주셨으면 하는 생각을 갖고요.

저희는 현재 대학 제도, 사회 제도 안에서 초중등교육을 나름대로 바꾸려고 노력하겠습니다. 그래서 국회나 대통령님이나 정부가 이런 대학 제도나 사회 제도를 개혁하기 위한 국민적 토론을 좀 해주셨으면 하는 바람을 갖고 있습니다.

진행자 _ 오늘 말씀 여기까지 듣겠습니다. 십수 년 전 미국에 주재하면서 취재할 때 미국이 부러운 점이 여러 가지 있다고, 그래서 그 비결이 무엇이냐 그리고 주위에 물어봤어요. 그랬더니 가까운 미국 정부 관리라든가 미국에 오래 사신 교민들에게서 돌아온 답이 같았습니다. 교육의 힘이다. 그런데 그 미국의 오바마 대통령이 한국의 교육에서 배워야 한다, 이렇게 말하고 있다고요. 또 기회 있을 때마다 자주 남의 땅이 더 커 보이는 걸까요. 우리 교육에 희망을 가져봅니다. 귀한 시간 내주셔서 고맙습니다.

조희연 _ 고맙습니다.

"'2차 고교평준화'가 필요하다"*

조희연 서울시교육감의 집무실 책상에는 나침반이 있다. 벽에는 신영복 선생의 서화 '떨리는 나침반'이 걸려 있다. 시계가 아닌 나침반. 절묘한 상징이다. 이제까지의 교육이 '속도'만 강조했다면, 앞으로의 교육은 '방향'도 생각해야 한다는 뜻일 게다. 시계 바늘은 떨림이 없다. 정해진 방향으로 단호하게 한 발 한 발 나아갈 따름이다. 예전엔 '시계 같다'는 게 미덕이었다. 선진국을 따라잡아야 한다는 방향이 정해져 있던 시절, 학교가 할 일은 '시계 같은 인재'를 길러내는 것이었다.

하지만 이제는 달라졌다. 정해진 방향으로 재깍재깍 움직이며 스펙을 쌓아간 아이들이 결국 실업자가 된다. 기껏 취업에 성공해도, 불안은 여전하다. 극심한 경쟁과 야근에 시달리다 한순간에 일터에서 쫓겨나면, 갈 곳이 없다. 부모와 교사가 알려준 방향을 의심해본 적이 없는 아이들은, 침몰하는 배 안에서도 그저 가만히 있을 뿐이었다.

나침반 바늘은 끊임없이 떨린다. 방향이 정해져 있는 시계 바늘에게 떨림이란 낭비일 뿐이다. 그러나 방향을 찾아야 하는 이에겐 떨림이 숙명이다. 아이들이 스스로 방향을 찾게끔 하는 교육은, 그래서 떨림을 품는 교육이기도 하다.

지난달 30일, 나침반이 있는 집무실에서 조 교육감과 나눈 이야기를 정리했다. 박인규 프레시안 협동조합 이사장이 진행한 이날 인터뷰는 자율형 사립고 문제에 대한 질문으로 시작했다. 실제로 이날 조 교육감은 자사고 학부모들과 면담을 했다. 또 교육청 앞에서는 일부 학부모들이 자사고 폐지에 반대하는 구호가 적힌 피켓을 들고 시위를 했다.

다음은 인터뷰 전문이다.

---

* 2014년 8월 12일 프레시안과의 인터뷰이다.

© 프레시안.

"자사고 재지정 문제가 더 어려워진 이유는……"

프레시안 _ 자사고 폐지 논란이 뜨겁다. 자사고는 공교육 황폐화의 주범으로 꼽히는 까닭에, 진보교육감들은 대체로 부정적인 입장이다. 서울시교육청 역시 같은 입장을 내걸었다.

조희연 _ 오늘(7월 30일)도 자사고 학부모들을 만났다. 엄청나게 격앙된 분위기였다. 자사고가 잘하고 있는데, 왜 '만악의 근원'처럼 만들었느냐는 게 학부모들의 입장이다. 일반고가 안심하고 다닐 만한 곳이라면, 굳이 자사고에 가지도 않았으리라는 것. 따라서 일반고를 살려서 굳이 자사고에 가지 않아도 되게끔 하면 문제가 없는데, 왜 자사고만 문제 삼느냐. 이게 학부모들의 이야기다. 일리가 있다. 만약 큰 차원에서의 교육개혁이 이뤄진다면, 그래서 굳이 특목고나 자사고 진학에 목을 매지 않아도 되는 분위기라면, 자사고 재지정 문제를 푸는 게 이렇게 어렵지 않았을 게다. 일반고 살리기 정책이 먼저 추진되고, 그 성과가 현장에서 충분히 확인되고, 학생과 학부모가 몸으로 그걸 느낀 뒤에 자사고 재지정 여부를 논하는 게 순서상으로는 옳다. 그랬다면 반발도 없었을 게다. 그런데 하필 교육감 취임 직후에 자사고 재지정 여부를 정하는 시기를 맞게 되었다. 행정적인 일정을 피할 수는 없는 것 아닌가. 그래서 답답한 면이 있다.

프레시안 _ 자사고 교장들이 재지정 여부를 결정하는 평가를 거부하고 나섰다. 그리고 서울시교육청은 자사고의 일반고 전환 시점을 당초 일정보다 뒤로 미뤘다. 이런 결정의 배경에 대해 듣고 싶다.

조희연 _ 이미 안내된 전형 방법에 맞춰서 입시를 준비하는 현 중3 학생들의 혼란을 줄이기 위해 일반고 전환 시점을 2016년으로 연기했다. 자진해서 일반고로 전환하기를 희망하는 자사고가 재단과 학부모 등과 협의해 의사 결정을 하는 데 필요한 시간적 여유를 제공해야 한다는 점도 고려했다. 또 2016년으로 전환 시점을 미루면, 현재 자사고 2학년인 아이들까지 자사고를 졸업할 수 있다. 자사고로 입학해서 일반고로 졸업하는 아이들은 1학년에 그치게 된다. 이런 사정까지 고려해서 전환 시점을 연기했다.

"자사고 입시, 성적 제한 없는 추첨 선발이 옳다"

프레시안 _ 자사고 재지정 여부 결정을 위한 평가지표 가운데 '공교육 영향평가'가 논란에 휩싸였다. 사실상 자사고 폐지를 위해 도입한 지표 아니냐는 것이다. 그래서인지 '공교육 영향평가' 지표에 대한 보수 진영의 반발이 거세다. 최근 기자회견에서 '공교육 영향평가' 지표에 대해서도 재검토하겠다고 밝혔다. 자세한 설명을 듣고 싶다.

조희연 _ 기존 자사고 운영성과 평가지표에는 한계가 있다. 현행 평가지표로는 △ 회계 부정, △ 입시 부정, △ 교육과정 부당 운영 등의 문제가 있는 학교조차 걸러낼 수 없다. '초중등교육법 시행령'에 따르면, 이런 문제가 있는 자사고는 직권 취소해야 한다. 이런 한계를 보완하기 위해 공교육 영향평가 지표를 도입했다. 그런데 이런 지표를 적용하면, 평가 대상 14개 학교를 모두 '지정 취소'해야 한다는 결론이 나온다. 그래서 지표의 타당성에 대해 일부에서 논란이 있었다. 따라서 자사고에 대한 공정하고 엄밀한 평가가 가능하도록 평가지표를 재검토하여 종합평가를 진행할 예정이다.

프레시안 _ 자사고 입시 지원 자격에서 성적 제한을 폐지했다. 또 면접 전형까지 폐지하는 방안을 추진 중이다. 이에 대해 교육부에서는 제동을 걸려는 분위기다.

조희연 _ 성적 50% 이내 학생을 대상으로 추첨 선발하는 게 이전 선발방식이었다. 2015학년도 전형은 성적 제한을 폐지하는 대신 면접을 도입했다. 그러나 자사고가 성적이 우수한 학생을 선점해서, 일반고에 상대적 박탈감을 주는 현실은 여전하다. 자사고는 설립 목적에 찬성하는 학생들만 지원하므로, 추첨 선발만으로도 자사고 운영의 목적은 달성할 수 있다. 교육부 역시 지난해에 성적 제한 없는 추첨 선발을 추진했었다. 그러나 자사고 측의 집단 반발로 실시하지 못했다. 앞으로 이 문제는 교육부와 협의하여 추진할 것이다.

"학력, 학벌, 직업 등에 따른 차별 줄이는 게 관건"

프레시안 _ 지난 선거 당시 '일반고를 살리는 교육감'이 되겠다고 했다. 이런 약속을 지키려면 자사고 문제를 피할 수 없다.

조희연 _ 특목고, 자사고, 일반고로 이어지는 고교서열화 체제를 바꾸겠다는 의지는 분명하다. 자사고 전형 방법 전환은 그 의지의 표현이다. 자사고와 일반고가 수평적 지형에서 다양성 경쟁을 해야 한다. 자사고 역시 선발 효과에 기대는 방식은 벗어나야 한다. 상위권 학생을 선점한 탓에 입시 성과가 좋아 보이는 것. 이게 선발 효과다. 대신 교육 효과를 놓고 경쟁해야 한다. 아이들이 얼마나 성장했는지를 봐야 한다. 특목고 정책 역시 전환이 필요하다. 예컨대 외국어 고교라면, 외국어 전문 고교로 분명히 자리매김해야 한다. 지금은 설립 목적에서 많이 벗어나 있다. 아울러 일반고에 대해선 대대적인 지원을 해야 한다. 부모가 아이를 자사고에 보낼 때 기대하는 바가 있다. 그게 일반고에서도 실현될 수 있어야 한다. 그래야 현실적으로 고교서열화 문제가 풀린다. 결국 하향평준화가 아니라 상향평준화를 하자는 말이다. 물론, 더 근본적인 문제가 있다. 좋은 대학에 가려는 경쟁 자체를 완화해야 한다. 지금은 직업, 학력, 학벌 등에 따른 차별이 너무 심하다. 게다가 세칭 일류 대학을 나와서 좋은 직장에 들어가도 상당수가 '사오정'이 된다. 고용이 불안정하고, 퇴직 이후에 안전망이 없다는 말이다. 부모들이 자식을 좋은 대학에 보내려 하는 건, 이런 살벌한 경쟁에서 자식을 보호하려는 마음과도 통한다. 좋은 대학을 나오면, 그나마 살아남을 확률이 높아지니까. 사회적 격차, 경쟁의 총량 자체를 줄여야 한다. 그렇지 않으면, 정책적으로 일부 부문에서 경쟁을 줄여도, 다른 부문에서 경쟁이 더 심화된다. 일종의 풍선 효과다. 결국 직업, 학력, 학벌 등에 따른 보상 격차를 대폭 줄여야 한다. 적어도 지금의 절반 수준으로는 줄여야 한다고 본다. 그러나 이는 교육감 권한 밖의 일이다. 결국 광범위한 사회적 토론이 필요하다. 학력 격차 등에 대한 보상 체계를 어떻게 할 것인지에 대해서 말이다. 서구 자본주의 역사를 보면, 19세기에 고속 산업화 과정에서 많은 문제가 생겼다. 그러다 20세기 초로 넘어오면서 모순이 폭발했다. 세계대전을 거쳐 20세기 후반에 들어서야 어느 정도 순치된 자본주의가 출현했다. 한국은 서구 사회가 20세기 초반에 겪었던 진통을 부분적으로는 지금 겪는 게 아닌가 싶다. 격차를 완화하는 문제는 이런 맥락에서 토론했으면 한다.

"혁신학교는 '학교 민주주의' 프로젝트"

프레시안 _ 자사고 문제는 '공교육 살리기'의 한 부분이다. 공교육을 살리려면, 자사고 문제 외에도 풀어야 할 게 많다.

조희연 _ 교육청에 3개의 TFT(Task Force Team)를 꾸리려 한다. 일반고 전성시대 TFT, 혁신학교 TFT, 교원업무 정상화 TFT 등이다. 자사고 문제는 일반고 전성시대 TFT 소관이다. 일반고가 황폐화된 건 사실이다. 성적 좋은 아이들이

대부분 특목고, 자사고 등으로 빠져 나가니, 일반고 학생들은 '이류 학교'에 다
닌다는 자괴감을 안고 지내는 경우가 많다. 그러나 일반고 황폐화의 원인이 모
두 자사고 탓은 아니다. 일반고를 살리려면 그 밖에도 해야 할 일이 많다. 일반
고는 일종의 종합학교가 되어야 한다. 성적이 좋은 학생과 그렇지 않은 학생,
경제적 형편이 좋은 학생과 그렇지 않은 학생이 섞여 있는 곳이 되어야 한다.
지금 일반고에는 가정 형편이 어려운 학생이 많은데, 이들을 위해선 체계적인
돌봄 지원이 이뤄져야 한다. 또 진로 및 직업 교육도 무시할 수 없다. 일반고 학
생 중에도 직업 교육을 받고 싶어 하는 경우가 있다. 특성화 고교의 인기가 높
아지면서, 직업 교육을 원하는 아이들 가운데 일부가 일반고에 진학하는 경우
도 있다. 이들을 위한 프로그램도 필요하다. 아울러 공교육을 살리려면, 나머지
두 개의 TFT가 하는 역할도 중요하다. 혁신학교가 잘되어야 한다. 또 교원 업무
가 정상화되어야 한다. 공교육 안에서 그나마 혁신적인 시도가 이뤄지는 곳이
혁신학교다. 그간 혁신학교 시도가 일부 선도적인 학교, 선도적인 교사에 의해
서만 이뤄졌다면, 이를 확산시키는 게 앞으로의 임무다. 현행 67개 혁신학교를
200개 수준으로 늘리겠다.

지금까지 혁신학교를 바라보는 시각에는 지나치게 순수주의적인 면이 있었
다. 예컨대 혁신학교 교사에게 가산점을 주는 문제가 그렇다. 지금은 주지 않고
있다. 가산점을 주면 순수성이 사라진다는 지적 때문이다. 가산점 받으려고 혁
신학교에서 일한다면, 본래 취지가 퇴색된다고 보는 게다. 정당한 문제의식이
다. 하지만 혁신학교 교장 모임에서 들은 이야기는 달랐다. 힘은 많이 드는데
적절한 보상이 없으니까, 평범한 교사들에게는 혁신학교가 기피학교가 된다고
했다. 대단히 헌신적이거나 진보적, 혁신적이지 않은 교사들도 참여할 수 있는
모델이 필요하다. 인센티브가 필요하다면 주는 게 맞다고 본다. 물론 혁신학교
의 취지가 퇴색하지 않는 선에서다.

나는 혁신학교의 여러 특징 가운데 '권력관계 민주화'라는 점을 특히 주목한
다. 일종의 '학교 민주주의 프로젝트'라고 본다. 교장과 교사 사이의 관계가 민
주화된다. 더 이상 교장에게 무조건 순응하는 교사가 아니라는 말이다. 또 학생
과의 관계에서도, 지식을 기계적으로 떠넘겨주기만 하는 교사가 아니다. 권력

관계가 민주화되어 있고, 적극적 교사와 적극적 학생이 어우러진 곳, 그게 바로 혁신학교라고 본다. 교사가 혁신의 주체가 되려면, 필수적인 조건이 '교원업무 정상화'다. 지금의 학교에는 분명히 교사가 매너리즘에 빠지도록 촉진하는 장치가 있다. 핵심은 권위적인 교육행정 체계다. 그 중심에는 교육청이 있었다. 이걸 바꿔야 한다. 교육청의 행정이 서비스 중심, 현장 중심으로 바뀌어야 한다. 교육청에서 워낙 많은 공문을 요구하다 보니, 지금까지는 공문 잘 쓰는 교사가 인정받고 승진하는 구조였다. 불필요한 행정 업무를 대폭 줄이도록 하겠다. 공교육에서 모든 변화의 출발점은 결국 교사의 자발성이다. 그리고 교사의 자발성이 살아나려면, 교육과 무관한 행정업무에서 교사들을 풀어줘야 한다.

"박근혜 공약인 누리과정, 중앙정부 예산으로 실행해야"

프레시안 _ 앞서 일반고에 대한 지원을 이야기했다. '지원'이라는 게 결국 돈 아니면 사람 문제 아닌가. 그게 빠지면 공허한 이야기다.

조희연 _ 먼저 사람 이야기를 하겠다. 일반고 중에도, 선호학교와 비선호학교가 있다. 지금까지는 나이 드신 분들이 비선호학교 교장으로 임명되는 경향이 있었다. 이걸 바꾸겠다. 비선호학교에 젊고 유능한 교장이 가도록 하겠다.

그리고 돈 이야기. 이거, 쉽지 않다. 서울시교육청이 올해도 3500억 원 정도 적자다. 세수 부족 탓이다. 일단 내부 절약을 통해 메우는데, 한계가 있다. 지방채를 발행해야 할 상황이다. 예산이 부족하니, 명퇴 신청도 다 받아주지 못한다. 명퇴 신청자 가운데 7~8%만 받아주는 상황이다.

흔히 보수언론은 무상급식 때문에 재정 적자가 생겼다고 비난한다. 실제로는 그렇지 않다. 지출을 보면 무상급식, 초등돌봄교실, 누리과정 등 세 가지 분야 지출이 제일 많다. 이 가운데 가장 돈이 많이 드는 사업은 누리과정이다. 무상급식에 연간 2500억 원 정도가 소요되는데, 누리과정에는 5400억 원이 든다. 정부가 아이들 보육비용을 지원하는 누리과정은 박근혜 정부의 공약이었다. 중앙정부가 공약해놓고, 지방정부 및 교육청 예산을 헐어서 실행하는 셈이다. 이치에 맞지 않는다. 중앙정부 예산으로 실행하는 게 옳다.

과거 보수진영은 진보 진영이 주장한 무상급식 하느라 재정이 부족해져서 학교 시설 못 고친다고 비난했다. 이런 방식을 차용한다면, 박근혜 정부가 공약한 누리과정 때문에 학교 시설 못 고친다고도 할 수 있을 게다. 하지만 나는 이런 식의 비판을 하고 싶지 않다. 보육을 챙기는 건 국가가 해야 할 일이다. 누리과정, 초등돌봄교실, 무상급식 등은 모두 필요한 일이고, 다수 국민의 지지를 받는 일이다. 그래서 어차피 되돌릴 수 없다.

그렇다면 재정 문제를 어떻게 풀어야 하는가. 나는 '증세' 논의를 공론화해야 한다고 본다. 이 문제를 더 이상 미룰 수는 없다.

"박정희는 '1차 고교평준화' ··· '수평적 다양성' 보장하는 '2차 고교평준화' 필요"

프레시안 _ '일반고 전성시대'라는 약속은, 결국 '고교평준화' 유지와도 통하는 생각이다. 그런데 '고교평준화'는 박정희 시대의 산물이다. 흥미로운 건 박정희 시대를 긍정하는 보수 진영이 종종 '고교평준화'를 비난한다는 점이다. 결과적으로 '고교평준화'는 사실상 무너지다시피 했다. 박정희 시대의 공과 과에 대해 오랫동안 연구했던 학자 출신 교육감으로서 '고교평준화'에 대해 할 이야기가 많을 것 같다.

조희연 _ 어떤 교수가 나더러 그랬다. '왜 (진보 성향인) 조 교수가 박정희를 좋게 이야기하느냐'라고. 나는 박정희 정부가 잘한 점이 있다고 본다. 대표적으로 세 가지를 꼽는다. 고교평준화, 그린벨트, 의료보험(건강보험) 등이다. 이처럼 잘한 점까지 부정할 필요는 없다.

박정희 정부가 1969년에 중학교 평준화를 했고, 1974년에 고교평준화를 했다. 박정희 정부가 상당한 정치적 부담을 안고 추진한 일이다. 입시경쟁의 폐해가 극한에 이르렀다는 반성 때문이다. 나는 이걸 '1차 고교평준화'라고 부른다. 그리고 지금 필요한 건 '2차 고교평준화'다. 현대적인 고교평준화, 즉 '2차 고교평준화'는 다양성을 보장하는 평준화다. 평준화가 획일화로 가서는 곤란하다. 다양성을 보장해야 하는데, 단서가 있다. '수평적 다양화'여야 한다는 점이다.

자사고를 추진한 이들이 내세운 구호 역시 '다양화'였다. 그러나 그건 '사이비 다양화'였다. 수직 서열화를 촉진하는 구조이기 때문이다. 다양화가 서열화로 이어지지 않도록 하는 노력이 필요하다. 물론 쉽지는 않다. 아이들의 부모, 조부모의 경제력 격차가 너무 크다. 이런 격차가 아이들에게 재생산된다. 그리고 격차는 다시 차별이 된다. 이걸 막는 게 공교육의 임무다. 일부 자사고는 소수의 학생이 신청하는 교육 프로그램을 개설한다. 당장의 입시에 도움이 되지 않는 프로그램이다. 이런 시도가 바람직한 '다양화' 모델이다.

"끊임없이 떨면서 북극성 가리키는 나침반 바늘처럼 … 현장의 꿈과 함께하는 교육감"

프레시안 _ 교수, 시민운동가 등을 거쳐 교육감이 되었다. 낯선 경험을 많이 할 것 같다.

조희연 _ 행정과 시민운동의 차이를 자주 느낀다. 시민운동이란 행정기관에 대해 책임을 따져 묻는 역할을 주로 한다. 그래서 실행 과정의 적절성까지 책임질 필요는 없다. 그런데 교육감은 교육청 전체를 개혁적으로 끌고 가면서, 동시에 관료제 운용의 미묘한 결을 놓치지 않아야 한다.

낯선 경험이 많다. 관용차를 타고 가면, 문득 내가 초현실주의적인 그림의 한 부분이 된 것 같은 느낌이다. 불과 얼마 전까지만 해도, 관용차 타고 가는 사람 보면 시니컬한 느낌이었으니까. 교수 시절엔 자유를 만끽했는데, 자유를 잃어버리니 답답할 때도 있다.

지금도 교육청 앞에서 시위를 하는 분들이 있다. 나도 전에 교육청 앞에서 피켓 들고 시위를 한 적이 있다. 그런데 반대 입장이 되니 어색한 게 사실이다. 밖에서 피켓 들고 있는 이들의 주장을 품는 행정가가 되겠다. 시위 하는 분들 중에는 나보다 보수적인 분들도 있고 진보적인 분들도 있다. 두루 귀를 기울이겠다. 나보다 보수적인 입장에서 나오는 비판은 익숙한 편이라고 생각했는데, 그래도 노력해야 한다. 지금보다 더 비판에 익숙해져야 한다. 그렇게 되어야 교육행정가로 자리 잡았다고 할 수 있을 게다. 끊임없이 떨면서 북극성을 가리키는 나침반 바늘을 자주 생각한다. 나침반 바늘이 떨지 않으면, 제 구실을 못한다. 다양한 의견을 듣고 성찰하면서도 진보의 방향성을 놓치지 않는 교육감이 되고 싶다. 꾸준히 매 맞고 비판받으면서도 아래로부터의 개혁 동력을 잃지 않는, 현장의 꿈과 함께하는 교육감이 되고 싶다.

무상복지 논란, 조희연 교육감의 입장은?*

앵커 _ 현안들에 대해서 조희연 교육감의 입장 들어보겠습니다. 스튜디오로 초
대했습니다. 어서 오십시오.

조희연 _ 안녕하세요.

앵커 _ 우선 제일 뜨거운 현안은 무상급식, 무상보육 문제인데 서울시교육청이
무상급식은 돈이 있건 없건 계속하는 것이고 무상보육은 지금 돈이 없으니까
우선 석 달치만 예산을 편성하겠다고 말씀을 하시니까, 대통령 공약이니까 무
상보육은 돈 없으면 못하는 거고 진보진영에서 추진했었던 무상급식은 무조건
하는 거고, 그렇게 이해하는 분들이 많거든요. 어떻게 생각하십니까?

조희연 _ 저는 무상급식하고 무상보육은 완전히 같이 가야 된다, 어느 하나도
부정하면 안 된다는 그런 입장입니다. 이미 무상급식은, 예를 들면 서울 같은
경우에는 시장이 교체되고 주민 투표를 하는, 어떻게 보면 굉장히 광범위한 서
울시민 의견 수렴 과정을 통해서 합의가 어느 정도는 된 사안입니다. 그래서 이
제 서울로 놓고 보면 무상급식에 대해서 논란을 제기하는 건 부적절하다고 생

---

* 2014년 11월 12일 YTN 〈호준석의 뉴스인〉에 출연해서 가진 인터뷰이다. 당시는 누리과정
  예산 편성 문제로 사회적 논란이 일던 시기였다. 조희연 교육감은 무상급식이든, 무상보육이
  든, 일정한 사회적 합의를 통해서 진전된 복지는 시대적인 비가역성이 있기 때문에 미래지향
  적으로 완성해나가야 한다는 취지의 이야기를 했다.

각을 하고요.

저는 무상보육 같은 경우는 누리과정이라는 이름으로 박근혜 대통령이 대선 공약으로 했고 또 2013년부터 전면적으로 지금 실시를 해오고 있지 않습니까? 저는 굉장히 잘한 일이다, 이것들 두 가지가 같이 가야지 어느 하나를 희생시키는 방식으로 가서는 안 된다, 그리고 이것은 어떤 의미에서 한국형 복지의 중요한 구성 부분이 아닐까, 저는 그것을 인정하면서 출발하자, 그런 입장입니다.

앵커 _ 돈이 많으면 이것도 하고 저것도 하고 다 하면 좋은데 지금 돈이 없으니까 어디에 선택과 집중을 할 것이냐, 그 문제이지 않습니까. 당장 돈이 없다는 게 현실로 닥쳐왔고요. 그러면 어떻게 하시겠습니까?

조희연 _ 가정도 마찬가지인데요. 재정적으로나 경제적으로 어려울 때 이 위기를 정말로 어떻게 슬기롭게 헤쳐 나가느냐가 중요하잖아요. 어려울 때 가정이 완전히 깨져버리는 데도 있어요. 저는 이런 때야말로 가정, 학교, 나라의 품격이 드러난다고 생각을 하고 이것을 무상급식 때문에 문제가 생겼다, 무상보육 때문에 문제가 생겼다, 이런 것보다는 두 가지를 국민의 뜻으로 받아들이고 어떻게 하는 게 재정적인 전략을 통해서 [해결이 가능할까] 그리고 어떤 재정 염출 방법을 찾아서 해결할까 이렇게 접근하는 게 맞다고 생각합니다.

앵커 _ 그러면 무상보육 예산은 석 달을 편성해 놓으셨는데 그리고 어떻게 해서 하실 것인지요?

조희연 _ 그러니까 무상급식은 아까 말씀하셨습니다마는 기본적으로 지자체가 결정을 해서 진행을 하고 있고요. 그다음에 누리과정, 무상보육은 중앙정부가 일률적으로 법으로 진행하고 있는 것입니다. 조례를 근거로 진행하는 데도 있고요. 그다음에 법을 통해서 진행을 하고 있는 곳도 있는데 두 가지 다 법적 근거를 갖고 있는 겁니다.

이제 문제는 무상보육의 경우에, 특별히 무상보육은 두 가지가 있지 않습니까. 어린이집이 지금 쟁점이 되는 것이죠. 어린이집 누리과정이 있고 유치원 과정이 있거든요. 그런데 유치원은 먼저 차치하더라도, 보육의 일환으로서 어린이집 부분을, 지금 현재는 보건복지부 관할입니다, 그리고 저희 교육청이 관할하고 있지 않아요. 그리고 교육부가 관할을 하지 있지 않습니다. 그에 반해 유치원의 재정 책임은 1차적으로 교육부나 교육청이 갖고 있어요. 그래서 저희가 책임을 지는 것이고요. 단지 무상보육, 특별히 어린이집은 복지부가 책임을 지는 건데, 말하자면 지방교육 재정 교부금상에 특별히 여러 가지 법적 관련이 있습니다마는 영유아 보육법 시행령상에 한 구절을 넣어서 저희가 부담하게 되어 있습니다. 지난 2, 3년 동안은 큰 문제가 없었어요. 그런데 전반적으로 경제도 어렵잖아요. 그리고 시장·도지사들도 지금 복지 디폴트 선언을 할 정도로 어려운 상황이니까 저희가 사실은 지난번에 전면적으로 이걸 편성할 수 없다고 그랬는데 어린이집도 우리가 돌봐야 될 굉장히 중요한 복지라는 관점에서 어렵게 3개월이라도 편성한다, 나머지 9개월은 의회와 중앙정부가 예산심의 과정에서 협의를 해달라 이렇게 지금 호소를 하고 있는 형국입니다.

앵커 _ 그러니까 지금 당장 가정형편이 어려워졌는데 일단 급전이라도 마련해서 석 달치를 해놨으니까 나머지는 알아서 좀 해주시라 그런 말씀이신 거죠?

조희연 _ 맞습니다.

앵커 _ 무상급식을 시작한 뒤로 서울시교육청의 예산 중에 저소득층 가정의 어린이, 아이들한테 지원하던 예산이 많이 줄어든 것을 저희가 지금 전 그래프로 봤는데 다시 한 번 보겠습니다. (서울시교육청 2015년 예산안 내역 그래프를 보며) 초등돌봄교실이라는 곳이 있고요. 저소득층 자녀들, 방과후 자유수강권이 있고요. 학습부진 학생을 책임지고 지도하는, 이 예산들이 굉장히 많이 줄었거든요. 그러니까 결국은 뭐 때문이다, 책임을 무상급식에만 돌릴 수는 없지만 무상급식을 하다 보니까 그때부터 이런 현상들이 나타났고 결국 피해는 말하자면 모든 학생들, 그러니까 형편이 좋은 집 아이들도 밥을 무상으로 주다 보니까 형편이 어려운 집 아이들이 직접 피해를 보는 이런 현상이…….

조희연 _ 저는 그것을 무상급식 때문에 그렇다, 또 무상보육 때문에 그렇다 이렇게 해서는 나라의 품격이 안 되는 것 같아요.

앵커 _ 그렇지만 무상급식 실시된 후에 저 예산이 떨어진 것은 맞지 않습니까?

조희연 _ 그러니까 지금 저기도 사실 무상급식 예산도 줄었습니다. 어제 신문 보도가 잘못 나왔어요. 왜냐하면 공립 초등학교에 조리종사원 인건비를 상정을 안 하고 해서 한 200억이 증가한 것으로 알려져 있는데 사실은 한 50억 정도 줄었습니다. 그리고 사실 예산이 어느 정도 절박하냐면 저희가 한 8000억~9000억 원이 적자예요. 그러면 저희가 한 3000억 정도가 더 필요합니다, 어린이집을 다 하려면. 나머지 한 6000억 정도를 절감과 이런 것을 통해서 했습니다. 그러면 절감의 방식이라는 게 대개 20~30%씩 줄여요. 그런데 지금 여기서 했던 예를 들면 저소득층 예산 같은 경우도 일부 준 것은 사실이지만 전체적으로는 이렇게 되어 있습니다. 학생 수가 감소를 하잖아요. 학생 수가 감소하니까 1인당 저소득층 지원 구역이 크게 줄지는 않았어요. 그래서 그런 점이 있다, 그러니까 학생 수가 줄어서.

앵커 _ 학생 수가 30% 저렇게 줄지는 않았을 것 아니에요?

조희연 _ 일부는, 긴축을 20~30% 하는 과정에서 일부는 줄고요. 학생들이 줄어드는 과정에서 1인당 액수는 크게 줄지 않은. 그리고 무상급식 같은 경우도 예를 들면 물가가 계속 오르잖아요. 그래서 중학생들의 경우는 1인당 70원씩 올렸어요, 단가를. 그러니까 거의 안 올리는 입장이에요. 사실은 급식 일수도 저희가 절약을 하는 상황입니다.

앵커 _ 그러니까 아이들이 급식이 맛이 없고, 친환경 급식을 하다 보니까 채소가 많이 나오고 해서 많이 버린다, 폐기물이 많이 늘었다, 그런 보도도 계속 있었거든요.

조희연 _ 그거야 어떻게 보면 전체 초등학교, 중학교까지 다 하다 보니까 아이들이 잘 안 먹는 음식들이 있지 않습니까. 이제 그것은, 잔반을 줄이기 위한 노력은 다르게 진행이 되고 있고요. 그래서 하나하나의 항목으로 이것 때문에 이렇다고 할 수는 없고, 가장 중요한 것은 의회 예산심의 과정이 남아 있는데요. 지금 교육부에서도 이 문제의 심각성을 알고 있습니다. 기재부도 알고 있고. 그래서 입장은 지방채, 교육청이 빚을 내라. 빚을 내는 것을 허용할 테니까 이렇게 서로 논의가 오고가고 있고요. 단지 문제는 저희가 올해도, 내년도 학교시설 개선이라든가 교사선생님들 명예퇴직을 못하고 있어요. 그러니까 명퇴하시는 분들이 학교를 나가시게 되면 또 신규 교사가 와야 되는데 지금 순환이 안 되고 있어요. 그러니까 저희가 어렵게 2500억을 지방채를 해서 내년에 한 1600명 정도 교사선생님들이 명퇴를 하실 수 있도록, 상당한 규모입니다. 그래서 명퇴를 원하시는 교사들은 이제 조금 기대를 하셔도 좋을 것 같은데요. 어쨌든 올해만 해도…….

앵커 _ 6000억. 지금 한해 적자가 8000억, 9000억 난다고 하니까 정말 걱정이네요.

조희연 _ 그렇습니다. 그리고 2700억 원이 어린이집을 위해서 필요해요. 이것을 저희 빚으로만 하면 문제가 있기 때문에 의회 예산심의 과정에서 국고나 국채로. 국고로 한다는 얘기는 예산심의 과정에서 삭감하는 부분이 있지 않습니까? 보통 한 3조, 4조는 삭감을 하게 됩니다. 그러면 그중에서 이 예산을 1조, 2조 이렇게 편성을 해달라는 얘기고요. 안 되면 중앙정부 국채로, 저희 지방교육청에 빚이 너무 많으니까 이렇게 부탁을 드리고 있는 형국입니다.

앵커 _ 알겠습니다. 지방채도 많고 국채도 많고 다 많으니까.

조희연 _ 그건 사실입니다.

앵커 _ 두 가지를 더 여쭤봐야 하는데요. 시간이 그렇게 많지는 않기 때문에 조금씩 간략하게 여쭤보도록 하겠습니다. 두 번째 어려운 걸 여쭤보기 전에 넥타이는 항상 안 매고 다니시는 겁니까? 무슨 이유가 있는 겁니까?

조희연 _ (웃음) 아닙니다. 저희가 요즘은 교육청에서도 약간 탈권위라고 할까요. 그래서 저희가 넥타이를 많이 매지 않고 그래요. 그래서 오늘 혹시 무례하다고 생각하지 않으셨으면 좋겠습니다.

앵커 _ 저는 그렇게 생각은 하지 않습니다. 9시 등교. 아까 사실상 강제하는 것 아니냐, 그것을 강제를 하면 되느냐, 맞벌이 부부도 많은데…….

조희연 _ 이게 굉장히 신문에서 잘못 나서 오해가 되는데요. 학생을 중심으로 해서 학부모, 교사선생님들이 오히려 자율적으로 결정을 해달라, 저희가 통상은 교육감이 결정하는 것으로 되어 있는데 그렇지 않습니다. 학교 자율로 결정을 해달라. 통상 학교 자율로 결정을 하게 되면 교장선생님이 결정하시잖아요. 그런데 제가 중학교 교장선생님, 초등학교 교장선생님을 최근에 잇따라 만났어요. 학교가 자율적으로 결정을 하되, 학생들이 자기 문제니까 대대적인 토론을 하게 해주십시오. 그래서 학생들의 여론조사도 좋습니다, 투표도 좋습니다. 이걸 하고, 그다음에 학부모 의견도 일정 비율 반영을 해서 학교 자율로 결정을 해주십시오, 그런 입장입니다. 그런데 초등학교는 지금 8시 40분이니까 크게 논란은 없을 것 같아요. 저희가 초등학교 교장선생님들한테도 여쭤보고 의견 수렴을 하는 데 큰 문제는 없는데, 문제는 주로 고등학교인 것 같아요. 왜냐하면 고등학교는 수능도 있고 여러 가지가 있어서……. 현행대로도 좋고요. 7시 40분에서 8시 40분, 현행도 좋고 8시 반도 좋습니다. 그리고 경기도처럼 9시도 좋습니다. 단지 한번 학생들이 주체적으로 토론을 해봐라. 부모들이 다 결정해버리고, 이러지 말고 이번에야말로 학생들이 본격적으로 자율적인 토론을 하게 해보자, [그러니까 교장선생님들이] 그렇게 하겠다고 [하셨거든요]. 제가 정말 이렇게 계속 말씀을 드리는데도…….

앵커 _ 자율적으로 하라고 해도 밑으로 내려가면 내려갈수록, 그게 우리 교육감님이 말씀하신 건데 이걸 내가 마음대로, 다른 학교는 다 하는데 나는 안 한다, 이렇게 할 수가 있나요, 교장선생님들이? 그건 어느 조직이나 마찬가지 아닙니까?

조희연 _ 그래서 저희가 아예 합의하고 결정하는 규칙은 내려보내 드리려고 합니다. 예를 들면 학생 의견 수렴을 어떻게 할 것인지, 학부모 의견 수렴을 어떻게 할 것인지, 그리고 교장선생님이 공정한 관리자가 되어서 의견을 최종 취합하시도록 아예 규칙을 만들어 드리려고 합니다. 오해가 곧 풀릴 거라고 생각을 합니다.

앵커 _ 학생들은 말하자면 교육을 수용하는 수용자 입장 아닙니까? 저도 학생 때를 생각해보면 제가 중학생, 고등학생 때 학교 좀 늦게 나와라, 천천히 나와라…… 수업시간도 줄이고 싶죠, 학생들 입장에서는. 수업도 조금만 받으면 좋고, 그런데 토론을 해서 학생들 의견을 받아들여서 중요한 부분으로 삼는다? 이것이 온당하다는 것에 대해서는 그렇지 않다고 생각하는 사람들도 많을 것 같은데요.

조희연 _ 그 점에서는 약간의 교육철학적 차이가 있을 것 같습니다. 학생들도 어쨌든 주체로, 중요한 결정을 하는 [주체로 받아들여질 필요가 있습니다.] 그것도 중요한 교육입니다. 국영수 과목을 암기하는 게 아니라 자신의 현안이 되는 문제를 다면적으로 검토하고 결정하는 능력, 저는 그것도 굉장히 중요한 부분 같아요.

앵커 _ 당장 현실적으로 닥쳐오는 문제 중에, 피부로 다가오는 것 중에는 아마

맞벌이 부부들의 문제가 제일 문제인 것 같거든요.

조희연 _ 당연히 9시 등교를 시행하는 경우에 대해서는 교육청이 보완 준비를 하는 게 맞고요. 그것을 위해서는 지금도 아침돌봄기능도 있고요. 또 운동장에서 체육 프로그램 같은 것도 있을 수가 있고요. 저희가 조금 생각하는 것은 도서실을 잘 꾸며서 도서실에 가서 시간을 좀 보내게 하면 책도 가까이 하고, 좋지 않을까. 그리고 정말 제가 생각하기에는 도서실에서 학생들이 즐겨 먹는 것을 마련해둬서 도서관을 자주 오도록 하면 어떨까, 이런 생각까지도 하고 저희가 나름 준비를 해보려고 합니다. 그러나 자율적으로 결정을 하시라고, 이 자리를 빌려서 [말씀드리는 것이지만] 정말 오해 마시고, 저는 단지 교장선생님이나 교육감이 아이들의 문제를 결정하지 말고 이번에 한번 아이들을 주체로 한번 대우해보자, 그런 말씀을 드리고 싶어요.

앵커 _ 교육감님, 학생들 의견도 많이 들으시겠지만 선생님들 그리고 좀 연세가 높으신 교장선생님들, 보수적인 생각을 가지고 계신 어르신들, 그런 분들도 자주 만나서 얘기를 많이 들으십니까?

조희연 _ 지금 제가 학부모님들, 교장선생님들 그리고 교사선생님들 쭉 많이 만나고 있습니다. 그 점에서는 아마 전국의 교육감 중에서는 가장 현장 선생님들 의견을 들으려고 노력하는 것을 저 나름대로는 인정을 받고 싶습니다.

앵커 _ 그러니까 좀 생각이 다른 분들 말씀도 많이 듣고…….

조희연 _ 제 나름대로는 노력을 하는데요. 그래도 좀 부족하다고 비판하시는 분도 있을 겁니다.

앵커 _ 하여간 최대한 노력을 다 하고 계신 거죠?

조희연 _ 네, 제 나름대로는 그렇게 말씀드리고 싶습니다.

앵커 _ 원래 제가 자사고 문제를 여쭤보고 싶었습니다. 제가 공부도 좀 했고요. 전에 자사고 교장선생님 연합회 회장 인터뷰도 저희가 했었고 해서 여쭤보려고 했는데 시간이 다 되어서. 시간은 제가 늘릴 수가 없기 때문에 이건 다음에 여쭤보겠습니다.

조희연 _ 다음에 또 불러주시면 언제든지 제 의견을 말씀드리겠습니다.

앵커 _ 알겠습니다. 오늘 나와주셔서 고맙습니다. 잘 들었습니다.

"다양성을 존중하고 잠재력을 꽃피우는 교육으로의 전환"*

혁신학교 확대, 교육불평등 해소 통한 교육혁신 추구

조희연 서울시교육감은 [2014년 12월] 24일 "아이들의 다양성을 존중하고 잠재력을 꽃피울 수 있는 교육으로 전환할 것"이라고 밝혔다.

조 교육감은 이날 연합뉴스와의 신년 인터뷰에서 "내년부터 서울교육의 변화를 위한 다양한 사업을 본격적으로 시작할 수 있을 것"이라며 이같이 말했다.

다음은 조 교육감과의 일문일답이다.

취임 후 6개월간 많은 활동을 했다. 소회는?

교육행정 참여 경험이 없었는데 6개월 정도 되니 조금 알 것 같다. 그간 소통을 위한 노력을 많이 했는데 다양한 현장 의견을 들을 좋은 기회가 되었다. 내년부터 서울교육의 변화를 위한 다양한 사업을 본격적으로 시작할 수 있을 것 같다.

스스로 생각하기에 아쉬운 점이나 만족스러운 점은?

아쉬운 점은 취임하자마자 일정상 자사고(자율형 사립고) 평가를 불가피하게 해야 했기 때문에 거의 6개월간 자사고 정책이 내 트레이드마크처럼 되어버렸다. 여러 다양한 정책을 추진했는데 자사고 프레임에 갇혀 여러 시도나 정책이 묻혀버린 점이 안타깝다.

'일반고 전성시대', 유치원 강화정책이나 고졸 전성시대 정책이라든지 '학생의 인권과 자치를 위한 일곱 가지 제안' 등은 나름대로 긍정적인 정책이어서 잘한 것 같다. 이제 교육정책의 기본 계획이 완성되어 내년부터는 좀 더 구체적인 정

---

* 2015년 신년특집으로 연합뉴스와 가진 인터뷰이다.

책을 추진할 수 있지 않을까 싶다.

올해는 자사고 지정 취소, 누리과정 어린이집 예산편성 거부 등의 사안에서 교육부와 대립각을 세웠는데

교육부가 서울교육청의 자사고 정책에 반대하는 과정에서 초중등교육법 시행령을 개정하는 등 교육 자치를 근본적으로 훼손하고 학교에 대한 교육감의 운영평가 권한을 제약하는 방향으로 잘못 나아간 점은 유감스럽다.

그래도 누리과정 어린이집 예산 편성 과정에서 황우여 교육부 장관이 시·도교육감과 시종일관 대립하지 않고 한편에서는 갈등하고 또 협력하면서 문제를 풀어가려고 노력한 점이나 전국 교육감들도 가능한 접점을 찾으려 노력했다는 점에서 긍정적인 과정이었다고 본다. 내년에도 빚이 늘어나면 지방교육재정 위기라는 또 다른 문제가 올 것이다. 내년 상반기에는 교육부가 이런 문제에 대한 종합적 예방대책을 세워야 한다.

내년 서울교육에서 중점적으로 추진할 정책을 소개한다면

본격적인 교육 혁신이 이뤄져야 한다. 그런 점에서 세 가지 혁신정책이 중요한데 혁신학교, 혁신교육지구, 자유공모형 혁신프로그램이다. 혁신학교는 올해 44개교를 비롯해 내년 상반기에 예비혁신학교를 다수 지정해 큰 흐름을 확산해 갈 것이다. 혁신교육지구는 내년에 일곱 곳 정도 지정되는데 교육 소외지역의 교육불평등 현상을 개선하는 데 큰 도움이 될 것으로 기대한다.

일반고 전성시대 정책도 본격적으로 효과를 발휘해야 한다. 일반고 교사들의 적극성, 일반고의 역동성을 살려내지 않으면 공교육의 붕괴를 막을 수 없는 만큼 교사들과 협력해 추진할 것이다.

잇단 수능문제출제 오류의 원인이 무엇이라고 보는지? 수능문제출제 시스템을 어떻게 바꿔야 한다고 생각하는지?

수능을 약화시키면 본고사 부활의 유혹에 직면할 수 있고 EBS 교재와의 연계성을 약화시키면 사교육 열풍이 불 수도 있다. 그런 점에서 대입 경쟁을 완화할 수 있는 종합적 대책이 필요하다.

대학 학벌 체제를 완화하는 대책과 더불어 수능을 자격고사화하는 방식도 생각해볼 수 있다. 현재의 학벌 체제나 대학 서열화가 완화되지 않는 한 어떤 형태로든 왜곡된 풍선효과가 나타날 가능성이 있다.

수능과 EBS 교재와의 연계성은 유지되어야 한다. EBS 교재가 수능의 문제은행 같은 성격을 갖는데 수험생이 EBS 교재의 문제를 단순 암기하는 등의 폐단도 있지만 EBS 교재가 수능 준비의 중요한 통로로서 사교육을 대체하는 기능은 유지되어야 한다.

지방자치발전위원회가 '지방자치발전 종합계획'에서 교육감 선출방식을 개선하는 방안도 추진한다고 했는데 이에 대한 생각은

'지방자치발전 종합계획'은 기본적으로 지방자치 발전에 역행하는 방향으로 가고 있다. 그동안 중앙정부의 통제로부터 지방자치의 효율성을 확대하는 방향으로 큰 흐름이 잡혀 있었는데 이를 역전시키려는 시도다.

교육감 직선제 폐지를 위한 사전 정지작업의 성격이 있다고 보고 이에 단호히 반대한다. 헌법이 보장하는 교육의 중립성, 자주성을 훼손하기 때문이다. 올해 6·4 지방선거에서 진보교육감들이 대거 당선되면서 이런 유혹에 빠져든 것 같다.

나에 대한 검찰의 무리한 기소도 사실상 직선제 폐지를 위한 큰 전략에서 나온 것 아니냐는 일각의 해석이 있다. 직선제에는 부정적인 측면도 있겠지만 많은 긍정적인 측면이 있다. 민주주의야말로 갈등을 통해 한 단계 높은 통합을 이루는 것이기 때문에 중앙통제식으로 사고하고 접근해선 안 된다.

서울교육의 수장으로서 새해를 맞는 각오는

1960년대 우리나라 산업화 시대 교육의 패러다임이 '일등주의'였다면 이제 새로운 교육은 '온리원(Only One)', 즉 '오직 한 사람' 교육으로 전환해야 한다. 아이들의 다양성을 존중하고 잠재력을 꽃피울 수 있는 교육으로 전환할 것이다.

학생인권옹호관도 부활시키려 한다. 학생인권이 제정된 과도기에는 인권과 교권이 대립하는 잘못된 구도가 형성되기도 했는데 이제는 학생의 인권을 존중하면서 인권친화적 교권이 새롭게 정립, 보호, 강화되는 방향으로 가야 한다.

전반적으로 새로운 학교 문화를 만들어야 한다. 최근 조직 개편을 통해 교육청을 슬림화하고 상당한 인력을 일선 현장으로 내려 보내는 정책을 도입했다. 이런 정책이 성공적으로 자리 잡아 권위주의적 교육청의 이미지를 불식하고 교육현장과 학교를 지원하는 교육청으로 우뚝 섰으면 좋겠다.

"제2의 고교평준화 본격 모색 … 일반고 살리기 계속 추진"*

조희연 서울시교육감은 연합뉴스와 신년 인터뷰에서 '유치원 입학 대란' 현상을 개선하고자 내년에 공립유치원 5곳을 신설하고 중장기적으로 공립유치원 비율을 50%까지 늘리는 등 유치원의 공교육 인프라를 확충하겠다고 밝혔다. 나아가 조 교육감은 내년에 '제2의 고교평준화'라고 불릴 수 있는 고교체제로의 전환을 본격적으로 모색하겠다고 밝혔다.

조 교육감은 최근 연합뉴스와 신년인터뷰에서 "내년에는 종합적인 고교체제 개편 속에 전형방법 개선, 고교선택제 보완 등 다양한 방법을 선보이고 '일반고 살리기' 정책도 더욱 일관성 있게 추진하겠다"고 말했다. 학부모의 극심한 유치원 취학 경쟁의 부담을 덜어주기 위해 공립유치원을 확충하는 한편 온라인 접수와 추첨 시스템 도입 등의 방안도 마련하겠다고 밝혔다.

다음은 조 교육감과의 일문일답이다.

내년 역점 추진 사업은?

'제2의 고교평준화'라고 불릴 수 있는 고교체제로의 전환을 본격 모색하겠다. 서열화된 대학체제와 입시제도에서 초중등교육이 바로 서기란 매우 어렵다. 초중등교육만큼은 수평적 다양성을 최대한 실현하도록 하는 것이 서울교육의 제1의 목표다. 내년에는 종합적인 고교체제 개편 속에 전형방법 개선, 고교선택제 보완 등 다양한 방법을 선보이겠다. '일반고 살리기'도 더욱 일관성 있게 추진하겠다.

---

* 2016년 신년특집으로 연합뉴스와 가진 인터뷰이다.

정부가 소규모 학교 통폐합을 유도하고 교원 정원을 감축했다. 소규모 학교 통폐합을 추진할 것인가

교원 정원은 교육부가 교육청에 배정하므로 교육부가 정원을 감축하면 교육청은 수용할 수밖에 없다. 기간제 교사 채용 등은 한시적 대응일 뿐이다. 교육의 질 확보를 위해 교육부는 정원 조정에 더욱 신중해야 한다. 서울은 지속적인 학령인구 감소와 도심 공동화로 소규모 학교가 늘고 있어 '학생배치계획 업무 발전방안 태스크포스(TF)'를 운영 중이다. 지역 특성을 감안해 '도시형 소규모학교 모델'을 마련, 학생이 찾아오는 학교가 되도록 지원하고 주택개발계획, 지역 내 학교 분포, 통학 여건 등을 고려해 학교 통폐합과 이전 재배치를 추진하겠다.

내년 자유학기제를 어떻게 운영하나. 역점을 둔 방향은?

내년에는 서울의 모든 중학교에서 자유학기제를 '1학기 탐색학기 – 2학기 집중학기' 또는 '1학기 집중학기 – 2학기 연계학기'의 1년 과정으로 확장해 운영한다. 초등의 예비과정, 중1 자유학기제, 중2 혁신자유학년제, 중3 맞춤형자유학년제, 고교생 진로맞춤형 교육과정 등으로 자유학기제의 지속성을 유지할 수 있는 방안을 적극 검토하겠다. 특히 혁신학교의 성과와 자유학기제의 우수사례를 접목해 '중2 혁신자유학년제'를 운영하겠다. 60개교 정도를 시범학교로 선정해 중학교 3년간 학생중심 수업, 자기주도적 체험활동 혁신을 지속적으로 추진하겠다.

학교 급식 비리도 있었고, 급식에 대한 불신이 큰데

엄마가 차려주는 밥상만큼 안전하고 건강한 식단을 차리는 게 최우선 목표다. 학교식당이 없어 교실 배식을 하는 학교에서 교실까지 운반하는 동안 음식이 식어서 맛이 떨어지는 경우가 있다. 매년 15개 내외씩 학교 식당을 짓고 있으며 내년에도 비슷한 수준에서 확충하겠다.

유치원을 더 늘릴 계획은 없는가. 유치원 원서를 받으려면 학부모가 직접 입학설명회에 참석해야 해서 맞벌이 부부의 경우 불리하다는 지적도 있다

내년 공립 단설유치원 1개, 병설 유치원 4개와 함께 기존 공립유치원의 학급을

늘려 총 44개 학급을 확대한다. 공립유치원 비율을 중장기적으로 50%까지 올리겠다. 서울은 사립유치원이 이미 많이 설립되어 있어서 공립유치원 비율은 22% 가량으로 낮다. 초등학교의 빈 교실을 활용하고 병설유치원을 신설하는 한편, 택지개발 사업지구 등에 단설유치원을 설립하겠다. 일부 사립유치원들이 자체적으로 입학설명회를 열어 홍보하고 있는데 내년부터 학부모들의 희망을 반영해 가급적 주말에 개최하도록 안내하겠다. 법령상 제약으로 교육감이 원아 모집에 직접 관여하기 어렵지만, 유아교육법이 개정되면 온라인 접수와 추첨 시스템 도입 등 보다 적극적인 방안을 마련하겠다.

누리과정(만 3~5세 무상 공통교육) 예산 갈등의 해법은

교육청의 예산 위기는 객관적 수치로 드러난다. 인건비와 복지사업, 필수불가결한 시설비를 빼면 실제 가용자원이 없다. 정부가 시·도 교육청에 어린이집 누리과정 예산을 떠넘겨 발행한 지방채는 한계치에 이르렀고 이자도 눈덩이처럼 불었다. 교육청들은 누리과정 예산으로 지방채가 급증해 재정위기 지자체로 지정될 위기에 처했다. 교육청들이 교육부가 요구하는 4조 원의 지방채를 내년에 추가로 발행하는 것은 불가능하다. 이른바 진보, 보수 할 것 없이 누리과정 전체 예산을 온전히 편성한 지방교육청은 한 곳도 없다. 국회와 정부가 문제를 해결해야 한다. 중앙정부가 2조 1000억 원의 어린이집 누리과정 예산을 책임져야 하며, 근본적 해결을 위해서는 교부금 교부비율을 25.27%로 상향 조정하는 등의 방안도 필요하다.

역사 국정교과서 전환과 관련, 진보교육감들을 중심으로 대안 교과서를 제작해 보급하겠다고 했는데

역사 교과서 국정화는 우리가 추구해야 할 가치인 자율성과 다원성에 모순된다. 학생들이 국수주의적 역사관에 함몰되지 않고 우리 역사를 다양하고 폭넓게 배워야 한다. 무엇이 옳고 그른지 제대로 판단하는 민주시민, 세계시민이 되도록 돕는 보조자료를 개발하겠다. 역사교사, 교장 연수도 준비하고 있다.

학생 인권을 억압하는 학칙들이 여전히 학교 현장에 존재하는데

학생인권조례의 가치에 다수가 공감하면서도 두발, 복장, 휴대전화 소지, 성소수자 등의 문제에 대해 현실적으로 여전히 이견이 있다. 학생생활규정이 헌법, 유엔아동권리협약, 서울시 학생인권조례의 범위 내에서 의견수렴 절차를 통해 제정되고 있는지, 잘 지켜지고 있는지 점검하고 규정 정비가 미흡한 학교들을 집중 지원하겠다. 학생인권교육센터 상담조사관들의 권한을 위해 임기제 공무원으로 신분을 변경했다. 행정 인력도 충원할 계획이다. 소홀히 취급되었던 노동인권·성인권 문제도 전문가를 채용해 다루겠다.

"낡아버린 교육시스템 바꿔야… 공교육 중심 되는 사회 만들겠다"*

조희연 서울시교육감은 [2016년 5월] 2일 "우리나라 초중등교육은 아동 학대나 청소년 학대 수준"이라며 "잠자지 말고, 쉬지 말고, 놀지 말라는 일종의 극기 경쟁 같은 방식으로 참혹한 경쟁이 이뤄지고 있다"고 비판했다.

조 교육감은 뉴스1과의 인터뷰에서 '지도자들과 전문가들이 교육정책을 끊임없이 만들어냄에도 피부에 와 닿는 개선이나 개혁과는 거리가 멀다'는 지적에 "낡아버려 시효가 다 된 교육시스템을 이제 바꿀 때가 되었다"며 이같이 말했다.

조 교육감은 "자녀 교육을 중시하는 우리나라가 산업화를 통해 축적한 거대한 부를 과거의 낡아버린 교육경쟁시스템 아래 경쟁하는 아이들에게 거대하게 투하를 하고 있다"며 "완전히 망가진 교육경쟁시스템에서 아무도 합리성을 존중할 필요가 없는 참혹한 경쟁으로, 거대한 부가 투여되는 끝을 모르는 과잉 경쟁으로 몰아가고 있다"고 지적했다.

조 교육감은 "최근 세월호에서 300여 명의 아이들을 잃은 참혹한 경험을 통해 새로운 교육에 대한 열망이 싹트게 되었다"며 "새로운 교육에 대한 필요성이 주어지고 있으며 이것이 시대적 과제라고 생각한다. 이제는 과거의 방식으로 참혹하게 우리 아이들을 경쟁시킬 필요가 없다"고 주장했다.

조 교육감은 교육의 본질을 회복하기 위해서는 공교육이 교육의 중심을 차지해야 한다는 입장을 강조했다. 그는 "우리 교육은 이미 사교육이 교육의 중심적 위치를 차지하고 있다"고 지적하며 "사교육보다 공교육이 인간의 중심을 차지하고, 공교육 중에서도 공립학교가 중심이 되고 사립학교가 공존하는 방식으로 가야 한다"고 주장했다.

조 교육감은 "교육불평등을 완화해야 한다. 태어난 집은 달라도 배우는 교육은 같아야 한다"며 "있는 집 자식들이 없는 재능도 만들어내고, 없는 집 자식들은 있는 재능도 개발할 기회를 박탈당하고 있는 현실을 완화해야 한다"고 강조했다.

* 2016년 5월 2일 뉴스1과의 인터뷰이다.

최근 모 일간지에 실린 전 고위관료의 칼럼이 눈길을 끌었다. 그는 손녀를 돌보면서 "교육이 이렇게 힘든 줄 몰랐다"고 볼멘소리를 냈다. 우리 사회에서 학부모들 고통은 당해보지 않으면 알지 못할 정도로 심각한 상황이다. 그래서 지도자들이, 전문가들이 정책을 끊임없이 만들어내지만 결과적으로 보면 피부에 와 닿는 개선이나 개혁과는 거리가 멀다. 왜 그런가?

우리나라 교육시스템이 시대에 맞지 않은 옷을 입고 있다. 나는 1960~1970년대 이후 고도 산업화시기를 서양을 따라잡은 추격산업화 시기라고 말한다. 추격산업화 시대의 교육시스템, 교육경쟁시스템, 교육 패러다임은 우리의 추격산업화나 고도성장을 달성한 중요한 계기였음에도 지금은 대리물로 바뀌어 있다. 1960~1970년대 낡은 교육시스템을 통해서 고도성장에는 성공했지만 산업화된 시대, 선진국에 가까워진 시대에 그 교육시스템이 맞지 않는 것이다.

현재 그 교육시스템의 일부로 교육경쟁이 지속되고 있고, 우리 사회는 산업화를 통해 굉장히 부유한 나라가 되었다. 자녀교육을 중시하는 우리나라가 새롭게 갖게 된 거대한 부(富)를 과거의 낡아버린 교육경쟁시스템 아래 경쟁하는 아이들에게 거대하게 투하를 하고 있다. 그렇다 보니 완전히 망가진 교육경쟁시스템에서 아무도 합리성을 존중할 필요가 없는 참혹한 경쟁으로, 거대한 부가 투여되는 끝을 모르는 과잉 경쟁으로 몰아가고 있다. 교육입국을 하는 데 중요한 계기가 되었던 교육이 이제는 낡아버려 시효가 다 되었다. 이제는 바꿀 때가 되었다는 것에서부터 출발해야 한다.

최근 세월호에서 300여 명의 아이들을 잃은 참혹한 경험을 통해서 새로운 교육에 대한 열망이 싹트게 되었다는 의미를 4·16교육체제로 표현했다. 새로운 교육에 대한 필요성이 주어지고 있으며 이것이 시대적 과제라고 본다.

나는 우리나라 교육시스템을 아동학대나 청소년 학대 수준으로 본다. 잠자지 말고, 쉬지 말고, 놀지 말라는 일종의 극기 경쟁 같은 방식으로 참혹하게 경쟁이 이뤄지고 있다. 그런데 문제는 누가 먼저 주저앉을까 하는 것이다. 관성적으로 지속되는 무한대의 과잉경쟁 속에서 내가 '올인'하지 않으면 내 아이가 뒤처질 것 같은 불안이 극한의 왜곡된 과잉경쟁의 원인이다.

그런 상황에서 교육감으로서 그리고 있는 교육에 대한 밑그림을 설명해달라

교육은 인간이 사회적 인간으로 살아가는 데 필요한 인성과 직업적·기술적 능력, 역량을 획득하고 형성하는 과정이라고 본다. 하나는 사회적 인간으로 인성을 만들어가는 과정이고, 또 하나는 직업인으로 돈을 벌고 생존을 영유해야 하기 때문에 기능적 역할을 담당하기 위해서 필요한 지적·기술적 역량과 능력을 배양하는 과정이다.

이제는 낡아버린 교육경쟁시스템에서 이 두 가지가 왜곡된 것이다. 우선 인성이라는 점에서 보면 친구를 루저(Loser)로 만들어야 내가 위너(Winner)로서 살아갈 수 있는 인성 파괴적 교육이 되어버린 측면이 하나 있다. 기능적·지식적 측면에서 보면 국영수 중심의 암기교육 위주의 교육이다. 그런데 이 암기교육은 알파고가 등장하는 인공지능 시대에 굉장히 낡아버린 것이다.

과잉경쟁, 왜곡된 경쟁이 교육의 본질을 파괴하는 수준으로 가고 있다. 이제는 공교육이 교육의 중심적 위치를 차지해야 한다. 우리 교육은 이미 사교육이 중심적 위치를 차지하고 있다. 공교육 내에서도 사립학교가 일류 학교로, 공립학교가 이류 학교로 가고 있는 왜곡된 구조가 정착된 게 가장 극명하게 나타나는 것이 고등학교 수직서열화. 저는 사교육보다 공교육이 인간의 중심을 차지하고, 공교육 중에서도 그래도 공립학교가 중심이 되고 사립학교가 공존하는 방식으로 가야 한다고 생각한다. 우리는 지금 교육 자체가 전도된 방식으로 가고 있다고 본다.

우리 사회에서 학교의 역할에 대한 심각한 의문이 제기되고 있다. 학교는 더 이상 아이들을 가르치는 곳이 아니다. 아이들이 질문을 하면 학원이나 과외에서 물어보라는 답이 돌아오는 경우가 많다. 초등학교에서 한글을 배우는 것이 아니라, 영어까지 미리 배워서 입학해야 한다.

현 구조에서는 기본적으로 어떤 창의교육을 시행하더라도 왜곡될 수밖에 없다. 나는 논술교육이 강화되어야 한다고 생각하는 사람이다. 그러나 지금의 과잉경쟁 속에서 논술이 있는 순간 논술 사교육을 받을 수 있는 아이와 그렇지 못한 아이들 간에 문제로 나타나게 된다. 모든 교육정책들이 왜곡되게 되어 있다. 무

모한 과잉경쟁 상태를 개혁해야 하는데 어떻게 할 것이냐가 문제다.

현재 무모한 과잉 입시경쟁이 결국은 대학의 거대 서열화와 학벌, 대학의 위계적 구조 속에 있다. 이 뒤에는 우리 사회의 굉장히 불평등한 사회구조가 있다. 학력 간 차별, 학벌 간 차별, 직업 간 차별, 정규직과 비정규직의 격차 등이 버티고 있다. 이런 거대한 격차와 거대한 대학 서열이 버티고 있는 상황에서 이뤄지는 초중등교육 현장의 왜곡현상이 있기 때문에 부모들 입장에서 보면 투자 효과를 생각할 수 있다.

조희연 교육감의 키워드는 '일반고 전성시대'와 '서울형 혁신학교', '혁신교육' 등으로 정리할 수 있다. 이런 말들이 무엇을 의미하는지 시민들에게 알기 쉽게 설명해 달라

이런 키워드의 근저에는 교육불평등을 완화해야 한다는 점이 자리 잡고 있다. 나는 태어난 집은 달라도 배우는 교육은 같아야 한다는 입장이다. 있는 집 자식들이 없는 재능도 만들어내고, 없는 집 자식들은 있는 재능도 개발할 기회를 박탈당하고 있는 현실을 완화해야 한다. 그래서 재능 있는 아이라면 누구나 자기 재능을 펼 수 있고 우리 사회의 훌륭한 인재로 성장할 수 있게 해야 한다. 다음에는 창의적 교육이 필요하다는 점이다. 아이들의 감수성이 굉장히 예민하기 때문에 교육과정의 다양화가 필요하다고 생각한다.

교육불평등을 해소하고 교육 기회를 확대하자는 측면에서 '일반고 전성시대'를 제기했다. 외고, 자사고, 일반고로 서열화되어 있고 공교육 중심의 일반고가 이류 학교로 자꾸 되어가고 있는 현실을 역전시키자는 것이다.

교육과정의 다양화도 중요하다. 이것은 트랙의 다원화가 중요한데 오디세이 학교(고교 자유학년제) 같은 것들이 그것이다. 개방형·연합형 교육과정과 종합 캠퍼스 교육과정 등 고교 교육과정을 개선하기 위해 다양한 트랙이 있도록 하는 것이다. 현재 입시경쟁이 제약을 하고 있지만 '질문이 있는 교실'이란 이름으로 과거의 암기식 지식교육이 아닌 창의적 교육으로 가도록 노력해야 한다.

혁신학교는 교육과정의 다양화와 새로운 창의적 교육에 대한 일종의 선도 모델이 되는 것이다. 혁신학교는 다양한 감수성을 갖는 아이들에게 다양한 교육

과정을 개설하고 창의적 교육을 하려고 하는 교사 주체의 교육개혁운동이다. 한국의 혁신학교는 이른바 수출상품이라고 본다. 후진국에서 학교개혁을 생각할 때 한국의 혁신학교를 벤치마킹해야 한다고 생각한다.

'일반고 전성시대'를 말하면서 고등학교가 수직적 서열화에서 벗어나야 한다고 말했다. 정확히 의미를 설명해달라

수직서열화된 고교체제를 수평적 다양성을 갖는 고교체제로 전환해야 한다. 지금처럼 외고, 자사고가 상위 학교가 되고 일반인들이 다니는 일반고가 하류 학교가 되는 현실에서는 돈으로 진입장벽이 처져 있다. 물론 중산층 부모라면 아이들을 위해 재정적 희생을 감수할 각오가 되어 있다. 돈으로 진입장벽이 처져 있다고 하면 당연히 교육불평등의 출발이 되는 것이다.

교육감은 한쪽에서는 일반고를 강화하려고 노력하고 다른 한쪽에서 자사고의 잘못된 점을 바로잡으려는 노력도 하고 있다. 자사고 지정 취소에 대한 엄청난 반발에 대해선 어떻게 생각하는가

서울의 자사고가 25개인데 최소한으로 축소되어야 한다는 입장에는 변함이 없다. 자사고가 일반고 우수학생들을 수시로 뽑아가는 것을 자사고 스스로도 개선해야 한다. 나는 자녀들 교육과 부동산이야말로 한국의 모든 사람들의 욕망이 작렬하는 현장이라고 본다. 자녀를 돈을 들여서라도 좋은 학교에 보내려고 하는 현 상황에 대해, 욕망이 가장 작렬하기 때문에 욕망을 막으려 할 때는 거대한 저항이 있다고 생각한다.

최근 끝난 20대 총선을 통해 16년 만에 여소야대 정국이 형성되었다. 교육계 최대 현안 중 하나인 정부의 누리과정 예산 편성 정책 기조에 변화가 있을 것으로 보나

개인적으로 여소야대 정국이 만들어진 배경에는 현재 정부 정책기조에 대한 국민들의 다양한 반발과 불만이 수렴되어서 나타난 현상이 있다고 생각한다. 정부의 정책기조에 대한 국민들의 다양한 반발과 불만 속에는 누리과정에 대한 학부모들의 우려와 불만도 있다고 본다.

그래서 정부가 긍정적인 개선책을 내놓을 것으로 기대했는데 지난번 중앙정부의 국가재정전략회의를 보면 오히려 기존의 방침에서 전혀 변화가 없더라. 시·도 교육청이 숨겨놓은 예산이 많다고 생각하고, 특별회계를 만드는 제도적 강제수단을 통해 누리과정 부담을 강제하겠다는 기조에 변화가 없었다. 5월에 들어가면 누리과정 문제를 갖고 제2의 총선 갈등과 같은 갈등이 있지 않을까 우려가 된다. 중앙정부는 지금이라도 전향적인 개선책을 내놓아야 한다.

누리과정 사태의 본질은 무엇이라고 생각하는가.
누리과정은 만 3~5세 유아 교육, 보육 과정을 국가가 책임지고 하겠다는 것이다. 우리 사회가 저출산 위기까지 겪고 있기에 복지확장적 측면에서 긍정적으로 본다.

단지 국가 책임을 공약화한 게 중앙정부인데 중앙정부 입장에서는 예산 배분에 어려움이 있으니 상대적으로 예산이 풍족한 교육청에서 부담하라고 하면서 시행령을 통해 전가한 것이다. 교육청은 그나마도 학교환경 개선도 못하는 마당에 돈이 없다고 하는 것이다. 이에 중앙정부는 돈이 많다는 것을 전제로 감사원 감사나 검찰 조사를 통해 압박해서 굴복하라고 하는 것이다.

교육청 예산이 풍부하다 해도 해야 될 일이 많다. 의무사항으로서 학교 석면도 없애야 하고 LED도 다 고치는 등 학교 시설 개선에 할 일이 많다. 솔직히 교육정책 예산으로 들어가는 것은 많지 않다. 정부 말대로 숨겨놓은 돈이 있다고 해도 많지 않고 쓸 곳이 많다.

교육감은 누리과정 예산 편성 갈등 해결 방안의 하나로 지방교육재정교부금 교부율(내국세 20.27%) 1% 인상안을 주장한 바 있다. 전에 비해 표면적으로 많이 양보한 안인데 정부의 반응이 없었나.
교부율 1% 인상안은 합리적인 안이다. 보통 교육청의 교육재정이 부족하다고 할 경우 시·도 교육청마다 사정이 다르다. 어린이집만 하면 2조 원이 부족하고 유치원까지 하면 4조 원이 부족하다. 원래 시·도 교육감들은 교부율 20.27%에서 25.27%로 인상을 요구해왔다. 5% 인상이면 10조 원을 요구한 것이다.

ⓒ 뉴스1.

실제 정부에서 추계할 때 교부금이 세수가 늘어날 것으로 예상했으나 지난 수
년간 기대된 교부금과 실제 교부금이 9조~10조 원 가까이 차이가 나는 것도 사
실이다. 따라서 2조 원에서 10조 원까지 다양한 스펙트럼의 요구가 있다. 나는
어렵더라도 위기를 해결하기 위한 충정에서 가장 최소치를 요구한 셈이다. 1%
면 1조 8000억 원인데 2000억~3000억 원은 우리가 허리띠 졸라매자는 것이다.
정부에선 그것도 전혀 반응이 없다. 다행히 지난 선거 때는 정의당과 국민의당
이 제가 제시한 1% 인상안에 대해 공약화했더라.

**이대로 가면 또 6월 보육대란이 닥쳐올 우려가 있다. 이런 사태를 어떻게 해결해야
하나**
서울시만 보면 당초 어린이집은 보육료 대란이 1년 내내 지속될 수 있는 상황이
었다. 그런데 서울시교육청이 편성한 유치원 누리과정 예산(2521억)을 유치원
과 어린이집 누리과정 예산에다 4.8개월로 동등하게 나눠 지원해 일단 위기를
넘겼다. 그러나 보니 5월부터는 예산 바닥이 나 어린이집과 유치원 모두 보육료

대란이 일어날 상황이다. 그래서 중앙정부가 갖고 있는 특별교부금이나 예비비를 통해 급한 불은 껐으면 좋겠다. 중장기적 부분에서는 사회적 대화기구를 통해 해결했으면 한다.

국정교과서 추진 관련해선 여소야대 정국이 어떤 영향을 미치리라고 생각하나. 서울시교육청에선 대안교재를 만들고 있는데 국정교과서 추진에 있어 본질적인 변화가 있을 것이라고 보는가

여소야대 국회가 있지만 국회 선진화법 때문에 야당 단독으로 어떤 법안을 추진하기도 어려운 절묘한 구도다. 총선 민의를 반영하는 개방적 자세가 필요한 것 같다. 국정교과서 같은 경우 총선 민의를 보면 국정교과서 추진은 현실적으로 어렵다. 그러나 정부는 강행 방침을 밝히고 있다. 국정교과서는 시대적 흐름에 맞지 않다고 본다. 국정교과서는 말하자면 극보수주의자만 찬성하고 온건 합리주의자, 특히 중도 자유주의자가 반대한다. 이는 사회적 기반을 균열시키는 일들 중 하나다. 서울시교육청은 토론을 포함하는 역사 교재를 만드는 것을 추진하고 있다.

기존 이명박 정부가 실용주의라고 한다면 박근혜 정부는 신념주의다. 박근혜 정부는 국가 정체성에 기반한 이국민 전략(2개의 국민)을 쓰고 있다고 본다. 박근혜 정부에서는 국가관을 제대로 갖고 있는 국민 아니면 그렇지 않은 국민으로 나뉜다. 그렇지 않은 국민이면 종북이나 올바르지 않은 국가관을 갖고 있는 사람들이다. 이 사람들에게 올바른 국가관을 확립시켜주기 위해선 국정교과서가 필요한 것이다. 이번 총선 민의를 받아들여 정부 인식의 변화와 정책 방향의 개방화가 필요하다.

법외노조 판결 이후 교육부가 전교조 전임자 징계 등을 강하게 요구하고 있다

큰 틀에서 보면 공무원이나 교사들의 기본권인 노동권에 대해 허용하는 방향으로 가야 한다. 교사들의 시국선언을 갖고 교사의 직분에 맞다 맞지 않다고 생각하는 것 자체가 상당히 후진적인 것이다. 단지 중앙정부가 권한을 갖고 법외노조가 된 전교조에 대해 전임자 징계를 요구하는 것에 행정책임자로 어려움이 있는 것은 사실이다. 진보교육감들이 대체적으로 합의하고 있는 것은 전교조가 법외노조라는 고등법원 판결까지 나와 있는 상황에서 학교로 복귀하지 않는 전임자들의 징계는 실정법상 불가피하다는 것이다. 나머지 사무실 문제나 단체협약의 유효성 등은 중앙정부의 요구가 법적 근거를 갖고 있지 않다는 게 진보교육감 다수의 생각이다.

서울시교육청이 올해부터 시작한 서울형 자유학기제는 잘 진행되고 있나
교육부와 큰 방향으로 일치하는 정책(자유학기제)에 대해선 과감하게 환영하고 수용하자는 입장이다. 자유학기제의 경우도 중앙정부가 주도하지만 서울시교육청은 굉장히 적극적이다. 기존 국영수 중심의 암기식 지식 구조에서 벗어난 창의적 체험활동, 진로직업 탐색활동을 포함한 개방형 교육을 하라는 것이기 때문이다. 서울시교육청은 두 학기(1년) 준비하고 있다. 그 밖에도 연합고사 폐지, 직업 교육 비중을 대폭 늘리거나 학급당 학생 수를 24~25명 수준으로 맞추는 것 등은 적극적으로 환영하면서 함께 가려고 생각하고 있다.

다문화 학생들의 교육에 대해 묻겠다. 현재 특정 지역은 다문화 자녀들이 다수를 차지하고 있다. 초등학교나 중학교에 다문화 학급이 있을 정도다
서울시교육청은 다문화 교육을 선도하는 교육청이 되겠다고 생각하고 있다. 우리 사회가 1990년대 중반 일종의 '세계화 교육'이라는 이름으로 교육 경쟁력 제고 정책들을 많이 취했다. 다문화 교육이라는 방향으로 이동하면서 다문화·다인종에 대해 개방적 태도를 갖도록 하는 교육으로 가는 게 전향적이라고 본다. 새누리당이 선도해서 야당보다 먼저 이자스민 의원이 비례대표가 될 수 있었다는 것도 전향적이라고 생각한다. 현재는 다문화나 다인종 그 자체를 존중하기보다는 동화주의적 측면과 우월적 민족주의적 요소가 강하게 작용하고 있다고 본다.

구체적인 정책은?
서울교육에는 다문화에 대해 열린 감수성을 갖도록 하는 세계시민교육 교재도 있다. 이는 글로벌한 이슈에 대해 참여적이고 개방적인 인식을 갖도록 하고 있다. 심지어는 중국계 다문화 2세들이 많은 구로나 영등포 등 학교들에 대해 글로벌 다문화 학교나 세계시민형 다문화 학교로 정해, 예를 들어 한중 이중언어교실 운영 등을 통해 중국계 국제학교, 베트남계 국제학교 식으로 바꿔나갈 것이다. 언어만이 아니라 글로벌 문화학교로 가도록 해야 한다.

교육감은 "정책을 실행하다 보니 교육부 장관과 교육감의 업무 구분이 있어야 한다"고 말한 적이 있다

대학은 교육부가 직접 담당하고, 초중등은 교육부가 국가 교육과정의 프레임을 설정하면서 교육청이 일정한 자율성을 지닌 집행기관 성격을 갖는다. 초중등교육에서 교육청의 자율권을 확대해야 한다는 게 이명박 정부부터 이어온 큰 기조다.

그런데 교육청이 중앙정부와 다른 입장을 갖게 되면 교육부는 시행령을 바꾸는 방식 등으로 (교육청을) 자꾸 제약하고 있다. 자사고 평가 권한과 취소 권한을 전부 교육청으로 넘기는 게 교육부 기본 방침이었다. 그런데 내가 평가권한을 가지고 일부 학교를 취소하려고 하니까 취소 권한을 제약하더라. 교육부와 교육감의 역할 분담에 대해 법적으로 명확하게 할 필요가 있다는 것을 절감하고 있다.

일등주의
교육을
넘어

조희연과 함께 이야기하다

북토크

이 장은 인터뷰라기보다는 학부모님들과 함께 이야기를 나눈 자리의 기록을 정리한 것입니다. 서울시교육청에서 학부모님들과 함께한 이른바 '북토크'가 몇 차례 있었는데, 그 현장의 대화를 생생하게 기록한 글들입니다. 말하자면 2부 2장의 글들이 '인간 조희연'과 '교육감 조희연'에 대한 글이라면, 이 장의 글들은 '부모 조희연'에 대한 글이라 하겠습니다. 물론 그 내용에도 제 교육철학과 정책에 대한 생각이 많이 포함되어 있지만, 교육감이기 이전에 한 명의 부모로서 갖고 있는 우리 교육에 대한 진솔한 마음을 드러냈다고 생각됩니다.

사실 저라고 마냥 자식농사 과정에 즐거움만 있었던 것은 아닙니다. 제 아이들이 결과적으로는 남들이 부러워할 만한 대학에 진학했기 때문에 그 어떤 말도 다 변명이나 배부른 이야기로 들릴 수 있다는 것을 잘 알고 있습니다. 하지만 제가 제 아이들을 그런 주류적인 길에 억지로 밀어넣지는 않았다는 정도의 면책감은 갖고 있으며, 무엇보다 제 아이들이 학교를 다니고 대학을 준비하는 과정을 보면서 이건 뭔가 크게 잘못되었다는 것을 느끼고, 그것이 우리 사회에서 어떤 왜곡된 교육 현실을 반영하고 있는지를 진지하게 들여다보게 되었습니다. 부모로서 가졌던 우리 사회에 대한 일말의 부채감과 자괴감을, 교육감이 된 지금 저의 사명감으로 삼아 우리 교육의 근본 문제를 해결하기 위해 더욱 노력하고 있습니다.

개혁과 탈출(exit)을 꿈꾸게 하는 우리의 교육*

조희연 _ 뵙게 되어 반갑습니다. 이렇게 훌륭한 선생님이 사회를 봐주시고 얘기할 수 있게 되어 영광입니다. [북토크에서 다루는 책인]『대한민국 부모』저자가 문제적 작가인 것 같습니다. 여러 가지 개혁 의제, 때로는 급진적 생각을 가지고 많은 생각을 하게 됩니다. 여기 계신 분들이 학부모, 부모 되시는 것 같은데 오늘 많은 얘기 나눌 수 있으면 좋을 것 같습니다.

김용석 _ 영광입니다. 교육감님은 오랫동안 사회참여 운동을 하셨고 교육현장도 잘 알고 계신 반면, 저는 10년 남짓 교육현장에 있었지만 교육은 잘 모르는데 이번에 공부를 좀 했습니다. 이 책도 다 읽고 참여하시는 교사, 부모님 말씀을 잘 전달하고 교육감 말씀 잘 듣기 위해 준비했습니다. 오늘 자연스럽고 자유로운 간담회가 되었으면 합니다.

『대학민국 부모』내용의 상당수는 진단입니다. 현실에 대한 진단과 처방이 있는데 처방을 쉽게 내릴 수 없어 진단 부분에 많이 할애했습니다. 어떤 것은 충격적인 부분도 있고, 아이들이 테러리스트[처럼 느껴지기도 하고], 부모들에게 욕을 한다거나 …… 그동안 부모와 자식의 좁혀지지 않는 뼈 아픈 간극에 대한 책들이 있었는데 이것도 그런 책 중 하나가 아니기를 바라고 읽었는데 ……

---

* 이 글은 2014년 12월 2일, 정동길의 산 다미아노 카페에서 열린 "조희연과 함께하는 첫 번째 북토크"의 대화 내용을 정리한 것이다. 서울시교육청에서 운영하는 학부모 독서토론 동아리 등 학부모님들과 책을 매개로 나눈 진솔한 대화의 자리였다. 철학자인 김용석 영산대 교수가 진행을 맡았다.

한 페이지 한 페이지 넘기며 소개된 요즘 아이들 생각과 행동들이 도대체 어디까지인지 걱정도 되고 한숨도 나오기도 했는데, 내 아이가 나한테 이렇게 한다면 나는 어떻게 대처할까 그런 생각으로 마음이 많이 무거웠고 그리고 이 세상에서 자기 아이가 행복해지기를 바라지 않는 부모가 있을까, 과연 대한민국 부모가 무슨 일을 할 수 있을까 …… 글을 읽으면서 고통을 느꼈습니다. 교육감님은 이런 글을 읽으시고 부모님들을 대하면서 어떤 생각을 가지시는지…….

조희연 _ 저는 제 스스로를 세월호 교육감이라고 생각하고 있습니다. 이는 실제로 여러 가지 의미가 있는데 세월호를 겪으면서 아이들을 300명이나 잃으면서 부모들의 마음도 변했다고 생각합니다. 현재 교육으로는 안 되겠다, 변화가 필요하다, 이런 또 다른 교육에 대한 열망이 생겼고, 여러 가지 부족한 것 같기는 한데 그래도 변화 쪽을 대표하는 것 같다고 해서 제가 당선된 게 아닌가 싶습니다. 제 처가 중학교 교사입니다. 세월호 사건 후 반장의 어머니가 애를 끌어안고 3~4분 정도 말없이 포옹하고 있었다고 합니다. 말없는 포옹의 의미가 뭘까, 얘기 듣고 울적하더라고요. 아마도 그 포옹의 의미가, 너를 일류 대학에 가라고 닦달하고 했는데 네가 내 곁에 있는 존재만으로도 기쁨이구나라는 뜻이었을 것 같습니다. 그런 부모도 많이 있다고 들었습니다. 우리 아이가 현재 교육 시스템 속에서 어떻게 고통받고 있는지, 어머니가 연예기획사 매니저처럼 아이들을 관리하는, 이래야 되는 우리 현실에 대해서 [저자들이] 통렬하게 얘기하신 것 같습니다. 책이 저희가 지향하는 면과 맞는 면이 있는 것 같습니다.

김용석 _ 책에 통계 숫자가 많은데 맞는지 의심스러웠습니다. 우울증 지수가 엄청나고 자살률도 뉴스에서도 다뤘지만 높은 편이었습니다. 9.3%로 OECD 상위권에 들고…… 읽으면서 쉬었다 읽었다 했습니다. 쉬는 시간이 필요했습니다. 저 자신이 대학교육에 대해 관심이 많고 중고등학교 교육에 대한 관심은 적었는데 반성을 많이 했습니다. 이 책을 읽으면서 교육감님이 쓰신 다른 책도 읽어봤습니다. 『병든 사회, 아픈 교육』이라는 책도 올해 나왔고 교육감님이 되기 직전에 쓰셔서…….

조희연 _ 굉장한 베스트셀러라는 설도 있습니다.(웃음)

김용석 _ 거기에서도 진단과 처방에 대해서 말씀하셨는데 이렇게 심한 상태까지 온 근본적 원인은 무엇이라고 보십니까?

조희연 _ 지난 30~40년 동안 우리 사회는 서양을 따라잡으려는 거대한 압축적 산업화의 과정, 근대화의 과정이었습니다. 그러한 국가 목표를 달성하기 위해 교육이 특정한 역할을 요구받았다고 생각합니다. 저는 그것을 넘버원 교육, 일등주의 교육이라고 부릅니다. 서양과 무역을 하거나 무엇을 하든 뭔가 경쟁력이 있는 1등을 키우고 그 사람이 잘되면 우리 모두가 같이 먹고살 것 같은······ 그런 의미에서 넘버원을 키우는 교육이었다고 생각합니다. 그러기 위해서는 잠자지 말고 놀지 말고 쉬지 말고 공부해야 하는데, 이것이 아동학대, 청소년 학대 수준입니다. 이제는 이것이 교육시스템을 바꿔야 하는 인권의 문제가 되었습니다. 과거의 그런 교육시스템이 너무 고착되어버렸고 우리 모두가 적응이 되어 있습니다. 그거에 맞추기 위해 우리가 아이들을 닦달하고 있는 거지요. 내 친구를 루저로 만들어야 내가 위너가 되는 적대적 경쟁 관계입니다. 저는 내면성이 파괴되고 있다고 봅니다. 그런 관계에 익숙해지면 자기 내면성을 파괴하기도 하고 상대방에 대한 가학적 폭력 행위가 나타나고 자신을 학대하는 자살 행위로도 나타납니다.

　지금 우리 아이들의 학교 폭력이나 자살 문제를 이 하나의 원인으로 볼 수는 없지만 그래도 굉장히 중요한 원인 중에 하나가 이러한 미친 경쟁시스템입니다. 서양을 따라잡기 위한 압축적인 추격산업화 과정에서 고착된 미친 경쟁시스템에서 나온 겁니다.

김용석 _ 해방되고 1950~1960년대를 거치면서 미친 경쟁을 하게 된 것은 서양을 따라잡기 위한 경쟁이었는데 그것이 왜 몇십 년이 지난 2010년대까지 왔는지 궁금해하는 분들이 있습니다. 일정 부분 자각해서 변화시키거나 그만했어야 하는데 말이죠. 이런 질문을 드리는 것은 저도 입시 피해자이기 때문에······ 제가 무즙 사건 당사자입니다. 무즙 파동 때 디아스타제라고 했습니다.* 제가 볼 때 그게 정답입니다. 사지 선다형에서는 비슷한 답일 때는 더 보편성을 갖는 답이 정답입니다. 무즙은 디아스타제를 가지고 있는 어떤 물질이기 때문에 소집합인 거지요. 그래서 디아스타제가 정답이 맞는데 디아스타제를 선택했음에도 떨어졌습니다, 중학교 시험에서. 놀라운 것은 사태가 터지고 나서 다들 들고 일어나니까 저의 어머니가 너 뭐라고 썼냐고 하는 거예요. 무즙 파동에 참가하려고. (웃음) …… 그때 열네 살 때인데 서른한 살이 된 듯했습니다. "엄마 나는 디아스타제라고 써서 떨어졌어. 난 떨어질래 시험을", 그래서 떨어졌습니다.

조희연 _ 김 선생님이 무즙으로 떨어졌다고 하시는데 저는 다르게 떨어져서 후기로 갔습니다. 중학교 때 체육선생님이 도덕선생님도 하셨는데, 도덕시간이 돌아오면 다음 체육시간에 도덕을 하고 일단 오늘은 체육을 합시다 하면서 공차고 놀고, 다음 체육시간에는 체육시간이니 체육을 합니다. 그래서 저는 도덕에서 세 개 틀려 떨어졌습니다. 도덕시간에 체육을 해서. (웃음)

김용석 _ 왜 안 바뀌었을까. 1950~1960년대는 불가피했더라도, 1990년대에서 더 심화된 것 같습니다. 입시의 단계가 중학교 경쟁에서 평준화되면서 대학으로 옮겨진 것뿐인지? 왜 그랬을까요?

조희연 _ 9시 등교도 서울이 유리한 점이 있습니다. 서울이 8시가 되면 경기도 9시는 바뀔 것입니다. 서울 학생이 1시간 더 열심히 한다면 경기도가 9시에 등교한다면 바뀌게 되어 있습니다. 우리 애는 이렇게 하는데 옆집은 다르게 한다, 그래서 특정한 방향으로, 입시 위주로 돌아가게 되어 있습니다. 모든 가정이……
그런 점이 있고 또 하나 중요한 점이 1974년 고교평준화가 이루어졌는데 올

---

* 1964년 중학교 입시에서 한 문제의 답이 2개일 수 있다는 주장이 제기되면서 일어난 논란. 디아스타제가 정답이었으며 학부모들의 항의가 빗발치면서 오답이었던 '무즙'이 나중에 정답으로 인정되었다.

해 40년 되었습니다. 제가 자사고 문제를 얘기할 때 '제2의 고교평준화다', '현대적 평준화다'라고 얘기해 자사고 학부모님들의 미움도 받고 했는데…… 잘사는 사람, 못사는 사람으로 분화되는 과정이…… 선진국이 되더라도 모두가 잘사는 것은 아닙니다. 잘사는 학부모, 못사는 학부모가 있는데 잘사는 집 학부모는 아이의 없는 재능도 돈으로 만들어냅니다. 못사는 집 아이는 있는 재능도 꽃피울 수 없습니다. 우리 때는 개인 과외 받고 단과반 가는 차이였는데 지금은 한 과목당 300만 원, 열 과목에 3000만 원 하는 과외가 있고 방과후학교 쿠폰 받아서 듣는 학생이 있는 겁니다. 더 고착되어 갈 수밖에 없습니다. 대규모 투자를 해서 성공한 사람들은 이 시스템이 지속되어야 합니다. 그런데 저는 세월호가 새로운 것을 상상하는 부모의 마음에 구멍을 낸 게 아닌가 싶습니다.

김용석 _ 예전에는 가난한 집 아이들이 공부를 더 잘한다 했고 투자의 폭이 적었습니다. 기껏해야 가정 과외선생 쓰고 모여서 과외 하고 했습니다. 학원이 많이 설치지 않았습니다. 사교육의 힘과 범위가 많지 않았죠. 그러니까 가난한 집에서도 공부 잘하는 아이가 나오고 했습니다. 지금은 사교육 시장도 큰 데다 엄청나게 투자하니까…… 다른 현상도 있는 것 같습니다. 예를 들면 경제적으로 안 되는 분도 그 수준을 따라가려고 대출받고 하는 것 같습니다. 그런 점이 이 문제를 더 심화시키는 것 같습니다.

조희연 _ 책을 읽다 흥미롭게 다시 생각한 것이 전두환 정권이 발표한 대학입시제도의 혁신적인 변화라는 부분입니다. 전두환 대통령을 다시 평가하게 되었습니다. 1980년대 초반에 내신제도를 도입한 겁니다. 그리고 졸업정원제를 도입했습니다. 대학 정원을 두 배 늘리고 과외를 전면 금지했습니다. 저도 어떻게 바꿔야 할지 생각하는데, 저는 대학 학벌 체제를 뜯어 고쳐야 한다는 생각을 합니다. 그래서 예를 들면 통합국립대학 모델을 생각하는데 전국의 10개 국립대학을 프랑스식으로 통합대학으로 만들자…… 그러면 서울대 3500명 들어갈 경쟁이 3만 명이 들어갈 경쟁으로 바뀔 거라는 논리를 가지고 있고…… 우리가 고등학교 내신을 중시해야 된다고 주장하고 있습니다. 수능의 비중을 줄이고 학생부 전형 위주로 하라고 하고, 심정 같아서는 과외를 전면 금지하고 싶습니다. 그리고 대학정원 두 배로 늘려 누구나 쉽게 대학 가게 하고 국립교양대학이라는 이름으로 모든 학생이 다 들어가고 1년 동안 공통적 교양과목 밟으면서 과를 선택해 가라……. 이게 급진적 안 중에 하나입니다. 교수단체 주장이고요. 전두환하고 똑같네 하고 생각했습니다. 전두환 정권이 이걸 시행한 배경에는 광주학살 등으로 정치적으로 버틸 수 없었던 까닭도 있습니다. 잘사는 부모나 경쟁에 승리한 부모는 이것이 너무 급진 평등주의라 용납이 안 됩니다. 그래서 SKY 대학이 유지되어야 된다고 합니다.

자사고 문제도 동문이 자사고를 유지하고 싶어 하는 열망이 많습니다. 명문이라는 추억을, 옛날의 명문을 현대적으로 부활시키고 싶은 열망이 있는 겁니다. 동문이 돈을 걷어주고 기숙사 만들어주면서 옛날의 명문을 자사고라는 형태로라도 부활시키고 싶은 욕망이 있는 겁니다. 그래서 이런 제도를 시행한다해도 사회적 경제력이 있는 그리고 기존 시스템에서 상위에 있거나 기득권을 가진 집단의 반발로 좌절할 수 있지 않을까 하는 생각을 합니다. 전두환은 나쁜 사람이라고 생각해서 그 사람이 주장한 모든 것을 나쁘게 봐왔고 거들떠도 안 봤는데, 이 책을 읽으면서 다시 생각해보게 되었습니다.

김용석 _ 교육문제에 세세한 요소가 끼어드는 게 많습니다. 자사고 폐지 문제 반대하는 사람이 동문이라는 말입니다. 오늘 심사가 있었는데 이 행사 때문에 미뤄달라고 했습니다. 심사 담당자가 왜 그러냐고 해서 서울시교육청과 약속이 미리 잡혀 있었다고 얘기하니 관계자가 조희연 교육감과 같은 고등학교 나왔는데 자사고 없앤다고 한다고 화를 내더군요. 선배가 그럴 수 있느냐고 하면서 (웃음)

조희연 _ 학자 때는 지연, 학연을 극복해야 되는데, 선거를 뛰어 보니 저의 모교 고등학교에 미안한 마음이 있습니다. 동문이 교육감 나왔으니 전 동문이 얼마나 성원을 했겠어요? 후원금도 냈을 텐데 갑자기 등장해 모교를 박살내는 것 같은 정책을 펴니까 저도 인간이라 미안한 마음이 듭니다. 그렇다고 제가 자사고를 개인적인 감정이나 생각으로 판단할 수 있는 건 아닙니다. 평가위원회가 있으니까. 여러분도 모교가 있을 거고 애정을 갖고 계실 겁니다. 그러나 모교의 눈으로만 세상을 볼 수 없으니까…….

김용석 _ 주제를 바꾸겠습니다. 오늘 김포공항에서 전철 타고 왔습니다. 앉아 있는데 이상한 소리가 들렸습니다. 둘이 대화를 나누는데 한 남자분이 자기는 아이를 낳으면 절대 한국에서 안 키우겠다, 외국으로 보내겠다 하더라고요. 애들이 감옥이고 부모가 하라는 대로 하고…… 30대 후반 남자분인데 결혼을 했는데 아직 아이를 안 낳은 겁니다. 아이를 낳으면 한국에서 안 키우겠다고 부인과 약속을 했다며 비판을 하는데…… 아이들의 교육에 대해서 부모 중에 어머니 측만 전권을 행사하고 아버지는 자금 조달만 책임지고, 자금 제대로 조달 못하면 박살이 나거나 야단을 맞거나 하는 사회적 문제도 있고요. 교육 문제가 사회공동체의 기본이라고 할 수 있는 가정 공동체의 큰 문제일 수 있지 않나 하는 생각이 듭니다.

조희연 _ 가정, 학교, 사회관계에 대해서 다시 생각해봐야 할 것 같습니다. 좋은 교육에 앞서 좋은 삶에 대한 생각이 바뀌어야겠습니다. 너무 살기 험악하니, 사회적 삶이 너무 힘드니 이걸 벗어나기 위해서 가정과 학교가 다 도구가 됩니다. 가정에서 아이의 관계, 남편과 아내의 관계가 그 자체로 의미를 갖고 행복을 주는 원천인데 이게 다 도구가 됩니다. 사회가 엉망이니까……. 학교가 즐거워야 되고 가고 싶어야 하는데 넘버원 교육 시스템, 국영수시스템으로 되어 있으니까 아이들이 반절은 학교에서 엎드려 잡니다. 아이들이 정말 원하는 즐거운 학교를 만들어야 하는데 그게 안 되는 겁니다. 궁극적으로 사회도 바꿔야 됩니다. 덜 험하면 그래도 여유가 생길 수 있으니까요.

김용석 _ 어떻게 바뀌어야 하느냐에 대해 계속 논쟁이 있고 논쟁을 통해서 좋은 방법을 찾아가야 할 것 같습니다. 일단 변화를 해야 되는 건 분명한 것 같습니다. 어떤 방식의 변화가 될지는 정책에 따라 다를 수 있고 전임, 현 교육감 다를 수 있고, 교육감님이 대학부터 바뀌어야 된다고 하셨는데…… 고민이 되는 부분이…… 중학교는 바꿨어요. [그런데 그건 개혁이] 밑에서 위로 올라가는 겁니다. 고등학교 시험 없애고, 그다음에 대학에서 걸립니다. 그래서 다시 개혁하자니 밑으로 옵니다. 그다음에는 또 대학 가서 걸리고…… 위를 안 바꾸면 계속 반복이 되는 겁니다. 그래서 위를 바꾸는 건 맞는 것 같고…… 저는 학부모님이라는 말을 안 쓰려고 합니다. 부모가 되는 게 중요하지 학부모가 되는 것은…… [요즘 상황을 보면] 학부모도 아니고 학모(學母)라고 해야 할 것 같습니다. 학모 단위에서 변화한다는 의지가 확실히 들어가야 되고 변화가 있어야 할 것 같습니다.

조희연 _ 변화를 누구나 열망하고 있습니다. 두 가지 경로가 있는 것 같습니다. 하나는 지금의 제도, 시스템을 개혁하는 것이고 그다음에 이탈, 영어로 엑시트(exit)가 있습니다. 지금의 이 시스템을 바꿔야 하고 때로는 실패하고 방향이 틀렸더라도 바꾸고, 용감하게 시스템으로부터 주저앉는 사람도 있어야 합니다. 저는 아이들을 주류 교육하에서 자유방임적으로 키웠는데, 대안 교육으로 엑시트적인 노력을 하시는 부모를 보면 존경스럽습니다. 옛날에는 대안학교가 이탈이었는데 이제는 주류 학교에도 경종을 울려 주류 학교를 바꾸고 있습니다. 제가 어떤 대안학교에 가보니 초등학교 학력이 인정이 안 되는데 거기에 90명이 있더라고요. 그리고 중학생, 고등학생이 80명이 있었습니다. 170명이 공부하고 있더라고요. 비학력 대안학교에서…… 저는 그런 상상을 못해봤습니다. 대안학교가 옛날에는 별난 부모들이나 시키는 것처럼 보여졌는데, 그런 용기 있는 분들의 노력이 있어서 상상력이 넓어지고 그걸 받아서 주류 교육체제를 변화시켜가고 있습니다.

대학이 버티고 있으니 대학시스템이 안 바뀌면 초중등시스템을 바꾸어봐야 한계가 있습니다. 혁신학교도 작은 엑시트라고 생각합니다. 기존의 입시 중심적 교육에서 한움큼 벗어나는 교육인 것이죠. 혁신 초등학교는 잘되고 있습니다. 44개를 혁신학교로 지정했는데 대부분 다 초등학교입니다. 중학교, 고등학교는 입시가 버티고 있으니까요. 혁신학교는 아이들을 방목하는 학교처럼 보인다고도 하는데 양쪽의 노력이 같이 이루어지면 좋겠습니다.

김용석 _ 제도, 사회개혁이 있어야 되고 한편으로 우리 자신으로부터 개혁이 있어야 한다고 말씀하신 것 같습니다. 유럽의 오래된 대학교 벽에 '감히 알려고 하라'라는 말이 써 있습니다. 오바마 대통령이 대통령 될 때 썼던 책이 『담대한 희망』인데…… 담대한, 감히 희망하는 것, '감히 할 줄 아는 것'이 필요한 것 같습니다.

조희연 _ 제 식으로 하면 모험적인, 엑시트적인 생각을 하는 것이 되겠네요.

김용석 _ 그렇네요. 개혁을 하는 사람은 감히 할 줄 아는 사람이 되어야 하는 것 같습니다. 그게 원동력이 되기 때문에…… 교육감님 얘기처럼 엑시트, 이탈이 중요한 면이 있는 것 같습니다. 우리가 아이들 교육에 투자를 합니다. 저 집이 사교육 많이 하니까 이 집도 그걸 따라갑니다, 대출받아가면서. 하지만 어느 순간 악순환적인 시스템에서 나는 이탈해야겠다고 생각해야 합니다. 봉준호 감독의 〈설국열차〉가 맨 끝 칸에서 앞 칸까지 계급이 구분되어 있는 계급사회를 그리고 있는데, 열차에서 끝까지 가는 것은 거의 불가능한데 영화에서는 반전이 일어납니다. 송강호가 주인공으로 연기하는 남궁민수가 탈출합니다. 옆으로 엑시트가 되는 겁니다. 거기서 나왔을 때 신세계 생명이 있는 거지, 그 안에서 경쟁해봤자 거기서 거기입니다. 우리 교육과 대비되는 것 같습니다.

조희연 _ 거기서는 열차 앞 칸을 향해서 가는 거고 지금은 위로 끝없이 가는 건데, 성공하는 사람도 있지만 거기에 가도 사오정입니다. 그걸 벗어나야…… 달리는 열차에서 이탈하면 죽을 줄 아는데…… 정말 비슷합니다.

김용석 _ 이탈해서 죽은 게 아니라 맑은 공기를 마십니다. 신세계가 열리는 거죠. 개혁의 결말은 신세계입니다. 그래서 개혁이 필요하고 개혁할 때는 내부적 추동력, 감히 할 줄 아는 것이 필요합니다. 강연에 가서 이랬더니 부모님들이 손잡고 약속했습니다. 그렇게 하지 말고 우리 탈출하자 한 적도 있었습니다.

조희연 _ 진보적인 분들만 아니고, 동아일보 논설위원 칼럼인데 "누가 먼저 주저앉을 것인가"라고 제목을 썼더군요.

김용석 _ 이렇게 진단을 해봤고 일단 처방의 장으로 와서…… 실질적으로 교육을 담당하는 분과 학부모들부터 일어나야 하겠습니다. 혁신학교, 자사고 얘기 하셨는데 저는 사적인 것과 공적인 것이 연관이 있는 것 같습니다. 교육이라는 것이 공공성을 가지고 있는데 공공성, 공적이라는 것이 영어로 퍼블릭(public) 입니다. 그런데 공공성을 자꾸 외치면 국가 주도를 주창하는, 서양식으로 하면 진보적인 인사로 생각하기 쉬운데 대한민국은 민주공화국입니다. 공화국, 그러니까 리퍼블릭(republic)의 어원이 공적이라는 뜻입니다. 결국 퍼블릭이라고 하는 것은 인민에서 나왔습니다. 포풀루스(populus), 피플(people)이 사는 나라에서 당연히 공공성이 중요하고 교육은 공공성이 특징인 분야인 것 같습니다. 거기에 대해 말씀해주시죠.

조희연 _ 두 가지 하고 싶은 게 있습니다. 하나는 학생자치입니다. 이런 아주 좋은 말이 있더군요. 교육에서 우리 아이들 다수가 결정장애를 가지고 있다, 결정 능력이 결여되어 있다. 부모가 대학까지 찾아와 학점 관리를 해주고 대리 출석도 해준다는 기사가 오늘 신문에 나왔습니다. 저는 교육에서 육성해야 할 중요한 능력 중 하나가 삶의 문제를 자기주도적, 자율적으로 결정할 수 있는 능력인 것 같습니다. 그것만 있으면 국영수 조금 못해도 관계없습니다. 자기가 삶을 헤쳐갈 수 있습니다. 학교, 가정에서는 그런 능력을 배양하지 않습니다. 물고기를 잡아주는 것보다 잡는 방법을 가르쳐야 한다는 것처럼, 제가 실험을 하고 있는 게 '9시 등교'입니다. 신문에는 "조희연 교육감, 드디어 9시 등교 강행"이라고 나왔는데, [강행이라니] 그건 아니고요. 저는 9시 등교라는 결론이 중요한 게 아니고 우리 아이들이 중요한 문제를 자기가 결정하게 하자. 그런데 어떻게 결정하게 할 거냐. 반별로, 학년별로 토론을 시키고 투표를 시키자. 우리도 대통령

결정사항, 의회 통과 추진사항 있고 국민투표가 있는데, 학교국민투표를 하자. 교장이나 학교운영위원회가 결정하지 말고 학생이 결정하게 하자. 투표를 한다고 하면 몇 % 이상 나오면 9시 등교가 확정이 될까요? 중요 사항이면 3분의 2, 통상 과반수인데, 그러면 교사하고 학부모 의견은 몇 % 반영할 것인가, 저는 학생 70%, 교사와 학부모 30%를 말했는데 교육청에 계신 분들이 너무 많아요 해서 50대 50, 학생 50% 교사·학부모 50%…… 어쨌든 학생이 토론하고 투표를 하게 하자고 했습니다. 곧 학생자치, 동아리 활동부터 시작해서 아이들의 자치활동을 북돋우는 지원 그랜드 플랜을 발표하려고 합니다.

공공성 말씀하셨는데 교육은 공공성이 중요합니다. 교육의 공공성이라고 하면 추상적인데, 사학의 공공성 하면 바로 이해가 되는 면이 있습니다. 퍼블릭, 즉 국공립학교가 있고 사립이 있습니다. 사립은 유치원, 초등학교, 중학교, 고등학교, 대학교가 다 있습니다. 초, 중은 의무교육이라 기본적으로 국공립이 중심입니다. 사립은 조금 있고 강력한 규제 통제가 이루어지는데, 문제는 유치원이 국공립이 20%쯤 됩니다. 사립유치원이 80%입니다. 대학도 국공립이 20%, 사립이 80%입니다. 사립의 비중이 너무 큽니다. 사립유치원은 의원들에게 얘기 들으면 막강한 로비집단입니다. 사립유치원 문제를 당에서 결정하기가 굉장히 어렵다고 합니다. 물론 사립유치원 잘하는 곳도 많이 있습니다. 큰 틀에서 이렇다는 것입니다.

고등학교도 아주 높은 수준의 대안 교육체제를 이룩하지는 못하더라도 국공립학교가 중심을 잡아야 됩니다. 그래야 부모의 경제적 불평등에 영향도 적게 받고…… 국공립이 있고 명문 사립 교육기관들이 사이드에 있는 모델이 맞다고 봅니다. 고등학교를 보면 외고, 자사고가 다 사립입니다. 고등학교 좋은 곳은 다 돈 많이 내는 사립입니다. 일반고는 2류화 되어 있는 것이 현실입니다. 그래서 일반고를 살려야 한다는 얘기가 나온 겁니다.

대학은 국립대인 서울대가 그나마 버티고 있습니다. 지방국립대는 급격히 죽고 있습니다. 옛날에는 연세대 갈까 고려대 갈까 경북대 갈까 부산대 갈까가 지방에서는 굉장히 고민사항이었습니다. 돈 적게 들고 상당한 레벨로 인정받는 지방 국립대를 갈 것이냐 돈 많이 내고 서울에 올라가서 사립대 갈 것이냐 고민했는데 지금은 고민하지 않습니다. 그 정도로 국립대 체제가 붕괴되고 있습니다. 이것도 바꿔야 합니다. 잘못하면 대학도 붕괴됩니다.

유치원도 영어과외해서 천만 원 내는 곳도 있습니다. 우리 사회에 아주 비싼 유치원, 유명한 사립 초등학교들이 있고, 고등학교는 자사고나 외고 가고, 비싼 사립대 가고…… 여기서 서울대마저 붕괴해버리면 국공립 공교육이 무너집니다. 지금 우리 사회가 선택의 지점에 와 있다고 봅니다. 자본주의 사회, 시장경제가 어차피 불평등이 있을 수밖에 없는 사회더라도 그래도 공교육을 중심에 두고 사이드로 사립이 있게 할 것이냐…… 더 단순화시키면 미국식이냐, 유럽형, 유럽 중에서도 북부형으로 갈 것이냐의 문제입니다. 우리가 잘못하면 미국보다 더 험악해집니다. 미국은 [교육에서] 돈이 결정적인데 잘못하면 더 험악하게 갈 수 있다는 우려가 있습니다.

교육감을 해보면 대체적으로 사립들이 잘하는데 동부마케팅, 영훈학교 등 대표적으로 문제가 되는 사학들이 있습니다. 저희가 [그런 법인에 대해] 감사를 해서 처분을 내리면, 상대방이 시행하지 않으면 강제력이 있어야 하는데 그게 안 됩니다. 사립학교법을 바꿔야 됩니다. 노무현 대통령이 2004년에 가장 좌절했던 지점이 사립학교법 개정입니다. 그만큼 사립의 힘이 크다는 얘기입니다. 공공적 통제를 받지 않는 사립의 힘이 커져 있다는 거고요. 뭔가 큰 변화가……

원래는 사립 교육기관은 국가 재정이 빈약한 시대에 사재를 털어서 교육을 통한 사회공헌을 하는 건데 지금은 국가 재정이 풍부해졌습니다. 막강한 지원이 있으니 사재를 털 필요가 없어졌습니다. 지금 사립학교 운영비, 인건비 국가가 대줍니다. 기업으로 치면 종업원 월급 국가가 대주고 회사 운영비 다 대주는 그 회사는 개인 회사입니까. 그런 회사가 있다면 개인 회사라고 할 수 없죠. 교육이라는 공공적 일을 한다는 이유로 일부 사립의 경우는 법적 규제 없이 하는 겁니다. 예를 들면 충암, 백운을 보면서 너무하다고 생각합니다. 재단에서 학교를 설립하면 건물도 30% 내면 다 지어줍니다. 나중에는 재단에 돈이 있어도 안 합니다. 배째라 합니다. 그러면 재단이 위험시설로 분류가 되는데 C급, D급 되면 무너질 위험성이 있다는 거고 정부, 교육청, 교육부 다 책임져야 되니 아이들이 볼모가 되어서 교육청이 다급해집니다. 결과적으로 돈을 다 내주게 됩니다. 시장경제에도 안 맞습니다. 일을 해보니 그런 면이 있습니다. 아이들을 볼모로 국가가 건물까지 다 지어주고 많은 좋은 오너들이 계시지만 악덕은 계속 버팁니다. 경우에 따라서는 금도 가게 하고 D급처럼 보이게도 합니다. 무너지면 난리나고 국가가 다 해줘야 하고……

그런 면에서 유한양행, 유한고등학교처럼 모범적인 유일한 씨 같은 경우가 있습니다. 아까 우리 자신의 문제라고 얘기할 때 부와 재산에 대한 우리들의 태도 문제하고 궁극적으로 연결이 되는구나 이런 생각이 들었습니다. 공공 재원을 가급적 끌어다가 내것으로 만들어야 된다는 사고가 있고, 오히려 우리가 갖고 있는 것을 사회에 환원하고 좋은 일에 쓰게 하고자 하는 생각도 있고요.

김용석 _ 상당수 사립대학은 거의 공적 지원을 받아서 운영합니다. 재단전입금이라고 합니다. 재단 자체가 내는 돈은 적습니다. 공적 지원을 받는 돈은 여러분들 주머니에서, 내 주머니에서 나가는 겁니다. 옛날에 학술진흥재단이 있었습니다. 지금은 한국연구재단으로 바뀌었는데 거기서는 국민의 혈세를 가지고서 연구협력비로 제공해서 좋은 논문 쓰게 하고 실지로 그런 좋은 논문도 있습니다. 그러나 그렇지 못한 논문들이 너무나 많습니다, 비율적으로. 저는 지금은 탈출했습니다. 지원 안 받고 자유롭게 씁니다, 저는. 처음에는 저도 멋모르고 받았습니다. 안 받으면 가끔 그런 일이 있다고 합니다. 부인이 당신은 연구비도 못 타 오냐 한다고 합니다. 공적 자금이 잘 쓰이는 것보다 잘못 쓰이는 경우가 많습니다.

마지막으로 교육감님께서 교육개혁이 모든 국가의 여러 분야에서 개혁의 시발점이라는 말씀을 하셨습니다. 교육개혁이 되어야 사회개혁이 되고 국가가 진정으로 리폼(reform)되고 개혁될 수 있는 실마리가 되는데, 저도 그런 의미에서 '감히 할 줄 알아야' 한다고 얘기한 것입니다.

제가 2009~2012년까지 외국에 있었는데 영국에 주로 있었고 미국에 잠시 초청받아 가 있었습니다. 그때도 느낀 게 사회교육을 굉장히 강조하더라고요. 사회교육의 대상이 누구냐, 학부모입니다. 사회가 빨리 변화되고 지식의 생명이 단명하는 시대입니다. 그래서 지식사회라고 하고 창의적인 것을 강조하는데,

앞으로 문화적인 변동이 계속 그렇게 될 거라고 생각합니다. 그렇게 되면 본인이 자기교육이 안 되어 있으면, 자식이 대학 가고 일정 수준 되면 대화가 안 되게 됩니다. 교민사회에서 부모가 세탁소, 식당 하면서 아이들 대학 2, 3학년 되면 말이 안 통합니다. 부모가 공부를 안 하니까. 자기교육이 없으면 세월이 흘렀을 때 자기 자식과 문화적 격차가 생깁니다. 그러다 잘못하면 무시를 당하게 되고요……. 부모의 자기교육에 대한 교육감님의 생각은 무엇입니까?

조희연 _ 오해를 정정해드려야겠는데 제가 선거 과정에서 반듯한 아버지 상의 표상이 되었습니다. 그렇지 않습니다. 애들하고 집에서 싸우는데 화장실 가면서 화장지 왕창 가지고 가지 마라, 라면 먹지 마라 합니다. 자식 간에 극명하게 대비된 것에 대해 상대 후보에게 죄송스럽기도 합니다. 제 경험으로 보면 저는 자유방임적입니다. 이 책의 저자가 '매니저 엄마 역할을 졸업하자'고 했는데, 중요한 메시지인 것 같습니다. 부모가 아이에게서 독립하자고 얘기하는 것 같습니다. 세상이 험악하니 아이들이 더 많이 잘 성장해서 나가길 바라는 애틋한 마음인 것은 아는데, 그러다 보니 아이들이 결정 장애가 오는 것 같습니다. 아이들이 주체로서 살아가고 결정 장애를 갖지 않고 살아가도록 아이들에게 선택의 여지를 많이 주어야 할 것 같습니다. 그래야 자기가 책임을 지는 면도 있는 것 같고요……. 아이들이 아무것도 생각 안 하는 것 같은데 다 생각합니다. 제 큰 아이는 공대 다니는데, 보면 복창이 터집니다. 아무 생각이 없는 것 같습니다. 이 얘기 해도 응 하고 저 얘기 해도 응 합니다. 하지만 다른 한편으로 보면 다 잘 하고 있습니다. 장학금까지 받아 용돈도 해결합니다. 불만을 얘기하자면 수십 가지입니다. 부부관계도 그런 것 같습니다. 세상사가 양면이 있는 것 같아요. 어쨌든 부모가 자기 삶을 갖는 여유가 있으면, 그러면 아이도 그렇게 되는 것 같습니다. 제 경험으로 보면…….

김용석 _ 인간미 풀풀 나는 대담을 해주셨습니다. …… 1부 토크를 마치고 교육 감님께 질의 응답하는 시간을 갖겠습니다.

〈질의응답 시간〉

김용석 _ 모든 질문은 딴지걸기식 질문이 좋습니다. 그래야 토론, 논쟁도 하고 하니까요. 이 질문 하면 틀림없이 교육감님이 굉장히 곤란할 것 같다 하는 질문을 해주시기 바랍니다.

학부모 A _ 광진구에서 온 두 아이의 부모입니다. 제가 아이를 키우면서 아직까지는 사교육 힘을 빌리지 않고 있는데 큰아이가 고2입니다. 과연 제 교육방침이 성공할지 아직도 불안한 것이 부모의 마음인 것 같습니다. 교육에 대해서 한 가지 질문하고 싶은 것은 제 아들에게 '중간고사, 기말고사 시험지 엄마가 구해다 주면 어떨까' 했습니다. 그랬더니 아들이 '그건 시험이 아니지, 테스트는 내가 공부한 것을 얼마큼 알고 모르는지를 보는 건데 그렇게 하는 것은 반칙이지' 얘기하더라고요. 저도 그렇게 생각했습니다. 그런데 어느 날 보니까 '수능 EBS 70% 기출 똑같이 출제'라고 방송에 나오더라고요. 이게 과연 교육이 올바르게 가고 있는 건지 묻고 싶습니다. [시험 문제와] 똑같은 걸 공부하는 게 교육인가……. 교육감님이 물고기 잡는 법을 알게 해야 한다고 얘기하셨는데, 이게 잘된 제도인가를 묻고 싶었고요. 내신도, 사립학교 얘기하셨는데, 교사가 바뀌지 않아요, 30년이 되어도……. 중간고사 문제를 봤더니 작년 거에 나온 문제가 또 있고 재작년 거에 또 있더라고요. 그 문제를 풀어서 내신을 받는데, 그 내신을 믿고 70% 이상을 대학을 합격시키는 이 시대가 과연 제대로 된 건지 저는 그 두 가지를 묻고 싶습니다.

조희연 _ 이럴 줄 알았으면 저희 국·실장님들 많이 모시고 올 텐데. (웃음) 다음부터는 교육정책에 책임 있는 분들을 모시고 와야 될 것 같네요. 결국은 교육과정이 있고 평가가 있는데, 평가도 혁신하고 변화시켜야 되는 것 같습니다. 예를 들면 중간고사, 기말고사 등 학교 평가도 있고 대학입시를 위한 수능을 포함한 평가들이 있는데 이걸 어떻게 변화시켜야 할 것인가 하는 문제가 있는 것 같습니다. 저희가 1차적으로 고민해야 할 것은 아이들의 평가, 교육경쟁 방식을 국영수 중심, 넘버원 교육에서 바꾸는 일일 것 같습니다. 모든 불평등을 없애지는 못하더라도 공교육 기관에 평범하게 다니고, 정상적으로 공부하고, 거기에 교사 평가권이 있고, 거기서 조금 잘하면 아이들이 원하는 대학에 가는 것이 현재로서 바라는 바인 것 같습니다. 지금 사교육이 심하다 보니 중간고사, 기말고사를 다 사교육에 의존하는 형편이고…… 현재 수능과 대학입시체제가 사교육이 작동할 수밖에 없는 문제이기 때문에 그걸 바꾸어내는 것이 중요하고요. 그러다 보면 수능을 어떻게 바꿀 것인가 하는 문제가 있는 것 같습니다. 이 점에서 묘안은 없고 우리가 과감하게 상상력을 발휘하고 가상적으로 안을 설정하는 것이 필요한데…… 현재 상태로는 수능을 자격고사 내지 기본학력평가 같은 제도로 바꾼다 해도 수능의 변별력이 없어지면 대학 본고사가 부활하게 됩니다. 잘못하면 엉뚱한 방향으로 갈 수 있습니다. 그렇게 안 가고 그나마 정상적인 고등학교 공교육 과정이 중시되는 방향으로 제도 변화를 일정하게 해내는 것이 필요할 것 같고, 현재로서는 EBS 연계로 몰매를 맞고 있는데 저는 약간 조심스럽습니다. EBS가 일종의 수능 문제은행적인 성격이 있어요. EBS 강화가 노무현 정부 때 사교육의 대책의 일환으로 도입된 겁니다. EBS 연계성을 잘못 깨면 다른 엉뚱한 문제가 제기 될 수 있다는 생각을 개인적으로 갖고 있고, 조심스럽게 이 방향으로 가면서 그다음에 대학학벌체제를 완화시켜야 하는데, 아까 말씀드린 통합국립대학이 한 예인데 그것만 옳다는 것은 아닙니다. 통합국립대 문제에 대해서 예전에 칼럼도 쓰고 했는데 서울대 폐지론으로 공격이 들어오더군요. 물론 급진적으로 얘기하시는 분은 서울대 폐지되면 어때 이렇게 생각하시면 분도 있습니다만, 다른 한편으로는 서울대가 공교육에서 갖는 비중도 있고 세계 유수 대학 사이에서 경쟁력을 갖는 대학인데 있어야지 하고 생각하는 사람들이 있습니다. 그래서 제가 입장을 바꿔서 통합국립대학을 약간 변형시켜서 1유형과 2유형을 구분했는데, 1유형은 서울대까지 포함하는 거고 정 서울대가 법인화도 되어 있고 안 하겠다고 하면 2유형으로 나머지 9개 지방국립대 전체를 묶어서 서울대 수준으로 상향평준화하기 위한 집중 지원을 하면 어떨까 하는 안을 냈습니다. 그러면 서울대, 나머지 통합국립대, 명문 사립대가 경쟁하는 약간의 과원적 구도가 만들어지지 않을까……. 통합국립대는 교수진도 서로 이동 가능하고 학위도 공동학위를 수여하고 학생 이동도 하고 각 대학이 주력 학문을 몇 개씩 특화하는 모델입니다. 결론적으로 중학교 평가체제, 대학 체제를 조금 변화시키고, 사회 체제는 너무 오랜 문제이고 해서 차치하더라도…… 내년에는 대학문제도 한번 저희 영역은 아니지만 해볼까 하는 생각도 갖고 있습니다. 그때 욕먹으면 성원해주십시오.

학부모 B _ 남자 아이만 둘입니다. 초등학교 5학년, 중2입니다. 아까 질문한 학부모께서 아이가 고등학생인데도 사교육 의존 안 한다고 하니 존경스럽습니다. 저도 공교육만 믿고 있습니다. 방과후 프로그램으로 하고 싶은 것만 하게 하고 있고 학원은 안 다닙니다. 그렇게 한 이유가 아이들이 자기 삶을 사는 모습을 보고 싶어서입니다. 학원이라는 데를 몇 달 다니게 해봤더니 그 시스템에 발을 담그면 쭉 앞으로 계속해야 됩니다. 10단계가 있으면 1단계부터 10단계까지 10년 동안 그 학원을 다니면서 쭉 가야 하더라고요. 그게 싫어서…… 넌 뭐가 되고 싶니 아이에게 물었더니 철도기관사가 되고 싶다고 해서 그것에 관련된 것을 공부해보자 해서 방과후를 활용하고 있는데…… 사실은 우리 학교에서 방과후만 하고 사교육을 안 하는 엄마가 드뭅니다. 반에서 두세 분 될까 합니다. 교육감님께 부탁드리고 질문하고 싶은 것은 저 같은 엄마가 많고 많아져야 된다고 보는데 아이들이 성인이 되었을 때 직업 등을 선택할 때 자기가 가진 가치와 적성과 열정에 맞는 직업을 택하고 그것을 공부하고자 할 때 좌절이 되면 안 되잖아요. 지금 현재 상황은 학력이라는 하나의 기준으로 직업을 선택해야 되고 대학 가고 먹고살아야 되는 사회인데, 그렇지 않고도 자기가 가진 열정, 타고난 능력들이 있는데, 그 능력을 살렸을 때도 분명히 먹고살 수 있고 행복할 수 있는 기반이 마련되어야 된다고 생각합니다. 그것을 위해 교육감님은 무엇을 준비하고 계신지 묻고 싶습니다.

조희연 _ 저희가 담당하는 게 초중등인데, 초중등 혁신이 저희 과제라면, 그 뒤에는 대학 혁신이 있고 사회가 버티고 있습니다. 뒤로 갈수록 문제가 아주 어려워집니다. 그런 점에서 저는 그런 점에서 우리 사회도 바뀌어야 된다고 생각합니다. 예를 들면 정규직, 비정규직의 차이가 있습니다. 비정규직이 정규직의 90%를 받는 사회, 그래야 된다고 보고요. SKY 대학을 나와서 받는 보상하고 그렇지 않은 학교를 나온 사람의 보상의 차이가 크지 않은…… 두 배의 차이가 나지 않는 사회가 되었으면 좋겠습니다. SKY 대학에 들어가느냐는 수능 10점 차이로 갈리지만 평생을 관통하는 특권 자격증이 됩니다. 바뀌어야 됩니다. 학력이 유일한 기준이 안 되는 사회가 되려면 교육감이 무엇을 할 수 있을까……. 아무것도 할 수 없을 것 같습니다. (웃음) 여러분이 국민으로서 하셔야 할 것 같습니다. 그러나 저는 대학체제 개혁도 얘기하고 35년 정도를 사회개혁을 촉구하는 비판적 지식인으로 살아왔거든요. 교육감이지만 감히 말씀드린다면 국가개혁, 사회개혁에 대해 개혁적 관점에 있으니 가능한 한 얘기를 해서 시민단체, 사회단체의 개혁 노력에 대해서 나름 옆에서 힘이라도 보태는 정도로 하겠습니다.

김용석 _ 오늘 시간이 아쉬운데 토크쇼 처음이어서 저도 미숙한 점이 많았고 교육감님도 인간미 있게 답을 해주셨는데 아까 이런 말씀을 해주셨습니다. 다음에 이런 기회가 있으면 실국장님 다 모셔서 구체적인 답을 얘기해드리겠다, 다음번에 그렇게 하시면 되겠습니다.

조희연 _ 이메일로 질문해주시면 친절히 답변해 드리겠습니다. …… 제가 이 말씀 드릴까 말까 고민했는데, 혹시 몰라서 그럴 일이 없길 바라고 있는데, 요즘 언론에 보면 검찰에서 저를 소환하겠다고 한 일이 있습니다. 제가 설명을 하는 게 좋을 것 같아서…… 내일이나 모레 그 일이 있을 것입니다. 선거를 하다 보면 선거법 위반일 수 있는 일들이 많이 벌어집니다. 그러면 선관위가 조사해서 중요한 사안은 경찰에 고발해서 정식으로 검찰이 수사를 하고 경미한 사안은 주의 경고로 해서 종료를 하고 통상 그렇게 합니다. 저희 경우도 세 건이 있었습니다. 그때는 문용린 후보도 그렇고, 고승덕 후보도 그렇고…… 고 후보가 제 큰아들이 병역기피 했다 이런 얘기하고 그런 일도 있었어요. 사실과 관계없다 해도 위중하지 않으면 종료를 하는데, 갑자기 검찰에서 주의 경고했던 사안을 소환조사, 기소할 수 있다고 공고가 되었습니다. 어제부터 오늘까지 저를 아끼는 많은 분들이 검찰이나 그쪽에 말이 안 된다, 옛날처럼 돈이 관련된 게 아니고 선관위에서 주의 경고한 사안을 가지고…… 제가 6·4 지방선거에서 시민의 힘이 모아진 상징적 당선자잖아요. 그런데 갑자기 이런 일이 벌어지면 비난 역풍도 있을 수 있고 우리 사회에서 너무 갈등이 있고 하니까…… 또 올바른 일도 아니라고 해서 많이 설득을 하고 있는데, 검찰에서 진보교육감의 상징이기도 하고 개혁정책으로 충돌하고 있으니 기소하고자 했던 플랜이 있었던 모양입니다. 잘 설득되면 내일이나 모레 조희연 기소가 없는 일이 될 것이고 만일 그런 일이 있어도 국민들의 힘을 믿고 하는 거니까 크게 걱정하지 마시고, 혹시 잘 모르실까 해서 말씀드리는 건데 기소가 되면 재판을 받는 것인데 판사가 결정하죠. 재판에 가도 큰 문제가 없을 것이라고 생각하지만…… 내일이나 모레 그런 일이 일어나지 않도록 소망해주시고 검찰이 무리하게 하더라도 너무 크게 걱정하지 마시고 잘 헤쳐 나갈 것이라고 생각해주시고 처음 얘기한 것처럼 새로운 교육을 만들어가는 일들이 굳건히 진행되도록 널리 이해해주시면 좋겠다는 말씀을 드립니다.

김용석 _ 살다 보면 삶이 우리를 속이는 것 같습니다. 어떤 시인은 삶이 그대를 속이더라도 서러워하거나 슬퍼 말라고 했는데, 삶이 우리를 속이려고 하면 서럽습니다. 그 서러움의 의미를 잘 성찰할 필요가 있다고 봅니다. 그 시인의 말에 하나를 덧붙인다면 삶은 딴지를 많이 겁니다. 딴지의 의미가 뭔가 잘 생각해 볼 필요가 있다고 보고…… 교육감님께서 여러 가지 질문에 대해서 인간미 넘치게 답변해주셔서 다시 한 번 감사드립니다.

아이들과 함께 보내는 행복한 시간을 잃어버리지 말자!*

조희연 _ 사람책이라는 것이 교육정책 이런 거보다는 휴먼스토리 중심인 것 같은데, 제가 휴먼스토리가 없습니다. 자연스럽게 얘기하면 될 것 같습니다. 지도 가끔은 살아온 과정이나 이런 것을 생각하게 됩니다. 제가 1998년에 단대에서 사회학 책 2권을 냈습니다. 말미에 자기가 살아온 얘기를 쓰라고 해서 썼던 적이 있습니다. 제 홈페이지에도 조금 올라와 있는 게 하나가 있고 그리고 '뜻밖의 개인사'라고 책 제목인데, 인터넷에 치면 『뜻밖의 개인사』라는 책이 실제 있습니다. 학생들도 볼 수 있는 만화책같이 만들어진 겁니다. 저희 아버지가 평범한 세무직 공무원이셨습니다. 세무서에 다녔습니다. 돌아가시기 전에, 살아온 얘기들을 편지지 10장 정도로 남겨놓고 돌아가셨습니다. 옛날 분들 한자로 쓰잖아요. 초서체로 써서 저희는 읽지도 못해요. 그래서 그냥 놓고 있었는데 저희 당숙 어른이 미술선생입니다. 지방 미술선생인데 국전에 입상 한번 못 해본 걸 한으로 살아가는 분입니다. 그분이 아버님 편지를 보고 그림으로 그렸습니다, 살아온 얘기를……. 조동환 당숙 어른의 아들이 또 미술을 합니다. 이 친구는 어떤 작업을 하냐면 당숙이 자기 얘기를 그리게 해서, 그것을 기획 겸 일러스트를 해 책을 냅니다. 조해준 작가도 당숙하고 같이 작업해서 『놀라운 아버지』라는 책을 냈습니다. 그것도 만화책같이 낸 건데. 이 친구는 아버지하고 대화하면서 아버지 시대의 이야기를 그림으로 끌어내서 그림과 약간의 목조 작품같이

---

* 이 글은 2014년 12월 6일, 서울시교육청이 주관한 "워킹맘과 수험생 가족을 위한 '사람책 공감 토크 & 맘(Mom) 콘서트'"에서 나눈 대화를 정리한 것이다.

만들어서 전시도 하고 하더군요. 요즘 인문학이나 이런 데서는 자기 얘기를 하는 구술사 방법 같은 것이 약간 유행입니다. 1960~1970년대 얘기를 경부 고속도로가 어떻다, 박정희가 어떻다, 전태일이 어떻다는 식으로 써가는 방법도 있지만 그 시대를 산 한 사람 한 사람의 휴먼스토리를 주목해 쓸 수 있습니다. 저희 아버지 이야기를 다룬 『뜻밖의 개인사』 같은 경우 광주 비엔날레 최우수 작품상도 받았습니다. 여기 다 자기 살아온 얘기들이 있습니다. 세월호 사건 보면서 세월호의 단원고 학생들이, 우리 사회 학벌 체제, 성적 체제에서 보면 명문학군도 아니고 부촌도 아닌 지역의 학생들입니다. 저는 세월호 사건 때 가슴에 맺혔던 얘기 중에 아이를 잃은 어머니가 아이가 운동화를 사달라고 했는데 못 사준 게 한이 되었다는 얘기가 있었습니다. ≪한겨레≫에 애절한 300명 아이들의 사연이 실렸습니다. 아침마다 울적했습니다. 학생이 엄마 생일에 해줬던 햄버거 얘기, 간호사가 되려고 했던 이야기……. 소중한 한 사람 한 사람의 얘기를 주목하게 되었습니다. 그 한 사람 한 사람이 어머니 아버지에게 정말로 중요하고 잃고 나니 더욱 소중함을 알게 된 사람들이었습니다. 저도 아이와 찍은 사진이 있는데…… 조성훈이라고 선거 때 편지 쓴 둘째 아들이 있습니다. 조성훈에 대한 무수한 사진이 있습니다. 어릴 때 겁이 많아서 내가 한마디만 하면 깜빡 죽던 아이인데, 그런 무수한 기억들이 있잖아요. 우리가 그런 기억으로 한 개인을 보는지도 모르겠습니다. 저의 경우 어머니가 다섯 살 때 돌아가셨습니다. 심리적으로 어릴 때 경험이 영향을 미칩니다. 제가 컸으니까 상처로 생각하지는 않지만 어린 시절에는 얼마나 상처가 많았겠어요. 초등학교 때 새엄마가 들어왔습니다. 그래서 그런지 어렸을 때는 교회 다니고 공부하는 거 외에는 관계한 것이 별로 없었습니다. 초등학교 4학년 때 새엄마가 들어왔습니다. 새엄마는 지금도 살아계시고 옛날에 새엄마와 나이 든 아들, 딸 사이에 갈등이 있었는데 전 어리니 상처받고…… 그래서 교회를 다닌 것 같습니다. 그렇게 해서 교회와 공부만 알고 살다가 대학 들어갔을 때가 1975년 박정희 시대 말기였습니다. 긴급조치 구호 세대였지요. 대학을 들어갔는데 이념 서클에 들어갔습니다. 들어간 계기가 교회 선배가 사회 참여적인 선배와 모임을 같이하게 되었던 것이었습니다. 그렇게 현실 비판적인 활동을 하다가 감옥을 가게 되었고 박정희가 죽은 후 나왔습니다. 1년 정도 있었습니다. 그때는 분위기가 암울했던 시절입니다. 제적당하면 인생 끝장나는 시기였습니다. 다행히 '80년 서울의 봄'이라고, 아실지 모르겠네요. 1980년 삼김 시대가 열릴 무렵에 복학했습니다. 그 당시 감옥 가고 제적당하면 할 수 없이 노동자로 많이 갔습니다. 민중주의라고, 서울대, 연세대, 고려대 학생이 대학을 포기하고 현장으로 갔습니다. 김문수 지사도 그런 경우고 김문수 지사 부인이 여공이었습니다. 저는 비겁해서 가는 건 가는데 자격증이라도 따고 가자 해서 열관리 자격증을 따려고 공부했습니다. 보일러 자격증이었죠. 외우는 것은 대충해서 필기는 그럭저럭 붙었지만 2차를 붙을 수가 없었는데 그때 마침 복학되었습니다. 나는 공부하는 것이 취미고 하니까 대학원이나 가야겠다 해서 그렇게 약간 비겁하게 대학원에 갔습니다. 우리 시대는 중요한 정서가, 어렵게 시대적 아픔을 가지고 사는 친구에 대한 미안함이 있었습니다. 제 홈페이지 제목이 '2선 지식인의 살아가는 이야기'라고 되어 있습니다. 아무래도 1선 지식인은 못 된다는 자의식이 있었던 거죠. 그래도 저 나름대로는 비판적, 진보적 지식인이 되어서 사회 비판 등을 했습니다. 학술 운동을 했는데, 제가 서울대 학부 나왔는데 전두환 때 대학원 가는 걸 못하게 했습니다. 서울대 대학원 합격되었는데 안 되었죠. 그래서 연세대로 가서 석사 하고 1983년부터 학술운동, 지식인운동을 계속 하고, 비판적 글쓰기를 했는데 그게 저로서는 사회 참여라고 할 수 있었습니다. 강사 생활도 정말 오래 했습니다. 감옥에 간 배경이 있어서 교수 임용이 힘들었습니다. 제가 성공회대에 1990년대에 갔는데, 그때는 성공회대가 정식 학교라고 하기 어려웠습니다. 그때만 해도 어려웠는데 그래도 성공회대라는 작은 대학에 적이 있어서 좋았습니다. 1995년에 박원순 변호사를 만나서 참여연대 창립 작업을 했고, 그리고 학술 쪽에서는 일반 시민은 잘 모르지만 지식인 운동 쪽에서는 제가 벌써 20여 년 이상했으니 저 모르면 간첩이라고 할 정도로 상당히 공신력이 있습니다.

어떻게 해서 교육감 선거에 나서게 되었는지를 말씀드리자면 3년 전 민주화를 위한 전국 교수 협의회(민교협) 의장을 하게 되었습니다. 지식인 대표를······ 김상곤 전 교육감이 거기 의장 출신입니다. 지식인 운동의 마지막에 민교협 하다가 교육감 선거에 차출되어 당선되어 지금까지 오게 된 상황입니다.

생각해보면 제가 교회는 안 다니는데 기독교적 심성은 있습니다. 형 둘이 목사입니다. 교육감 나가야 될 때도 우연히 떠오른 말이 예수가 부활해서 갈릴리 바닷가에 가서 베드로에게 네가 젊었을 때는 네 마음대로 했지만 나이 들면 네 허리에 띠를 두르고 사람들이 원치 않는 곳으로 데려가리라는 말이었습니다.

이번 사건을 대하면서도 하나님이 인간을 이런 시련을 통해 단련시킨다, 그런 말이 떠오릅니다. 어렸을 때 많이 들어본 말들이 있으니까, 살다가 보면 맺힌 말이 떠오르기도 합니다. 형이 보수적인 목사입니다. 제가 혹시 인권조례 같은 것을 해서 동성애 권리를 보호할까 봐 제발 하지 말라고 하더군요. 박원순 시장의 경우 동성애 문제로 서울인권조례가 무산되었잖아요. 보수적 기독교는 동성애 문제에 필이 꽂혀 그것만 제발 하지 마라 하는데…… 이 정도 하고, 오늘은 특별히 주제가 있어 하는 것은 아니니 이 정도로 마치겠습니다.

학부모 A_ 아들 둘 두셨는데 저도 아들이 둘입니다. 어떻게 키울지 걱정인데 선거 때 아드님 글을 보니 일요일날 자고 싶은데 깨워서 갑자기 봉사하는 데 데려갔다고 하시는데 그런 행동들을 자녀와 어떻게 해야 할까요?

조희연_ 저희 때는 노동자가 되어야 한다는 민중 의식이 있었습니다. 유신 시대에는 그런 시대적 마인드가 있었습니다. 저희는 감옥도 갔고 노동자가 될 수도 있었고 저도 성수동 뚝섬에 한 달 정도 들어가 있었습니다. 그런데 애들을 보면서 딜레마가 생겼습니다. 우리 애들은 벌써 교수 아들, 유복한 집안 아들입니다. 딜레마죠.

그래서 아이들이 조금이라도 사회를 위해 희생하고 이타성을 갖고 이랬으면 좋겠다고 생각했는데 진짜 어렵더라고요. 솔직히 성공했다고 말할 수는 없는 것 같습니다. 예를 들면 너희들 유산 안 물려준다는 그런 정도는 합니다. 교육감 된 이후는 달라졌지만 그 당시에는 성공회대나 참여연대 같은 시민단체 할 테니까 너희들은 국물도 없다고 그랬지요. [아이들] 어렸을 때는 그런 마음이 있어서 편지에 나온 것처럼 여기도 데려가고 저기도 데려가고 했는데 잘 안 되더군요. 젊은 아이들은 귀하게 자라니까 그런 것 같습니다.

지금도 소망이 있습니다. 큰아이가 공대입니다. 저는 환경공학과 가서 환경 관련 이런 쪽으로 했으면 했는데, 그런 생각은 별로 없는 것 같더군요. 혹시라도 어떤 계기가 있으면 모르고 안 되면 자기 삶을 사는 거겠죠. 그런데 제가 편지를 보고 미소 지었던 것은, 제가 노력한 흔적은 기억 속에 남아 있구나라는 것이었습니다. 다행히 엎드려 절하고 싶을 정도로 공부는 잘해줘서 괜찮지만, 자기가 하고 싶은 일, 의미 있는 것 찾아서 열심히 하고 그러나 돈 많이 버는 것만 좇지는 말았으면 하는 게 진보적 부모로서 희망사항입니다.

학부모 B _ 아까 언급하셨던 것처럼 자녀분께서 선거 운동을 하는 데 그 기를 올려줬습니다. 상대 진영의 모 후보 자녀분과는 극명하게 대조되는 의견들이 올라왔고…… 그렇게 바쁜 활동을 하시는 아버지로서 그래도 아이들에게 절대적인 믿음감과 안정감을 줄 수 있었던 방법은 무엇인지요?

조희연 _ 둘째는 예전에는 겁이 많았습니다. 말은 잘 들었죠, 야단 맞을까봐. 어릴 때는 그런 것이 있어 가르치기 쉬웠는데, 크면서 확 바뀌더군요. 저는 자유방임적이었습니다. 개입도 별로 안 하고…… 특별한 비법도 없습니다. 제 성격이 다른 사람과 싸우는 법이 없습니다. 성격이 좋습니다. 지금은 자사고 문제 등으로 전투적으로 보여지는데 제가 지식인 운동할 때나 학교에서도 동료들이 조희연이 화내는 것을 봤으면 좋겠다는 말을 할 정도였습니다. 아이들도 그렇게 나무라지 않는데, 제가 약간 인내하고 끝까지 얘기하고 결정적 잘못은 지적하지만 때리거나 강압적으로 하지 않았습니다. 아무래도 가정 분위기가 영향을 미치겠죠. 교육행정을 보면 학교 폭력이나 여러 문제들이 가정이 제 역할을 못해 발생하는 경우가 많습니다. 아내와의 관계에서라든지, 집안 분위기가 험악하지 않고 평온하고 질서 잡혀 있고 그러니까…… 그런 영향은 있겠죠. 특별한 비법은 없습니다.

학부모 C _ 초등학교 3학년, 다섯 살 아이 부모입니다. 남편이 사십인데 새벽에 나가서 밤늦게 오는데 주말밖에 쉴 수 있는 시간이 없어요. 남편이 아이들

교육에 관심은 많은데 피곤하니 주말에 TV보고…… 금요일 밤부터 오늘 새벽까지 영화 보고 이런 게 반복되는데, 남자로서 삶도 있지만 어린아이를 둔 부모로서 교육감님도 사회 운동하는 삶을 살면서 아빠로서 빈 공간이 있을 수 있는데 저희 남편에게 해줄 말이 있으신지요? 만약에 10~15년 전 아이들 어렸을 때로 돌아간다면 아빠로서 꼭 해주고 싶은 말은 무엇인지요?

조희연 _ 1995~1996년에 1년 반 정도 미국에 교환교수로 가 있었습니다. 강사 시절 빚이 많아 집사람이 교사인데 교사 계속하면서 빚 갚아야 되어서 같이 못 가고 큰애하고 같이 갔습니다. 영어도 시킬 겸, 1년 반 동안 데리고 있었습니다. 큰 틀에서 이런 게 있는 것 같습니다. 교육, 사회가 있고 가정이 있는데 남자들은 직업, 사회생활, 직장생활 때문에 가정에서의 삶을 주변적인 걸로 본다고 할까. 도구화시켜서 보는데, 지금 생각해보면 아이들과 함께하는 생활이 소중한 것 같습니다. 나중에 후회가 되는 겁니다. 초등학교 때까지는 [아이와 소통이] 되는데 중학교부터는 벌써 안 되는 것 같습니다. 고등학교부터는 더욱더 안 되고 뒤늦게 아이들과 갖는 시간이 즐거운 면이 있습니다. 애가 따뜻한 말 한마디 걸어주는 것, 전화해서 아빠 하는 소리 자체가 울림이 있습니다. 대학 가면 저보다 더 바빠집니다. 아빠와의 관계보다 친구, 여친과의 일이 더 중요하죠. 지금 생각해보면 아이들과 갖는 시간이 소중한데 너무 바쁘기도 하고 중년 남성이 그런 소중함을 느끼지를 못합니다. 시간을 좀 가지려면 커서 상대도 안 해줍니다. 지금은 사정사정 해서…… 아이들과 오늘 저녁 술 한잔 하려고 했는데 가끔 그렇게 합니다. 유일한 낙이기도 하고 애들이 저를 배려해주는 겁니다. 시간을 내주는 거죠. 더 바쁜 건 내쪽인데 아이들이 바빠서 시간이 안 되는 겁니다. 실제로 아빠와 술 한잔 하면 뭐하겠어요, 친구나 여친이 낫지. 그래서 제가 오히려 아쉬운 처지가 되었죠.

남편분도 애들하고 갖는 시간이 지나고 나면 아쉬운 시간일 것 같습니다. 가정은 직장의 도구가 아닙니다. 그 자체가 목적입니다. 아이들과 갖는 시간 그 자체가 소중하고 우리가 느끼는 행복의 중요한 구성 부분일 것 같습니다. 그런데 우리는 행복을 과장이 되어서 승진을 해야 느낍니다. 교육도 도구화됩니다.

좋은 대학에 가기 위한, 좋은 직장을 잡기 위한 도구가 되는 것입니다.

오늘 직장 테니스 대회가 있었습니다. 불현듯 우리 아이들에게 운동 하나, 악기 하나를 의무화해야겠다는 생각을 했습니다. 사는 것을 스스로 즐기고 행복감을 느끼고 그게 행복이고 그것을 체득하는 것이 교육이지, 국영수 공부해서 좋은 대학 들어가는 게 목적이 아닙니다. 그런데 너무 목적화되어 있는 지점이 있는 것 같아요. 우리 교육도 저는 문화, 예술, 체육 해서 자기를 즐기면서 혹은 자기를 표현하고 실현하면서 살게 하는 교육이 되었으면…… 우리는 많은 지식을 구겨 넣어야 자기실현이 되는 것처럼 생각하는 면이 있습니다. 오늘 그런 생각도 하고 했습니다.

학부모 D _ 좋은 말씀 해주셨는데 현실과 이상의 차이가 있습니다. 있는 사람은 예술이나 체육을 할 여유가 있는데, 없는 사람은 부담이 됩니다. 미국에 가셨을 때 아드님 데리고 가셨다고 했는데, 여유가 없는 사람은 빚을 내거나 해서 보내는 사람도 있고, 여건의 차이인데, 평준화된 교육으로 사람들에게 평준화 교육을 시행하려고 한다지만 육체적으로 100미터를 10초에 달릴 수 있는 사람은 최대한의 능력을 발휘 안 해도 충분히 할 수 있는데 '야 너 천천히 맞춰서 가'라고 했을 때 느껴지는 개인적 차이에 대한 괴리감 같은 것도 상당히 클 것 같습니다.

조희연 _ 보수교육감, 진보교육감 이런 얘기 많이 하는데 진보교육감은 사회적 불평등, 교육불평등 이런 거에 그래도 더 신경 쓰는 사람이라고 볼 수 있습니다. 저 같은 경우 교환교수로 갈 수 있는 특혜가 주어졌고 저희 아이도 공부 잘했지만 저도 동시대 사는 사람들에게 미안한 마음입니다. 교환교수로 애들 데리고 가면 영어는 하는 겁니다. 그러면 국영수에서 3분의 1은 먹고 들어갑니다. 엄청나게 머리가 좋지 않아도……. 현실적으로 그런 면이 있는데…….

결국은 사회개혁이 있어야 합니다. 어느 누구에게나, 특히 모든 아이들에게 일정 수준의 교육과 삶이 가능한 조건을 만드는 것이 복지사회입니다. 북유럽 복지사회를 얘기하는데, 그런 의미에서 특히 아이들은 어려운 것 같습니다. 아이들이 자기 재능을 부모의 경제력에도 불구하고 실현할 수 있는 사회, 그게 우리가 만들어가야 할 사회가 아닐까요. 우리 사회도 복지사회로 가기는 가는 것 같습니다. 무상급식, 무상교육, 기초노령연금 이런 얘기 많이 하잖아요. 가기는 가는 데 시간이 걸리는 것 같습니다. 시간이 많이 걸리고 지그재그로 가는 점이 있는 것 같습니다. 안타까운 일이죠. 저희도 교육청에서 정책적으로 교육불평등, 부모의 부의 차이가 아이들에게 미치는 것을 최소화하고 차단하려고, 재정지원을 통한 방과후 프로그램, 교과서 구입 등 긍정적 지원을 통해 사교육의 영향을 차단하려고 노력하는데, 저도 교육감을 하면서 엄청 노력하더라도 현실의 불평등 영향을 어떻게 할 수 없는 지점들이 있는 것 같습니다. 교육감의 역할은 아니지만 복지사회를 향한 사회적 개혁이 있어야 한다고 봅니다. 정규직과 비정규직의 차이를 보세요. 고등학생과 대학생 아르바이트는 착취 수준입니다. 우리가 복지국가로서는 미국이 후진적이라고 얘기하는데 미국조차도 대학생이 방학 중에 풀로 일하면 학기 중 등록금과 생활비 버는 수준은 됩니다. 그런데 우리 사회는 안 그렇습니다. 한국 경제나 한국 자본주의가 훨씬 천민적이라는 얘기입니다. 북유럽의 수준보다도 한참 아래인 미국도 그런데…… 저는 그런 생각을 많이 합니다.

학부모 E_ 어느 정도 경제적 측면하고 연계되는 것 같습니다. 자영업 하는 분들이 곽곽하니까. 1~2년 하고 접는 자영업자도 많고 이윤이 안 남으니 아르바이트 쓰고 많은 돈을 줄 수 없는 입장들이……. 사회 전반적인 경제 체제가 한계로 작용하는 지점이 있는 것 같습니다.

조희연_ 어제 연세대 교수를 만났는데, 연세대 교수 월급 30% 깎고 시간 강사 쓰자 했다가 욕을 바가지로 먹었다고 합니다. (웃음) 저희 학교에서도 하기 쉬운 일이 아닙니다. 제가 받고 있는 월급으로 쉽지 않습니다. 그걸 개인의 결단으로 해결할 문제는 아니지만 큰 틀에서는 정규직 교수가 받는 보수를 좀 줄이고 시간강사의 처우도 개선되어야 하고 더 많은 시간강사가 교수로 전환되게 우리 사회가 바뀌어야 됩니다. 그렇게 가기까지 얼마나 험난하겠어요?

학부모 F _ 제가 예전에 교육감님 원탁토론에 참여했을 때 말씀하신 것 중에 두 가지가 기억에 남는데 하나는 우리 아이도 인권이 있는 개체다, 또 하나는 내가 이 자리에 와 보니 안 되는 데는 각각의 이유가 있더라 쉽지가 않더라 하는 말씀을 하셨습니다. 그전 교육감하고 한국 교육의 형태는 아이들의 교육보다 기존 집권층의 이권과 맞물려 있어서 아이들 교육 자체는 제대로 돌아보지 않는 것이 현실이었는데, 원탁토론에 가서 교육감님의 아이들 교육에 대한 철학을 듣고서 어쩌면 이 분이라면 정말 교육에 대한 것들을 봐주실지도 모르겠다 해서 그 이후 교육감님 활동을 관심 있게 보고 있는데요. 그 자리에 계신 동안 많은 것을 바꾸는 것이 쉬운 일은 아닐 겁니다. 사회의 전반적인 변화가 있어야 하는 거고, 다행히 박원순 시장과 잘 맞는 부분도 있어서 이 자리에 계시는 동안 최소한 이 정도까지는 할 수 있을 것 같다 하는 부분이 있으신지요?

조희연 _ 욕심 안 부리고, 자리 잘 지키면 제가 100%를 하려고 목표했는데 50%는 되는 면이 있는 것 같습니다. 너무 과욕을 부려서 더 많이 하려고 하는 것보다…… 특히 9시 등교도 경기도 할 때는 나중에 난리가 났는데, 서울은 시작부터 난리입니다. 서울이 하면 전국적 표준이 되는 겁니다. 다른 데가 안 하기가 어려운 면이 좀 있나 봐요. 그리고 우리 사회 모든 보수, 진보, 좌우, 기득권이 서울에 모여 있습니다. 그러다 보니까 반대도 많고…… 우리가 ≪한겨레≫를 보통 진보지, ≪조선일보≫를 보수지라고 합니다. ≪한겨레≫ 독자가 30만~40만 되고 ≪조선일보≫ 독자가 150만~200만 됩니다. 신문을 본다는 것은 그 신문에서 매일매일 영향을 받는다는 겁니다. 어떤 의미에서는 기울어진 운동장 같은 게 있습니다. 그런 속에서 교육을 펼쳐 나가는 게 쉽지가 않습니다. 그래도 저는 큰 틀에서 악화를 방지하고…… 저희가 개인은 아니잖아요. 제가 머리 좋아 잘하는 것이 아니고 사회적 큰 흐름을 대표하는 거고, 큰 집단을 대표하는 것이지 개인으로서 그런 것이 아니니까요. 예를 들면 제가 서울교육감으로서 자리를 유지한다는 것 자체가 전체적으로 그런 방향의 정책이 구현된다는 것이기 때문에 욕심을 오히려 덜 내려고 하고…… 그런 생각을 많이 하고 있습니다.

학부모 G _ 일을 하다 왔습니다. 네 살, 초등학교 1학년 아이를 두고 있는 엄마입니다. 맞벌이를 하고 있는데 초등학교 1학년에 보내고 나니 어린이집에 맡기던 때보다 불안감을 많이 느낍니다. 맞벌이 부모들의 고충은 어떻게 해결을 해주실 수 있는지요?

조희연 _ 이번에 9시 등교도 맞벌이 부부, 직장맘, 그런 문제들이 많이 있습니다. 여자 기자들은 9시 등교 문제에 대해서 알레르기 반응을 보이더라고요. 정책적으로 저희는…… 학교 교육의 특징이 있으니 모든 걸 할 수는 없습니다. 초등돌봄, 방과후, 에듀파인이라든가 여러 가지가 결국 맞벌이 부부도 안심하고 아이들을 맡기는 지원책들을 마련하자는 건데…… 심지어는 초등학교 1~2학년에서는 엄마가 도와주지 않으면 못하는 어려운 숙제를 내지 말아라, 그건 학교 책임이다, 예를 들면 그런 정책도 하고 여러 가지를 하고 있습니다. 저는 유아교육이 지금도 어느 정도 의무교육까지는 아니지만 공교육으로 들어가고 있는데…… 유아교육도 국가책임, 공교육으로 체계적 지원책도 마련하고 해야 한다는 입장을 갖고 있습니다. 유치원 모집 혼란도 교육감이 결정해서 하는 것도 아니고 과장 수준에서 정책 결정해서 시행되는데, 저도 세심하게 체크 못 해서 혼란도 있고 작년부터 이어진 문제이기도 하고 직장맘들한테 비판을 많이 받는, 특히 유치원 아이를 둔 분에게…… 그런 경우도 있습니다. 나름대로 9시 등교를 하더라도 직장맘이 안심할 수 있도록 지원책 마련해서…… 9시 등교에 대해서는 일정하게 학교 자율로 맡겼지만 그렇게 지원하려고 하고 있습니다. 그래도 직장맘 입장에서는 여전히 부족할 거라고 생각합니다.

학부모 H _ 초등학교 4학년 아이가 있습니다. 중학교 가게 될 때까지는 저는 공부보다는 진로나 꿈에 관심을 많이 두려는 엄마입니다. 자유학기제가 그때까지 이어질지 의심스럽습니다. 그런 것에 대한 생각은 어떠신지요?

조희연 _ 자유학기제는 긍정적 정책 같습니다. 서울형 자유학기제라는 이름으로 비중을 두고 있습니다. 원래대로 하면 어릴 때는 자유롭게 놀고 끼 발산하고 중학교쯤 되면 적성 생각하고 고등학교에서 진로를 어느 정도 정해서 준비하는 게 일반적인 구도잖아요. 중학교가 중간에 있는데, 자유학기제는 고등학교 수준의 구체적 진로 준비는 아니지만 넓은 의미에서 자신의 삶이나 진로 전반을 탐색할 수 있게 합니다. 자유학기제는 계속 될 거라고 저는 생각을 하고 오히려 인생학교라는 이름으로 고등학교에서도 자기 인생 탐색 기간 같은 것을 정규 과정의 일부로 편입할 것을 생각하고 있습니다. 북유럽은 1년의 전환학기, 인생학기가 있어서 덴마크의 경우 시골 농업체험 활동을 하는 것 같습니다.

우리는 정규 교육과정을 벗어나서 다양한 봉사활동도 해볼 수 있게 하고 여러 가지 체험활동을 해볼 수 있게 하려 하고요. 중학교 수준에서는 약간 자유로운 형태로 국영수 중심의 학업에 구애되지 않는 활동을 하게 하고, 고등학교는 좀 더 적극적으로 그런 걸 하게 하고…… 이게 저희들이 갖고 있는 방향이고 3~4년 이상은 충분히 지속될 겁니다. 걱정하지 마세요.

학부모 I _ 이런 게 꼭 중학교부터 시작되어야 하나 하는 의문도 있습니다. 초등학교부터 꼭 진로를 설정하고 나만 잘되어야지, 하는 건 아니잖아요. 초등학교 때는 단합하고 화합하고 그런 것들을 함양하는 것들도 있으면 어떨까 하는 욕심이 있습니다.

조희연 _ 자유학기제를 초등학교 5~6학년으로 확장하자는 양론이 있습니다. 자유학기제는 진로 탐색도 하고 동아리 활동도 하고 창의적 체험활동도 하고 몇 가지 내용들을 가지고 있고, 그런 과정에서 아무래도 협력적 인성이라고 할까, 이런 것들도 배양하게 되리라는 기대를 갖고 있습니다.

학부모 J _ 초등학교 1학년, 다섯 살 학부모입니다. 학교를 가서 수업을 하면 기본적으로 받아쓰기, 영어 공부 등을 학교에서 진행해야 하는데 학교에서 진로 프로그램, 체험학습이 많다 보니까 이걸 가정에서 배워야 하는 일이 생깁니다. 학교에서 할 수 없고 수업 진도 나가는 것도 빠듯한 이런 경우들이 많아서 엄마들이 아이들하고 부딪치는 점들 때문에 어려워하는 부분이 많고 거기에 대안이 있거나 뭔가 있어야 할 거 같습니다. 최근에 시사 프로그램에서 가출 청소년 얘기가 나왔습니다. 물론 가정 문제 때문에 아이들이 거리로 나오는 건데 그렇다고 이 아이들을 포기하거나 할 수는 없으니까 정부 차원에서도 고민을 해보고 풀어야 될 부분도 있는 것 같은데요. 교육청에서도 어쩔 수 없는 부분도 있겠지만, 어쩔 수 없이 가출한 이 아이들이 받아야 될 교육들을 못 받고 생활하다 보면 계속 악순환이 반복되니까 여기에 대한 대안도 생각을 해보셔야 할 것 같습니다.

이근표 국장 _ 우리가 갖고 있는 사회 구조적 딜레마입니다. 초등학교 1학년에 들어오는 애들이 유치원이나 집에서 다 배우서 들어오는 겁니다. 이미 한글 깨치고 책을 읽을 수 있는 수준의 아이들이 대부분입니다. 그중에는 늦깎이도 있을 수 있고 부모의 의지에 따라 안 배우고 들어올 수도 있고 분명히 교육과정상에는 한글 자모부터 가르치게 되어 있는데 그걸 가르치면 이미 대부분의 아이들은 다 알고 있어서 모순이 생깁니다. 국가 교육 수준을 사회 체제적으로 다시 재논의할 필요가 있고 초등학교는 2016년부터 자유학기제가 교육과정으로 법제화됩니다. 대통령이 바뀌면 어떻게 될지 모르지만 최소한 조희연 교육감님 체제하에서는 진로탐색 집중학년제는 이어질 겁니다. 초등학교는 2015년부터 예비학년제 해서 5~6학년을 자유학기제와 연계시켜 초등학교, 중학교, 고등학교가 연결될 수 있도록 준비하고 있습니다.

조희연 _ 가출 청소년이나 학교 밖 청소년은 저희도 고민하고 있습니다. 신림동에 '친구랑'이라는 센터도 만들어서 지금 하고 있고, 서울시도 관심을 기울이고 있고요. 서울시와 교육청 협력 사업 중에서 위(wee) 스쿨이라고 해서 기숙형 대안학교가 이탈 직전 학생을 상대로 하고 있는데 굉장히 중요한 문제로 상정하고 있습니다. 1년에 만 명 이상, 순수 이탈학생은 5000명입니다. 해외로 나가서 사례 연구를 하기도 하고 다양하게 관심 가지고 있다는 말씀드립니다. 고맙습니다.

3부

강의

조희연이 말하는 교육

일등주의
교육을
넘어

서울교육가족을 위한 강의

저는 아직도 교수의 흔적을 완전히 지우지 못하고 있습니다. 평생을 연구하고 강의하고 토론하면서 살아온 저로서는 현실보다는 이론이 익숙했고, 정책보다는 연구가 편했습니다. 몸에 밴 학술적 습성을 하루아침에 떨어내기는 힘들지만 부단히 노력중입니다. 교수로서 사고했던 장점은 살리되 마음가짐과 정체성, 그리고 인식 체계를 교육행정, 현실, 현장, 정책 등으로 맞추고자 애쓰고 있습니다. 어쩌면 이번에 제가 이 책을 내는 것은 교수에서 교육행정가로의 완전한 전이(轉移)를 위한 '심리적 계기'로 삼기 위함일지도 모릅니다. 지난 2년간 교육에 대한 제 많은 생각, 서울교육정책에 대한 고민, 서울교육을 함께 이끌어가고 싶은 바람 등을 학부모, 학생, 교사, 교육청 직원들에게 많이 이야기했습니다. 물론 교수로서가 아니라 서울시교육감으로서 한 강의입니다. 교육감에게 요구되는 강의란 무엇일까, 행정가의 강의란 어떠해야 할까, 그 자리에 함께 있는 분들의 마음과 어떻게 소통을 할까 항상 고민하면서 떨리는 마음으로 단상에 섰습니다. 이 장에는 그렇게 떨리는 마음으로 마주했던 교장선생님들, 학부모님들, 오디세이학교 학생들, 학교운영위원장님들, 서울시교육청의 일반직 직원들에게 했던 저의 교육 신념과 당부의 메시지를 모았습니다. 원고 없는 즉석 강의를 채록한 것도 있기에 거친 문장들일지언정 저의 생각과 마음을 이해하시기에는 부족함이 없을 것으로 생각합니다.

선도적인 동아시아형 교육복지사회를 향하여[*]

안녕하세요. 교육감 조희연입니다. 더위의 한복판에 있을 때는 이 더위가 언제 끝날까 싶더니 어느새 가을의 문턱에 들어섰습니다. 이렇게 지면으로 인사도 드리고, 서울교육의 방향에 대해서 말씀드릴 수 있어서 기쁘게 생각합니다.

제가 취임한지도 벌써 두 달이 지났습니다. '초중등교육'과 '교육행정'이라고 하는, 저에게는 낯선 두 가지 큰 영역에 대한 이해도를 높이고 서울교육의 방향을 정교하게 설정하는 데에 공력을 집중하고 있습니다만, 자사고 평가 문제 등 만만치 않은 뜨거운 당면 현안을 빠른 시간 내에 지혜롭게 풀어가야 하는 특수한 상황이기도 합니다. 각계각층 서울교육가족과 시민들의 의견을 경청하면서 가장 합리적인 방안을 신중하게 찾아가고 있습니다.

무엇보다 지금 시점에 필요한 것은 서울교육의 단기·중기·장기 정책 방향과 구체적인 과제를 체계적으로 수립하고 확정해나가는 것입니다. 저에 대한 호칭을 빌려 재간 있게 이름 붙여본다면 서울교육의 '조감도'를 그리는 작업이라고 할 수 있습니다. 지난 시기 펼쳐왔던 서울교육정책들의 장점과 혁신적 요소들을 발전적으로 계승하면서도 보다 근본적인 교육 패러다임 대전환의 길로 나아갈 수 있는 로드맵을 완성해가는 일입니다. 그 구체적인 작

* 이 글은 서울시교육청 직속기관인 서울교육연구정보원이 펴내는 계간지 ≪서울교육≫의 2014년 가을호 권두칼럼이다.

업은 '혁신미래교육추진단'이 충분한 협의와 진지한 논의 과정을 거쳐 진행하겠습니다만, 저의 취임사 등 여러 자리에서 밝힌 서울교육의 포괄적 방향과 핵심 정책들의 기조는 흔들림 없이 유지될 것입니다.

교육과 사회의 선순환적 관계로

저는 교육이 시대의 변화를 반영해야 한다고 생각합니다. 더 나아가서는 교육이 시대의 변화를 주도해야 한다고 생각합니다. 사회와 교육의 긴밀한 상호순환적 관계의 관점에서 볼 때 더욱 그러합니다. 그러나 안타깝게도 우리 교육의 '시대 조향성'은 충분치 못합니다. 심지어 아직도 학교 안은 구시대적인 작동 원리와 문화가 잔존하고 있기도 합니다. 사회는 빠르게 변하고 있고, 또한 변화를 요구하고 있지만 교육의 자기혁신적 걸음은 매우 더딘 편입니다. 뼈아픈 표현이지만 지금 우리 사회와 교육은 '공도동망(共倒同亡)'의 관계에 있습니다. 그것을 저는 "병든 사회, 아픈 교육"이라고 표현하기도 했습니다. 교육이 개인과 사회의 희망이 되지 못하고, 사회의 불평등과 불합리성을 함축한 채 동시에 그것을 재생산하는 핵심 기제가 되어 있습니다. 이러한 '교육 모순'이 임계치에 달했다는 지적이 결코 과하지 않습니다. 그것은 너무나도 큰 상처로 남은 '세월호'가 상징적으로 보여주었습니다. 그래서 세월호 이전과 이후는 다른 사회여야 합니다. 늦었지만 다행히도 교육의 근본이 바뀌어야 한다는 사회적 문제의식과 공감대가 커졌습니다.

서울교육의 두 가지 구동축: 혁신과 미래

저는 우리가 추구할 서울교육을 '모두가 행복한 혁신미래교육'이라고 정했습니다. '모두가 행복하다는 것'은 교육의 공공성과 평등을 말하고자 함입니다. 또한 '교육복지'도 함축한 표현입니다. 중심 개념인 '혁신미래교육'은 교육의 혁신을 강조하고 있습니다. 경기도에서 시작된 혁신학교의 물결이 서울에서도 도도한 흐름을 만들어내고 있습니다. 그러나 단순히 '혁신학교'에만 갇힌 혁신이 아니라 모든 학교, 교육 일반에 적용될 '혁신성'의 대대적인 확산과 심화가 필요합니다. 그래서 궁극적으로는 혁신이 더 이상 특별한 의미가 아니어야 합니다. 다양한 혁신적 학교 모델이 학교의 새로운 전형으로 자리 잡고 혁신교육이 교육의 원형을 이루는 날이 와야 합니다.

하지만 이전의 교육혁신의 단순한 연장이어서는 안 됩니다. 서울이라는 지역 단위, 초중등이라는 학교급 단위, 학교라는 공간 단위에 머무르는 소극적인 혁신이 아니라, 그 틀을 넘어서는 능동적인 혁신이 필요합니다. 그것은 미시적이고 근시안적인 사고를 깨고 거시적이고 구조적인 안목 속에서 미래를 조망하는 능력을 키우는 교육이어야 합니다. 서울교육이 '과거' 인습과의 과감한 결별에서 출발하여 '현재'를 뛰어넘어 '미래'로 가야 합니다. 혁신성과 미래성이 서울교육을 구동하는 두 축이 될 것입니다. 이것을 "세계화·지식정보화 시대의 미래지향적 혁신교육"이라고 표현할 수 있을 것입니다.

미래지향성 1: 열린 세계민주시민 육성

미래지향적인 교육이 담고 있는 몇 가지 핵심 원리가 있습니다. 첫째는 새로운 가치입니다. 서울교육이 추구해야 할 가치와 교육과정에 담겨야 할 내용 모두가 새롭게 정립되어야 할 것입니다. 교육에서의 인식 지평의 세계사적 확장입니다. 이것은 열린 세계민주시민을 육성하는 것으로 이어집니다. 우리의 아이들이 태어나고 성장한 곳은 대한민국이지만 시각과 지향은 세계적 맥락에 놓이도록 해야 합니다. 다양한 국가, 민족, 문화적 차이 속에서 인류의 공존과 상생을 추구하는 교육이어야지만 우리 사회를 건강하게 이끌어갈 미래 세대를 충분히 길러낼 수 있습니다.

미래지향성 2: 사회불평등 극복의 지렛대

두 번째는 초중등교육과 고등교육, 더 나아가 우리 사회와의 관계에 대한 진지한 성찰입니다. 안타깝게도 우리 초중등교육은 대학입시에 상당 부분 종속되어 있습니다. 대입은 한 차원 높은 교육 단계로 나아가기 위한 즐거운 과정이 아니라 혹독한 경쟁을 통한 인생 성패의 관문이 되었습니다. 대학의 서열이 현격하고, 더 나아가서는 학벌 구조가 강고하기에 벌어지는 일입니다. '학벌사회'는 직업불평등과도 밀접합니다.

궁극적으로는 이러한 사회불평등 구조를 극복해나가야 하겠지만, 초중등교육 자체가 이러한 대학체계 문제와 사회구조 문제를 해결하는 하나의 힘으로 작동해야 합니다. 단순히 우리 아이들을 그러한 사회 속으로 던져 넣고 그것에 맞춰 살아가는 수동적인 인간으로 키우는 것이 아니라, 스스로 자신의 삶을 가꿔가게 하면서도 우리 사회를 건강하고 정의롭게 이끌어갈 주체적인 역량을 키워주는 것이 바로 서울교육이어야 하겠습니다.

미래지향성 3: 교육 시공간의 확장

세 번째는 이러한 교육을 담아내는 행정적, 공간적 틀의 재구축입니다. 현재의 교육제도상 교육청 업무는 '학교'에 국한되어 있는 것이 사실입니다. 그것을 넘어서기가 쉽지 않습니다만, 그 한도 내에서도 우리는 새로운 교육 구현을 위한 방법론의 최대치를 만들어낼 수 있을 것입니다. 그래서 서울시, 지자체들과의 새로운 교육 협력 모델을 창출하려고 합니다. 방과후와 학교 밖까지 유기적으로 아우르는 큰 교육 프레임을 구축하려고 합니다.

저는 한국이 선도적인 동아시아형 교육복지사회로 앞서 가면 좋겠다는 생각을 합니다. 그 출발점이 서울교육이었으면 합니다. 생소할 수도 있겠습니다만, 굳이 '동아시아형 교육복지사회'라고 부르는 이유는, 비슷한 역사적 배경과 정체성을 갖고 있는 동아시아에서 한국이 고유한 교육복지모델을 선도적으로 제시하고 이끌어갔으면 하는 바람에서입니다. 북유럽형 교육복지모델의 동아시아 버전이라고도 할 수 있겠습니다. 근대 산업화 과정에서 서구를 급속하게 따라잡기 위한 국가적 차원의 '추격교육'을 실시한 결과 '압축성장'과 경쟁력 상승이 이뤄졌고, 이른바 '고교평준화'에 따른 균질적이고 평등한 교육기회 제공을 통해 보편적 교육복지의 초석을 쌓았다고 봅니다. 반면 획일적인 입시경쟁교육과 권위주의 학교문화 등 부정적 양상도 나타났고, 그것을 극복하려는 시도가 오히려 자율형 사립고 등에서 보듯이 '수직적 다양성'의 폐해로 귀결되었습니다.

동아시아의 선도적인 교육복지모델 구현과 '삼균주의'

우리 사회는 교육 평등에 대한 매우 강한 국민적 공통 의식과 합의가 존재합니다. 멀지 않게는 그 기원을 임시정부의 이념적 기반인 조소앙의 '삼균주의'에서 찾을 수도 있습니다. 정치균등, 경제균등에 이어 교육균등을 중요한 국가 운영과 사회 원리의 근간으로 삼고자 했다는 것은 우리에게 소중한 정통성이자 현 시대에 다시금 시사하는 바가 크다고 하겠습니다.

최근 자율형 사립고 평가와 재지정 여부로 여론이 뜨겁습니다. 자사고도 위와 같은 관점에서 바라보면 좋겠습니다. 착실하게 서울교육의 밑그림을 그려야 하는 시기에 민감한 교육 이슈에 교육행정과 세간의 이목이 집중되고 있어서 한편으로는 부담이 되는 것도 사실입니다만, 다른 한편으로는 자사고를 통해서 우리 교육이 가야 할 방향을 점검하고 다지는 계기가 되기도 한다는 점에서 긍정적으로 생각합니다.

사학의 공공성 회복과 자사고

일제강점기부터 사립학교는 공교육 기반이 취약한 현실에서 국가 교육을 담당하는 중요한 역할을 맡아왔습니다. 국가 재정 기반이 취약한 시기에 설립자가 사재를 털어 '교육을 통한 사회 공헌'의 취지를 갖고 학교를 설립하고 운영했습니다. 일부는 과도한 사립 입시명문으로서의 위상을 갖고 있었고 그에 따른 부작용도 있었지만, 고교평준화 시기를 거치면서 전체적으로는 사립고등학교도 균등한 공교육 기관으로서 자리매김했습니다. 그러나 국가 교육 재정이 많이 확충되면서 사학 지원 규모는 늘어났지만, 사학이 2세대, 3세대를 거치면서 본래의 공공적 '교육가 정신'은 많이 쇠퇴하고 사유재산으로 인식되거나 영리적인 '가족 기업' 성격으로 변질되기도 했습니다. 입시명문 학원화하고 있는 사립학교는 교육으로 나라를 바로 세우겠다는 초기의 사학 정신을 갖고 사회공익기관으로 돌아갈 필요가 있습니다.

지금의 자사고 또한 그러한 사학 본연의 공공적 역할을 일정 부분 이탈하는 측면이 있습니다. 좋은 교육을 받고자 하는 대중 일반의 욕구야 인지상정이겠으나 그것이 '돈'에 의해 좌우되거나, 과도한 성적 서열을 낳는다면 그것은 사회 공공성과 보편적 이익의 허용 범주를 벗어나는 것이라고 할 수 있습니다. 물론 자사고가 절대적인 부유층에게만 열린 학교라는 의미는 아니지만, 일정하게 경제력이 작동하는 것은 사실이고, 그것이 성적과 입시, 그리고 대학과 직업까지 이어지는 세대 대물림의 중요한 기제인 것 또한 사실입니다.

'개천에서 용 날 수 있는 교육'이 되어야

우리 사회가 지금과 같은 심각한 경제적 양극화, 정규직과 비정규직의 현격한 격차, 직업의 수직적 서열을 극복해가는 것이 가장 근본적인 방책일 것입니다. 무엇보다 우리 사회만의 특유한 고질적 학벌구조를 깨는 것이 필수라고 다들 입을 모으고 있습니다. 학벌주의보다는 학력주의, 학력주의보다는 능력주의로 가는 것이 공정한 사회임이 분명하고, 더 나아가서는 성실함과 노력, 그리고 사회공동체에 대한 기여도가 보다 더 중요한 가치평가의 준거가 되는 것이 이상적입니다.

우리 사회가 조금씩 진일보하고는 있지만, 하루아침에 근본적인 개혁과 변화가 일어나지는 않을 것입니다. 그러나 적어도 교육에서만큼은 그와 같은 사회의 불합리한 속성이 지배적이지 않아야 합니다. 우리의 헌법과 교육기본법이 충분히 강조하고 있듯이, 적어도 동일한 선상에서 출발할 수 있도록 해야 한다는 것, 결과까지는 모르더라도 기회만큼은 평등해야 한다는 것, 그래서 개천에서도 용이 날 수 있어야 한다는 것은 분명합니다. 그 대원칙을 서울교육에서 다시 확인하고 보다 확고히 하려는 것입니다. 그 흔들림 없는 교육평등의 기조 위에서 다양한 자율성과 창의성이 꽃피는 것을 실현하고자 합니다.

자사고도 꼭 필요하다면 이러한 맥락을 해치지 않는 범위 내에서 다른 일반고, 특성화고 등과 조화롭게 풍요로운 전인교육을 담당하는 공교육의 장이 되어야 합니다. 그러한 수평적 다양성 확장에 동등하게 참여할 때 비로소 법률에 규정된 자사고의 설립 취지인 "학교 교육제도를 포함한 교육제도의 개선과 발전"[초중등교육법 제61조(학교 및 교육과정 운영의 특례)]에 기여할 수 있을 것입니다. 이러한 교육목적에서 일반고는 물론이고 특목고, 특성화고, 자공고 등 그 어떤 학교 유형도 벗어나지 않아야 합니다.

제가 서울교육 방향에서 '중점 과제'로 삼고 있는 △ 일반고 역량 강화와 고교 균형 발전, △ 공존과 상생의 열린 세계민주시민교육, △ 학교평등예산제, △ 강남북 교육격차 해소, △ 맞춤형 진로·직업교육 확대 및 강화 등이 바로 이러한 교육 기조에 따른 중요한 정책들입니다. 이것은 크게 보면 사립교육기관의 공공성을 어떻게 보다 보편적으로 확대해 나가느냐의 문제이며,

그런 차원에서 자사고뿐만 아니라 사립중학교·사립초등학교의 공공성을 강화하는 것, 그리고 많은 비중을 차지하는 사립유치원과 공립유치원의 기능적 상생 구조를 위한 공공적 사립유치원 모델을 찾는 것에도 관심을 기울이고 있습니다. 물론 그에 걸맞은 지원도 아끼지 않을 예정입니다.

혁신미래교육의 출발: 새로운 주체와 혁신적 교육행정

위와 같은 중요 정책 과제들을 추진하는 매우 중요한 전제 조건은 주체를 튼튼히 하는 것입니다. 새로운 혁신미래교육은 그에 걸맞은 주체를 동반하지 않으면 불가능합니다. 기존의 학교를 구성하는 고전적인 주체인 학생, 교사, 학부모 외에 이제는 시민까지 모두가 참여하는 한 차원 높은, 열린 시민사회적인 '교육 주체 블록'이 필요하다는 생각입니다. 이것은 앞서 말씀드린 '마을결합형 학교'와도 밀접한 관련을 맺고 있습니다.

또 하나 마지막으로 말씀드릴 것은 교육행정의 혁신입니다. 우리에게 교육혁신이 필요하다면, 그것은 당연히 그것에 본질적으로 조응하는 교육행정 혁신을 통해서 가능할 것입니다. 이것을 '소통하며 지원하는 어울림 교육행정'이라고 표현하고 있습니다. 서울시민에게는 이웃 같은 교육행정, 학교와 교사에게는 친구 같은 교육행정이 되도록 하겠습니다.

이러한 총체적 과정을 통해 비로소 서울교육이 지향하는 이상인 "질문이 있는 교실, 우정이 있는 학교, 삶을 가꾸는 교육"이 실현될 것으로 생각합니다. 이제 그 큰 길에 들어섰습니다. 꿋꿋이 걸어가겠습니다. 감사합니다.

혁신학교를 넘어 학교혁신으로*

뵙게 되어 반갑습니다. 제가 중등 혁신학교 교장선생님들께 뭘 말씀드린다는 것이, 이미 여러분이 다 알고 있을 것이라서 조심스럽습니다. 올해부터 학부모회 조례가 만들어져서 제가 학부모회 연수를 네 번에 걸쳐서 하고 있는데, 학부모회와 말씀 나눌 때 여러 가지 이야기를 하지만 대체로 중등 혁신학교에서 이미 하고 있는 일을 개념화해서 설명하고 있습니다. 김상곤, 곽노현 전 교육감 시절이 1기 혁신학교였다면 저는 2기 혁신학교를 책임지고 있습니다.

저는 기본적으로 혁신학교 안에서 이루어지고 있는 혁신교육의 여러 요소를 일반화시켜 모든 학교에 확산되기를 바랍니다. 혁신학교의 핵심을 합리화하고 일반화하는 것입니다. 혁신학교를 실험하고 있는 곳을 지원해서 혁신학교의 내용이 이런 학교에 확산하도록 하고 일반 학교에도 이러한 합리적 요소를 핵심으로 도입하고자 합니다. 가령 혁신학교의 (교사 자율 결의체인) '다모임' 같은 것을 말하자면 '토있교(토론이 있는 교직원회의)'를 정식화해서 일반화하고 있다고 생각합니다. 정책사업도 올해 3개가 필수, 8개가 선택인데 내년부터 그 규모가 대폭 확대됩니다. 혁신학교에서 선택해서 학교마다 다른 학교 교육을 개성을 갖고 만들어가는데, 교장과 교사가 갖는 자

---

* 이 글은 2016년 5월 30일 서울교육연수원에서 열린 중등 서울형혁신학교 교장 리더십 직무연수에서 한 특강을 기록하여 수정·보완한 것이다.

율성을 크게 확대하는 의미에서 공모사업 선택권을 대폭 확대하는 작업을 하고 있습니다. 학생자치문제 등 여러 가지를 위해, 학교업무정상화를 위해 교육활동팀, 지원팀을 나눈 것도 혁신학교 실험으로 알고 있고, 이런 것들을 일반화하고 재정립해서 확산하는 것이 중요합니다. 앞으로 이런 노력들을 지속적으로 여러 측면에서 해야 한다고 생각합니다. 초등보다 중등은 어려운 조건에 있습니다. 초등에서 구현할 수 없는 혁신교육의 새로운 내용을 여기 계신 교장선생님들이 해주시면 제가 일반화하겠습니다. 궁극적으로는 모든 학교가 혁신학교같이 되고, 역설적으로 혁신학교 개념은 없어져야 한다고 봅니다. 혁신 1기가 혁신교육의 정립화, 확산이라고 하면 저의 단계에서 추진하는 것은 혁신학교의 질적 심화와 다양화라고 표현하겠습니다. 그렇게 되어갔으면 좋겠습니다. 혁신학교도 학교 구성원의 성격, 지향하는 지점이 다르니 다 같을 필요는 없다고 봅니다.

우리가 외국의 어떤 교육혁신을 배운다는 자세도 필요하지만 우리의 혁신학교가 한국에서 일어난 독특한 교육혁신의 실험 모델로 외국에 알려져야 된다고 저는 생각합니다. 예컨대 그것을 대학에 있을 때 하던 방식으로 생각하면, 우리의 교육 내용으로 영어책을 만든다고 생각하면 보다 명확해집니다. 영어 교재를 만들기 위해서 내용을 짜고 있는데 어떤 걸 넣을까 이런 고민을 해보면 답이 조금 보이지 않을까 싶습니다. 어떤 교장선생님께서 인도네시아에 가서 혁신학교를 소개한다면 그것은 상당한 메시지가 있을 것입니다. 반대로 미국은 차터스쿨 등이 있습니다. 또 오마이뉴스의 오연호 사장님이 자신이 펴낸 덴마크 관련 책을 갖고 그것을 이상화해서 얘기하고 있지만, 저는 그것도 궁극의 이상적 모델은 아니라고 생각합니다. 남의 떡이 커보이게 마련입니다. 한국의 혁신학교는 글로벌 교육의 한국적 형태이고 후진국적 교육에서 선진국적 교육으로의 변화이며, 중요한 교육혁신의 모델이라고 생각합니다. 외국 사람에게 혁신학교를 설명한다면 이런 의미가 있을 것입니다. 이 현상을 한국의 특수한 현상, 실험으로 설명하지 않고 혁신학교에 내재된 보편적 관점으로 설명하면 명확해집니다. 혁신학교는 특수한 학교가 아니라 보편적 학교가 되어야 합니다. 제가 친구들과 옛날에 낸 책 제목이 "우리 안의 보편성"입니다. 저는 모든 측면에서 이 도전에 직면해 있다고 봅니다.

추격산업화와 추격교육을 넘어

우리는 지난 40~50년 동안 추격산업화 시대를 겪었습니다. 우리는 추격산업화에 성공한 나라입니다. 이것을 가능하게 한 추격교육이 있었습니다. 그러나 우리가 추격산업화 이후의 사회로 발전하면서 추격교육도 낡은 것이 되었고 바꾸어가야 합니다. 기존의 낡은 추격교육 방식을 바꾸려는 거대한 실험에 혁신학교가 있습니다. 그래서 혁신학교는 40~50년 동안 했던 낡은 교육을 넘어서기 위한 건데, 여기에는 여러 성격이 있습니다. 저는 이 중 하나를 학교 민주주의 운동이라고도 표현합니다. 교장선생님들도 생각해보십시오. 혁신학교의 본질이 뭐지? 그것은 국영수 중심의 암기식 교육을 넘어서는 새로운 창의적 교육일 수도 있습니다. 뭔가 살아 있는 교육을 위한 실험, 암기식이 아닌 아이들의 상상력을 뒷받침하는 혁신교육 과정일 수도 있습니다. 그러나 근본은 그런 것을 가능하게 하는 학교 구성원들 간의 관계라고 볼 수도 있습니다. 바로 새로운 민주적 관계 공동체일 수 있습니다.

교장선생님들 중에 어떤 분은 저한테 학교에서 교장의 권위가 무너지고 교장이 1/n로 격하된다고 말합니다. 저는 그 말을 들으면서 1/n이라는 불만이 나올 정도로 학교의 상황이 달라졌고, 그렇기 때문에도 새로운 리더십이 필요하다고 말씀드리고 싶습니다. 어떻게 민주적 리더십을 발휘하여 구성원을 끌어갈 것인가 하는 것이 과제입니다. 협력적·소통적 리더십을 발휘하는 것이 필요하다는 것입니다. 학교를 관계 공동체로 이해할 때, 학교에 교장이 있고 교사와 학생과 학부모가 있다는 것과 이 학교라는 것이 지역사회와 마을 속에 있다는 것을 이해하면 이 내부관계가 달라질 것 같습니다. 학교와 외부 관계도 달라질 것 같습니다. 아주 능동적이고 극단적인 교사는 교장이 1/n이 되기를 요구할지도 모릅니다. 일면 부정적이면서 극성스럽게 보일 수도 있지만, 다른 한편으로는 그러한 교사는 적극적으로 아이들 가르치고 참여하려고 한다고 볼 수 있습니다. 학생들도 옛날과 다릅니다. 이제 그러한 구성원들과 협력적이고 민주적이고 소통적인 리더십을 발휘할 필요가 있습니다. 낡은 권위주의적 리더십을 발휘하면 1/n이니 뭐니 하며 갈등이 증폭됩니다. 초기 추격산업화 시대 모델의 변화는 시대적인 변화이고 혁신학교는 그 맨 앞에서 시대적 요구를 구현하는 것입니다. 저희는 그 안에 중요한 요소를 일반화해서 전체 학교가 혁신학교의 20~30% 정도는(중간 범주를 만든다면 혁신공감학교로) 가게 하고자 합니다. 혁신학교가 모든 것들을 종합적으로 광범위하고 총체적으로 구현하면서 가장 앞장을 서게 하고 그 속에서 시대적 흐름을 읽는 정책을 펴고자 하는 생각으로 임하고 있습니다.

여기 계신 교장선생님들이 조금 더 새로운 실험들을 해주신다면 1기 혁신을 넘어서는 양적·질적 심화가 있을 것 같습니다. 특히 초등은 숫자가 그래도 많은데 중등은 어려운 조건에 있고 고등학교는 대표적으로 몇몇만 하는 상황입니다. 여러분께서 혁신학교 2기의 실험을 앞서서 해주시면 다른 곳에서 공유하면서 할 수 있지 않을까 합니다.

미래를 준비하는 교육혁신

낡아버린 과거 교육을 뛰어넘는 혁신이 있다면, 미래로부터 다가오는 도전에 대비하는, 인공지능 등이 있는 미래를 준비하는 혁신이 있을 것 같습니다. 얼마 전 이세돌과 알파고의 대결이 있었습니다. 교육환경은 변화하고 있고, 이런 미래적 변화에 대응하는 미래지향적 교육혁신의 과제들을 혁신학교가 요구받고 있는 것 같습니다. 여기 계신 교장선생님들이 구체적 교육

프로그램으로 교실, 방과후학교, 생활에서 어렵더라도 집단적 노력을 해주셔야 합니다. 어디 교과서에 나와 있는 것이 아니라고 해서 내용이 없는 것이 아닙니다. 또 서양에서 뭘 꼭 배워야 한다고 생각할 필요도 없습니다.

반대로 영어책을 우리가 내서 우리 교육을 외국에 소개한다고 생각해보십시오. 제3세계, 아프리카보다는 저희가 앞서 있기 때문에 우리의 혁신학교 교육을 충분히 소개하고 내세울 수 있는 것이니, 그런 관점에서 생각해주십시오.

예를 들면 국영수 암기식 지식교육과 다른 새로운 창의교육을 하고, 아이들을 수동적으로가 아니라 자기주도적으로 만들고, 학습뿐 아니라 주체적 역량을 배가시키는 일을 할 때 혁신학교의 그 프로그램은 과거를 뛰어넘는 것이며 동시에 미래를 준비하는 두 가지 의미가 있을 것입니다. 암기식 지식교육에 대응해서 새로운 창의교육을 혁신학교에서 하려고 노력하고 있는 것으로 압니다. 그것은 이미 우리가 선진적으로 앞선 교육을 하고 있다는 의미입니다.

인공지능 알파고와 이세돌 대국이 한국에서 벌어진 것이 중요한 것 같습니다. 피부에 바로 와 닿더군요. 10년은 앞서 간 것이라고 봅니다. 뇌 과학 분야에서 대표적인 사람이 김대식 교수, 정재승 교수라고 하는데, 정재승 카이스트 교수도 교육청에 모셨습니다. 인공지능 시대 TF를 만들어 논의를 해보자고 해서 이제 하고 있습니다. 김대식 교수는 인터뷰를 하면서 "알파고 시대, 국영수 교육 필요없어"라고 했습니다. 과장일 것 같긴 한데 암기식 지식교육만으로는 우리 시대에 필요한 창의교육이 안 된다는 얘기일 것입니다. 제가 그걸 받아서 생각해보니 우리 교육이 대학입시를 앞두고 아이들을 공부 기계로 만드는 거다, 다른 생각 말고 잠도 신체가 견딜 수 있는 정도로 줄이고 기계처럼 공부하라는 것이거든요. 김대식 교수 말은 기계처럼 공부하는 것은 기계가 더 잘한다는 것입니다. 기계를 뛰어넘는 인간적인 것이란 무엇인가를 고민해야 한다고 봅니다. 알파고가 우리의 고유한 인간적 능력에까지 도전하겠다고 하고 있기는 하지만 기계는 공동체적 감정, 협업 능력, 문화예술적 감수성은 지니지 못할 것입니다. 흥미로운 것이 요즘 인문학 열풍입니다. 대학에서는 인문학과가 죽어가고 있는데 말이지요.

인공지능 시대의 인문학적 상상력

말하자면 인공지능 시대 기술적 지식의 발전에도 인문학적 상상력이 필요한 겁니다. 제가 아들이 둘인데 큰아이가 대학에서 컴퓨터를 배웁니다. 이 아이는 '단지' 기술자입니다. 저는 기술자처럼 공부하면 안 된다고 말하지만 현실적으로 우리 교육이 그렇게 이루어지는 것 같습니다. 컴퓨터 과학자도 인문학적 상상력을 갖는 과학자와 엔지니어 기술자는 다를 것 같습니다. 기업체 사장이 인문학을 공부하는 것은 기술적 지식은 휘하 연구원이 지니고 있으니 사장은 훨씬 더 앞서가는 상상력이 필요할 것 같아서일 겁니다. 초등학교, 중학교부터 그런 교육이 이루어져야 하는데, 통섭적 교육이라는 말도 있지만 잘 안 되는 것 같습니다. 과제가 주어지면 기계적으로 사고할 뿐이지요. 제가 인문학자 입장에서 제 아이를 보니 그럴지 모르지만 저는 속이 터집니다. 중등교육에도 새로운 창의교육이 필요하고 심지어 기술적인 곳도 새로운 창의교육이 필요합니다. 미래지향적 수업혁신, 학교혁신 측면에서 선도적으로 해주시면 좋겠습니다.

그런 의미에서 보면 세계적 시민교육도 중요할 것 같습니다. 세계시민교육은 결국 사람을 상호 존중하는 평등적 관점, 열린 마음에서 바라보도록 하는 것입니다. 최근 강남역 살인사건 보도를 보면 다른 사건과 달리 여성들이 말하기 시작한 거라고 생각합니다. 여성으로서 한국에 살아가는 것이 얼마나 불안하고 위험한지 말하기 시작한 거라고 봅니다. 개별적 살인 사건에 대해서 이런 대대적인 반응을 보인 예가 없습니다. 이것은 말하자면 우리 안의 성불평등성에 대해서 직관적으로 이의제기를 한 것입니다. 여성과 남성 사이의 상호 평화롭고 평등한 관계가 붕괴된 것에 대한 반발인 것입니다. 그런데 일베 쪽에서는 이것을 남녀 대결 구도로 가져갑니다. 심지어는 양성평등연대라고 있습니다. 이름은 그럴 듯한데 원래는 일베 계통이었습니다. 예전이름은 남성연대입니다. 강남역 사건에 대한 여성들의 움직임을 남성혐오라고 합니다. 이 국면에서 나와서 남녀대결구도로 몰아가지 말자고 하지만실은 남성우월성, 여성배타성이라고 하는 입장이 훼손될까 봐 그러는 겁니다. 이처럼 우리 사회는 아직도 성평등 문제를 비롯해서 관계의 세계시민성이 부족합니다.

저는 세계시민교육이 특히 필요하다고 봅니다. 배달민족으로 살아갈 때는 영남·호남 지역갈등 정도가 우리 내부에 있을 뿐이지만 앞으로는 인종, 민족, 종교 등 여러 측면에서 갈등이 터져 나올 것 같습니다. 이런 상황에서즉자적인 사고에 빠지면 방어적 증오, 혐오 정서가 배어 나올 것 같습니다. 이번 강남역 사건 이후 나타나는 현상에 대해서 개방적이고 성찰적으로 이해해야 합니다. 우리가 어떻게 하면 여성도 불안하지 않게 살아갈 수 있을지, 어떻게 세상을 바꾸어갈 것인지를 성찰하는 계기로 여겨야 합니다. 이주노동자와 국제결혼여성과 새터민이 차별을 느끼면서 살아간다면 이를 어떻게 완화해줄지를 고민하는 것, 그런 것이 미래 경쟁력 같습니다. 혁신학교가앞서서 세계시민적 감수성을 배양할 필요가 있다고 봅니다.

중등 혁신학교 교장선생님들이 어렵더라도 혁신학교 2기를 함께 해나가시면서 새로운 실험들을 해주시면서 제언해주시면 좋겠습니다. 교원 업무정상화, 토론이 있는 교직원회의 등 교육청 정책에 대해서 현장에서 의견이있으면 언제든지 말씀해주십시오. 교육청과 학교 현장의 간극을 가능하면줄이기 위해 매주 목요일마다 학교 방문을 하면서 직접 듣고 있습니다. 기탄없이 말씀해주십시오. 저는 교장선생님들이 해주시는 작업을 일반화하는매개자라고 생각합니다. 교장선생님들께서 적극적으로 앞서 가시면 좋겠습니다.

일선 교장선생님들에게 언제나 마음 깊이 감사드리고 있고 여러분이 서울교육을 떠받치고 있다는 것 잘 알고 명심하고 있습니다. 고맙습니다.

새로운 시대, 미래지향적인 공공적 학부모를 위해[*]

오늘 주제가 "새로운 시대, 미래지향적인 '공공적 학부모'를 위해"입니다. 제가 요즘 '공공적 학부모'라는 표현을 자주 쓰고 있습니다. 오늘은 이 말을 갖고 여러분과 좀 더 깊게 얘기를 나눠보고 싶습니다. 표현은 좀 낯설 수 있지만, 그 의미가 그리 어렵지는 않습니다.

사실 오늘 이 자리에 오신 분들이 이미 어느 정도는 공공적 학부모라고 생각합니다. 이미 강한 공공적 학부모로서 오신 분도 있을 것이고, 학부모대학을 통해서 공공적 학부모로 거듭나기도 할 것입니다. 저는 오늘 바로 여러분에 대해서 얘기하고자 합니다.

공공적 학부모 얘기를 하기 위해서는 관련해서 설명할 것이 몇 가지 있습니다. 우리 공교육의 역사와 성격에 대해서도 좀 얘기를 해야 하고, 무엇보다 우리 사회의 공공성에 대해서 얘기를 해야 합니다. 좁게는 학교 민주주의에 대해서도 말씀드려야 할 것 같습니다.

우리 사회의 공공성 부족

제가 사회학자로서 한국 사회에 대한 진단과 분석을 많이 했습니다. 제

---

[*] 이 글은 2015년 4월 8일 서울교육연수원에서 열린 "2015 서울시교육청 '학부모대학'" 개강식 특강 자료이다.

전공은 민주주의이지만, 사회경제적 불평등에 대해서 특히 많이 언급을 했습니다.

한국 사회의 불평등성, 사회체제적 성격에 대해 우리 사회에서 거론되는 많은 키워드를 여기 나열해보겠습니다. 일제, 전쟁, 독재, 병영사회, 압축적 근대화, 재벌중심 산업화, 군사독재와 민주주의 부재, 민주화 운동, 절차적 민주주의 vs 실질적 민주주의, 민주주의의 확보와 시장의 확대, IMF 이후 급속히 진행된 배금주의/물질만능주의, 성장제일주의, 사회 운영 원리의 불합리성(부조리, 비리, 부패 만연), 관피아, 극단적 출세·성공주의, 배타적 개인주의, 국가 및 시민사회의 시장 종속성, 시장 압도성, 원칙과 상식의 부족(부재), (부정적 의미에서의) 전근대적 요소의 지배(혈연, 학연, 지연 등), 복지 부족(부재), 개인에 대한 국가 및 사회 보호 시스템 부족, 각개 생존 모색, 과잉경쟁, 적자생존, 약육강식, 총체적 공공성 부족 국가, 공동체성 부재 사회 등등…….

제가 너무 우리 사회에 대해서 부정적으로만 언급했는지요? 안타깝지만 이것이 현실입니다. 우리 사회의 변화를 모색하려면 있는 그대로 실체를 보고 드러내야 합니다. 거기에서부터 출발해야 우리 사회를 바꾸기 위한 길이 보입니다. 그래서 저는 보다 냉철하고 엄격하게 우리 사회를 보아왔습니다. 물론 지금은 교육감으로서 조금 다른 접근을 하고 있습니다. 제도권 내의 행정가이기 때문에 그에 맞는 사고를 하고, 우리 사회 및 교육에 대한 적절하고 합리적인 대안을 찾고 있습니다. 저를 아직도 과격한 진보적인 사회학자로 보시는 분들이 있는지 모르겠는데, 사실 알고 보면 굉장히 부드러운 남자입니다. (웃음) 싫은 소리 한번 하지 못하는 그런 성격입니다.

우리 교육의 공공성 부족

우리 현대사와 사회적 성격이 그러하다 보니, 교육이 정상적으로 존재하지 못하고 있습니다. 교육은 사회를 반영하고, 또 교육이 그러한 사회를 유지하는 밑거름이 되기도 합니다. 사회가 건강하지 못하면 교육도 당연히 건강하지 못합니다. 그래서 제가 '병든 사회, 아픈 교육'이라고 말했습니다. 사회가 극단적 경쟁과 배타주의로 흐르면 교육도 그렇게 됩니다. 또 우리나라는 교육이 사회를 결정짓는 영향력이 매우 큽니다. 치열한 입시경쟁교육만으로 길러진 우리 아이들이, 따뜻한 전인교육을 받았을 경우에 비하면 심신이 건전하고 건강하기 힘든 것은 논리적으로 사실 아니겠습니까. 그렇게 우리 사회가 구성되어 흘러가고 있습니다. 우리 사회의 미래를 이끌어갈 우리 아이들의 안정성이 떨어지는 것입니다.

교육이 사회를 결정짓는다는 것의 또 다른 의미는 바로 학벌체제입니다. 학벌은 교육영역과 사회영역을 연결 지으면서 그것을 하나의 속성으로 통합하는 원리입니다. 교육이 최종적으로 학벌주의를 낳고, 학벌주의에 의해서 사회가 운영되는 측면이 있는 것. 그 학벌주의 사회에 교육이 종속되는 것. 이것이 우리 사회의 슬픈 현주소입니다.

그렇다면 공교육이란 무엇인가. 공교육의 의미는 여러 가지가 있습니다. 국가나 지자체가 설립하고 운영하는 학교와 교육시스템이 가장 기본적인 의미일 것입니다. 그러면 사립학교는? 국립이나 공립이 아닌 사립학교가 태반인데, 공교육이라고 하면 이건 어찌되는 것인가. 우리 공교육 체제의 특수성(기형성)이 바로 여기에 있습니다. 사립학교와 사교육 의존성이죠. 사립학교를 일정하게 공적으로 운영하면서 공교육에 흡수하고 있지만, 여전히 사립학교법은 사립학교들의 과도한 자율성을 인정하고 있습니다. 다시 말해 사립학교에 공공성이 깊게 들어가기 힘든 구조입니다. 또한 학교가 존재함에도 불구하고, 사실상 아이들의 교육의 절반은 학원이 담당하고 있습니다. 역사적으로는 사립학교 의존적인 공교육 체제, 현실적으로는 입시 사교육 의존형 공교육 체제인 것입니다. 거기에 더해서 공교육의 내용적 측면에서도 공공성을 충분히 담아내지 못하고 있습니다. 말하자면 사회정의, 평등,

생명, 평화, 이타성, 지속가능성, 생태와 환경, 복지 등 보다 공공적인 가치가 교육과정의 기저에 자리 잡고 있지 못합니다. 교육내용이 사회 정체성 수준을 넘어서지 못하기 때문입니다.

교육공공성을 경제적 측면에서도 말씀드리겠습니다. 교육공공성의 부재(부족)은 곧 국가 교육재원의 투입이 부재하다는 것을 의미합니다. 그것은 곧 교육에 따르는 비용을 개인이 부담해야 한다는 것이고, 교육복지가 부재하다는 것을 의미합니다. 국가 부담 교육이 모두에게 동일하게 적용될 때 교육공공성이 존재할 수 있습니다. 그런데 아직도 고등학교는 의무교육이 아닙니다. 그래서 당연히 학비도 자부담입니다. 그래서 고교까지 무상교육 하자는 말이 나오고 있습니다. 학비만이 다가 아닙니다. 학교를 다니면서 필요한 경비는 다양합니다. 그래서 급식부터 시작해서 교복, 학습 도구, 기타 체험활동, 방과후 프로그램 등 모든 부분에서 무상교육이 실시되어야 한다는 주장도 있습니다. 말하자면 교육비를 국가가 부담해야 한다는 것입니다. 그것이 공교육의 기본이기 때문입니다. 근래에 들어서 무상급식, 무상보육 개념이 강하게 대두되었지만, 여전히 국가의 경제적 책임은 제한적입니다. 대학은 말할 것도 없습니다. 극소수의 국립대를 제외하면 사실상 고등교육은 사립 또는 시장에 내맡겨져 있는 셈입니다. 외국과 매우 대조적입니다. 국가의 책임이 제한되어 있다 보니, 공교육 내에서도 여전히 학생과 부모가 부담해야 할 비용이 만만치 않고 사교육비까지 부담해야 하는 상황입니다.

상황이 이렇다 보니 우리 부모들은 어떻게 되었나요. 아이 학비(공교육비/사교육비)에 등골이 휘고, 자기 자식 잘되기를 바라는 마음으로 서로 피 흘리는 경쟁을 하고 있습니다. 내 아이가 남에게 뒤처지지 않을까 하는 소극적인 마음, 더 나아가서는 내 아이만이라도 잘되기를 바라는 적극적인 마음에서 아이를 위한 모든 것을 하려고 합니다. 아이를 더 많이 학원에 보내려고 하고, 입시설명회에 쫓아다니고, 경시대회를 챙기려고 하고, 아이의 스펙을 만들기 위한 모든 일에 매달립니다. 참으로 불행한 일이지만, 지금과 같은 우리 사회, 우리 교육 조건에서는 우리 부모들은 결코 공공적 학부모로 존재할 수 없습니다. 공공성이 사라진 교육에서 학생이, 학부모가 공공적으로 존재할 수 있겠습니까. 사적 학부모, 개인주의적 학부모, 경쟁적 학부모, 내 아이 중심주의 학부모만 존재할 수 있을 뿐입니다. 우리 사회가 부모들을 그렇게 내몰고 있습니다.

교육 민주주의 부족

또한 공교육의 주축인 학교가 민주주의의 장이 충분히 되지 못하고 있습니다. 지금은 많이 사라지고 좋아지고 있지만 심한 권위주의, 선생님의 폭력적인 체벌, 학생인권 부재 등이 불과 얼마 전까지의 일입니다. 학교 공동체가 평화롭게 만들어져 본 적이 없습니다. 교장선생님을 정점으로 교장과 교사, 교사와 학생의 관계가 수직적·일방적이었습니다. 학교 자체가 병영이기도 했습니다. 요즘 일부 아이들이 군대문화를 추종하고 위계, 선후배, 강압 등의 행태가 존재하는 것도 무관하지 않습니다. 대학에 들어간 일부 학생들이 군대보다 더 강한 폭력과 위계질서를 강요하는 경우도 있지 않습니까?

학교 민주주의의 부족 내지 부재는, 결국 우리 사회 민주주의의 부족 내지 부재와 직결됩니다. 사회의 민주주의가 부족하거나 퇴행적일 때, 학교 내에서의 민주주의는 더더욱 후퇴할 수밖에 없습니다. 특히나 학교는 그 특성상 오랜 세월 폐쇄적이고 갇힌 공간으로 존재하면서 보수성이 강하고 움직임이 느립니다. 사회가 민주적으로 변해가고 있어도 학교 내에서의 변화는 더딥니다. 마치 군대가 그런 것처럼.

또한 사회가 민주주의 가치보다는 자본과 시장 논리에 따른 성공, 출세, 영리를 강조하게 될 때, 학교 역시 그러한 가치에 가깝게 가게 됩니다. 그런 공간에서 민주주의를 강조할 개연성은 줄어듭니다. 말하자면 민주주의가 밥 먹어주느냐는 논리, 학교는 그저 아이들한테 입시교육 잘 시켜서 대학 보내기만 하면 된다는 논리가 횡행하게 되지요. 학교를 어떻게 민주적으로 운영할까, 어떻게 모든 교육 주체가 민주적인 관계를 맺을까 하는 고민은 설 자리를 잃습니다. 우리 사회 전반에서 민주주의가 뒷전일 때 교육도 마찬가지인 것입니다.

학교운영위원회가 마치 국회나 의회처럼 학교를 운영하는 최고의 민주주의 기구임에도 불구하고 일부에서는 형식적으로 존재하거나 기계적으로 운영되는 경우도 있습니다. 이것은 바로 주체의 실질적 관심과 참여가 부족한 상황에서 비롯된 것이고, 마치 국민들의 정치에 대한 무관심과 소외 현상과도 비슷한 것입니다. 지자체 의회에 대한 관심을 갖고 있는 시민이 얼마나 될까요. 남의 일이라고 생각하지 않습니까. 지방의회가 어떻게 운영되는지 아는 사람은 거의 없을 것입니다. 이러한 현상이 학교에 투영되면 운영위원회도 마찬가지인 것입니다. 학부모의 공공적 의식, 민주주의 의식, 주인의식이 필요한 이유가 바로 이 때문입니다.

교육을 구성하는 두 가지 원리(가치)인 공공성(형식적 공공성과 내용적 공공성)과 민주성은 밀접한 관계가 있습니다. 당장 보십시오. 공공성이 개입해 들어가지 못하는 공간에서 민주성이 보장되기는 힘듭니다. 일부 사립학교가 그렇지 않습니까. 학원에서 민주주의를 기대하기란 어렵지 않습니까. 공공성은 공정한 가치와 원리가 보편적으로 적용되는 것을 말합니다. 그래서 기왕이면 국가나 지자체가 운영하는 편이 공공성을 담보하기 더 쉬운 것이고, 모든 사람에게 형평에 맞는 분배 정의를 실현하고 서비스를 제공할 수 있습니다. 교육 공간이 공공적으로 운영된다는 것은 곧 그 구성원들의 관계가 민주적이라는 것을 의미합니다. 공교육에 포함되는 국공립학교와 사립 중고등학교가 비록 공교육이라는 이름으로 존재하고 있지만, 여전히 학교민주주의가 충분히 완성되지 않고 있다는 것은 그만큼 학교가 공공적으로 운영되지 않고 있다는 것을 의미합니다. 학교가 민주적 공동체일 경우, 그 학교는 당연히 운영에서 공공성을 지향할 수밖에 없습니다. 학교운영위원회가 민주주의의 꽃으로 기능하고 있다면, 당연히 학교 운영과 관련한 재정과 예산, 각종 사업 등이 투명하고 공평하게 집행되지 않겠습니까. 그것이 공공성입니다. 국가와 지자체가 설립만 했을 뿐, 실질적인 학교 운영의 공공성은 충분히 실현되지 않은 상황에서 학교 민주주의 역시 요원할 수밖에 없습니다.

혁신학교가 만능은 아니겠지만, 일정하게 학교공공성과 민주성을 실현해가려고 노력하는 곳이라고 할 수 있습니다. 최소한 저는 그렇게 생각합니다. 모든 학교에 혁신성을 불어넣겠다는 것은, 교수·학습 방법의 혁신, 교육과정의 혁신 등도 포함되겠지만, 결국 학교 운영과 관련한 공공성과 민주성을 확장한다는 의미입니다.

사적 경쟁에서 공공적 협력의 시대로

세월호 사건을 모두 기억할 것입니다. 너무 많이 말해서 이제는 좀 성찰감이 떨어지기도 하지만, 여전히 우리의 반성적 사고의 기초로 삼아야 할 큰 사건입니다. 세월호라는 끔찍한 사건을 겪고 나서야 비로소 우리는 우리 사회에 대한 반성, 우리 교육에 대한 근본적 성찰을 하게 되었습니다. 다른 교육의 시대로 가야 한다는 시대적 욕구가 비등해졌습니다. 저의 소임이 바로 그것임을 잘 알고 있습니다.

새로운 교육은 새로운 주체로부터 가능합니다. 그것의 대표이자 상징은 교육감이겠지만, 결국은 모든 시민의 힘입니다. 그리고 그 핵심에는 학부모가 있습니다. 새로운 학부모가 존재한다면 당연히 새로운 교육이 만들어집니다.

과거가 사적 경쟁, 배타적 개인주의에 따른 주체들의 각축의 시기라면, 이제는 공공적, 민주적 원리에 입각한 협력적 주체들의 시기로 넘어가고 있습니다. 그렇게 가야 합니다. 그러기 위한 다양한 제도적 장치 마련과 주체의 노력이 필요합니다. 그래서 이렇게 학부모대학도 하고, 제가 와서 여러분과 이렇게 진지한 대화도 나누는 것 아니겠습니까. 이것이 다 공공적 주체를 만들어가는 과정입니다.

이제 우리 사회는 공공적 시민의 시대로 가야 하고, 우리 교육과 학교 역시 공공적 학부모, 공공적 학생, 공공적 교사의 시대로 가야 합니다. 제가 "학생은 교복을 입은 시민이다"라고 말했을 때, 그 의미는 바로 우리 학생들이 시민으로 존중받아야 한다는 의미도 있지만, 우리 아이들이 공공적·민주적 시민으로 성장해야 한다는 것을 의미하기도 합니다. 그래서 학교자치, 학생자치를 강조하고 있습니다. 그 과정에서 민주주의에 대한 훈련과 학습을 통해 공공적 시민으로 커갈 것이라고 봅니다.

공공적 학부모가 만들어가는 새로운 혁신미래교육

우리 교육의 변화를 만들어낼 수 있는 가장 큰 잠재적 주체는 바로 학부모입니다. 학부모가 바로 서면 교육이 바로 선다고도 했습니다. 시대가 요구하는 새로운 학부모는 바로 공공적 학부모입니다.

저는 네 가지 기조를 갖고 있습니다. 학생 중심, 교사 우선, 학부모 참여, 시민 동행. 지금까지 학부모들이 교육에 참여하는 방식은 매우 소극적이고 형식에 그치는 경우가 많았습니다. 서울교육정책에 의해서 영향을 받는 대상으로 남아 있었습니다. 교육을 스스로 결정하지 못하고 수동적으로 받아들여야만 하는 존재에서 자신의 삶을 스스로 만들고 변화시킬 수 있는 주체로 가야 합니다.

내 아이의 부모가 아니라 모든 아이의 부모로서 교육을 바라보고 고민해야 합니다. 한 아이의 학부모이면서 동시에 공공적인 시민의 관점과 더 나아가 인류 보편의 관점을 갖고 우리 아이들 전체, 우리 교육 전체, 그리고 우리 사회를 바라봐야 합니다.

학교 설립과 재정 지원의 공공성은 정부와 지자체가 책임진다면, 학교 운영의 공공성과 민주성은 학부모의 몫에 달려 있습니다. 얼마나 큰 사명인가요. 여러분이 학교운영위원으로, 학부모회 일원으로, 학교에 참여할 수 있는 다양한 경로에서 능동적이고 적극적인 역할을 해주셔야 합니다.

모든 학부모가 학부모대학에 와서 함께 이야기를 나누고 교육도 받고 그러면 좋겠지만, 제한적이다 보니 여러분이 밖으로 나가서서 공공적 학부모의 전령이 되어야 합니다. 여러분이 다시 학부모의 교사로, 이웃이자 친구로 다가가 세상 모든 학부모를 새로운 학부모로 거듭나게 해주어야 합니다. 그런 기회를 많이 만들겠습니다. 여러분도 저와 마찬가지의 시대적 사명감을 안고 공공적 학부모로서 힘을 보태주십시오.

서울시교육청의 혁신미래교육은 공공적 학부모를 필요로 합니다. 여러분의 존재가 필수적입니다. 서울교육이 완성되고 이상적으로 실현되기 위해서는 공공적 학부모가 필요조건입니다. 새로운 주체들의 관계에서부터 비로소 마을결합형 학교도 가능하고, 민관 거버넌스도 가능하며, 다양한 지역협력, 민간협력 사업들이 가능합니다. 학교 자치와 학교 민주주의도 여러분이 있을 때 비로소 실현될 수 있습니다.

나 혼자만 공공적 학부모가 되면 나만 손해 보지 않을까 걱정되기도 할 것입니다. 모든 학부모가 공공적 학부모가 될 수 있도록 저도 노력하겠습니다. 나보다는 남을 먼저 생각하는 학부모가 되어도 아무 걱정 없이 행복하게 살아갈 수 있는 그런 교육, 그런 사회를 만들기 위해서 함께 노력합시다.

오디세우스처럼 새로운 교육을 향해 나아가는 교육원정대가 되기를!*

반갑습니다. 입학식 때 봤습니다. 여러 멘토, 좋은 선생님의 강의를 듣고 있을 것입니다. 오늘 40~50분 정도 강의하고 나머지 반은 같이 질의응답하면 좋겠습니다.

제가 대학에 있을 때 학생들이 못 알아듣게 어렵게 강의한다고 소문이 났습니다. (웃음) 오늘 못 알아들어도 이해해주기를 바라고…….

제가 세 부분으로 나눠 말하겠습니다. 오디세이가 있기까지의 교육시스템, 왜 오디세이가 만들어졌는지를 큰 틀에서 말하려고 합니다. 두 번째는 세계시민교육을 강조하는 입장입니다. 세계화 시대 교육, 우리 시대 삶에 대해서 말하고 마지막으로 그 외에 이런저런 이야기들을 하려고 합니다.

여러분은 피교육자이니까 교육을 받는 입장인데 그러니까 여러분들이 우리의 교육시스템 속에 있는 겁니다. 그렇지만 여러분이 시스템 속에서 어떤 교육을 받고 강요당하고 있는지 하는 부분에 대해서 스스로 의식을 가지면 좋을 것 같습니다. 우리의 교육시스템은 세계적 변화 속에 있고 여러분들

---

* 이 글은 2015년 11월 5일 정독도서관에서 '오디세이학교' 입학생들에게 한 특강 내용이다. 오디세이학교는 서울시교육청이 최초로 실시하는 '고교형 자유학년제'로서 고등학교 1학년 학생들에게 자유로운 도전과 탐색, 삶에 대한 성찰과 성숙의 기회를 제공하고자 일반적인 학교 교육과정에서 벗어나 창의적이고 자율적인 대안 교육과정을 위탁교육 형태로 운영하는 일종의 전환학년(Transition Year, Gap Year) 교육과정이다. 기존에 없던 새로운 길을 찾아 용감한 여행을 떠난 친구들에게 하고 싶은 당부를 담았다.

이 앞으로 살아갈 세상은 지금의 세상보다 변화되어 있을 것입니다. 그래서 폭넓은 인식이 필요합니다.

먼저 저는 교육과 사회에 대해서 얘기하려고 합니다. 여러분도 아시다시피 교육이 이루어지는 체제를 시스템이라고 합니다. 나라마다 다르고 선진국, 후진국마다 다르고 초등학교, 중학교, 고등학교, 대학교가 있습니다. 대학교 이상을 고등교육이라고 합니다. 여러분은 고등학교 과정에 있는 거죠. 교육시스템은 사회가 어떤 인간을 만들어낼까 하는 각도에 따라 짜놓은 틀입니다. 이 과정을 거치면서 사회가 요구하는 인간으로 육성되는 겁니다. 여기에 교육시스템이 있습니다. 6-3-3으로 되어 있습니다. 대학이 4년인데 이를 모두 학제라고 합니다. 이를 바꾸자고 해서 초등학교는 5년만 하자는 의견도 있습니다. 우리 다닐 때는 유치원 교육이 특별히 중시되지 않았습니다. 그런데 요즘은 프리스쿨이라고 학교 들어가기 전 교육, 유치원이 굉장히 중요합니다. 어린이집은 옛날식으로는 '탁아소'입니다. 반면에 유치원은 교육과정으로 간주됩니다. 관리도 다르죠. 어린이집은 복지니 보건복지부 소관입니다. 유치원은 프리스쿨이고요.

교육 = 인성 형성 + 기술적 지식 습득

일반적 의미에서 보면 교육을 통해서 사회가 어떤 인간을 만들어내느냐 하는 데는 두 측면이 있습니다. 단적으로 교육은 인성 형성과 사회적 삶을 위한 기술적 지식습득의 과정입니다. 즉, 인성이라고 할까, 사회적 인간으로서 살아가는 데 필요한 품성, 인격, 미덕을 형성하는 과정이 교육입니다. 다른 한편으로 인간은 먹고살아야 하니 직장과 기술을 얻고 직업적 인간으로 살아가는 데 필요한 기술적 지식을 배우는 측면이 있습니다. 금융, 지질학자 등은 우수한 지식이 있어야 합니다. 교육은 일련의 과정을 통해서 두 가지를 다 배우는 것입니다. 한편에서는 인성, 다른 한편에서는 지식과 기술을 배우는 겁니다. 이과, 문과로 대응하는 것은 아닙니다. 이과도 품성교육, 전인교육 합니다. 교육을 통해서 여러분들은 품성, 인성을 갖추어야 하고 다른 한편에서는 직업도 가져야 합니다. 여러분이 고3쯤 되어 대학입시를 맞이하면 수능을 몇 점 받느냐가 매우 중요해집니다. 그것으로 그 사람의 모든 것을 결정하기도 합니다.

일부 학교에서는, 가령 학생이 서강대 경영학과를 가겠다고 하면 연세대에 갈 실력이니 연세대 다른 과를 가라고 진학지도를 할 수도 있습니다. 점수에 맞추어서 말이지요.

우리가 먹고살고 최소한의 직업을 가지려면 직업을 자기의 소질, 소망, 끼에 맞게 선택해야 합니다. 직업 선택도 교육과정에서 선택하는 겁니다. 사회에서 기술적 인간으로 살아가는 것을 선택하는 겁니다. 그런데 수능 점수만으로 배치해서, 어떤 학과가 진정 나한테 좋은지 따지지 않는 현실을 맞이할 수도 있습니다. 왜 그런가 하면 우리 사회에서는 직업 세계의 위계가 너무 뚜렷합니다. 격차가 아주 크지요. 예를 들면 청소부와 의사의 차이가 있습니다. 구소련에서 의사는 힘들기 때문에 선호하지 않았다고 합니다. 그런데 우리 사회에서는 의사가 선호하는 직업입니다. 최근에는 고등학교 교사가 최고의 직업으로 부상했습니다. 제가 학교 다닐 때 선생님은 직업으로서 힘들었습니다. 요즘은 정년이 보장되고 가르치는 일이 보람 있어 최고의 커플은 부부 교사입니다. 이렇게 시대마다 바뀌고 나라마다 다릅니다.

우리가 하고 싶은 것은 수능을 통해서 평생 하는 일을 선택하는 것이 아니고 꿈과 끼를 통해서 선택하도록 만들어가는 것입니다. 그런데 요즘은 이게 안 됩니다. 사회에 영향을 받습니다. 현재의 직업위계에서 사람들이 평가받는 것도 다릅니다. 어떤 직업이 존경받는지, 또는 선망의 대상이 되는지는 나라마다 다릅니다. 저는 개인적으로 바꾸고 싶습니다. 직업에 따른 보상을 줄이고 싶습니다. 사회를 보면…… 사회도 두 가지입니다. 수직적 서열화라는 것 하고, 반대 개념은 수평적 다양화입니다. 우리 사회는 수직적 서열화의 사회이고 직업의 세계, 귀천, 보상이 일등부터 꼴등까지 서열화되어 있습니다.

수평적으로 다양한 사회가 되었으면!

저는 우리 사회가 차이는 약간 있지만 이런 식으로 가파르지 않았으면 좋겠습니다. 오히려 수평적으로 다양화되었으면 좋겠습니다. 그런데 사회가 그러니 교육도 그렇게 되어 있습니다. 여러분 부모가 원하는 것도 수능점수 더 받기 위해서 유치원부터 고등학교 끝날 때까지 수직적 서열화에서 앞서 가는 것이고 그래서 결국 상위 위계의 직업을 얻는 것입니다. 이런 상황에서는 여러분이 원하는 직업이나 꿈은 부차적인 문제가 됩니다. 수직적 서열화에 의한 교육시스템이 작동하는 겁니다. 우선 대학이 그렇습니다. 4년제 대학이 서열화되어 있고, 부모들은 좋은 대학에 가려면 남보다 먼저 해야 한다고 생각합니다. 그게 선행학습입니다. 수직적 서열화가 이루어져 있는 대학위계시스템에서 최고로 갔으면 좋겠고, 가급적 미리 준비하는 것이 좋겠다고 생각하는 것입니다. 교육경쟁부터 시작이 되는 것이지요. 수직적 서열화가 이루어져 있는 좋은 대학에 가기 위한 1차적인 발판이 고등학교입니다. 경쟁에서 이겨야 되다 보니까 그게 중학교, 초등학교, 유치원까지 내려옵니다. 좋은 유치원 가기 위한 경쟁이 그렇게 만들어지는 겁니다.

초등학교에서부터 상장 신경전이?

제 친척의 아이가 비싼 사립초등학교 1학년인데 상장을 받는 문제를 가지고 부모들 간 신경전이 있다고 합니다. 수직적 서열화의 사회에서 교육도 서열화의 도구가 되어가는 겁니다. 고등학교도 자사고 등이 좋다고 여겨지고 있습니다. 일반고도 위계화, 서열화되어 있습니다. 다행히 중학교는 낫습니다. 중학교도 선행학습 시키려고 하는 곳이 국제중 등 서울에서 두 곳입니다. 그래도 중학교는 그나마 낫습니다. 모든 학교가 수평적으로 존재합니다. 고등학교부터 벌써 좋은 대학 들어가기 위해 서열화되어 있습니다. 비싼 사립초등학교가 40여 개 있습니다. 서울에 공립 초등학교 560여 개가 있으니 생태계가 교란되지는 않습니다. 그런데 고등학교의 경우는 점점 서열화가 이루어지고 있습니다. 우리는 다른 교육경쟁시스템이 만들어졌으면 좋겠다고 소망하는 겁니다. 오디세이는 그런 의미에서 가장 선도적 실험일 수 있습니다. 그러면 어떤 방향으로 만들어가야 하는가. 수직적 서열화보다 수평적으로 다양화된 사회를 만들고 싶습니다. 물론 사회에서 어느 정도 직업 간 월급의 차이 등 불평등이 완전히 없을 수는 없습니다. 그런데 그 격차의 간극을 줄이고 불평등의 정도를 우리가 바꾸어갈 수는 있습니다.

망망대해에 떠나보내면 구명조끼라도

부모 마음은, 마치 풍랑이 몰아치는 망망대해 같은 사회에 여러분을 내보내면 보트라도, 구명조끼라도 하나 주어서 내보내고 싶은 겁니다. 그게 졸업장이고 학벌인 겁니다. 왜냐하면 사회가 험난하니까요. 궁극적으로 사회가 덜 험난했으면 좋겠습니다만. 정규직과 비정규직이라는 현실이 있습니다. 지금 여러분은 그런 고민을 안 하겠지만 대학 가면 고민하게 됩니다. 자격증을 가지면 평생 가니 변호사 자격증, 공무원 자격증 등을 따야 할 것 같고……. 이 험난한 세상에서 교육이라는 것이 사회적 인간에게 필요한 품성을 가르치고 직업적·기술적 지식을 배우게 하는 건데, 누구나 다 자기가 하고 싶은 것을 배우고 독특한 개성을 가지고 멋있게 살아가는 것을 소망합니다. 여러분이 재능과 꿈과 끼를 가지고 살아가면서 만족하는 것, 이게 오디세이학교에서 추구하는 새로운 과정입니다. 무슨 직업을 가지든 '디스 이즈 라이프(This is life)', 품위 있는 삶, 인간다운 삶, 사회적 인간으로서 누가 봐도 품위 있고 어느 정도 살 만한 것, 모든 사람에게 그런 디스 이즈 라이프가 보장되어야 하는데 우리 사회는 아닙니다. 일부만 좋은 삶이 보장될 겁니다.

그래서 우리 사회도 이제 수직적 서열화에서 수평적 다양화의 사회로 바꾸어가야 하고 우리 교육시스템도 바꾸어가야 합니다. 수직적 서열화의 체제에서 어떻게 언제까지 그럴 수 없으니 누군가는 벗어나서 새로운 실험들을 해야 합니다.

Reform and Exit

리폼(reform)이라고 얘기하는데 개혁, 혁신, 변화시키는 겁니다. 엑시트 (exit)는 출입구를 벗어나고 이탈하고 새롭게 개척하는 겁니다. 저는 양면의 노력을 해야 한다고 봅니다. 수직적 서열화를 바꾸고, 교육을 바꾸고, 한편에서는 리폼을 해야 할 것입니다. 다른 한편에서는 과감하게 벗어나고 이탈하고 개척하는 것이 필요합니다. 오디세이라는 말이 교육원정대라고 표현됩니다. 새롭게 개척적 삶을 사는 겁니다. 개척은 길이 안 나 있는 곳을 가는 것을 말합니다. 등산할 때도 등산로가 있지만 등산로가 안 나 있는 새 길을 가려면 길을 잃을 수도 있는 겁니다. 길을 잃어 문제가 생길 수도 있는 거지요. 우리가 사회를 바꾸고 교육을 바꾸어간다고 할 때 두 가지 노력을 합니다. 리폼하고 변화시키려고 노력하는 거고, 그리고 과감하게 엑시팅하는 겁니다. 과감하게 벗어나고 개척적 길을 가고 원정의 길을 떠나는 겁니다. 왜 냐하면 일련의 과정에서 일등을 목표로 살아와서 좋은 직장 가고 좋은 배우자 만나서 애 낳고, 그리고 자기 자식에게 이 과정을 반복시키며, 일등 하라고 평생 다그치고 다시 좋은 배우자 만나 아이 낳고 또 이 과정을 닦달해서…… 다람쥐 쳇 바퀴 돌듯이 할 건가, 그러면 그 사람이 행복한가, 수능시스템으로 살아서 행복한가? 행복하지 않다면 과감하게 자기 하고 싶은 것을 생각해볼 수 있는 것…….

지금은 자기가 열정적으로 하고 싶은 일이 불분명할 수 있습니다. 그것을 가급적 분명하게 하려는 것이 오디세이라고 보면 됩니다. 그렇게 살아가는 사람이 행복할 것 같습니다. 신문에서 보니 서강대 문리학과 교수가 투신해서 자살한 사건이 있었습니다. 삼성 근무하고 대학교수까지 했는데 자기가 계속 일등이어야 한다는 강박관념이 있었을 것입니다. 일등 업적으로 인정받고 싶은 강박관념으로 살다가 결국 자기가 버티지 못하고 자살한 사건. 어떤 신문기자는 이 수직적 사회에서 살아가는 것이 행복하지 않고 더 이상 버틸 수 없어서 '누가 먼저 주저앉을 것인가'라는 칼럼을 쓰기도 했습니다. 대개 자녀가 교육을 통해서 경쟁에서 이겨서 수직적 서열화의 직업 세계 상층에서 살아가기를 바라는 부모의 마음이 있습니다. 그렇지 못한 사람은 그것 때문에 스트레스 받으면서 자기 학대하면서 사는 겁니다. 승자와 패자가 있습니다. 위너와 루저가 있는 거죠. 다른 나라들과 비교해보면 우리 사회가 굉장히 경쟁적인 사회인 것 같습니다. 그러면 앞으로 어떻게 바꾸어 갈 것이냐, 어떤 교육을 만들어 갈 것이냐. 기존 교육은 일등주의 교육, 넘버원 교육이었습니다. 이것을 온리원 교육으로 바꾸어가야 합니다. 현재와 같은 수직적 서열화의 사회시스템과 교육시스템이 어떻게 형성되었는지 우리 사회의 변화 속에서 살펴보면, 1945년에 일제로부터 해방이 있었습니다. 정부가 수립된 게 1948년입니다. 1961년에 5·16 군사 쿠데타로 군사정부가 세워졌습니다. 1960년대, 1970년대는 박정희 정권 시대입니다. 박정희 시대는 양면이 있습니다. 부모들이 열심히 일해서 급속한 산업화를 이루었고 반면 독재, 권위주의 시대이기도 합니다.

일등 인재에 '올인'하기

　　그리고 1980년대부터 민주화가 이루어졌습니다. 대개 1960~1970년대는 산업화, 독재 권위주의 시대였고 1980년대는 민주화 시대라고 합니다.

1997년에 IMF가 있었습니다. 여러분도 알게 모르게 영향받고 있는 사태가 일어난 것입니다. 이때 외환위기가 있었고 이때부터 본격적인 세계화 시대입니다. 수직적으로 서열화된 사회시스템, 교육시스템이 이 시기에 정착된 것입니다. 여러분은 그나마 부모들이 고생해서 잘살게 된 상태에 살고 있는 겁니다. 고도성장, 산업화를 이루려면 앞선 서양의 기업, 사람들하고 경쟁해서 이길 수 있어야 했습니다. 경쟁해서 싸고 좋은 제품을 만들어야 했습니다. 서양과 겨뤄서 이길 수 있는 수출 경쟁력, 경제 경쟁력이 있는 일등 기업이 필요하고 일등 기업을 운영하는 일등 인재가 필요했던 겁니다. 산업화라는 과정은 일등 기업을 만드는 겁니다. 일등 인재, 일등 기업과 경쟁력이 필요했습니다. 이게 우리 시대의 철학이었습니다. 수출과 산업화를 가능하게 하는 일등 기업, 그 일등 기업을 운영할 수 있는 일등 인재가 필요했고 이들은 일등 교육을 통해서 만들어졌습니다. 일등 인재에 '올인'하는 겁니다. 이런 바탕에 일등 천재가 만 명을 먹여살릴 수 있다는 생각이 있는 겁니다. 그래서 교육을 통해서 일등 인재를 만들어가는 방식으로 교육시스템이 작동한 겁니다. 대학도 일등 대학, SKY 대학이 제일입니다. 사회가 지금은 많이 바뀌어 옛날보다 기업 인사 담당하는 분의 생각이 많이 바뀌었습니다. SKY 대학 나와도 소용없다는 거 다 압니다. 변화 속도가 너무나 빠르고, 머릿속에 있는 지식은 상당 부분 스마트폰에서 찾으면 됩니다. 옛날에는 더 많은 지식을 머릿속에 우겨 넣었습니다. 지금은 스마트폰에 물어보면 다 나옵니다. 인터넷에 다 있습니다. 옛날에 배웠던 지식이 다 소용없습니다. 지식을 우겨넣는 방식은 소용이 없습니다. 지식 변화, 사회 변화 속도가 너무 빨라서 지금은 소용없습니다. 기업 인사 담당자도 다 압니다. 많은 변화하는 지식들을 잘 다루고 종합하고 할 수 있는 능력이 더 중요할 수 있습니다. 훨씬 더 적극적인 사람, 과업이 주어지면 창의력, 상상력을 발휘해서 그 과업을 만들어내는 능동적이고 적극적인 성향, 능력이 소중할 수 있습니다. 기업 인사담당자들도 그걸 압니다.

경쟁 때문에 선행학습이 이루어지는 겁니다. 100미터 달리기를 똑같이 출발해야 하는데 먼저 출발해버립니다. 그런데 먼저 간 사람이라고 달리기 능력이 더 있는 것 아닙니다. 지금까지는 '선행', '선행' 했습니다. 쉬지 말고 놀지 말고 잠도 줄이고 해서 암기 지식에 매진하라는 겁니다. 그렇게 해서 일등에 들어가는 겁니다. 그런데 그게 허망한 겁니다. 오디세이학교는 경쟁, 대학진학 시스템에서 과감하게 엑시팅하자는 겁니다. 기업도 그런 쪽을 원하고 있고, 행복하지도 않은 그것으로부터 벗어나서 새로운 탐색을 하자는 취지가 있는 겁니다. 제가 고등학교 때는 1970년대 초반이었습니다. 지금과는 너무 차이가 큰데 우리 때는 산업화 초기였습니다. 그래서 직장을 골라서 갔습니다. 그런데 지금은 정규직으로 좋은 직장 찾으려고 100번씩 이력서를 냅니다. 그런 점에서 여러분은 불행한 세대입니다. 저희 때는 영어도 안 했는데 지금은 토플까지 합니다. 교육을 통해서 여러분은 우리보다 우수한 인재로 만들어졌습니다. 그런데 직업 잡기 힘들고 많은 사람이 비정규직입니다. 제가 아는 1년 후배가 있습니다. 그때는 어디든지 갔습니다. 일반 직장 안 가고 연구원으로 갔습니다. 농촌진흥원, 연구원으로 갔습니다. 거길 다니다가 더 공부하겠다고 해서 독일로 유학 갔습니다. 갈 때 사표를 내고 갔습니다. 2~3년만 휴직하고 사표를 내고 갔습니다. 박사를 따서 더 해보려고…… 그런데 박사를 따오지 못했습니다. 돌아와서 연구원으로 가려고 하니 지금은 박사들이 수백 명이 줄 서 있는 겁니다. 박사 따고 왔다 해도 안 될 가능성이 높은 거지요. 그렇게 바뀌었습니다. 똑같은 시기라도 우리 사회경제의 변화 시기에 따라서, 언제 직업 세계에 진입하느냐 시기에 따라서 다릅니다. IMF 이후에는 상황이 달라졌습니다. 그래서 이렇게 변화시켜가려고 하고 있는 겁니다.

세계화라는 도전에 맞는 미덕

우리는 세계화라는 변화 속에 놓여 있습니다. 세계화 속에 우리도 교육도 도전을 받고 있는 겁니다. 교육의 두 가지 측면, 즉 사회적 인간으로서 갖추어야 할 품성이나 인격도, 또 기술과 직업도 세계화 맥락에서 달라지는 겁니다. 교육을 담당하는 입장에서도 세계화라는 큰 도전 속에서 품성과 인격, 기술과 지식을 어떻게 바꾸어가야 할까 하는 도전이 있습니다. 이화여고 있는 정동길에 가톨릭 프란체스코 회관이 있습니다. 이화여고 학생들이 일종의 과업 프로젝트를 한 셈인데…… 일본군 위안부 문제 알죠? 우리나라가 1910년부터 1945년까지 일본 식민지였습니다. 36년 동안 일본이 지배했습니다. 이 시기에 일본 군인들이 나쁜 일을 많이 했습니다. 종군위안부라는…… 그때 여성들을 성노예로 끌고 간 사건이 있습니다. 요즘 많이 문제가 되고 얼마 전 박근혜 대통령과 아베가 정상회담 할 때도 문제가 되었습니다. 반성해라 하고 반성 안 한다 하고…… 소녀의 상을 프란체스코 회관 앞에 건립하는 것을 했는데 1만 3000명의 학생, 53개교에서 모금 활동을 해서 소녀상 제막을 했습니다. 이화여고 학생 말고도 다른 학교 학생들도 참여해 1년 동안 모금했습니다. 너무 대단한 일을 했습니다. 우리는 그 사건도 동아시아 평화를 어떻게 만들어갈까라는, 세계화라는 맥락 속에서 볼 필요가 있습니다. 여러분이 사회 나갈 때쯤에는 세계가 지구촌 공동체가 되어 있을 겁니다. 우리가 세계화라는 맥락에 대비하면 여러분이 앞으로 하고 싶은 일도 확 달라질 수 있습니다. 그것이야말로 '세계는 넓고 할 일은 많다'는 말로 압축할 수 있을 겁니다. 저는 오디세이가 여러분의 꿈과 끼를 국내만이 아니라 세계를 대상으로 놓고 펼치는 계기가 되었으면 합니다. 언어의 문제가 아닙니다. 마인드의 문제입니다. 여러분의 꿈과 끼를 펼칠 대상을 지구촌 전체로 놓고 생각하느냐 아니냐의 차이입니다. 우리가 선진국을 따라잡은 상태에서 두 측면이 있을 수 있습니다. 우리보다 발전된 선진국을 바라보는 눈과 다른 한편으로 후진국을 바라보는 시선 두 가지가 있어야 합니다. 선진국보다 아시아 후진국을 상대로 하는 무대가 더 넓을 수 있습니다. 아프리카, 라틴아메리카 등에 더 많은 일들이 있고 우리가 후진국을 바라볼 때 가르칠 일도 많고 꿈을 펼칠 수 있는 틈새도 많고 나눠줄 것도 많습니다. 오늘 아침 자동차 관련 특성화고 관계자를 만났습니다. 자동차 특성화고는 방학 동안 자동차 선진국 체험을 2~3번 한다고 합니다. 그래서 우리하고 같이 프로그램도 만들어보자고 했습니다. 아시아 가서 자동차 가지고 1년이나 6개월 국제봉사활동하는 프로그램을 만들어보자 했습니다. 우리는 더 많이 성장한 선진국만 바라보는 경향이 있는데, 다른 한편으로는 더 많이 나눠줄 수 있는 봉사의 면으로 바라보면 광활한 나라에 가서 비즈니스 할 것도 많다는 겁니다. 저는 여러분의 꿈을 펼칠 공간으로 대한민국, 남한만 생각하지 말고 연변, 동남아시아, 아프리카로도 여러분이 갔으면 합니다. 거기는 수직서열화가 덜할 수도 있습니다.

마지막으로 오디세이학교는 오디세이처럼 풍랑을 헤치고 개척적으로 , 목적한 곳에 도달하는 것입니다. 그것을 오디세이 원정대, 교육원정대라고 합니다. 오디세이학교는 현재 사회교육시스템에서 기존에 요구하는 것을 벗어나서, 진정한 교육적 의미에서 자기가 하고 싶은 일, 자기에게 맞는 일을 하고 그것을 통해서 적합한 대우를 받게끔 유도하고자 하는 과정입니다. 저는 여러분이 고대 그리스의 오디세이 서사시에 나오는 오디세우스처럼 새로운 교육을 찾아가고 살아가는 용감한 교육원정대가 되기를 소망합니다.

오디세이학교는 우리나라만 있는 것이 아니고 아일랜드, 덴마크, 영국에도 있습니다. 고등학교 과정 1학년 과정에 다른 길을 만드는 겁니다. 중요한 것은 교육과정 내에 있다는 겁니다. 단지 다른 학생과 다른 정상적인 교육과정을 고등학교 1학년 위치에서 갖는 것입니다. 이런 식으로 다양화된 길을 만들어야 합니다. 기존 교육경쟁시스템이 수능 입시 중심으로, 여러분의 적성이나 요구와는 관계없이 획일화된 과정에 포함되기를 요구했기 때문에 이제는 이런 제도가 필요한 것입니다. 여러분이 이 실험을 성공하느냐 안 하느냐가 중요합니다. 대한민국 교육의 미래를 좌우할 수도 있습니다. 현재의 교육시스템에서 새로운 경로를 만들어주는 일일 수도 있습니다. 여러분에게 맞는 최적의 미래를 꿈꾸고 찾아가십시오. 여러분이 그렇게 되면 이 프로그램이 성공한 거고 다른 많은 학생에게 이 프로그램을 알리는 겁니다. 여러분이 가장 좋은 미래를 찾아갔으면 합니다.

〈질의응답 시간〉

학생 A _ 수평적 다양화 사회의 단점은 무엇일까요?

조희연 _ 수평적 다양화를 실현한 사회를 상상한다면 그 사회도 단점이 있을 수 있습니다. 제가 대학에서 사회학을 했습니다. 예를 들면 의사와 청소부의 월급 차이를 얼마를 둬야 할까. 그렇다면 의사와 경찰의 차이는? 청소부가 없다면 일 자체는 단순하지만 사회에는 안 좋습니다. 지금 현재의 의사와 경찰과 청소부의 차이가 나라마다 다를 수 있다는 겁니다. 우리 사회는 너무 극단화되어 있습니다. 그래서 조금 평등해질 필요가 있습니다. 보상의 차이가 획기적으로 줄었으면 합니다. 완전히 없어진다면 단점이 되어 그 사회가 정체가 될 수 있습니다. 소련 사회주의의 붕괴를 한 예로 볼 수 있겠지요. 의사, 경찰, 호텔 청소부가, 일을 안 하게 되는 것이죠.

우리는 지나치게 차이가 많은데 스펙도 쌓고 선행학습 하려고 하는 것은 좋은 대학, 좋은 직업을 가지려고 하는 겁니다. 수직적 서열화의 차이가 인간을 잠도 못 자게 하는 것이죠. 수직적 서열화가 장점도 있을 수 있습니다. 경제에서는 강조할 수 있습니다. 크게 보면 철학의 차이가 있습니다. 경쟁적 차이, 사회 문명적 차이, 또 한편으로는 인간 문명적 차이가 있습니다.

학생 B _ 복귀한 오디세이학교 학생에게 바라는 점이 있나요?

학생 C _ 사회가 바뀌어야 교육이 바뀐다고 하셨습니다. 교육경쟁을 없애려면 대학 서열화가 없어져야 진정한 수평적 다양화가 된다고 하셨는데 왜인가요?

학생 D _ 오디세이학교 다니면서 많은 어른들을 만났는데 대학이 다가 아니고 하고 싶은 것을 찾아보라고 했습니다. 그런 분들은 명문대, 좋은 학교 나왔습니다. 자기는 좋은 학교 나와서 많은 연봉 받고 아이들 키워놨으면서…… 교육감님을 검색해보니 좋은 대학 나오셨고, 아들 둘 다 외고에 대학도 명문대 나왔더라고요. 왜 아들들을 외고에 보냈냐고 묻고 싶습니다. 두 아들 다 교육감님 머리 타고 나서였나요? 부모 스펙이 있어 부담감을 가지고 공부했을 것 같은데요.

조희연 _ 오디세이에서 복귀한 이후에 대해서는 한마디로 하면, 여기서 찾은 여러분의 미래를 열심히 추구하십시오. 교육과정을 그것을 위한 준비로 활용하는 것이 맞을 것 같습니다. 기존의 수능, 대학입시 시스템에 맞추어서 2~3년 동안 죽었다 생각하고 공부해서 대학 가서 선회를 하는 방법, 입학사정관이나 수시를 통하는 것처럼 오디세이에 부합하는 대학 통로도 있습니다. 고등학교 교육과정에서 기본적으로 해야 할 것이 있는데 어느 정도 할지 여러분 스스로 판단하는 겁니다. 오디세이는 현재의 시스템을 따라가기보다 다른 길을 개척하는 겁니다. 기존의 수능, 대학입시와는 다른 방식을 추구하는 겁니다. 그건 열려 있을 것 같습니다. 돌아가서도 기존 시스템에 적합하게 하려면 1학년으로 다시 가는 방법도 있습니다. 1년 동안 경험을 가지고 다시 고등학교 입시 시스템에 맞춰서 할 수도 있습니다. 1년 동안 다른 학생이 경험하지 못하는 것을 한 거지요. 기존 입시에 맞추어 한다 해도 여러분은 다를 겁니다. 여러분에게 달려 있을 것 같습니다.

수직적으로 서열된 사회, 그거에 조응해서 수직적으로 서열화된 교육이 있다고 했는데 어떤 것을 먼저 바꿔야 하는지를 단정할 수는 없는 것 같습니다. 오디세이 과정과 같은 새로운 교육정책이 사회를 바꾸는 단초가 된다면, 교육을 통해서 바른 인간이 만들어진다면 사회도 자연히 바뀔 것 같습니다. 왜곡된 사회를 인식하고 교육을 바꾸는 것하고 그렇지 못하고 바꾸는 것은 다릅니다.

직업에 따른 보상을 획기적으로 바꾸어야 한다고 봅니다. 소련처럼 의사가 인기 없는 직업이 되는 상태하고 우리처럼 의사가 최고의 직업이 되는 상태의 중간쯤 되는…… 구체적으로 어떻게 바꾸어갈지는 저도 묘약이 있는 것은 아닌데 여러 가지 노력으로 바꾸어가야 할 것입니다. 여러분들도 고등학생이지만 알바 많이 하는데 알바 학생들을 기성세대가 착취하는 상황입니다. 돈도 떼먹고 싼 돈으로 고등학생을 부려먹는 겁니다. 어떻게 바꾸느냐는 고등학생이 정당한 노동의 대가를 위해서 싸울 자세가 되어 있느냐에 달려 있습니다. 사회 전체도, 예를 들어 교육청도 정규직, 비정규직이 있습니다. 사서보조, 배식보조 이런 분들은 비정규직 교육공무직입니다. 행정실장, 교사는 정규직입니다. 그런데 똑같은 겁니다. 학교 안에 있는 정규직, 비정규직 차이를 어떻게 줄여갈까. 저희도 노력하고 있고…… 그 차이를 줄여가는 동력은 노동조합입니다. 때로는 과잉도 있지만 지금은 비정규직 오래 일한 분, 월급 많이 받는 분하고 정규직 공무원 월급 적게 받는 하위직의 역전이 일어났습니다. 직장의 안정성, 사회 존중도는 정규직이 최고입니다. 월급은 역전이 약간되었습니다. 이러한 여러 노력이 결합되어서 우리 사회의 격차와 차이를 줄여가는 것이 필요합니다. 부모의 재산 정도로 출발점의 차이가 있을 수 있습니다. 부모로부터 물려받은 재산 차이가 있습니다. 이 재산 차이도 줄여야 하고 상속세도 많이 부과해서 출발점에서 차이가 나지 않도록 하는 방법이 있을 수 있습니다.

여러분 앞에서 특강하는 분들 중에도 학력 좋은 분들이 많을 겁니다. 여기 모신 분들은 기존의 수직적 서열화에서 성공한 사람일 수 있습니다. 적응해서 성공한 사람일 경우가 많습니다. 그랬지만 다른 생각을 하는 겁니다. 저도 스펙으로 보면 상위의 사람인데 저는 스펙을 허물려고 하는 사람입니다. 수직적 서열화를 동력으로 하는 사회에서 어려운 위치에 있는 사람이 권리의식을 가지고 싸우기도 하는 것이 상향식 바텀업(bottom up) 공격입니다. 수직적 사회에서 성공한 사람이 다른 생각을 해서 바꿔가는 것이 톱다운(top down)입니다. 둘이 합쳐지면서 바꿔가는 방향으로 가야 됩니다. 여러분 부모도 자식들 문제는 어떻게 할 수가 없습니다. 저희 아이들이 공부를 잘했지만 제가 규정하거나 강제한 것은 아닙니다. 여러분이 부모들 뜻대로 살지 않는 것처럼, 기존 방식으로 열심히 공부하라고 하지만 여러분이 그렇게 하지 않는 것처럼……. 저는 자유방임형입니다. 바빠서 직접 뭘 하는 것을 안 하고 자율적으로 해서 그렇게 되었고 저도 부모 입장에서 보면 우리 아이 때 오디세이학교 같은 새로운 시스템이 있어서 하려고 했다면 하라고 했을 것입니다. 그런데 기존 시스템에서 잘한 겁니다. 변명 같지만 아이들이 스스로 선택한 것이라서 말릴 수 없었습니다.

선거 과정에서 자사고 문제 불거졌을 때 제 아이들은 외고 보내놓고서 그러느냐는 소리 많이 들었습니다. 저는 우리 아이가 외고 다닐 때 참혹한 면이 있다고 생각했습니다. 1년 반 동안 학교 앞 독서실에 살았습니다. 제가 가끔 빨래 가지러 가면 깜깜한 독서실에서 살면서까지 대학 가야 되어나 하고 생각했습니다. 인생에서 가장 중요한 시기에…… 그렇게 성공하면 좋은 대학 갈 수는 있겠죠. 하지만 한번 간다고 해서 평생 행복한 것도 아니고……

학생 E _ 역사 교과서 국정화가 화제입니다. 그것에 대해서 어떻게 생각하시고 실제 교육청에서 국정화에 대해 어떻게 자세를 취하는지 궁금합니다.

학생 F _ 오디세이학교에서 수업 받는 것 중에 세상을 바꾸라는 철학이 있었습니다. 정치 쪽으로도 높은 자리의 한 명이 일반인으로는 할 수 없는 큰 힘을 지니고 있습니다. 대통령, 교육부장관이 되면 더 빠르고 쉽게 바꿀 수 있는데 어떻게 하면 교육감님처럼 될 수 있나요?

학생 G _ 교육에 대해 문제가 많다고 하셨습니다. 그 문제점을 없애기 위해서 무슨 실천을 하셨나요?

학생 H _ 여기서 뭘 배웠냐 하면, 제가 일반고에서 저희 반 아이들만 보고 따라 공부했을 때는 성적도 그냥 그렇고 뭔가 해야 하니 따라서 했는데, 여기 와서 다른 아이들보다 1년을 쉬면서, 미친 듯이 공부하던 일반고 있을 때보다 긴박함이나 불안감이 더 커졌습니다. 그런데 마음은 넓어진 것 같습니다. 취지와는 다른 결과를 얻은 것 같습니다.

조희연 _ 기존 입시체제에서 국영수 교과목을 더 열심히 해서 다른 사람보다 좋은 성적 내기 위한 치열함과 또 다른 치열함은 좋은 것 같습니다. 뭔가 자기가 과업을 설정하고 자기가 하는 것을 미친 듯이 하는 치열함이 좋은 치열함입니다. 암기식 교육에는 그런 치열함이 없습니다. 오히려 그런 것이 있다는 것이 좋은 것 같습니다.

　국정화는 흥미로운 게 실제로 고등학생이 반대에 나서고 있습니다. 대개 학생들이 공부만 하고 사회적으로 열외에 있는데, 요즘은 어떤 정치적 의제가 있을 때는 고등학생까지 분연히 일어서는 것 같습니다. 11월 3일이 학생의 날, 광주학생독립운동 기념일입니다. 그날 축사를 하면서 세 가지를 지적했습니다. 한 가지가 광주 학생들이 독립운동을 나서 일제강점기의 전국적인 운동이 되었다는 것입니다. 고등학생들이 시대정신이 있는 것 같습니다. 고등학생도 시대정신을 대표하고 선도할 수 있습니다. 고등학생이지만 시대를 대표할 수 있습니다. 고등학생도 중요한 시대적 과제를 얘기할 때는 충분히 그 목소리가 빛날 수 있습니다. 국정화도 교육계 인사, 교사가 목소리를 내면 그러려니 하겠지만 고등학생이 목소리를 내면 다른 면이 있습니다. 여러분에게 강요는 안 하는데, 국정화는 굳이 얘기하면 30년 전으로 돌아가는 시대착오적인 면이 있습니다. 보수적인 사람 중에도 국정화는 안 된다고 하는 분이 많습니다. 기존 교과서의 논조를 탐탁지 않게 생각했다가 국정교과서 내용이 문제라는 식으로 논란을 만들고는 잘 만드냐 안 만드냐가 중요하다고 말을 바꿉니다. 오디세이학교에서 하는 것이 어떤 문제에 대해서 하나의 해석만 하지 말고 다양한 관점, 입장을 살펴보자는 것이고 역사 교과서도 그래야 하는데, 하나를 강요하는 것은 세계화 시대에는 안 맞는 겁니다. 역사 해석도 다양한 차이, 견해를 더 많이 알아야 하고 한 가지를 진리라고 접근하면 안 됩니다. 세계화 시대야말로 다양한 차이, 다름을 마주하는 겁니다. 종교도 불교, 기독교, 무슬림 등…… 우리 한국 사람들은 무슬림을 이단이나 이단 제곱쯤으로 생각합니다. 지금 무슬림에서도 유학생이 많습니다. 대학에서는 이미 무슬림의 기도실을 만들고 있습니다. 베지테리언, 돼지고기 안 먹는 채식주의 하는 사람들을 위해 큰 대학에서는 이미 서비스를 하고 있습니다. 식단도 변화하고 있습니다. 우리가 무슬림을 이단시 하는 건 일본의 태도, 아베 같은 태도입니다. 저는 세계화하면서 강조하는 것이 여러분들이 자신을 이중국적자라고 생각하라는 것입니다. 대한민국 시민권자인 동시에 지구공화국의 시민임을 인식해야 합니다. 종교, 인종, 문화가 다른 사람이라도 차이와 다름에 대해서 열려 있는 감수성, 존중을 보일 줄 아는 것이 세계화 시대의 품성과 인성입니다. 그런 사람이 앞서갑니다. 재일교포 문제와 위안부 문제에서 보듯이…… 일본 전부가 그렇지는 않습니다. 그런데 아베로 상징되는 자폐적인 민족의식, 국가의식은 편협합니다. 여러분은 열린 인간이 되어서 편협한 아베 류의 일본 학생이 있다면 여러분들하고 만났을 때 상대방을 부끄럽게 할 수 있었으면 합니다. 그것이 세계화된 사회에서 우리나라가 더 잘되는 일이라고 봅니다. 세계 사람들이 오면 한국 사람들 열려 있구나, 편견 차별 없구나 하면 관광객이 더 많이 오고 비즈니스가 더 활성화됩니다.

교육을 바꾸기 위한 개선 노력은…… 교육청에서 하는 새로운 정책들은 모두 뭔가를 바꾸려고 하는 겁니다. 오디세이학교도 여러분이 첫 참여자이지만 현재 교육시스템을 바꿔나가기 위한 실험 중 하나입니다. 이런 것들이 개선 노력입니다.

서울교육은 수많은 헌신으로 이루어진다*

반갑습니다. 오늘은 운영위원장님들께 90도로 인사를 드렸습니다. 평소에는 60도로 인사를 드렸는데, 오늘은 90도로 해야겠다는 생각을 했습니다. 운영위원회에 계신 분 중에 학교 교장선생님도 있고 지역사회에서 활발히 활동하시는 분도 계시고, 학교에 애정과 열정과 경험과 지식을 갖고 계신 걸로 알고 있습니다. 운영위원장이 어려운 점도 있을 텐데 학교, 아이를 위해서 희생해주시는 것 감사합니다. 교육감인 저도 바쁜데 운영위원회 관련 행사는 꼭 옵니다. 얼굴 뵙고 감사 인사드리려고 옵니다. 이런 자리를 참여하면서 저는 서울교육이 수많은 헌신으로 이루어진다는 생각을 합니다. 다시 한 번 감사드립니다.

원탁, 나침반, 자전거

저는 몇 가지만 말씀드리고 가겠습니다. 교육청에 제 사무실에 와보시면 제가 세 가지 상징물을 놓고 있습니다. 육중한 소파를 바꾸고 놓은 원탁이 첫 번째이고, 두 번째는 방향을 나타내는 나침반, 세 번째는 소통과 균형을 나타내는 자전거입니다. 작년에 국회 국정감사 할 때 어떤 의원이 자전거를

---

* 이 글은 2015년 4월 17일 이화여고 류관순기념관에서 열린 학교운영위원장 정책연수에서 행한 인사말이다.

거꾸로 해놓고 '거꾸로 가는 자전거'라고 저를 비판하기도 했습니다. 하지만 작년에 원탁토론을 해서 열두 번이나 학부모와 대화하고 소통하고 방향을 잡고 했습니다. 노력하고 있다는 것으로 이해해주시면 좋겠습니다.

지난 30~40년 동안은 산업화 모델이 우리 사회 운영 모델이었습니다. 교육을 운영하는 과거 시스템이 있었습니다. 세계적으로 보면 우리가 성공한 산업화 국가입니다. 30~40년 그러한 패러다임이 있었다고 보고요. 우리 사회가 산업화와 민주화에 성공하고 선진국 문턱에 가 있습니다. 그런데 이제는 지난 30~40년, 40~50년 동안 운영했던 교육 패러다임의 변화를 요구받고 있습니다. 배경은 세계화, 지식정보화, 고령화, 복지사회로의 이행이 이루어지고 있다는 것입니다. 학생들이 이전과 다릅니다. 감수성도 다릅니다. 이런 속에서 새로운 교육을 만들어내는 과제를 교육계에서도 고민하고 있고 서울시교육청도 고민하고 있습니다. 새로운 교육의 방향이 뭐고 내용이 뭐냐는 확정되어 있지 않다고 봅니다. 각각의 생각이 다를 수 있고……큰 방향은 교육의 선진국화가 필요하다고 봅니다. 그것은 철학, 교육내용, 방식 등 여러 가지가 있습니다. 많은 측면에서 변화를 요구받고 있습니다. 예를 들면 교사가 젊은이들이 선망하는 최고의 직업인데, 명퇴하고 싶어 하는 교사가 많이 있습니다. 교장은 엄청나게 힘들어합니다. 구조적 결함, 새로운 시스템을 바꾸지 못해 그렇습니다. 교장선생님들이 이런 말을 합니다. 결재의 70%가 급식이라고 합니다. 이전에 급식 논쟁을 거치면서 학교급식이 정착되었습니다. 그러다 보니 교장이 관리하는 데 있어 운영위원장 의제도 많아졌습니다. 사교육 줄인다는 이유로 방과후학교, 초등돌봄, 누리과정, 병설유치원 등이 학교에 주어져 있습니다. 인력도 늘어나고, 그래서 교장도 힘들고 교사도 힘들고 학교에 이런 것들이 있으니까 행정직원도 힘들어하고……

지자체와의 새로운 분업과 협력의 필요성

경남의 경우 도지사와 교육감이 갈등하고 있습니다. 경남이 일반 지자체와 교육 지자체 간의 갈등모델이라면 서울은 협력모델입니다. 학교 화장실도 협력해서 하고…… 학교 밖 청소년 문제도 교육감 담당일 것 같지요? 학교 안은 교육감, 밖은 서울시 책임입니다. 학교 밖 청소년들은 가능하면 학교 안으로 들어와야 됩니다만, 넘는 순간 서울시장 몫입니다. 시장하고 교육감이 러닝메이트 해서 교육감이 학교와 관련된 모든 걸 관장하고 평생교육도 일정 부분 서울시가 관장하고 있는데, 이것을 포함해서 교육에 관한 것은 교육감이 맡는 식의 새로운 분업도 가능할 수 있다고 상상해봅니다. 러닝메이트 제도를 도입하자는 취지는 아니고, 시도지사와 교육감 간에 교육을 둘러싼 경계가 변화하고 있고 그에 대응하는 분업이 필요하다는 취지입니다.

복지도 마찬가지입니다. 많은 부서에서 저소득층 어려운 아이들을 지원하기 위한 프로그램이 많습니다. 중앙정부, 여성가족부, 문체부, 교육부, 교육청 등 프로그램이 학교로 갑니다. 요즘은 서울시, 구청이 적극적입니다. 막 내려옵니다. 그렇게 많은 부서에서 어려운 아이들을 지원하는 다양한 프로그램이 있지만 토탈 지원이 안 되고 있습니다. 이것도 중앙정부에서 모든 프로그램을 통합했으면 합니다. 저희가 교육혁신지구프로그램이라고 11개 구청과 해보려고 하는 것이 있습니다. 일반지방자치단체, 서울시, 교육청 해서 20억을 관악구, 도봉구 등과 집행합니다. 이 과정에서 새로운 모델을 만들려고 합니다. 모두 큰 변화 속에서 나타나는 겁니다.

제가 100일 되었을 때 교육불평등에 도전하는 교육감이 되겠다고 했습니다. 교육이 희망이 되는 나라, 어려운 집 자식도 자기 재능을 개발하고 좋은 대학 가는 나라. 유능한 인재가 극복할 수 없는 갭이 생겨났습니다. 잘하는 학생은 잘사는 학부모의 자녀이고 못하는 학생은 못사는 학부모의 자녀입니다. 잘사는 집은 없는 재능도 만들어내고 못사는 집은 있는 재능도 개발

못 합니다. 공교육 기관이 그 갭을 메워야 됩니다. 갈수록 어려워지고 있습니다만 교육부와 교육청이 모든 수단을 다해 여전히 교육이 희망이 되는 나라, 아시아에서 부러워하는 나라, 동아시아에서 선도적이고 모범적인 교육을 하는 나라, 모든 아이들에게 희망이 열리는 사회를 만들고 싶습니다.

세월호 이후 엄마가 아이를 꼭 껴안은 까닭

학교에서 잠자는 학생들이 많습니다. 잠자는 것에도 갭이 있어서, 두 종류가 있습니다. 학원에서 다 배웠으니 학원에 가려고 에너지를 비축하는 형과 완전히 몰라서 자는 학생이 있습니다.

운영위원장들도 전문가들이십니다. 현장에서 교육 난제를 어떻게 풀어갈까, 그런 고민이 있으시지요. 추상적 면에서 교육철학적 출발이 있어야 합니다. 넘버원 교육에서 온리원 교육으로 가야 합니다. 일등주의 교육에서 '오직 한 사람' 교육으로. 옛날과 달리 아이들 하나하나가 모두 소중합니다. 세월호 아픔도 그런 것이지 않을까 싶습니다. 제 처가 중학교 교사입니다. 세월호 이후 처가 담당한 반의 반장이 엄마가 이상한 행동을 했다고 말했답니다. 어느 날 자기를 아무 말도 않고 4~5분 동안 껴안고 있더라는 겁니다. 그 말을 들었을 때 그것의 의미가 무엇일까 한참 생각했습니다. 아마도 세월호 아픔을 겪으면서 엄마가 눈물로 느낀 바가 있었을 것 같습니다. 통상 좋은 대학 갈 때까지 몇 년만 참으라고 얘기하고 아이들과의 소중한 시간도 미루고 아이들을 학대 수준으로 닦달하고 모든 것을 희생했는데, 세월호 사건을 보면서 한 순간 한 순간이 소중하고 옆에 있는 것만으로도 환희이고 기쁨이구나, 그래 미안하다, 네가 옆에 있는 것만으로도 행복이다, 뭐 이런 심정이었을 것 같습니다.

그런 의미에서 보면, 우리는 아이들을 아동학대, 청소년 학대라고 할 정도의 치열한 입시경쟁 속에 내몰고 있습니다. 물론 현재의 애틋한 행복들을 포기하면서 말입니다. 30~40년 전에는 서양의 앞선 지식을 따라잡아야 한다는 지식경쟁, 우리 사회 먹여살리는 1등 교육, 2등부터 꼴등까지는 열등감을 갖고 닦달하는 것이 일상이었고 또 나름대로 의미도 있었습니다. 그런데이 과정에서 하나의 잣대로 측정되는 이른바 국영수 중심의 지식역량 이외의 모든 것은 하찮은 것으로 치부되었습니다. 우리가 지금 미래역량이라고부를 수 있는 많은 재능들이 억압되었습니다. 비보이도 옛날에는 "너 춤이나 추고 다닐래? 뭐 먹고살래?" 했을 것입니다. 미래에는 다중의 다양한 잠재력이 중요합니다. 박근혜 대통령도 꿈과 끼를 꽃피울 수 있어야 한다고 얘기하는데 그것이 가능하게 하기 위해서 이를 지원할 공교육의 트랙이 필요합니다. 그런 것을 하나의 큰 변화의 방향으로 잡아야 할 것 같습니다. 구체화하려면 현실적 어려움도 있습니다.

아이들이 결정장애를 앓지 않도록

교육청에서 일반고를 살리기 위해 많은 노력을 하는 것을 아시지요. '특성화고', '고졸 전성시대'에 대해 종합해서 노력하고 있고 저는 학생자치 활성화도 개인적으로도 중요한 과제로 삼고 있습니다. 스스로 자율적 결정능력을 지니고, 자기 문제를 스스로 판단하고 고민하고 결정하고, 결정한 바에대해서 책임도 지고, 결정에 대한 문제점도 생각해볼 수 있는 그런 사람으로교육하는 것이 중요하다고 생각합니다. 심리학자들은 우리 아이들이 결정장애를 앓고 있다고 얘기를 하시는 분도 있습니다. 그래서 저는 국영수 입시과목을 위한 지식도 중요하지만 교육과정을 통해서 자율적 시민으로서 자기문제를 결정하는 학생자치 교육, 민주시민 교육이 중요하다고 생각하고 이를 지원하고 있습니다.

교육경쟁이 심하고 입시경쟁이 너무 치열하니 분업이 일어납니다. '너는 공부만 해, 정보는 엄마가 챙길게'라는 식입니다. 입시에 바쁘지만 자치 활동, 동아리 활동 등 여러 가지 활동들을 확대해줘야 합니다. 9시 등교 문제도 경기도교육감에 이어 강행 추진한다고 보도가 나왔습니다. 그런데 이에 대해서는 학생들이 토론을 하게 했습니다. 매일매일 영향을 미치는 중요한 일이니까. 제가 그래서 한 가지 고집을 부렸습니다. 반별로 토론, 투표해서 50% 반영해달라 했습니다. 어떤 학교는 중3 아이들이 본인들은 아침 일찍 등교하는데 1학년, 2학년 늦게 오는 꼴은 못 보겠다고 해서 9시 등교를 반대했다고 합니다. 그런 이유도 다 존중했습니다. 그런 식으로 9시 등교에 대해서 스스로 결정할 기회를 제공했습니다.

4월에는 세월호 기념일이 있습니다. 안전에 대해서 토론하라고 요청했습니다. 자율적으로 토론해라, 안전이 무엇인지, 안전은 학생의 권리다, 왜 권리인가……. 제가 노력하려고 하는 게, 중요한 문제를 스스로 토론하게 하고 학교 예산의 1%를 학생 예산으로 주려고 합니다. 학생인권과 교권을 대립시키는 곳도 있는데 저는 같이 가야 된다고 생각합니다.

교권보호법률지원단도 만들고 여학생이 신나는 '여신프로젝트', 여학생이 운동량이 적으니 여학생이 하기 쉬운 프로그램을 개발해서 책자도 내려보냈습니다. 자전거 타기를 확대하려고 하고 있고 구청 협력도 받아서 서울 여중생은 다 자전거 탈 줄 알고 졸업했으면 좋겠습니다.

고교 자유학년제라고 중학교 자유학기제를 초등학교, 고등학교로 확대하려고 합니다. 서울이 조금 더 앞서 중학교의 지필시험을 적게 해주고 그래서 진로 탐색을 하게 하는데 단순히 직업 탐색보다 사회 탐색, 창의적 체험을 하면서 자신의 꿈에 대해 생각하게 하는 것입니다. 서울은 2개 학기를 자유학년제로 운영하고 있습니다.

세계시민적 감수성을 함양해야

마지막으로 여러 가지 꿈 중에서 실현가능성은 적지만 세계시민교육을 역점 사업으로 두고 있습니다. 서울 학생들은 세계시민적 감수성을 가져야 된다고 생각하고 그게 세계화 시대에 맞는 것 같습니다. 우리 아이들을 미래의 아베로 키워서는 안 됩니다. 아베는 식민지 지배, 전쟁 책임, 독도 문제, 정신대 문제에 대해서 편협한 민족주의에 찌들어 있으며 세계화 시대에 볼 수 없는 모습을 보이고 있습니다. 아베를 부끄럽게 해줄 만큼 열린 시민교육이 되어야 합니다. 일본의 아베가 재일조선인을 차별한다는 말도 있는데 탈북인, 다문화가 차별받지 않고 동등하게 대우받는 것, 대한민국 서울의 품격이 그런 거라고 생각합니다. 산업화, 민주화 다음이 선진화인데, 선진화의 과제는 인정하지만 허리띠 졸라매고 헝그리 정신 갖자는 식으로 선진화가 이루어진다고 보지는 않습니다.

정독도서관에 교육사 박물관이 있습니다. 교과서가 조금 있습니다. 교육부에서 도움을 주면 가능할 것 같은데, 확장해서 교육생활문화사박물관으로 만들어 교육을 둘러싼 다양한 생활모습을 보여주고 싶습니다. 딱지, 만화의 변천사, 교과서, 교육정책도 보여주고 교복도 보여주고, 시기마다 달라지는 교실 풍경 등 여러 가지를 할 수 있습니다. 굉장히 중요한 문화상품이 될 겁니다. 안을 만들고 있습니다.

현재 교육기부 전담관을 두고자 하는 작업을 하고 있습니다. 김밥 할머니의 기부가 대학에 안 가고 서울의 초중등에 오게 하면 좋겠습니다. 김밥할머니가 초등은 나왔으니, 자신이 못 다닌 대학을 가도록 하기 위해 대학에 기부를 해야 한다고 생각하시는 듯합니다. 그러나 예컨대 5억을 기부한다면 대학에서 5억은 거의 표가 나지 않습니다. 그러나 5억이 초등학교에 왔다 하면 상전벽해처럼 완벽히 바뀝니다. 이를 위해 노력하고 싶습니다.

올해 화장실 162개를 서울시와 같이 개선하는 작업을 하고 있습니다. 미동초등학교에 가봤는데 화장실에서 놀고 싶더군요. 요즘 아이들은 좌변기가 아니면 화장실에 가지 않으려고 물도 안 먹고 참는다고 합니다. 빨리 바꾸어야 합니다. 중앙정부에서 할 수 있으면 좌변기로 바꾸는 특별회계라도 만들고 싶습니다. 하반기에는 100여 개를 만들기로 되어 있었는데, 서울시가 민간 기부를 150억 받기로 했다가 어려우니 안 된다고 해서 막막하게 되었습니다.

학교운영위원회는 의회입니다. 시어머니, 시아버지의 역할을 해야 합니다. 또한 중요한 의사결정도 합니다. 현재 운영위원회가 가급적 교장선생님의 의견을 따르는 편이라서 그렇지 운영위원회가 작심하고 반대한다면 학교 운영을 함부로 못하게 됩니다. 서울시 의회 가면 서울시장과 제가 나란히 앉습니다. 의회에 들어가는 순간 저는 을(乙)입니다. 교육부에 있는 황우여 장관도 국회에서는 완벽히 을입니다. 1, 2, 3급 직원들은 그냥 본회의장 바깥에 있습니다. 나쁜 것은 아닙니다. 운영위원회가 의회이고 시어머니 역할을 해주셔야 됩니다. 운영위원장들이 운영위원회를 이끄실 때 소통과 배려의 리더십, 소통의 리더십이 중요한 것 같습니다. 저도 교육청에 있어 보면 산업화 영향, 민주화 영향으로 권리 의식이 높아져서인지 한 사람 한 사람 주장이 강합니다. 민원을 넣다 안 되면 9층 교육감실로 쫓아옵니다. 굉장히 주장도 강하고 생각도 깊고 합니다. 이걸 소통하면서 조정하고 최선의 합의를 만들어내는 과정에서 소통의 리더십이 필요하다고 보고 저도 노력하고 있습니다. 청 직원, 11개 교육장, 교장 등이 노력하고, 운영위원회에서 새로운 시대의 리더십을 만들어주시면 좋겠습니다. 학교를 통해서나 저희들에게 많은 비판과 조언을 주십시오. 운영위원장으로 헌신해주셔서 감사합니다. 여러분의 헌신이 아이들의 교육을 알뜰하게 만들어준다고 봅니다. 운영위원장 여러분의 헌신을 바탕으로 열심히 노력하겠다는 다짐을 드리겠습니다. 고맙습니다.

'불구일격(不拘一格)'의 자세로 교육행정을 혁신하자!*

　　반갑습니다. 어제부터 여기 있는데 기분 좋습니다. 공기도 좋고 어제 팀별로 유쾌하게 술도 먹고 했습니다. 저는 어제부터 마음 편하게 쉬는 시간이었습니다. 편안하게 생각하시고 화끈하게 1박 2일 보내시기 바랍니다.

　　지난번 2016년 병신년 새해 신년사에서 "한 가지 규격에 얽매이지 않는다"는 뜻인 '불구일격(不拘一格)'이란 말을 화두로 제시한 바 있습니다. 이 말은 청나라 때의 시인 공자진(龔自珍)의 시 「기해잡시(己亥雜詩)」에 나온다고 합니다.

　　그 시는 다음과 같습니다.

> 九州生氣恃風雷(구주생기시풍뢰)
> 萬馬齊喑究可哀(만마제음구가애)
> 我勸天公重抖擻(아권천공중두수)
> 不拘一格降人才(불구일격강인재)
>
> 이 세상이 생기발랄한 것은 바람과 우뢰 덕분인데,
> 만 마리 말이 하나같이 소리 죽이니 정녕 애석하여라

---

* 이 글은 2016년 2월 18일 영종스카이리조트에서 열린 서울교육청 일반직 공무원 워크숍에서 행한 강연이다.

권하노니 한울님은 다시 분발하셔서
한 가지 틀에 구애받지 말고 인재를 내리소서.

세상이 생기발랄한 것은 비바람과 뇌성벽력이 떠들썩하게 몰아치기 때문인데, 모두가 획일적으로 입을 다물고 있는 게 애석하다고 공자진 시인은 말합니다. 시인은 한울님에게 호소하는 말투를 빌려 "한 가지 틀에 박힌 인재만을 만들어내지 말고 다양한 인재를 풍부하게 내려달라"고 요구하고 있습니다.

저는 전문직 분들에게 말씀드린 바 있고, 일반직 분들에게도 말씀드리고자 합니다. 2016년 새해는 기존의 관행과 문화, 프레임, 틀에 얽매이지 않고 창조적인 교육행정, 기존의 틀을 뛰어넘는 새로운 교육행정을 시도해주시기 바랍니다.

2016년, 제가 간부회의 때도 말했지만 아이들을 행복하게 하기 위한 한 단계 높은 교육정책 방향을 혁신미래교육이라고 해서 화두처럼 사용하고 있습니다.

혁신미래교육이라고 말하는 새로운 교육정책이 현장에 안착하고 성공하는 관건이 되는 시기가 저로서는 2016년입니다. 저도 임기가 조금 지나면 중기를 넘어갑니다.

내년이면 우리 사회가 어수선할 겁니다, 대선도 있고 해서. 올해 혁신미래교육의 주요 정책을 확실하게 추진해서 우리 시대 교육혁신, 학교혁신의 과제가 확고하게 현장에 안착되고 어느 정도 뿌리 내렸다는 평가를 받아야 하겠습니다. 간부회의, 국실장 회의 때 여러 번 얘기했습니다. 일반직에서도 같은 마음으로 전문직과 동일한 마음으로 임해줬으면 합니다. 2016년은 교육혁신의 강력한 드라이브가 걸리는 해로서 임해주십시오.

모든 조직은 혁신의 과제를 부여받고 있습니다. 정부혁신, 기업혁신을 말하듯이 저희도 학교혁신, 교육혁신을 과제로 안고 있고 특별히 교육행정

혁신이라는 것도 이러한 관점에서 얘기할 수 있을 것 같습니다. 교장, 교사에게도 혁신에는 두 가지 측면이 있습니다. 하나는 과거를 뛰어넘는 혁신, 또 미래를 준비하는 혁신입니다.

과거를 뛰어넘는 혁신은 1960년대부터 40~50년 동안 관행적으로 고착된 과거의 낡은 교육을 뛰어넘고자 하는 혁신을 말합니다.

우리 사회는 1960년대 이후 세계가 부러워하는 경제적 성공을 이룩한 나라입니다. 한국, 대만, 싱가포르, 홍콩 등 동아시아 네 마리 용으로 성공을 거두었고 부러움을 산 나라입니다. 지금은 후발 주자로 중국, 말레이시아, 이란도 성장을 주도하고 있습니다. 40~50년 전부터 산업화에 성공한 나라도 있고 뒤따라오는 나라도 있습니다. 이것은 미국 등 발달된 서양을 따라잡는, 추격하는 산업화입니다. 보통 추격산업화라고 표현합니다. 우리는 추격산업화를 세계가 부러워할 정도로 성공시켰습니다. 그러한 추격산업화의 중요한 동력이 교육이었습니다. 그래서 교육입국이라고 얘기합니다. 교육을 통해서 나라를 세웠다고 얘기합니다. 우리나라를 이 정도까지 성공시킨 교육이 있었는데, 독특한 특성을 갖고 있었고 그것이 성공을 견인했습니다. 그런데 지금은 추격산업화에 성공의 견인차였던 교육이 낡은 교육이 되어 우리 사회의 한 단계 높은 선진화를 막고 있습니다. 교육이 현재의 한국 사회와 경제에는 적응하지 못하는 낡은 것이 되고 있습니다. 그래서 교육을 새롭게 바꿔야 하고 그 방향을 혁신미래교육이라고 합니다.

추격교육의 네 가지 특징

추격산업화에 성공하도록 만든, 즉 교육입국을 하도록 만들었지만 지금은 낡아버린 교육의 특성은 몇 가지로 정리해볼 수 있습니다. 그 첫째는 넘버원 교육입니다. 일등주의 교육이었습니다. 서양을 따라잡고 추격하기 위해서는 서양의 앞선 지식을 따라잡는 일등 기업, 일등 인재가 필요했습니다.

서양과 경쟁하는 일등 인재를 만들어내는 교육으로 40~50년 동안 교육을 운영해왔습니다. 넘버원 교육에서는 일등이 아닌 사람은 일등이 되기 위해서 노력해야 합니다. 이걸 바꿔야 합니다. 혁신미래교육으로 바꿔야 합니다. 그것은 '오직 한 사람 교육'입니다. 2등, 3등, 꼴등이 다양한 잠재력을 꽃피우는 교육입니다.

둘째, 학교 권위주의입니다. 우리 사회에는 전반적으로 권위주의적이고 독재적인 문화 체제와 관행이 있었습니다. 학교도 마찬가지입니다. 옛날에는 장학사가 학교를 방문하면 교장 등이 나와서 바닥을 청소했다고 합니다. 교육감으로부터 이어지는 권위주의가 있었습니다. 정치 권위주의에 대응하는 학교 권위주의가 있었습니다. 이것이 혁신미래교육의 두 번째 도전이라고 생각합니다.

교육정책 보면 학생자치도 하고 학교가 교장 단독으로 하면 안 되니 '토있교(토론이 있는 교직원회의)' 등 정책들을 펴가고 있습니다.

셋째, 추격화산업시대의 성공적인 교육은 암기식 지식교육이라고 하는 특성이 있었습니다. 가능하면 잠자지 말고 쉬지 말고 서양의 앞선 지식을 내 것으로 만들어야 했습니다. 그것을 대학입시에서 측정하는 것입니다. 앞선 지식이 서양에 있으니 우리는 빨리 배우기만 하면 되었습니다. 그런데 이제는 사정이 다릅니다. 열심히 암기하고 따라가야 할 앞선 지식이 없는 분야도 있습니다. 그게 질문이 있는 교실입니다. 진정하게 창의성을 북돋우는 새로운 교육으로의 전환이 필요합니다.

넷째는 교육불평등입니다. 추격산업화 시대에 우리가 똑같이 못 살았을 때는 경제적 불평등이 역으로 적었다고 봅니다. 잘살게 되니 부자, 가난한 사람으로 나뉘고 부유한 학부모, 가난한 학부모로 나뉩니다. 그러니 교육불평등이 훨씬 심화됩니다. 혁신미래교육은 거대한 부로 불평등이 심화되는 교육영역에서 다시 교육평등을 새롭게 만들어내서 헬조선을 완화시키는 '교육이 희망이 되는 사회'를 만들고자 하는 것입니다. 과거에는 교육이 모두에게 희망이었습니다. 재산 팔아 아이들에게 모두 투자했습니다. 또 그게 효과적인 투자였습니다. 그래서 대기업 사장, 부장, 판사, 공공기관 장이 되었습니다. 지금은 교육이 모든 사람에게 두통거리입니다.

저는 아들만 둘인데, 농담으로 "너희들은 아이를 세 명쯤 낳아라" 얘기했더니 "아빠 미쳤어요?" 하더군요. 여성들이 출산으로 기피하는 저출산 문제도 있는데 핵심은 아이들한테 충분한 교육을 시킬 정도의 경제력 여유, 시간이 없다는 것입니다. 그래서 다양한 수준에서 대책이 필요하고, 누리과정 싸움도 있습니다만 오늘 아침에도 누리과정 문제로 전직 교육부장관 모셔 얘기하자고 해서 연락했습니다. 안병영 교육부장관에게 연락했습니다. 다음 주에 만납니다. 안병영 교육부장관이 10년 동안 낙향해서 못 오는데 이 말을 전해달라고 하더군요. 지난 20여 년 전부터 유럽의 국가들은 사회투자를 해왔다는 겁니다. 사회적 투자의 가장 핵심이 교육입니다. 아이들 간 불평등이 옛날에는 주로 초·중에서 나타났는데 지금은 유아교육에서도 나타납니다. 개발되지 못하고 사장되는 것이 많은 투자 영역이 유아교육이라는 겁니다. 그래서 누리과정 문제에 대해서 열심히 싸워 더 많이 확보해 유아교육에 더 많이 투자해달라고 하더라고요.

교육불평등에 대해 생각해보면 저도 가끔 절망감이 듭니다. 평등하게 예산을 집행해서 어려운 학생이 많은 학교는 1인을 3인으로 간주해 더 주고 급식비도 더 지원해주고 일종의 역차별 정책을 마구 개발하려고 합니다. 부서에서도 개발해주십시오. 어려운 학생이 밀집한 지역, 비선호 학교에 유능한 교사를 보내는 등 다양한 노력을 해야 합니다. 개인적으로 절망감도 많습니다. 부유한 부모와 가난한 부모의 격차를 역차별 정책을 개발해서 줄여보고자 노력하지만 언 발에 오줌 누기밖에 되지 않는 것 같습니다. 격차를 극복할 수 없다는 생각이 많이 듭니다. 헬조선이라고 얘기하는 것처럼 우리 사회가 이상하게 가고 있습니다. 그나마 공공교육기관이 중심을 잡고 교육이 희망으로 가는 다양한 정책들을 펼쳐야겠습니다.

이익집단 민주주의, 사익일변도의 자본주의를 넘어

제가 요즘 생각하는 것이 공공성의 가치입니다. 책 보고 공부하고 학교에서 민주주의 강의할 때는 못 느꼈던 것이 두 가지입니다.

하나는 이익집단 민주주의라는 생각이 듭니다. 국회의원, 서울시의원이 행정기관 잘 감시해주는 역할도 좋게 잘하는데, 사회에 존재하는 이익집단의 요구들을 행정기관의 정책이나 예산으로 만들기 위한 로비 통로 역할도 하는 측면이 있습니다. 상당히 많은 부분이 당연한 현상입니다. 모든 사회집단, 이익집단이 자기는 손해를 안 입으려고 노력하지만 개별 로비 집단이나 집단의 사익만 추구한다고 해서 우리가 잘사는 것은 아닙니다. 전체 공동체에서 상쇄적이고 보완적인 역할을 해줘야 합니다. 우리 사회는 두 가지가 충돌하고 있습니다. 기업 입장에서는 수출이 어렵고 글로벌 경쟁에서 버티기 어려운 상황입니다. 기업에 더 지원하는 정책을 요구하는 겁니다. 정규직 인력 줄이고 해서 버텨야 한다는 요구가 이런 한편에 있습니다. 그렇게만 되면 헬조선이 됩니다. 그러면 청년들이 폭탄 들고 나타날 것입니다. 그렇게 되면 공동체 대한민국은 유지되기 어렵습니다. 기업을 위한 경제 정책을 펴야 하지만 누군가는 균형추 역할을 해줘야 합니다. 그것이 공공성의 가치인 것 같습니다. 교육청이 그런 역할을 더 많이 해야 한다고 봅니다.

이익집단과 또 다른 집단이 사익 일변도의 자본주의라는 생각을 많이 합니다. 사립학교들이, 물론 교육을 위해서 헌신도 하지만 다른 한편에서는 공공교육기관으로서의 책무성을 가졌으면 좋겠다는 바람을 가집니다. 사학이 적절한 공공성과 책무성을 갖도록 관리하고 감독하는 역할을 우리가 하고 있는 상황입니다.

과거를 뛰어넘는 민주적 행정

이런 새로운 교육혁신을 위한 행정 주체로서의 교육청에 요구되는 행정도 있는 것 같습니다. 오늘 토론도 공공행정기관으로서 행정혁신들의 여러 측면도 포함하고 있습니다.

행정혁신의 두 가지 차원을 이야기하고 싶습니다. 먼저 과거를 뛰어넘는 행정혁신이 필요합니다. 그것을 저는 권위주의적 행정을 뛰어넘는 민주적 행정의 구현이라고 표현하고 싶습니다.

민주적 행정의 두 가지 지향은 한편으로는 봉사지원행정이고 다른 한편으로는 협치(協治)라고 생각합니다. 봉사지원행정이라고 할 때는, 행정의 대상자와 수요자에 대해서 지원하고 봉사하는 행정을 펴야 한다는 의미입니다. 우리 교육행정에서도 교육청이나 교육지원청이 군림하는 행정이 아니라 학교와 학교교육을 지원하고 봉사하는 행정을 펼쳐야 할 것입니다. 다음으로는 협치행정입니다. 이는 요즘 거버넌스(governance)라는 말로 표현됩니다. 협치행정은 단순히 지원하고 봉사하는 차원을 넘어서 행정의 대상자들이 주체로서 의사결정과정과 행정프로세스에 참여하도록 해야 한다는 것을 가리키고 있습니다. 이것은 낮은 수준에서의 자문이나 위원회 참여를 넘어서 점점 더 적극적인 참여의 차원으로 확장되고 있습니다. 이것은 행정과 현장과의 갭을 줄이려는 노력의 의미도 갖습니다. 우리의 교육행정 역시 교장과 교감, 교사, 학부모, 학생들을 다층적인 행정 프로세스와 의사결정과정에 참여시킬 수 있도록 노력해야 할 것입니다.

미래지향적 행정혁신

다음으로 미래를 준비하는 행정혁신이 필요합니다. 우리 시대에 통상 요구되는 전반적인 시대정신의 변화가 있고 행정혁신도 그 방향에 부응해야 한다고 생각합니다.

두 가지를 말하겠습니다. 먼저 개방행정입니다. 요즘 말로는 IT 지식정보화 오픈 플랫폼을 뜻합니다. 지금 우리 사회에는 폐쇄에서 개방으로, 조직에서 네트워크로 가는 큰 흐름이 있습니다. 오픈 플랫폼은 위키피디아라는 인터넷 백과사전을 생각하면 됩니다. 지식의 보고의 기준인 백과사전은 석학들이 장별로 나눠 쓴 것입니다. 위키피디아는 이런 발상을 뛰어넘는 것입니다. 오픈해서 자기의 발상을 씁시다. 다른 지식을 가진 사람이 정정 추가하고 계속 누적되는 집단지성으로서의 위키피디아가 지식의 보고가 될 수 있는 겁니다. 여기에는 발상의 전환이 있습니다.

삼성과 애플의 차이를 얘기할 때 이런 얘기를 많이 하는데, 저는 행정에도 이런 면이 있다고 봅니다. 옛날에는 행정기관이 모든 걸 중심적으로 했지만 지금은 민원인들이 우리만큼 많은 지식을 가지고 있습니다. 그게 우리 사회에서 진행 중인 큰 변화의 방향입니다. 지금 행정은 우리가 주체가 되어서 일방향적으로 하는 것보다 다양한 사람이 갖고 있는 다양한 지식, 지혜, 잠재력, 지성을 종합할 수 있는 능력이 중요한 것 같습니다. 그러기 위해서는 행정기관이 오픈되어야 합니다. 관계 맺기가 중요합니다. 타인이 갖고 있는 능력을 끌어내는 것도 중요합니다. 학교의 교장이 지역사회의 다양한 인적·물적 자원을 아이들 교육을 위해서 종합할 수 있는 능력을 지녀야 한다고 얘기할 수 있습니다. 이것이 시대정신입니다.

두 번째는 네트워크형 행정입니다. 부서의 칸막이 행정을 넘는 것이 아무래도 행정체계 내부의 혁신을 의미한다고 하면, 행정체계와 행정체계 '외부'의 개방형 협력구조를 어떻게 만드는가 하는 것이 바로 네트워크형 행정의 진정한 의미가 될 것 같습니다.

조직 내의 네트워크라는 것은, 논의 주제가 부서 간 소통 등 부서 간 협력 체제로 구체화될 수 있다고 봅니다. 제가 1년 반 동안 행정을 모르는 입장에서 느낀 것 중에 중요한 것이 관료제라는 것이 부서별 업무가 나뉘어 있고 그 업무에 예산이 배정되어 있다, 부서를 맡은 사람은 부서 내의 일과 예산 사용이 업무다라는 것입니다. 그런데 제가 볼 때는 관련이 많습니다. 보고받을 때는 각각의 부서의 입장에서 작성된 보고서만 올라옵니다. 부서 간을 넘는 TF팀을 만드는 것이 작은 노력들의 하나입니다. 부서 간 칸막이를 존중하는 것도 중요하지만 뛰어넘는 사고도 중요한 것 같습니다. 부서를 뛰어넘는 방식으로 종합된 네트워크 체계를 갖추는 것이 필요합니다.

졸업장을 받는 학문, 학과, 전공 영역이 있습니다. 이게 근대의 구분체계입니다. 지금은 대학의 학문도 그렇고 디서플린(discipline)을 어떻게 뛰어넘을까가 화두입니다. 전공영역 간의, 학문영역 간의 포스트 디서플러너리(post-disciplinary)라는 말도 많이 씁니다. 근대적 전공영역을 뛰어넘는 새로운 학문들이 많이 필요하고, 그것이 큰 시대적 흐름인 것 같습니다. 조직개편을 통해 부서 편제도 바꾸고, 없었던 민주시민교육과도 만들었습니다. 그런 걸 포함해서 부서 칸막이를 뛰어넘는, 목표지향적인 협력과 소통의 네트워킹을 어떻게 할까 하는 고민들을 많이 해주시면 좋겠습니다.

결재 받으러 오시는 분은 얼굴을 뵙는데 여기서 보니 얼굴조차도 생소한 분이 많네요. 가능하면 7급, 8급들도 기안하신 분이 같이 결재하러 오시면 얼굴이라도 보게 되니 언제든 오십시오. 이런 기회로 얼굴 익히고, 여러분들이 단지 결재를 받기 위해서가 아니고 이런 아이디어를 교육감하고 계급장 떼고 얘기하고 싶다면 얘기하기를 바랍니다. 교육감실 문턱이 높은 것 아니니 결재 라인을 통해서 보다 창의적 생각이나 제언이 있으면 교육감에게 이런 제언을 하고 싶다 해서 보는 기회도 가졌으면 합니다. 이런 것이 제 입장에서는 폐쇄에서 개방으로 가는 겁니다. 여러분도 폐쇄에서 개방으로 가는 노력을 해주시고 저도 노력 많이 하겠습니다.

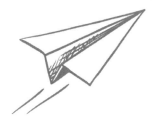

서울시민을 위한 강의

이 장은 서울교육가족이라 불리는 교사, 학생, 학부모 등 외에 일반 시민, 대학생, 토론회, 기타 중요한 행사에서 이야기한 교육에 관한 대중 강의 또는 축사를 모은 것입니다. 이번에 책을 내기 위해 정리하면서 보니, 아직은 부족한 점이 많지만 제가 갖고 있는 확고한 신념인 교육과 평등, 교육과 민주주의, 교육과 다원성, 교육과 공공성 등의 가치가 두루 관철되고 있는 강의 내용들임을 다시 확인할 수 있었습니다. 그것은 결국 마지막 글의 제목인 '교육과 사회정의'로 압축될 수 있을 것 같습니다. 교육의 궁극적 목표가 결국 우리 아이들이 따뜻하고 정의로운 인재로 성장하여 우리 사회를 지속가능한 공동체적 국가로 만들어가는 것임을 상기할 때, 제가 서울시민들에게 한 강의는 결국 우리 아이들을 어떻게 키울 것인가에 대한 제 에두른 답변들이었습니다.

'수직적 서열화의 사회'에서 '수평적 다양성의 사회'로, '수직적 서열화의 교육'에서 '수평적 다양성의 교육'으로*

초중등교육 정상화를 위한 구조개혁 방향

들어가면서: 수직적 서열화의 사회에서 수평적 다양성의 사회로

우리 사회는 1960년대 이후 서양을 따라잡는 추격산업화에 매진해왔고 그것은 세계가 부러워하는 수준으로 '성공'적으로 이루어져 왔습니다. 추격산업화의 성공은 한국 사회가 경제적 후진국에서 경제적 (준)선진국으로, 절대적 빈곤상태에서 절대적 풍요의 사회로, 전근대적 경제에서 근대적인 자본주의적인 시장경제로, 그것도 독점적인 대기업이 주도하는 경제로 전환된다는 것을 의미합니다.

이러한 변화과정에서 우리 사회는 더욱더 '수직서열화의 사회'로 변모되어왔습니다. 경제적 부의 증대는 상류층과 하류층의 분화로, 거대한 독점재벌과 중소기업, 영세자영업자들의 분화로, 고소득층과 저소득층의 분화로, 거대자산가와 빈곤층의 분화로 이어졌습니다. 직업, 소득, 자산, 매출, 지역, 계급계층, 고용 등 모든 측면에서 수직서열화된 사회로 변모되어왔습니다. 그것은 점차 고착화의 경향을 보이고 있으며 세대 간 재생산, 즉 세대를 거

---

* 이 글은 2016년 1월 25일, 국회의원회관에서 열린 '교육을 바꾸는 힘' 주최 토론회(제10회 대한민국 교육문제 심층진단 및 대안마련을 위한 토론회)의 발표문이다. 현 시기 우리 사회의 교육개혁 방향이면서 동시에 사회개혁의 방향성을 제시하는 글이다. 이 책 전체의 인식프레임을 제시하는 글이라고도 할 수 있다.

처 계속되는 대물림의 경향을 드러내고 있습니다.

이 수직서열화의 사회는 점차 사회적 삶의 영역에서도 관철되고 확대되어가고 있습니다. 부유한 계층과 빈곤한 계층으로의 분화는 부유한 가정/부모와 빈곤한 가정/부모의 분화를 의미하고, 이는 자녀들의 교육적 서열화와 교육적 불평등으로 이어졌습니다.

부유한 부모는 교육을 통해서 자신들의 우월한 사회경제적 지위를 자녀에게 물려주고자 합니다. 이러한 노력은 좋은 학벌의 대학에 들어가기 위한 경쟁으로, 좋은 고등학교, 좋은 중학교, 나아가 좋은 초등학교에 들어가기 위한 경쟁으로 나타났습니다. 최근 강서구에서 나타난 중입 배정 갈등이나 성북구에서 나타난 중입 배정 갈등은 자녀들을 조금이라도 좋은 중학교에 입학하게 하기 위한 중산층 아파트 거주 학부모들의 각축을 의미합니다. 이것은 점점 더 대학 및 고교들의 수직서열화를 촉진하고 있습니다. 수직서열화된 사회는 수직서열화된 교육을 낳고 있습니다.

저는 추격산업화의 성공이 역설적으로 우리 사회의 기본운영원리를 '수직서열화'의 원리로 만들었다고 생각합니다. 이것은 교육을 포함한 전 사회적 영역으로 관철되어가고 있습니다. 이에 대항하는 원리를 저는 '수평적 다양성'이라고 표현하고 싶습니다. 사회구성원 개인들, 사회조직들, 사회단체들, 학교들, 직업들의 관계를 수직적 서열화에서 수평적 다양성의 관계로 만들 수 있느냐 하는 과제가 우리 사회에 절박하게 주어지고 있다고 생각합니다.

우리 사회는 지금 산업화 이후, 민주화 이후의 사회를 만들기 위한 갈등과 각축, 고투(苦鬪)의 도정에 놓여 있다고 할 수 있습니다. 이를 한때는 '선진화'라고 표현하기도 했고 복지를 강조하는 입장에서는 '복지사회로의 이행'이나 복지국가화라고 이야기하기도 합니다. 저는 사회원리라는 점에서 보면, 한국 사회는 지금 수직서열화를 운영원리로 하는 사회에서 수평적 다양성을 원리로 하는 사회로 전환하는 과제에 직면해 있다고 표현하고 싶습니다. 선진화라는 말의 진정한 의미를 묻는다면 저는 이 수평적 다양성이라는 말로 표현하고 싶습니다.

추격산업화 시대 교육에서 21세기 교육으로

1960년대 이후 우리 사회는 서구를 단시일 내에 따라잡기 위한 이른바 '추격산업화' 시대로부터 일정한 진전이 있었습니다. 그 시대 교육의 특성은 △ 일등주의 교육, △ 학교 권위주의, △ 암기식 지식교육, △ 획일성과 일원적 교육으로 설명됩니다. 이 네 가지의 특성에 기반을 둔 교육은 그 추격산업화의 성공에 중요한 기반이자 원인이었지만, 그 성공의 요인으로서의 교육은 이제는 오히려 자신이 이룩한 성공을 무위로 돌리거나 퇴행시키는 역설적 대립물로 전화되어 있습니다. 말하자면, 추격산업 시대의 교육시스템은 그 시대적 소명을 다했고, 그것으로 이룩된 사회 시스템과 수준에 걸맞은 새로운 교육시스템으로 패러다임이 전환되어야 하는 운명적, 필수적 단계에 도달했다고 할 수 있습니다. 서울시교육청은 다음과 같은 몇 가지 측면에서 추격산업화 시대의 낡은 교육을 혁신하고자 합니다.[*]

넘버원 교육에서 온리원 교육으로

이제는 학생들이 하나의 잣대에 기초한 일등 인재로 성장하도록 강요되기보다는 자신들이 가진 다양한 잠재력과 능력, 소양을 다양하게 꽃피울 수 있도록 해야 할 것입니다. 저는 이것을 넘버원 교육에서 온리원 교육, 즉 '오직 한 사람 교육'으로의 전환이라고 표현합니다. 이를 위해서 제도적 노력들을 지속하고 그것이 안착되도록 하고자 합니다. 연초의 '서울시교육감 2016년 신년 기자회견문'에서 밝혔듯이, 서울교육 차원에서 이러한 온리원 교육으로 전환하기 위한 교육과정의 다양화를 위한 노력은 다음의 몇 가지로 표

---

[*] 이하 작은 절들의 내용은 '서울시교육감 2016년 신년 기자회견문'의 일부를 옮긴 것이다.

현되고 있습니다.

①교육내용의 혁신이라는 점에서 선도적인 실험이 바로 오디세이학교('고교 자유학년제')입니다. 이는 정규 교육과정에서의 '트랙 다양화'의 노력이라고 할 수 있습니다. 작년에 40명으로 출발한 오디세이학교는 이제 1학년 90명으로 확대하고자 합니다. 단지 숫자를 확대하는 것을 넘어서, 여기서 이루어지는 새로운 교육실험을 고등학교 교육 전반에 일반화하기 위한 고민도 병행하고자 합니다. 교육이 대학입시를 위한 '도구'가 되어버린 현실을 넘어서서, '삶을 가꾸는 교육'이 될 수 있도록 노력하고자 합니다. 현재처럼 일등주의 교육체제하에서 일부의 일등 그룹에게만 유의미한 수업이 강제되고 그것에 의미를 느끼지 않는 학생들은 엎드려 자는 상태를 넘어서기 위해, 삶을 풍부하게 하기 위한 교육실험으로서의 오디세이학교를 더욱 지원하고자 합니다.

②'일반고 전성시대'는 한 마디로 일반고 내에 '멀티(multi) 교육과정'이 가능하게 지원하는 것입니다. 학생 맞춤형 선택 교육과정의 다양화로 진로진학교육을 강화하는 것이 핵심입니다. 이는 일반고 내의 모든 학생들을 포기하지 않고 보듬겠다는 의지의 표현이기도 합니다. 학생들이 다양한 만큼, 교육과정도 다양해져야 한다는 취지입니다.

③중앙정부와 교육부가 추진하고 있는 '자유학기제'를 두 학기로 확대한 '서울형 자유학기제'를 견결히 추진하고자 합니다. 서울형 자유학기제는 기존 입시 위주의 암기식 교육을 뛰어넘어 다양한 창의적인 교육, 체험적 교육, 학생들의 삶을 풍부하게 하기 위한 새로운 교육을 시도하고자 하는 것입니다. 서울형 자유학기제에서는 2학년에서도 자유학년제와 학교혁신을 결합한 '혁신 자유학년제'를, 3학년에서는 '맞춤형 자유학년제'를 시행하게 됩니다.

넘버원 교육은 성적 본위의 서열화 교육입니다. 성적이라는 단일 잣대를 기준으로 학생들의 등수를 매기고 서열화하는 것은 근본적으로는 대학 서열체제와 그 안으로의 진입을 위한 입시교육의 한계 때문입니다. 그 한계를 혁파해나가는 노력과 더불어 초중등교육 내부적으로는 학생들에 대한 평가를 수직적 평가에서 수평적 평가로 전환하는 노력이 필요합니다. 이미 시대적 추세가 되고 있기는 합니다만, 교과목 중심의 성적과 관련해서도 상대평가에서 절대평가로 전환하는 것(성취평가제로의 전환), 학생에 대한 다양한 평가기준을 마련해서 적용하는 것, 그 평가권을 학교와 교사에게 돌려주어 보다 다채로운 평가가 이루어지게 하는 것, 학생들의 다양한 능력과 노력을 수평적으로 존중하고 가치부여를 해주는 것, 이러한 노력들이 필요하고 서울교육에서도 이를 적극적으로 실현하기 위해 노력하고자 하는 것입니다.

반대로 온리원 교육의 본질은 학생들 개개인의 개성, 자질, 능력을 서열 없이 동등하게 존중하고, 더 나아가 능력을 불문하고 사회공동체에 대한 기여, 성실성과 노력, 인간적 품성과 됨됨이를 중심으로 가치를 부여하는 '인간중심적 평가'와 직결됩니다. 성적이라는 구시대적인 단일 속성에 따른 평가가 아니라 새로운 시대가 요구하는 다원적 요소를 고려한 종합적 기준에 따른 평가가 수반되어야 하며, 배타적 개인주의에 기반한 능력에 따른 서열이 아닌 타고난 능력의 차이를 불문하고 품성과 노력에 따른 보상 체계, 보다 인간의 얼굴을 한 사회공동체적인 평가기제가 작동하도록 하는 것이 온리원 교육의 핵심입니다.

권위주의적 학교/교육에서 민주주의 학교/교육으로

서울시교육청이 주력하고자 하는 것 중의 하나는 과거 권위주의 모델을 뛰어넘는 학교 민주주의 모델의 현실화입니다.

서울시교육청이 지향하는 것은 과거 수십 년 동안 학교에 정착해온 낡은 학교 권위주의 모델을 뛰어넘어 학교 민주주의 모델이 모든 학교에서 안착될 수 있도록 하는 것입니다. 물론 이미 많은 학교에서 그런 노력이 이루어지고 있는바, 서울시교육청은 모든 학교가 '혁신과 자율의 공동체'가 될 수 있도록 2016년에도 다양한 지원 노력을 하고자 합니다.

먼저 학교 자율성을 확대하도록 본청 및 교육지원청에서 스스로의 권한과 권력을 내려놓고 지원기관으로 거듭나기 위한 노력을 지속하고자 합니다. 궁극적으로 수업, 생활지도, 평가, 학교 운영 등에서 학교는 현재보다 더욱 높은 수준의 자율성을 향유할 수 있어야 합니다. 국가교육과정에 의한 제약이 있지만, 선생님들의 평가권도 확대하는 노력을 지속하고자 합니다. 학교 교장선생님이 갖는 예산 편성의 자율권도 확대하고자 합니다. 중앙정부나 교육부가 교육청의 예산 편성권을 더욱 확대해가야 하듯이, 교육청도 학교 교장선생님들의 예산 편성권을 더욱 확대하려는 노력을 해야 합니다.

둘째, 학교 내의 구성원들의 자율성을 확대하고 그 기초 위에서 새로운 학교협치모델이 안착되도록 노력하고자 합니다. 우리가 지향하는 새로운 학교는 학교 구성원들이 더욱 많은 자율성을 향유하는 주체적인 구성원들이 되고, 그 바탕 위에서 과거와는 다른 민주적-소통적 협치모델을 만드는 것입니다. 이것이 산업화와 민주화 이후 시대에 달라진 국민들의 잠재적 역동성을 끌어내고 그 역동성을 온전히 학교 발전의 종합적 에너지로 만드는 계기라고 생각합니다.

이런 점에서 서울시교육청은 학교 구성원들의 자율성을 확대하기 위한 다음과 같은 정책들을 추진해왔습니다. 앞으로 이를 지속적으로 추진함과 동시에, 이에 기초하여 학교 자체에서 새로운 협치-협력 모델이 안착되도록 노력하고자 합니다.

먼저 학생자치와, 학생들이 민주시민으로 성장하도록 하는 민주시민교육의 확대입니다. 이를 위해 작지만 학생회별로 50만 원, 전체 6.5억 원의 학생회 자율예산을 2016년에 제공하고 확대해나가고자 합니다. 학생들 모두가 졸업 전에 '교복 입은 시민'으로서의 식견과 미덕을 갖추도록 노력하고자 합니다.

둘째, '토론이 있는 교직원 회의'를 통해서 학교 의사결정 과정에 교사들이 능동적으로 참여하도록 하는 정책을 확대해갈 것입니다.

셋째, 학부모회 조례 제정(2015년 10월 8일 공포, 2016년 1월 1일 시행)을 계기로 하여 학부모들의 학교 참여 기회를 더욱 폭넓게 제도화하고 재정적 지원을 하고자 합니다. 이에 학부모 학교참여 공모사업을 통해 초중고 및 특수학교 200개교 학부모회에 예산(교당 200만 원)을 지원하여 학부모회 모범사례를 발굴하고, 우수사례 모델화를 통해 전체 학교로 확산하겠습니다.

넷째, 이처럼 학교 구성원들이 능동적 참여주체가 되는 것과 함께, 교장의 새로운 민주적-소통적 리더십이 필요해집니다. 많은 학교에서 이미 그런 노력이 성공을 거두고 있지만, 모든 학교에서 이것이 이루어질 수 있도록 협력과 지도, 연수를 확대하고자 합니다.

참여는 언제나 참여하는 존재의 능동성을 발현하게 하고, 그것은 그 공동체의 역동성을 제고하게 됩니다. 극히 일부이지만, 기업에 '황제경영'이 있는 것처럼 학교에 '황제경영'이 있는 곳도 있었습니다. 변화된 구성원들의 능동적 참여를 새로운 역동적 학교모델로 완성해내기 위해서는 교장선생님들의 새로운 민주적-소통적 리더십이 필요합니다. 이를 위해 학교 자체의 노력과 교육청의 지원이 병행되어야 할 것입니다.

주입식 암기교육에서 지성, 감성, 인성이 어우러지는 창의교육으로

추격산업화 시대의 교육에는 교육철학적 전제가 있습니다. 그것은 우리보다 앞선 선진국의 지식을 좌고우면하지 말고 가능한 한 빨리 암기해서 숙지하는 노력이 필요하다는 것입니다. 창의성은 이미 앞선 지식을 가능한 한 빨리 숙지해내는 속도와 강도에 있는 것으로 가정되었습니다. 그래서 가능하면 많은 지식을 가진 교사들이 이를 학생들에게 주입식으로 교육하고 학생들은 최대한의 암기노력을 하는 것이 필요했습니다. 사실 어떤 점에서 선진국을 따라잡는 추격의 성공에는 이러한 전제에 기초한 좌고우면하지 않는 교육노력이 자리 잡고 있었던 것도 사실입니다. 이를 가능한 한 빨리 달성하기 위해서 '놀지 말고 쉬지 말고 가능하면 잠도 줄이는' 노력이 필요하다고 모두가 생각했습니다. 현재의 입시가 거의 놂과 쉼과 잠을 포기하는 경쟁처럼 된 것도 이런 이유 때문입니다.

그러나 이제 이러한 주입식 암기교육은 한계에 도달하고 어떤 의미에서는 대립물로 전화되어 있습니다. 진정한 창의교육이 필요한 시점에 도달했습니다. 서울시교육청에서는 이를 '질문이 있는 교실' 정책으로 정식화해서 추진하고 있습니다. 앞선 선진국의 지식을 아무런 질문 없이 암기하던 방식에서, 이제는 그 지식의 타당성을 묻고, 지식의 결과가 아니라 지식탐구의 과정이 중시되는 교육으로 전환되어야 합니다.

또한 이제 우리는 창의교육은 단순히 지식교육만이 아니라 문화예술적 감수성을 기르려는 노력이 병행될 때 가능하다는 것을 인식해야 합니다. 미래 사회의 창의적 인재는 단지 국영수 중심의 암기지식에 능통한 인재가 아닙니다. 문화예술적 감수성을 내재적으로 갖는 인재가 필요합니다. 이를 서울시교육청에서는 '지성, 감성, 인성이 어우러지는 창의교육'으로 표현하고 있습니다. 이러한 인식 전환은 창의성은 '적절히 쉬고 놀고 잠잘 때 가능하다'는 식으로 표현될 수 있을 것입니다.

신분 재생산(대물림) 교육에서 '희망의 사다리' 교육으로

추격산업화 시대의 교육을 극복하는 것은 추격산업화의 성공으로 확대된 교육불평등에 대한 극복의지로도 표현되어야 한다고 생각합니다. 추격산업화 시대에는 상대적으로 평등한 교육의 기회가 있었습니다. 그러나 교육의 기회는 이제 부모의 경제력 격차로 인해 차별적으로 주어지고 있으며, 우리 사회의 불평등을 능가할 정도로, 또는 그 불평등을 더욱 촉진하는 기제로서 교육불평등이 심화되고 있습니다.

한국 사회와 교육에서 불평등의 심화는 한국 사회라는 공동체의 기반이 되는 '공정성'을 심각하게 훼손하는 단계에 이르렀다고 할 수 있습니다. 경쟁이 아무리 극단화되어도 그 경쟁의 '공정성(fairness)'이 심각하게 위협받지 않으면 그것의 파괴적 결과는 그나마 완충될 수 있을 것입니다. 그러나 극단화된 과잉경쟁은 부모의 재력이 뒷받침되지 않는 한 참여할 수 없는 '그들만의 경쟁'으로 변화해가고 있습니다. 이는 현재의 교육경쟁이 비합리적 경쟁으로 작동한다는 것뿐만 아니라, 동시에 '부도덕한 경쟁'으로 작동한다는 것을 의미합니다. 한국 사회의 경제력이 높아지면서 중산층 가족의 경우 가용(可用)한 자원이 늘어났습니다. 그런데 이 자원을 '올인'하듯이 자녀교육에 투자하게 되면서 경쟁이 더욱 치열해지고 더욱 부도덕한 경쟁이 되고 있습니다.

이를 근대화 혹은 '발전의 역설'이라고 표현할 수 있고, 그것은 교육영역에서 심각하게 나타나고 있습니다. 우리 사회는 1960년대 이후 추격산업화의 초기에 상대적으로 '교육평등'이 있었습니다. '가난한 집 애들이 공부 잘한다'는 말이 그런 것입니다. 지금은 연봉이 높은 부모들이 어떻게든 애들을 닦달해서 토익 점수도 높이고 자신이 가진 네트워크를 통해 안정적인 직장에 보내고자 합니다. 가난한 집 애들은 부모의 경제력 때문에 자신의 재능을 발휘할 충분한 기회를 제공받지 못합니다. 잘사는 집 부모들이 아이들을 닦달해서 좋은 지위에 들어가게 하는 것은 어떤 의미에서 '가혹한 자본주의적 경쟁구조'와 '벼랑끝 사회'라고 제가 부르는 우리 사회의 현실 앞에서 개개인의 '합리적'인 전략적 행위일 수 있습니다. 그러나 사회 전체적으로 보면, 재능이 없는 학생들도 '돈의 힘'으로 높은 지위로 가고, 재능이 있어도 '돈 없는' 학생들은 자신의 재능을 발휘할 수 없는 현실이 재생산되는 것입니다. 그러면 사회 전체적으로는 한 사회에 존재하는 경제적 불평등 때문에 최고의 재능이 사장(死藏)될 수도 있다는 것을 의미합니다.

그런데 이것도 몇 년간 지속된다면 문제가 안 될 것입니다. 그러나 수십 년간 지속된다면, 그 사회에 심대한 왜곡이 발생합니다. 지금처럼 혹은 앞으로 우리 사회가 교육 '신(新)신분제 사회'처럼 작동한다면, 우리 사회의 역동성은 사라지게 되는 것입니다.

　추격산업화 시기에는 이른바 '고교평준화' 조치로 인해 적어도 중등교육 단계까지만은 일률적으로 평등한 교육을 받았습니다. 전통적인 사립 명문이 존재하지 않았던 것은 아니지만, 전국의 모든 고등학교들의 수준이 평준화되어 있었고, 어느 고등학교를 가나 자신의 노력 여하에 따라서 대학 진학이 이뤄졌습니다. 개천에서 용 나던 것이 가능하던 시절이었습니다. 오로지 자신의 실력으로만 성공과 실패가 갈라지던 시절이었습니다. 그러나 5·31 교육조치 이후, 일정한 신자유주의적 교육 기조가 자리를 잡으면서 경직성과 획일성을 극복한다는 명분하에 자유시장적 자율성을 강조하게 되었습니다. 그 핵심적인 두 가지 경로가 ① 고교다양화라는 이름의 수직적 서열화 (결과적이기는 합니다만 예정된 것이었습니다), ② 사교육이라는 시장의 압도성입니다. 이 두 가지 조건 속에서 학부모와 학생들은 보편적인 출혈 경쟁에 내몰리고 있고, 그 과정에서 경제적으로 유리한 환경에 처한 학생이 이른바 서열의 정점에 있는 고교와 대학 진학 등의 자원을 독식하게 되는 그런 양상이 전개되고 있습니다.

　대학 서열화에서 추동된 초중등학교의 서열화는 정상적인 초중등교육을 어렵게 하며, 사교육 의존도가 높아지면서 '신분'의 대물림은 더욱 강화될 수밖에 없습니다. 서울교육에서 추진하는 많은 혁신적 정책들을 근원적으로 제약하는 이러한 수직서열화 문제를 해결하지 않고서는 모든 노력들이 무력화될 수밖에 없을 것입니다. 물론 이른바 제2의 고교평준화라 부르고 있는 서울교육청의 고교체제 개혁 노력이 과거 시대로의 회귀나 퇴행을 의미하지는 않습니다. 획일성과 경직성 속에서는 새로운 시대를 살아갈 풍부한 지적, 감성적, 인성적 역량이 배양되지 않기 때문입니다. 그렇기 때문에 제가 강조하는 것이 수평적 다양성입니다. 수평적 획일성과 수직적 다양성을 넘어 수평적 다양성을 구가하는 것이 서울교육의 목표이자 우리 교육이 나아가야 할 방향이라고 생각합니다.

　산업화의 성공이 낳은 우리 사회의 사회경제적 불평등(부의 분화 등)을 인정하면서도, 다른 한편에서는 '교육이 지속적으로 희망의 통로'가 되는 방식으로 불평등을 공공적으로 제어하고 교육에 미치는 왜곡화의 영향을 통제할 필요가 있다고 하겠습니다. 이런 점에서 사회경제적 부에 의한 학부모의 서열화가 자녀들의 교육서열화로 이어지지 않도록 하는 개혁이 필요합니다.

초중등교육의 수평적 발전을 위한 기반: 학교와 교육에서의 관계적 민주주의

　앞서 서울교육청의 노력을 소개했습니다. 지금부터는 학교교육의 내용이라는 측면에서 변화를 위한 노력의 핵심원리로 민주주의를 강조하고자 합니다. 저는 학교를 중심으로 대대적인 교육혁신의 바람을 일으키고자 합니다만, 그 핵심은 한마디로 '다원성'과 '민주주의'라고 할 수 있습니다. 민주주의에 기반을 둔 다원적 교육 모델을 만들고자 다양한 시도와 노력을 하고 있습니다. 이것은 과거 서구 산업사회를 맹렬히 단시간 내에 따라잡기 위한 '추격산업화' 및 추격교육의 한계와 폐단을 넘어서서 새로운 국가적 위상과 세계사적 역할에 요구되는 21세기 미래형 교육으로 나아가기 위한 여정의 첫걸음을 내디디기 위한 노력이라고 할 수 있습니다.

　사회학자로서, 그리고 지금은 교육행정가로서 저의 영원한 화두는 '민주주의'입니다. 민주주의가 이미 다원성, 평등성, 공공성 등을 내포하고 있기도 합니다. 민주주의가 구현될 때, 다양한 가치와 원리들이 자연적 내지 순차적으로 구현될 수도 있습니다. 민주주의적 교육틀 안에서 비로소 교육내용의 다양성도 촉진될 수 있습니다. 민주주의적 교육 체계 안에서 평등성과 공공성을 발현시키는 것은 어렵지 않습니다.

　우리의 제도교육은 '학교'라는 특정 형태로 구현되어 있습니다. 그 안에 모든 교육 원리와 활동이 농축되어 작동하고 있습니다. 일정한 자기완결적 교육단위입니다. 이 학교를 민주주의적으로 '형질 전환'시키는 것이 제 목표 이자 우리 교육이 나아갈 방향이라고 생각합니다. 형태적으로나 질적으로 학교를 민주주의적 단위로 변모시킨다는 것은 ① '관계의 민주주의', ② '교육내용의 민주주의' 두 가지를 핵심 축으로 합니다.

학교 구성원들의 관계를 민주주의적으로 재정립함으로써 학교는 민주주의의 장으로 재탄생하게 됩니다. 과거 일부 교장의 제왕적 권위가 학교를 지배하던 것에서 벗어나 '토론이 있는 교직원회의'를 통해 학교를 운영해갈 때 교사들의 창발성과 열정은 더욱 활성화될 것이며, 그 효과는 곧 학생들에 대한 교육성과로 이어지게 됩니다. '교복 입은 시민으로서의 학생' 프로젝트는 학생자치와 학생인권 등을 강화함으로써 교사, 학부모와 함께 학생들이 학교의 주인으로서 당당한 주체성을 회복하고 자기계발능력, 협력적 인성을 신장해갈 수 있게 합니다.

이러한 관계적 민주주의의 정상화 내지는 진전 속에 교육내용의 민주주의화도 가능합니다. 관계의 민주주의는 교육내용의 민주주의의 토대가 됩니다. 단순히 기계적으로 주입되는 틀에 박힌 교육내용이 아니라, 교사와 학생 스스로가 함께 찾아가고 만들어가는 교육이 가능해지고, 열린 세계의 민주시민으로 성장해갈 수 있게 됩니다. 민주주의적 소양은 국영수 중심의 주지교과적 지식보다는 문화, 예술이라는 '영역'과 평화, 공동체, 생태, 인권 등 인류에게 필요한 보편적 '가치(요소)'에 대한 고민을 깊게 하고 지적, 감성적으로 더욱 풍부한 정신세계를 구축하게 합니다. 이로써 흔히 말하는 21세기 역량, 또는 창의적 지성, 지성/감성/인성이 어우러지는 종합적 인간형, 제가 강조하는 '협력적 지성' 등, 표현은 조금씩 다르지만 궁극적으로는 인류 공동체에 기여하는 전인격적 주체로 키우고자 할 때의 목표상에 가까워질 수 있습니다.

위와 같은 교육관계와 교육내용의 민주주의, 그리고 그것에 더해진 다원성, 공공성, 평등성 등의 가치와 원리가 실현되도록 하는 실험적 노력은 '혁신학교'를 통해서 일정하게 추진되고 있다고 할 수 있습니다. 혁신학교의 양적 확대가 학교혁신의 질적 도약을 온전하게 담보한다고는 할 수 없겠지만, 적어도 그 방향과 노력만큼은 분명하다고 할 수 있습니다. 혁신학교는 자사고나 중점학교 등과 같이 여러 제도적 학교 유형 내지 교육과정의 한 형태가 아닙니다. 아직 완전하게 달성하지는 못했지만 적어도 지향과 취지, 목표에 있어서 본다면, 혁신학교는 기존의 구시대적 학교와 차원을 달리하는 전면적으로 새로운 학교라고 할 수 있습니다. '이론적'으로는 우리 교육이 가야 할 또한 제가 구현하고자 하는 새로운 교육의 모델을 담아내는 그릇이자 그것의 구현체라고 할 수 있습니다.

그러나 본질적 의미에서의 혁신학교는 '지금까지 없던 학교'를 만드는 것이면서 동시에 '지금의 제도적 조건에 맞지 않는 학교'를 만드는 것이기도 합니다. 우리의 국가교육체제와 제도는 지금의 학교 유형과 교육과정 외의 그 무엇이 원천적으로 존재하기 어렵게 합니다. 그런 점에서 혁신학교를 표현하자면 '반정립적 학교'라고도 할 수 있습니다. 그만큼 현실에서 쉽지 않은 일이라는 의미가 됩니다. 혁신학교는 어쩌면 '현실 밖의 학교'인 셈입니다.

혁신학교를 비롯하여 제가 추진하고자 하는 많은 교육혁신 정책들이 결코 녹록지 않은 이유는 바로 초중등교육의 제도적, 구조적 한계 때문입니다. 잘 아시다시피 지금 비록 시·도 교육청이 지방교육자치라는 이름으로 일정한 독립적 행정 토대를 갖고 있지만, 오랜 세월 시·도 교육청은 교육부의 '단말기' 역할을 한 것이나 다름없었습니다. 교육감의 권한과 재량이라는 것이 특별히 요구되지도 않았습니다. 중앙정부에 대한 시·도 교육청의 예산 종속성, 행정 종속성, 교육과정 종속성 등 사실상 시·도 교육청과 교육감에게 자율권이란 별로 없었으며, 지금도 명실상부한 지방교육자치는 실현되지 못하고 있는 실정입니다. 기존과 다른 새로운 교육정책을 추진하고자 하는 많은, 이른바 진보교육감들의 등장으로 비로소 지방교육자치의 정상화를 둘러싸고 많은 시·도 교육청과 중앙정부가 갈등과 대립의 양상을 보이고 있는 상황입니다.

지방교육자치의 이름으로, 시·도 교육청 차원에서 교육감이 초중등교육의 혁신을 이끌어낸다는 것은 사실 매우 어려운 일입니다. 특히 학교의 위상, 기능, 역할, 내적 원리, 작동방식 등을 전면적으로 혁신하고 교육과정을 바꾸는 것은 더더욱 어렵습니다.

저는 이러한 조건에서도 두 가지 계(界)를 넘어서려고 하는데, 저만의 노력이 아니라 지방교육자치가 초중등교육을 일궈가는 방향이어야 한다고 생각합니다. 하나는 학교의 '경계'를 넘어서는 것이고 다른 하나는 제도적 '한계'를 넘어서는 것입니다. 학교의 경계를 넘어서는 노력을 저는 대표적으로 '혁신교육지구', '마을결합형 학교' 등을 통해서 구현하고 있습니다. 제도적 한계를 넘어서는 노력은 혁신학교, 오디세이학교 등을 통해서 하고 있습니다. 교육자치는 결국 학교자치로 완성됩니다. 자치와 자율성이 교육운영의 원리가 되도록 해야 합니다. 지방교육자치의 자율성을 제약하는 제도적 한계 범위 내에서 저는 '행정적 최대치'를 만들어내 보고자 합니다.

수직적 서열화와 대학 체제

수직서열화된 초중등교육을 수평적 다양성의 교육으로 바꾸어가는 데 궁극적인 장애물은 대학체제입니다. 왜냐하면 대학학벌체제와 그것에서 연유하는 경쟁적 대학입시체제가 초중등교육을 구조적으로 방향지우고 제약하고 있기 때문입니다.

교육청 차원에서 초중등교육을 혁신하는 데는 이중의 제약이 존재합니다. 하나는 국가제도적 제약이고 다른 하나는 시장의 제약입니다. 첫 번째와 관련해서는 교육과정을 국가가 정하고 있기 때문에(현재 교육청의 교육정책은 국가교육과정의 틀 내에서 작동합니다), 초중등교육에서 새로운 내용을 새로운 방식으로 교육하기가 쉽지 않습니다. 시장의 제약이라고 표현한 두 번째는 다름 아니라 대학서열체제를 의미합니다. 사립대학 중심의 자율경쟁 시장에 내맡겨진 것이나 다름없는 고등교육체계의 서열화가 바로 초중등교육의 근본적 질곡이 되고 있는 것입니다. 서열화된 대학진학을 위한 '입시경쟁'은 우리가 지향하는 초중등교육의 전인교육화를 원천적으로 가로막고 있습니다. 제아무리 교육감 수준에서 새로운 초중등교육을 하고자 해도 입시 앞에 무력할 수밖에 없습니다. 획일적이고 강제적인 국가주도적 교육과정과 대학시장, 이 모두가 21세기형 열린 세계 시민을 육성하는 것을 가로막고 있는 구조적 장애물들입니다.

이 이중의 구조적 장애물로 인해 초중등교육의 자율성은 자의 반 타의 반으로 상실되었습니다. 이러한 조건에서는 '교육'은 사라지고 '선발'만 남는 슬픈 현실을 마주하게 됩니다.

국가주도적인 교육과정이 강제될 때, 초중등교육에서의 다채롭고 풍부한 교육과정 운영은 불가능합니다. 학교 및 교사들의 교육과정 자율권, 교과서 운용의 자율성은 상상하기 어렵습니다. 물론 무질서와 혼란으로 넘어가지 않는 안정된 균형 지점이 필요한 것은 사실입니다만, 현재와 같은 획일적이고 경직된 교육과정으로 과연 새로운 미래를 만들어갈 인재들을 양성할 수 있을 것인지 심각한 회의가 들지 않을 수 없습니다. 이른바 '역사 교과서 국정화' 논란이 그러한 현실을 상징적으로, 단적으로 보여주는 사례라고 하겠습니다.

지방교육자치의 국가 종속성은 예산, 행정, 교육과정이라고 하는 큰 세 측면에서 벌어지고 있다고 할 수 있는데, 바로 이 예산과 둘러싼 작금의 사태가 '누리과정' 문제이고, 행정과 관련된 것이 중앙정부와 시·도 교육청의 권한 소재 분쟁이라고 할 수 있습니다. 시·도 교육청에 대한 중앙정부의 지시, 명령은 어디까지 성립하는 것인지, 시·도 교육청의 행정적 권한은 어디까지인지를 둘러싸고 빈번한 갈등이 재연되고 있습니다. 결국 종속 vs 자율의 싸움이라고 하겠습니다.

초중등교육의 자율적 운신을 근본적으로 가로막는 이 두 가지 제약, 즉 국가주도적 교육과정이라고 하는 제도적 제약과 우리 사회의 학벌적 구조와 연결되는 대학서열체계의 시장적 제약, 이것을 해결하지 않으면 초중등교육은 제대로 살아나기 어렵습니다.

그래서 저는 서울시교육청 차원에서 지방교육자치와 중앙정부 간의 갈등 사례, 행정 권한과 관련한 법률적 문제 등을 연구용역을 통해서 깊게 검토하고 있으며, 시도교육감협의회 차원에서도 공동의 과제로서 풀어가려고 생각하고 있습니다.

수직서열화의 교육을 수평적 다양성의 교육으로

앞서 언급했듯이, 우리 사회의 급속한 수직서열화는 교육에 그대로 반영되어 있습니다. 대학체제의 서열화는 어제오늘의 일이 아닙니다. 대학 서열화가 이제는 초중등, 심지어 유아 영역까지 급속히 하향 확대되고 있습니다. 이명박 대통령 정부 시절 단행한 '고교다양화 300' 정책에 따라 생겨난 자사고 등은 이미 실패한 정책으로 평가받고 있습니다만, 고교서열화를 유지하도록 하는 사회적, 구조적 힘은 여전히 맹렬합니다. 그것이 우리 사회 전반의 서열화라고 하는 기저 위에 있기 때문일 것입니다.

우리 시대의 핵심과제는 수직서열화의 사회를 수평적 다양성의 사회로 전환하는 것이라고 할 수 있으며, 그 일부로서의 혹은 그것을 가능하게 하는 기반으로서의 수직서열화 교육을 수평적 다양성의 교육으로 전환하는 것이 필요합니다.

수직서열화의 고교체제 개혁: 고교체제와 자사고, 특목고
자사고는 초중등교육법과 초중등교육법 시행령에 규정되어 있는 고교

유형입니다. 따라서 자사고 '제도 폐지'는 교육감의 권한이 아니라, 국회의 법 개정에 따라 가능한 일입니다. 교육제도 발전이라는 본질적인 취지에 맞게 내용을 바꾸거나, 만약 제도 자체가 필요 없다면 내용을 삭제하는 것으로 개정할 수 있습니다.

자사고와 관련하여 교육감이 할 수 있는 일은 법이 정한 대로 철저하게 관리·감독하고 평가하며 그에 따른 지정 취소 여부를 결정하는 것입니다. 자사고는 "학교교육제도를 포함한 교육제도의 개선과 발전을 위하여"(초중 등교육법 제61조) 교육과정과 학교운영을 자율적으로 할 수 있도록 특별히 허가받은 학교입니다. 그것도 '한시적' 학교 유형으로 허가받은 것입니다. 그것이 한시적이었던 것은 이명박 정부와 이주호 장관하에서 많은 비판과 반대가 있었기 때문입니다. 그래서 5년을 한시적으로 운영해보자는 식으로 입법이 이루어진 것입니다. 그러므로 그 취지와 목적에 따라 각자 자사고로서의 운영 계획을 교육청에 제출해야 하고, 그 계획에 따라 운영해야 합니다. 교육감은 자사고가 서울교육의 큰 틀 안에서 바람직한 방향으로 발전하도록 지도·감독을 해야 합니다.

교육감에게 이런 권한과 책임이 주어진 것은 자사고가 법이 정한 애초의 목적에 부합하도록 잘 운영되는지, 또 자사고가 다른 고교와 얼마나 균형 있는 상생관계를 맺고 있는지 살피라는 것입니다. 국회에서 법 개정을 통해 자사고 제도를 정리하는 것이 가장 바람직하지만, 당장 그것이 어렵다면 교육감은 자사고를 최대한 엄격하고 철저하게 관리함으로써 자사고가 우리 교육에 부정적인 영향을 끼치지 않는 존재로 만들어야 합니다.

1974년 박정희 대통령이 고교평준화를 시행한 이후, 40년이 흘렀습니다. 평준화는 획일화와 더딘 발전, 두 가지 문제를 낳았습니다. 이 문제를 해결해야 하지만 고교 간 서열화가 그 대안일 수는 없습니다.

자사고의 학업성취도가 높은 것은 무엇보다 성적이 우수한 학생들을 선발했기 때문입니다. 그리고 일부 학교에서는 허용된 자율성을 넘어서서 과도한 입시 중심의 교육을 했기 때문입니다. '제2의 고교평준화'는 이러한 부정적인 요소를 걷어내고, 모든 고교가 똑같은 출발선상에 시작하도록 모든 학교에 동등한 수준의 자율성을 부여하는 것입니다. 이것이 바로 '상향 평준화'입니다.

과거와 같은 경직된 고교평준화를 넘어서서 다양성을 존중하는 고교평준화를 실현하고자 합니다. 고교평준화와 자율성, 다양성, 창의성은 반대 개념이 아닙니다. 고교평준화와 성장, 발전, 학력, 수월성도 모순되지 않습니다. 선발 경쟁을 교육 경쟁으로 전환하는 것입니다. 경쟁이 필요하다면 그것은 단순한 성적과 등수 경쟁이 아니라 다양성과 개성의 경쟁입니다.

서울교육은 일반고, 자율고, 특목고, 특성화고 등의 균형 발전, 그리고 학교 간의 균형 발전을 통해서 "수평적 다양성"을 실현하려고 합니다. 평등과 자율이 완전하게 조화를 이룬 새로운 고교체제를 만들고자 합니다. 이전의 고교평준화보다 한 차원 높은 이상적인 고교체제, 다양성 속에서 꽃피우는 평준화 고교체제를 만들고자 합니다. 이러한 질 높은 수평적 다양성 속에서 특목고나 자사고도 하나의 다양성으로서 긍정적인 역할을 해야 합니다. 자사고도 이러한 수평적 다양성에 기여할 수 있는 방법을 찾아야 합니다. 자사고의 본질적인 취지가 좋은 것이라면 그것은 자사고만이 아닌 모든 학교가 고르게 나눠 가져서 저마다의 특색 있는 학교 역량을 발전시키도록 해야 합니다. 자사고는 다양한 일반고 중의 하나이어야 합니다.

초중등교육이 입시경쟁교육으로 변질된 것은 우리 사회의 과도한 학력주의와 학벌주의 때문입니다. 서열화된 대학의 정점으로 가기 위한 소모적인 경쟁이 공교육을 파행으로 몰고 있습니다. 물론 왜 좋은 학벌, 좋은 대학에 가려고 그렇게 '미친 경쟁'을 하는가를 살펴보면, 그 배후에는 우리 사회학벌, 학력, 직업 간의 현저한 불평등이 있습니다. 정규직과 비정규직 간의 과도한 격차가 있습니다. 그런 점에서 궁극적으로는 우리 사회의 학벌, 학력, 직업 간의 현저한 불평등과 대학서열체제가 우리의 경제력에 맞는 방향으로, 그리고 선진국에 조응하는 인간적인 방향으로 개혁되어야 합니다.

크게 보면 모든 학생, 학부모, 학교가 사회적 불평등과 대학서열체제, 그리고 고교서열화의 희생자들입니다. 이 문제는 어느 개인 하나가 책임지고 해결하기도 어렵습니다. 전 사회적인 공동의 노력이 필요합니다. 그럼에도 불구하고, 국가 차원의 해결 방안이 마련될 때까지 막연히 기다릴 수는 없습니다. 그래서 두 가지를 하고자 합니다.

하나는 당장의 주어진 조건에서 최대한 학생들이 공정하고 평등하게 교육을 받을 수 있도록 하겠습니다. 경제적인 측면에서의 교육복지와 학습적인 측면에서의 교육복지 모두를 완전하게 실현하도록 최선의 노력을 다하겠습니다. 어려운 학생과 학교에 더욱 많은 지원을 하려고 합니다.

또 하나는 적어도 학교 간의 불평등은 없도록 하는 것입니다. 그것이 말하자면 고교체제의 선진국형 완성입니다. '가장 인간적인 얼굴을 한 고교체제'를 만드는 것입니다. 그러기 위해서 고교체제 개선을 위한 연구용역을 시행했고, 그 결과를 바탕으로 현실에 적용 가능한 고교체제 개편안을 정책화하고자 하고 있습니다.

수직서열화의 대학체제의 개혁: 학벌개혁

반복해서 말씀드린 대로, 대학학벌체제를 개혁하지 않고서는 현재의 초중등교육의 왜곡현상을 바로잡을 수 없습니다. 서열화된 대학체제하에서 좋은 대학에 들어가기 위한 경쟁이 '블랙홀'처럼 초중등교육에 왜곡된 영향을 미치고 어떤 좋은 정책이라도 이것이 왜곡된 효과를 낳도록 만들고 있기 때문입니다.

현재의 대학학벌은 그 자체가 수월성의 대가라기보다는 일종의 '사회적 기득권'과 같습니다. 그래서 사회와 시장이 요구하는 창의성이 발휘되도록 하기 위해서, 사회적 기득권으로서의 대학서열을 완화해줄 필요가 있습니다. 벤처기업의 확대를 위해서 재벌기업의 시장독과점을 완화시켜주는 것

수평적 다양성에 기초한 균형발전 고교체제

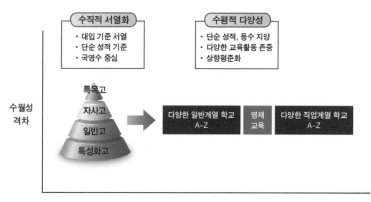

자료: 서울시교육청.

과 유사한 효과를 낳도록 하는 노력이 필요하다고 비유할 수 있겠습니다. 현재 3500명의 서울대를 들어가기 위한 경쟁, 1만여 명의 SKY 대학에 들어가기 위한 경쟁을 완화해주어야 초중등교육이 새로운 시대에 맞는 창의적 교육을 할 수 있는 공간이 생겨나게 될 것입니다.

사회경제적 불평등이 확대되고 직업시장 내에서의 분화와 서열화가 확대됨에 따라 좋은 대학에 가고자 하는 입시경쟁이 더욱 치열해지고 있습니다. 이러한 치열한 입시경쟁은 고교체제, 나아가 의무교육체제 내에서까지도 서열화와 분화를 촉진하고 있고, 이는 창의적 교육을 왜곡하고 있습니다.

산업화와 민주화를 성공적으로 달성한 한국 사회에서 요구되는 과제는 다원화라고 할 수 있습니다. 한국 사회의 다양한 구성단위들(개인, 집단, 조직, 지역, 계급계층 등)이 하나의 기준으로 서열화되는 것이 아니라 기준 자체가 다양화되고, 다양한 기준에서 하나의 구성단위가 일관되게 독점적 상위를 점하지 않도록 하는 것입니다. 이러한 과제는 다양한 사회영역에서 실현되어야 하지만, '교육입국'에 성공한 한국 사회에서는 교육영역에서 가장 시급하게 실현되어야 합니다. 이런 점에서 대학체제의 수평적 다양화는 우리 시대에 주어진 사회적 다원화의 핵심적인 과제라고 하겠습니다.

대한민국은 이미 교통상으로도 명실상부한 일일생활권이 되어 있습니다. 이런 조건에서 각 국립대학이 갖고 있는 인적·물적 자원을 공유하는 대학운영모델을 만드는 것은 글로벌 경쟁력에 부응하기 위해서도 필요합니다.

그동안 대학체제 개혁의 기본방향을 둘러싸고 몇 가지 안이 대학개혁운동 내에서 제기되어왔습니다. 전면적인 대학평준화 안에서부터, 현실성을 강조한 '사교육 걱정없는 세상'의 혁신대학 안, 그 사이에 일정한 합의를 이룬 '대학통합네트워크' 안과 '국립대통합네트워크' 안, 그리고 교양대학 안까지 여러 가지가 있습니다. 이 모든 안들은 초중등교육을 왜곡하는 대학체제와 대입의 지배성을 극복하고자 내놓은 고심의 산물들입니다.

대학평준화라는 것은 한국 사회에서는 매우 상상하기 힘든 일이기는 합니다. 중등단계의 고교평준화가 대학 단계에 그대로 적용되기란 불가능에 가깝습니다. 우리 사회의 수직서열화를 수평적 다양화로 바꾼다는 것을 '평준화' 개념으로 정리해본다면 '고교평준화-대학평준화-직업평준화'의 논리적 순환관계로 표현할 수 있습니다. 대학의 서열화는 결국 직업의 서열화가 촉발시키는 것이고, 작금의 고교서열화 등은 대학서열화가 추동하는 것이라고 할 수 있기 때문에, 이 세 가지의 서열화 단계는 상호 통합적으로 고려되어야 하고 연관적 사고의 맥락에 있어야 할 것입니다. 그렇게 볼 때 가장 이념형적인 상태는 '대학평준화'이겠습니다만, 현재 우리나라의 사립대 중심 대학체제에서, 그리고 사립학교법의 부족함으로 인해 사학에 대한 공공적 통제가 어려운 상황에서 이들 대학에 대한 평준화를 상정하기란 쉬운 일이 아닐 것입니다.

현실적으로 고려되고 있는 것은 '국립대통합네트워크' 안입니다. 그리고 거기에 더해서 서구에서 볼 수 있는 정부의존형 사립대, 공영형 사립대를 전

제로 한 통합네트워크 안 정도까지 고민되고 있습니다. 그 개괄적 내용을 소
개하면 이상의 표와 같습니다. 이는 현재까지 논의되고 있는 것들을 종합한
기초적 구상 내지 시안적 성격을 갖고 있습니다.

현재로서 대학체제를 수직서열화의 체제에서 수평적 다양성의 체제로
전환하기 위해 최적의 방안이 무엇인지에 대해서 하나의 대안이 주어져 있

는 것은 아닙니다. 개인적으로도 현재 초중등교육의 극단적인 왜곡성을 극복하기 위해서는 근원적으로 대학체제의 개혁이 선행되어야 한다고 생각하고 그 최적의 방안이 무엇인지 고민하고 있습니다. 2014년 자사고 정책을 강력히 추진했지만 사실 자사고에 대한 '5년마다의 평가권한'만을 가진 교육감이 고교체제 자체를 전환하는 것이 커다란 한계를 지님을 자각하게 되었기 때문이기도 합니다.

이제 본격적으로 수직서열화의 교육을 수평적 다양성의 교육으로 전환하기 위한 국민적 토론을 시작해야 한다고 생각합니다. 앞서 말했지만, 현재의 수직적 서열화의 교육체제는 추격산업화를 성공시킨 요인이지만 추격산업화의 성공과정에서 더욱 심화되었으며, 추격산업화 달성 이후의 한국 사회에 부적합한 현실이 되고 있습니다.

현재의 교육위기를 극복하기 위해서는 발본(拔本)적이고 혁신적이고 어떤 의미에서 '급진적'이기까지 한 대책이 필요하다고 생각합니다. 그런 개방적 논의를 해야 한다는 것입니다. 예컨대 현재 초중등학교에서 과잉경쟁의 여러 요인 중에는 이른바 SKY 대학을 정점으로 하는 학벌체제가 있습니다. 이런 점에서 파괴적인 과잉경쟁 상태의 혁신을 위해서는 어떤 형태로든 학벌체제에 대한 개혁이 필요합니다. 이것이야말로 사실 '교육정상화'이자 교육'선진화'라고 할 수 있습니다. 우리 사회의 교육경쟁 패턴을 현재와 같은 자기파괴적 형태로가 아니라 선진국형으로 바꾸는 것이라고 표현할 수도 있습니다. 그 당위성은 "국영수라고 하는 편협한 경쟁프레임으로 전국의 고등학생을 일렬로 줄 세우는 식의 교육경쟁이 과연 세계화 시대에 맞겠는가"라고 물음을 던져보면 바로 찾을 수 있습니다.

수직서열화된 대학체제를 수평적 다양성의 대학체제로 전환하는 것은 초중등교육의 다양성을 촉진하는 기반이 되고, 궁극적으로는 우리 사회를 수직적 서열화의 사회에서 수평적 다양성의 사회로 전환하는 계기라고 생각합니다. 여기서 사회와 교육의 상호작용이 있습니다. 분명 수직서열화의 고교체제, 대학체제는 수직서열화된 사회의 반영이고 결과물이지만, 반대로 고교체제와 대학체제를 수평적 다양성의 체제로 전환하려는 우리들의 노력은 수직서열화의 사회를 혁신하는 또 다른 계기로 작용할 수 있습니다.

나오며: 대증요법에서 구조개혁으로

저는 서울시교육감 후보로 나서면서 『병든 사회, 아픈 교육』이라는 책을 낸 바 있습니다. 우리 사회 교육문제의 진단과 대안에 대한 저의 문제의식은 그 책의 제목에 압축되어 있다고 할 수 있습니다. 비단 사회학자로서 저의 오랜 시각과 분석틀로 접근하지 않더라도, 우리 사회에 살고 있는 국민이라면 이제는 누구나 교육의 문제가 단순히 교육 자체만의 문제가 아니라는 것을 잘 알고 있습니다. 우리나라의 교육문제는 모든 사회문제의 결절점입니다. 교육구조와 사회구조가 악순환적으로 영향을 미치는 관계로서, 매우 비관적으로 표현한다면 교육이 사회를 망치고 동시에 사회가 교육을 망치는 그러한 구조로 되어 있습니다. 또한 그 중심에 대학서열과 학벌구조가 자리 잡고 있음은 주지의 사실입니다.

교육은 더 이상 특정 영역의 문제가 아니라 우리 사회의 총체적 폐단을 함축하고 있는 전 사회적 문제라는 점, 그래서 그것을 해결하는 것이 국가적 과제라는 점, 그 해결 방법은 미시적 개선이 아닌 근본적 개혁, 즉 사회 제도와 구조의 전면적 혁신을 통해서만 가능하다는 것에 대부분 동의하고 있습니다. 그러나 사회체제에 대한 발본적 혁신이 요원할 수밖에 없는 현실에서 교육문제에 대한 해법이 쳇바퀴 돌 듯이 공전하고 있는 것도 사실입니다. 누구나 대학문제 때문에 초중등교육이 정상적으로 작동할 수 없다는 것을 알지만, 그 누구도 그 대학문제를 해결하려고 나서지 않습니다. 대학문제는 더 이상 건드릴 수 없는 철옹성 같은, 우리 사회의 고착된 실체라고 여겨지기 때문이며, 더 나아가서는 대학문제 역시 결국은 우리 사회 체제 전반의 문제, 즉 직업 불균형 및 불평등 문제 또는 정치사회적 체제의 문제라는 점을 국민 누구나 직관적으로 그리고 상식적으로 알고 있기 때문입니다. 우리 사회에서 교육을 근본적으로 개혁한다는 것은 어쩌면 불가능할지도 모른다는 자괴감, 자포자기식 인식도 있을 것입니다.

하지만 그렇다고 체념하고 포기할 수만은 없습니다. 문제의식이 보편화하고 대중의 의지가 결집된다면 변화는 불가능하지 않기 때문입니다. 이제는 문제의식의 전환과 확장이 필요합니다. 그래서 제가 『병든 사회, 아픈 교육』이라는 책에서 '대중요법에서 구조개혁으로'라는 부제로 강조했던 것입니다. 이제는 우리 국민 모두가 교육문제를 바라보는 시각과 관점을 보다 '크고, 넓고, 깊게' 할 필요가 있습니다. 제도 내에서 개인주의적 생존 차원의 경쟁적 틀을 벗어나는 것이 쉽지는 않겠지만, 그 경쟁의 종점이 과연 무엇인지를 깊게 고민하면서 대다수를 패배자로 만드는 무한 경쟁에서의 승리가 아닌 경쟁의 종식으로 나아가야 한다는 문제의식의 보편화가 필요합니다. 초중등교육을 질곡으로 옥죄는 근본적인 구조적 문제에 대한 인식과 해결 의지를 모아가야 합니다.

우리 사회와 교육의 수직적 서열화를 극복하고, 사회 전반의 수평적 다양화와 더불어, 그것의 전제가 되거나 그것을 촉진하기 위한 교육에서의 수평적 다양화를 위해서 대학체제를 포함한 근본적 구조 개혁에 나서야 할 때입니다.

포스트민주화 시대의 사회개혁과 교육개혁*

한국 사회의 변동에서 1987년은 중요한 분기점을 이룹니다. 1987년을 분기점으로 해서 독재 및 권위주의 시대에서 민주화 시대로 이행하게 된 것입니다. 민주화는 독재의 극복과 민주주의 실현이라고 하는 시대정신으로 특징지어집니다. 독재가 선거를 부정하고 시민권의 배제에 근거하고 있었기 때문에, 1987년 이후 한국 사회는 일차적으로 권위주의 시대의 유산을 척결하고 정치적 민주주의 질서를 정착시키는, 즉 정치적 민주화의 고투(苦鬪) 과정으로 진행되었습니다.

포스트민주화 시대로의 전환

독재의 극복과 정치적 민주주의 실현이라는 시대정신으로 특징지어지는 이 민주화 시대는 언제부터인가, 제 표현으로 하면, 포스트민주화 시대로 전환되었습니다. 혹자는 이 전환을 1997년 외환위기 이후 신자유주의 정책이 전면화된 시기부터 찾기도 하고, 혹자는 새로운 보수정권이라고 표현할 수 있는 2008년 이명박 정부 출범 이후에서부터 찾기도 하며, 혹자는 박근혜 정부 출범 이후의 시기에서 찾기도 합니다. 그 전환의 시기를 어디에서 찾든

---

* 이 글은 서울시교육감으로 당선된 직후인 2014년 6월 11일 오랫동안 몸담았던 성공회대에서 행한 고별강연이다.

지 간에 독재를 대립물로 하여 고투하던 1987년 민주화 시기와는 다른 시대를 우리는 살고 있습니다.

여기서 포스트민주화는 다양한 의미로 해석될 수 있습니다. '민주화 이후', 탈(脫)민주화, 제2민주화 등의 다양한 의미가 사실 포스트민주화에 다 내포되어 있다고 생각합니다. 오히려 이러한 여러 가지 의미 중에서 어느 것이 더 '지배적'인 것이 되느냐 하는 데 시민사회와 지식인들의 실천 과제가 있다고 생각합니다. 즉, 우리의 실천 여부에 따라서 그것은 탈민주화가 될 수도 있고 제2민주화가 될 수도 있다고 생각합니다. 저는 그런 의미에서 우리가 사는 포스트민주화 시대가 제2민주화 시대가 되어야 하고 그렇게 되도록 노력해야 한다고 생각합니다.

포스트민주화 시대의 과제로서의 사회적 민주화

그렇다면 제2민주화로서의 포스트민주화 시대의 시대적 과제는 과연 무엇인가. 이것을 저는 '민주주의의 사회화'라고 표현할 수 있을 것 같습니다. 독재에서 민주주의로의 '이행'과 정치적 민주주의의 정착 혹은 공고화를 넘어, 민주주의의 원리를 사회적 영역으로 확장하는 것을 민주주의의 사회화라고 표현할 수 있겠습니다. 쉽게 이야기해서 1987년 이후 민주화의 주요 과제가 정치적 민주화였다고 하면, 이제는 이것을 사회적 민주화로 확장하는 것이 과제라고 생각하면 될 것입니다.

민주화는 기본적으로 독재하에서 출현하여 고착된 기존 체제를 변화시켜가는 과정입니다. 정치적 민주화의 시기에는 이 기존 체제가 폭압 혹은 독재 체제라는 점을 중시했으나 사회적 민주화의 시기에는 바로 그 폭압의 체제를 구성하는 다양한 사회적 측면들이 중시되게 됩니다. 정치적 민주화는 민주주의라는 그릇을 만드는 과정이라고 할 수 있습니다. 이 그릇에 어떤 내용이 담을지를 둘러싸고 사회를 재구성하고 민주화하는 것이 바로 정치적 민주화 이후 사회적 민주화의 과제라고 할 수 있습니다. 학교, 공장, 가정, 문화, 교육 등 다양한 사회적 영역에서 민주적 가치를 확장하고 사회적 관계를 더욱 평등하고 호혜적인 관계로 만들어가는 것이 바로 사회적 민주화라고 할 수 있습니다. 교육도 바로 여기에 위치한다고 생각합니다. 교육민주화라는 표현을 쓴다면, 기존 독재체제하에서 유지되었던 교육체제를 어떻게 개혁할 것인가 하는 점이 주요 과제가 됩니다.

사회적 민주화의 핵심영역으로서의 교육

이번 6·4 지자체 선거와 교육감 선거는 사회적 민주화의 영역인 교육민주화라는 과제를 전 국민적 과제로 만드는 계기였습니다. 세월호 사건을 체험하면서 국민들은 현존하는 교육체제─학벌체제 및 입시경쟁체제, 사교육을 포함하여─에 대해 절망하면서 새로운 교육체제를 열망하는 투표를 했습니다. 1등만 살아남는 교육, 학부모와 교사와 학생 등 교육에 참여하는 모든 주체들이 고통스러워하는 교육, 우애와 협력 대신 적대적 경쟁만이 우선인 교육에 대해 절망하면서 새로운 교육을 열망하는 투표를 했던 것입니다.

민주화 프로젝트로서의 혁신학교

저는 혁신학교조차도 교육민주화의 일부로서 학교민주화 프로젝트로 이해합니다. 민주주의라는 관점에서 혁신학교는 교장과 교사의 관계에서 교사에게 자율과 민주의 공간을 부여하는 것이며, 교사와 학생의 관계에서 학생에게 자율과 민주의 공간을 부여하는 프로젝트라고 할 수 있습니다. 이처럼 자율과 민주의 공간이 주어지면서 진정한 의미에서 교사와 학생의 자발성과 적극성이 출현하게 됩니다. 기존의 권위주의적 관계를 벗어나서 교장과 교사의 상명하복식 관계의 민주화, 교사와 학생의 상명하복식 관계의 민주화가 이루어지는 프로젝트가 바로 혁신학교라고 할 수 있다는 것입니다. 당연히 혁신학교는 확대되어야 합니다. 그러나 그것은 이미 시행된 혁신학교를 이식(利殖)하는 의미에서가 아니라, 사회의 일부로서의 교육에서 민주주의의 원리를 확장시켜 교육주체들의 자발성과 창발성을 발현하도록 하는 프로젝트로서 이해되어야 합니다.

민주주의는 기존의 권위주의적 구조에서 억제된 자발성과 창발성이 표출되도록 하는 계기라고 민주주의 이론가이자 전문가로서 저는 믿고 있습니다. 기존의 권위주의적 교장-교사 관계에서 교사는 순응하는 존재이자 수동적 존재입니다. 그러나 혁신학교에서는 교사가 주체적이고 자율적인 활동주체가 됩니다. 그리고 혁신학교에서는 교사-학생의 관계에서 학생이 자기주도적인 학습의 자율적인 활동주체가 됩니다. 여기서 창의적 학습과 창의적 교육이 가능하게 됩니다.

그렇다면 현존하는 교육체제의 문제점은 무엇인가. 학부모들의 대안적인 교육열망을 촉발하는 현 체제의 문제점은 과연 무엇인가. 그것의 위기의 양상을 저는 세 가지로 정리해볼 수 있다고 봅니다.

'미친' 경쟁의 장으로서의 교육

첫째, 현재의 교육경쟁은 승자도 패자도 없는 과잉경쟁, 자기관성적인 과잉경쟁으로 나타나고 있습니다. 저는 과잉경쟁이라는 말을 넘어 '미친 경쟁'이라고 표현하고 싶을 정도의 현실이 출현하고 있다고 생각합니다.

'경쟁'이라는 것이 인간 사회에서 갖는 고유한 '합리성'이 있습니다. 그러나 그 경쟁이 심각한 수준으로 치달아서, 그것이 가진 고유한 합리성을 파괴하는 수준으로까지 치달을 때 우리는 그것을 '과잉경쟁'이라고 말할 수 있습니다. 한국 사회의 모든 구성원이 자신의 자녀를 경쟁에서 이기게 하기 위해 '사활(死活)'을 걸고 각축하는 구조가 출현해 있습니다. 이 비정상적인 미친 과잉경쟁에 휩쓸리지 않으려면, 교육경쟁으로부터 이탈(exit)하는 수밖에 없습니다. '경쟁 이탈전략'을 쓰지 않고 내부에서 경쟁할 때 온 가족이 '거대한 전쟁'을 해야 합니다. 이 거대한 전쟁, 저의 표현으로 '속도전적인 총력경쟁체제'에는 초중등학생 개인, 가족, 심지어 집안 전체가 참여합니다. 사실 고2, 고3 학생들을 가진 가정은 '전쟁'을 치른다고 흔히 말하고 있습니다. 그것은 상징적인 전쟁일 뿐만 아니라 실질적인 전쟁이기도 합니다.

과잉경쟁으로 인한 내면성의 파괴

둘째, 과잉경쟁이 서로 간의 관계를 적대적 관계로 만들고 이것이 사회구성원들의 내면성을 파괴하는 수준에까지 이르고 있다는 것입니다. 이것은 초중등교육에서도 더욱 여실히 나타나고 있습니다. 사회 일반에서의 이러한 적대적 경쟁은 초중등교육에서 청소년들의 교육경쟁에 그대로, 아니 더 극단적으로 반영되게 되는 것입니다. 다른 학생을 공동체의 또 다른 구성원으로 보기보다는 '적대적 경쟁자'로 간주하는 체제하에서 나타나는 왜곡현상에 학생 자살과 학교폭력도 위치하고 있다고 봅니다. 속도전적인 총력경쟁체제는 서로 간의 관계가 '적대적' 관계로 되고 그 결과 나타나는 개인들의 내면성 파괴는 한편에서는 자살이라는 형태로, 다른 한편에서는 학교폭력이라는 형태로 나타나게 된다는 것입니다(물론 학교폭력과 자살은 복합적 요인을 갖는다는 것을 인정합니다).

사실 우리의 청소년들은 이전에 비해 다양한 감수성을 가지고 태어나고 훨씬 다양한 환경 속에서 성장합니다. 그러나 승자독식의 경쟁구조, 속도전적인 총력경쟁구조하에서 서로가 서로를 잠재적 적대자로 간주하는 경쟁을 해야 합니다. 기성세대가 강요한 그 적대적 경쟁의 구조 속에서 거대한 심리적 중압감이 따르는 것은 두말할 나위가 없습니다. 그러한 환경 속에서 감수성이 예민한 학생들이 아파트에서 스스로의 몸을 던지게 될 가능성이 커지는 것입니다.

현재와 같이 개인들이 고립된 자기폐쇄적 상태로 속도전적인 총력경쟁을 강요당하는 구조에서 그 중압감은 자살이 발생하지 않는 것이 이상할 정도인 것입니다. 현재 연간 200명이 넘는 학생들이 자살하고 있으며, 청소년의 40%가 한번쯤 자살을 생각해보았고, 그렇게 자살을 생각한 이유로는 '성적·진학문제'가 절반을 넘는 사회, 그 사회에 우리는 살고 있습니다. 이 사회는 이미 정상이 아닙니다.

교육평등에 대한 기대에 부응하지 못하는 현존 교육체제

셋째, 국민들의 평등주의적 기대에 부응하지 못할 정도로 교육불평등이 심각해지고 '교육을 통한 계급적 불평등의 재생산'이 우려되는 수준에 이르고 있다는 것입니다. 경제력의 심각한 불평등을 전제로 하여 전개되는 과잉 교육경쟁은 이제 부모의 재력이 뒷받침되지 않는 한 참여할 수 없는 '그들만의 경쟁'으로 변화해가고 있습니다. 이는 현재의 교육경쟁이 비합리적 경쟁으로 작동한다는 것뿐만 아니라 동시에 '부도덕한 경쟁'으로 작동한다는 것을 의미합니다. 한국 사회의 경제력이 높아지면서 중산층 가족의 경우 가용(可用)할 수 있는 자원이 늘어났습니다. 그런데 이 자원을 '올인'하듯이 자녀교육에 투자하게 되면서 경쟁은 더욱 치열해지고 더욱 부도덕한 경쟁이 됩니다. 저는 '태어난 집은 달라도 배우는 교육은 같아야 한다'라고 믿습니다.

이언 모리스는 『왜 서양이 지배하는가』에서 근대로의 전환기에 왜 서양이 동양을 추월하기 시작했는가, 왜 한 강대국은 몰락하고 다른 강대국이 패권을 이어받는가라는 설명을 시도하고 있습니다. 여기서 저자는 '발전의 역설'과 '후진성의 이점'이란 개념으로 사회 발전과 쇠퇴를 설명하고자 합니다. "발전의 역설은 사회가 발전할수록 외려 발전을 가로막는 힘이 점점 세져 단단한 천장을 형성한다는 역설을 의미하며, 후진성의 이점은 문명의 핵심부를 모방할 방법이 잘 작동하지 않는 후진 지역에서 가장 큰 진보가 일어난다"는 역설을 의미합니다. 바로 현재 한국의 교육불평등 문제는 '발전의 역설'이 한국의 교육영역에 나타나고 있음을 의미합니다. '부모의 연봉=토익점수=대기업 취직'이 일치하는 식으로, '기득권 집단이 그 기득권으로 자원과 재능의 합리적 순환과 발현을 왜곡'하는 식으로 나타나고 있는 것입니다.

이것을 제가 심각하게 보는 것은 근대화 혹은 '발전의 역설'이 교육영역에 나타나는 현상이라고 보기 때문입니다. 즉, 우리 사회는 1960년대 이후 산업화의 초기에 상대적으로 '교육평등'이 있었습니다. '가난한 집 애들이 공부 잘한다'는 말이 그런 것이었습니다. 그런데 우리 모두가 경험으로 알고 있듯이, 이제 이것은 아주 예외적이어서 '미담'이 될 뿐입니다. 지금은 연봉이 높은 부모들이 어떻게든 애들을 닦달해서 토익 점수도 높이고 자신이 가진 네트워크를 통해 안정적인 직장에 보내고자 합니다. 가난한 집 애들은 부모의 경제력 때문에 자신의 재능을 발휘할 충분한 기회를 제공받지 못합니다. 잘사는 집 부모들이 아이들을 닦달해서 좋은 지위에 들어가게 하는 것은 어떤 의미에서 '가혹한 자본주의적 경쟁구조'와 '벼랑끝 사회'라고 제가 부르는 우리 사회의 현실 앞에서 개개인의 '합리적'인 전략적 행위일 수 있습니다. 그러나 사회 전체적으로 보면, 재능이 없는 학생들도 '돈의 힘'으로 높은 지위에 가고, 재능이 있어도 '돈 없는' 학생들은 자신의 재능을 발휘할 수 없는 현실이 재생산되고 있습니다. 그러면 사회 전체적으로는 한 사회에 존재하는 경제적 불평등 때문에 최고의 재능은 사장될 수도 있으며, 최고가 아닌 재능이 최고로 활용될 수 있는 것입니다.

발전의 역설과 교육

그런데 이것도 몇 년간 지속된다면 문제가 안 됩니다. 하지만 수천 년간 이렇게 간다고 생각해봅시다. 그런 사회에는 왜곡이 발생합니다. 그래서 제국, 앞선 나라들이나 집단은 뒤처지게 됩니다. 다른 여러 내적 기제들이 있을 수 있지만 '발전의 역설'은 바로 발전으로 기득권을 얻은 집단이 그 기득권으로 자원과 재능의 합리적 순환과 발현을 왜곡하게 된다는 것입니다. 자신의 아이들이나 연고집단의 아이들이 그 기득권적 지위를 '세습'하기를 바라는 개개인의 '합리적' 행위는 그 사회를 전체적으로는 퇴행하게 만드는 것입니다(물론 이것은 집단과 사회의 '운명' 같은 것입니다). 저는 사회학적으로 교육이 사회적 이동성(social mobility)을 촉진하는 통로가 되어야 한다고 생각합니다. 그런데 정반대로 '신(新)신분제 사회'처럼 작동한다면 그 사회의 역동성은 사라지게 되는 것입니다. 사실 제가 '교육의 사회학'에서 우려하는 것이 바로 이 지점입니다. 자기 자식이 잘되기를 바라고 '밥 굶지 않고 살기를' 바라는 마음이야 어느 부모에게도 동일하게 있을 것입니다. 그래서 좋은 학교에 가게 하기 위해 온힘을 다하는 것입니다. 그런데 이 가혹한 경쟁구조를 고쳐서 그러한 치열한 교육경쟁을 하지 않아도 되는 구조를 만들려 하지 않고, 그 구조를 전제하고 어떻게든 부모의 부를 통해서 자식에게 안정적 삶을 물려주려 할 때 구조적 왜곡을 발생시키는 것입니다.

분재형 인간을 넘어서서

우리는 바로 이러한 왜곡된 교육 패러다임을 전환해야 하는 시대적 과제 앞에 서 있습니다. 6·4 지방선거는 바로 그러한 교육현실에 대한 절망과 새로운 교육에 대한 열망이 진보교육감에 대한 지지투표로 나타난 사건이라고 생각됩니다.

여기서 우리는 기존의 우리 교육이 키워내는 '인간상'에 대한 성찰이 필요합니다. 저는 이를 '분재(盆栽)형 인간'이라고 표현하고 싶습니다. 주지하다시피 분재는 분재를 만드는 사람이 나무의 가지와 몸통을 특정한 방향으로 키워내서 원하는 나무를 만들어냅니다. 바로 이러한 분재형 인간을 만드는 우리의 기존 교육에 대한 성찰이 필요합니다. 아이들은 다양한 잠재력과 DNA를 가지고 태어납니다. 그런데 우리 기성세대들이 원하는 협량한 방식으로 다양한 잠재력 중에 특정한 것만을 키워내고 무수한 잠재력을 사장시키고 있는지도 모릅니다. 우리의 아이들이 성인이 되어 활동할 10~20년 후의 세계는 전혀 다른 세계일 것이며, 지금 존재하는 직업들 중에서도 상당부분은 사라질 것입니다. 그러므로 현재와 같은 기성세대 중심의 분재형 인간을 만드는 교육에 대한 성찰로부터 우리는 출발해야 합니다.

창의지성교육, 창의감성교육, 창의세계화교육

여기서 저는 새로운 교육 패러다임의 기본지향을 혁신미래교육이라고 표현할 수 있다고 봅니다. 이 혁신미래교육의 세 가지 구성요소를 저는 창의지성교육, 창의감성교육, 창의세계화교육이라고 표현하고 싶습니다. 먼저 혁신미래교육은 창의지성교육이 되어야 합니다. 창의지성교육은 기존의 후진적인 경쟁교육 및 수월성 교육을 넘어서려는 노력입니다. 현재의 수월성 교육은 수월성을 빙자한 '겉핥기 교육'이라고 말할 수 있습니다. 오히려 국제경쟁력에 역행하는 것이라고도 할 수 있습니다. 왜냐하면 정답을 전제하고 그것을 남보다 빨리 암기하는 선행학습을 중시하기 때문입니다. 창의지성교육은 지식보다는 창의적 지성을 중시하는 것입니다. 정답보다는 질문이 중시되어야 합니다. '질문이 있는 교실'이 만들어져야 합니다. 질문이야말로 창의교육의 출발이라고 할 수 있습니다.

둘째로, 혁신미래교육은 창의감성교육이어야 합니다. 창의감성교육은 후진적인 국영수 중심의 지성만을 중시하지 않습니다. 21세기의 능력과 재능은 이제 새롭게 정의되어야 합니다. 학습자의 잠재력을 전면적·다면적으로 발전시키고 감성과 인성, 지성의 균형적 발전을 촉진하는 교육이어야 합니다. 그래서 창의지성교육은 창의감성교육이 되어야 합니다. 감성은 단지 일부 문화예술인들에게만 필요한 특수한 자질이 아니며, 21세기적 재능의 기본적 구성요소가 되어야 합니다. 21세기를 문화적 상상력의 시대라고 하는데, 국제경쟁력의 관점에서 보더라도 하드웨어 중심의 지식학습은 시대에 뒤떨어진 것이 됩니다. 창의적 감성 위에서 인성교육도 가능합니다. 그런 점에서도 혁신미래교육은 창의감성교육이 되어야 합니다.

셋째, 혁신미래교육은 창의세계화교육이 되어야 합니다. 많은 사람들이 세계화에 대응하기 위해 영어를 많이 배우고, 앞선 미국 등 선진국의 제도나 기술을 습득하면 되는 것으로 생각합니다. 그러나 세계화 시대에 진정으로 앞서 가기 위해서는 창의적인 세계화교육이 필요합니다. 그리고 창의세계화는 우리의 전통과 문화를 후진적인 것으로 폐기하는 것이 아니라, 그것을 새롭게 재해석하면서 우리 안에 내재한 잠재력을 세계적인 것으로 만들어가는 것을 의미합니다. 세계화에 앞서 가기 위해서도 모방세계화가 아니라 창의세계화가 필요합니다.

창의세계화교육의 기본은 열린 세계시민교육을 하는 것입니다. 열린 세계시민교육은 한편에서는 협소한 국가주의나 민족주의를 넘어서서 다양한 차이를 갖는 민족과 국가, 인종 간의 공존과 협력을 지향하는 것이며, 다른 한편에서는 이미 다문화-다인종 사회가 되고 있는 한국 사회 내부에서 공존과 평화의 교육을 지향하는 것입니다.

이런 점에서 우리의 학교는 이제 모두 세계로 열린 '지구촌 학교'가 되어야 합니다. 우리의 아이들을 '미래의 아베'로 키우지 않기 위해서입니다. 물론 여기서 일본의 아베가 되지 않도록 하는 우리의 교육이 '한국의 아베들', 즉 편협한 민족주의와 반사적 국가주의에 휩싸인 젊은이들을 만들어내는 것이어서는 안 됩니다. 오히려 일본의 아베들을 부끄럽게 하는 열린 세계시민적 감수성과 태도를 갖도록 해야 합니다.

이렇게 외부로 열린 감수성과 태도는 이미 우리 안에 들어와 있는 다문화가정, 새터민, 국제결혼여성, 정주 외국인, 외국인 노동자에 대한 공존과 협력의 감수성과 태도, 세계화 시대의 다양성과 차이를 존중하는 감수성과 태도로 나타나야 합니다. 이런 점에서 혁신미래교육은 창의세계화교육이어야 한다고 생각됩니다.

포스트민주화 시대를 사는 지식인의 과제 중 하나에는 바로 이러한 사회민주화의 과제, 그 일부로서 교육민주화의 과제를 해결해가는 것이 있습니다. 여기서 제가 지난 30년간 해온 시민사회운동의 가치들, 시민사회의 연대성, 이타성, 헌신성, 개방성의 가치를 견지하는 것이 중요해집니다. 이제 저는 비판적 사회학자의 길을 접고 교육정책의 길로 나서게 되었습니다. 이 두 가지를 연결시키기 위해 저는 3월 초 출간한 책의 제목을 『병든 사회, 아픈 교육』이라고 붙인 바 있습니다. 두려움이 앞섭니다. 비판적 사회학자로서의 시선을 잃지 않고 올바른 교육정책을 수행할 수 있을지 두렵습니다. 이번 선거에서 표현된 시민들과 학부모들의 새로운 교육에 대한 열망이 저를 잘 지도해주시기를 바랄 뿐입니다.

서울에서 꽃피우는 '모두가 행복한 혁신미래교육'*

안녕하세요. 교육감 조희연입니다. 서울교육이 풍성하게 영글기를 바라는 천고마비의 계절, 가을의 한복판에 있습니다.

어느새 취임한 지 100일을 훌쩍 넘어서, 이제는 서울교육의 청사진을 보다 명확히 해나가야 하는 시점에 와 있습니다. 지난 취임 100일 기자회견을 통해서 저는 몇 가지 확인과 다짐을 했습니다. 취임 후 지금까지의 서울교육 행정은 서울교육 4년의 변화를 이뤄내기 위한 준비단계라고 할 수 있습니다. 아직 부족하지만 몇 가지 중요한 변화의 물꼬를 텄다고 생각합니다.

첫째, 학생들의 삶을 책임지는 교육의 토대를 만들었습니다. 가장 대표적인 것이 전국 최초로 '학교안전조례안'을 만든 것입니다. 또한 서울형 자유학기제를 추진해가고 있습니다.

둘째, 교사가 살아나는 학교를 만들고 있습니다. 교원업무정상화와 함께 교육정책정비사업으로 교사는 가르치는 일에 전념토록 하고, 학교도 불필요한 행정 업무에 지치지 않도록 했습니다. 또 학교평가를 학교의 자율성을 존중하는 방향으로 개선했습니다. 혁신학교를 확산해가는 것도 학교 변화의 대표적인 계기가 될 것입니다.

---

* 이 글은 2014년 10월 25일 원탁토론아카데미(원장 강치원)가 주관하여 서울교육연수원에서 열린 교육포럼의 발표문이다. 이날 포럼에서는 조희연 교육감과 김상곤 전 경기도교육감이 전·현직 교육감으로서 우리 교육에 대해 토론했다.

셋째, 제가 가장 중요하게 생각하는 것은 기존의 고전적인 교육 주체 외에 일반 시민 모두가 서울교육에 참여하는 새로운 틀을 만드는 것입니다. 교육행정의 새로운 시대적 흐름을 만들어내고자 합니다. 그래서 '학부모 원탁회의'에서부터 '듣는다, 희연쌤' 시리즈, 시민감사관 확대와 시민장학사 제도 운영에 이르기까지 다양한 시도를 하고 있습니다. 또한 학교와 교육청에 국한된 협소한 교육자치가 아닌, 서울시와 지자체가 모두 참여하는 협력체제 구축을 통해 '통합적 교육자치모델'의 전형을 만들어가고 있습니다.

100일을 계기로 남은 제 임기 동안 무엇에 가장 주력을 할 것인지도 분명해진 것 같습니다. 서울교육이 담당해야 할 일과 추진할 정책은 무궁무진하고 그 어느 것도 소홀히 할 수 없지만, 몇 가지는 특별히 더 고심하고 있습니다.

첫째, 평등한 서울교육 실현입니다. 제가 많은 자리에서 "흔들림 없는 평등 기조 위에서 꽃피는 교육 다양성"이라고 표현하기도 했습니다. 평등한 서울교육이 되기 위해서 다각도의 입체적인 정책 추진이 필요하지만, 그중에서도 고교체제의 수평적 다양성을 구축하는 것이 가장 기본적인 일입니다. 그래서 일반고 전성시대를 말했던 것이고, 자사고 정상화 또는 자사고의 일반고 전환 시도도 다 그런 맥락입니다. 수준 높은 제2의 고교평준화를 이룩하겠다는 것도 그런 의미입니다. 일반고를 한번 멋지게 키워보겠습니다. 일반고를 학업, 진로, 자유 세 가지 측면을 책임지는 새로운 종합적인 학교로 키우겠다는 계획은 이미 밝힌 바 있습니다. '학교평등예산제'로 학교 간의 격차를 획기적으로 줄이겠습니다. 그리고 고교선택제를 개선해서 학생들의 실력이 고르게 자랄 수 있도록 하겠습니다.

둘째, 새로운 학교 모델을 만드는 것입니다. 과거의 학교는 닫힌 학교, 굳은 학교, 똑같은 학교입니다. 그래서 학생들이 자고, 포기하고, 학교 밖으로 나가고 있습니다. 열린 학교, 부드러운 학교, 다채로운 학교를 만들고자 합니다. 그 첫 번째 노력이 혁신학교입니다. 그것에 안주하지 않겠습니다.

마을과 함께 만드는 학교, 아이들이 인생의 꿈을 찾아보는 '인생학교' 등 다양한 시도를 하겠습니다. 새로운 학교를 상상할 수 있도록 하겠습니다.

셋째, 지금까지 없었던 통합적, 포괄적 교육협력체계를 만들어보겠습니다. 경직된 교육청 중심의 교육행정을 과감히 벗어나 서울시, 지자체, 지역사회, 시민사회가 폭넓게 참여하는 유기적인 역할 시스템을 만들어 나가겠습니다. 교육혁신지구가 그 단초를 제공해주고 있습니다. 저는 혁신교육지구를 내년에는 8개, 그리고 임기 내에 적어도 전체 자치구의 절반 정도인 12개까지는 확대할 것입니다. 또한 새로운 민관 거버넌스를 만들고, 이른바 '원탁 행정'을 구현하겠습니다.

서울교육의 두 가지 구동축: 혁신과 미래

서울교육의 방향과 관련하여 좀 더 상세히 말씀드리겠습니다. 저는 우리가 추구할 서울교육을 '모두가 행복한 혁신미래교육'이라고 정했습니다. '모두가 행복하다는 것'은 교육의 공공성과 평등을 말합니다. 또한 '교육복지'도 함축한 표현입니다.

중심 개념인 '혁신미래교육'은 교육의 혁신을 강조하고 있습니다. 경기도에서 시작된 혁신학교의 물결이 서울에서도 도도한 흐름을 만들어내고 있습니다. 그러나 단순히 '혁신학교'에만 갇힌 혁신이 아니라 모든 학교, 교육 일반에 적용될 '혁신성'의 대대적인 확산과 심화가 필요합니다. 그래서 궁극에는 혁신이 더 이상 특별한 의미가 아니어야 합니다. 다양한 혁신적 학교모델이 학교의 새로운 전형으로 자리 잡고 혁신교육이 교육의 원형을 이루는 날이 와야 합니다.

하지만 이전의 교육혁신의 단순한 연장이어서는 안 됩니다. 서울이라는 지역 단위, 초중등이라는 학교급 단위, 학교라는 공간 단위에 머무르는 소극적인 혁신이 아니라 그 틀을 넘어서는 능동적인 혁신이 필요합니다. 그것은 미시적이고 근시안적인 사고를 깨고 거시적이고 구조적인 안목 속에서 미래를 조망하는 능력을 키우는 교육이어야 합니다. 서울교육이 '과거' 인습과의 과감한 결별에서 출발하여 '현재'를 뛰어넘어 '미래'로 가야 합니다. 혁신성과 미래성이 서울교육을 구동하는 두 축이 될 것입니다. 이것을 "세계화·지식정보화 시대의 미래지향적 혁신교육"이라고 표현할 수 있을 것입니다.

미래지향성 1: 열린 세계민주시민 육성

미래지향적인 교육이 담고 있는 몇 가지 핵심 원리가 있습니다. 첫째는 새로운 가치입니다. 서울교육이 추구해야 할 가치와 교육과정에 담겨야 할 내용 모두가 새롭게 정립되어야 할 것입니다. 교육에서의 인식 지평의 세계사적 확장입니다. 이것은 열린 세계민주시민을 육성하는 것으로 이어집니다. 우리의 아이들이 태어나고 성장한 곳은 대한민국이지만 시각과 지향은 세계적 맥락에 놓이도록 해야 합니다. 다양한 국가, 민족, 문화적 차이 속에서 인류의 공존과 상생을 추구하는 교육이어야지만 우리 사회를 건강하게 이끌어갈 미래 세대를 충분히 길러낼 수 있습니다.

미래지향성 2: 사회불평등 극복의 지렛대

두 번째는 초중등교육과 고등교육, 더 나아가 우리 사회와의 관계에 대한 진지한 성찰입니다. 안타깝게도 우리 초중등교육은 대학입시에 상당 부분 종속되어 있습니다. 대입은 한 차원 높은 교육 단계로 나아가기 위한 즐거운 과정이 아니라 혹독한 경쟁을 통한 인생 성패의 관문입니다. 대학의 서열이 현격하고, 더 나아가서는 학벌 구조가 강고하기에 벌어지는 일입니다. '학벌사회'는 직업불평등과도 밀접합니다.

궁극적으로는 이러한 사회불평등 구조를 극복해나가야 하겠지만, 초중등교육 자체가 이러한 대학체계 문제와 사회구조 문제를 해결하는 하나의 힘으로 작동해야 합니다. 단순히 우리 아이들을 그러한 사회 속으로 던져 넣고 그것에 맞춰 살아가는 수동적인 인간으로 키우는 것이 아니라, 스스로 자신의 삶을 가꿔가면서도 우리 사회를 건강하고 정의롭게 이끌어갈 주체적인 역량을 키워주는 것이 바로 서울교육이어야 하겠습니다.

미래지향성 3: 교육 시공간의 확장

세 번째는 이러한 교육을 담아내는 행정적, 공간적 틀의 재구축입니다. 현재의 교육제도상 교육청 업무는 '학교'에 국한되어 있는 것이 사실입니다. 그것을 넘어서기가 쉽지 않습니다만, 그 한도 내에서도 우리는 새로운 교육을 구현하기 위한 방법론의 최대치를 만들어낼 수 있을 것입니다. 그래서 서울시, 지자체들과의 새로운 교육협력모델을 창출하려고 합니다. 방과후와 학교 밖까지 유기적으로 아우르는 큰 교육 프레임을 구축하려고 합니다.

'개천에서 용 날 수 있는 교육'이 되어야

우리 사회가 지금과 같은 심각한 경제적 양극화, 정규직과 비정규직의 현격한 격차, 직업의 수직적 서열을 극복해가는 것이 가장 근본적인 방책일 것입니다. 무엇보다 우리 사회만의 특유한 고질적 학벌구조를 깨는 것이 필수라고 다들 입을 모으고 있습니다. 학벌주의보다는 학력주의, 학력주의보다는 능력주의로 가는 것이 공정한 사회임이 분명하고, 더 나아가서는 성실함과 노력, 그리고 사회공동체에 대한 기여도가 보다 더 중요한 가치평가의 준거가 되는 것이 이상적입니다.

우리 사회가 조금씩 진일보하고는 있지만, 하루아침에 근본적인 개혁과 변화가 일어나지는 않을 것입니다. 그러나 적어도 교육에서만큼은 그와 같은 사회의 불합리한 속성이 지배적이지 않아야 합니다. 우리의 헌법과 교육 기본법이 충분히 강조하고 있듯이, 적어도 동일한 선상에서 출발할 수 있도록 해야 한다는 것, 결과까지는 모르더라도 기회만큼은 평등해야 한다는 것, 그래서 개천에서도 용 날 수 있어야 한다는 것은 분명합니다. 그 대원칙을 서울교육에서 다시 확인하고 보다 확고히 하려는 것입니다. 그 흔들림 없는 교육평등의 기조 위에서 다양한 자율성과 창의성이 꽃피는 일을 실현하고자 합니다.

자사고도 꼭 필요하다면 이러한 맥락을 해치지 않는 범위 내에서 다른 일반고, 특성화고 등과 조화롭게 풍요로운 전인교육을 담당하는 공교육의 장이 되어야 합니다. 그러한 수평적 다양성 확장에 동등하게 참여할 때 비로소 법률에 규정된 자사고의 설립 취지인 "학교교육제도를 포함한 교육제도의 개선과 발전"[초중등교육법 제61조(학교 및 교육과정 운영의 특례)]에 기여할 수 있을 것입니다. 이러한 교육목적에서 일반고는 물론이고 특목고, 특성화고, 자공고 등 그 어떤 학교 유형도 벗어나지 않아야 합니다.

혁신미래교육의 출발: 새로운 주체와 혁신적 교육행정

위와 같은 중요 정책 과제들을 추진하는 매우 중요한 전제 조건은 주체를 튼튼히 하는 것입니다. 새로운 혁신미래교육은 그에 걸맞은 주체를 동반하지 않으면 불가능합니다. 기존의 학교를 구성하는 고전적 주체인 학생, 교사, 학부모 외에 이제는 시민까지 모두가 참여하는 한 차원 높은, 열린 시민사회적 '교육주체 블록'이 필요하다는 생각입니다. 이것은 앞서 말씀드린 '마을결합형 학교'와도 밀접한 관련을 맺고 있습니다.

또 하나 마지막으로 말씀드릴 것은 교육행정의 혁신입니다. 우리에게 교육혁신이 필요하다면 그것은 당연히 그것에 본질적으로 조응하는 교육행정 혁신을 통해서 가능할 것입니다. 저는 이것을 '소통하며 지원하는 어울림 교육행정'이라고 표현했습니다. 서울시민에게는 이웃 같은 교육행정, 학교와 교사에게는 친구 같은 교육행정이 되어야 하겠습니다.

이러한 총체적 과정을 통해 비로소 서울교육이 지향하는 이상인 "질문이 있는 교실, 우정이 있는 학교, 삶을 가꾸는 교육"이 실현될 것으로 생각합니다. 감사합니다.

왜 '교복을 입은 시민' 프로젝트인가?*

학교자치로 꽃피우는 혁신미래교육

들어가면서

서울교육청은 학생자치 활성화를 포함하여 민주시민교육을 전면화하기 위해 2015년 1월 1일 민주시민교육과를 신설했습니다. 민주시민교육에 대한 강조는 서울의 전임 곽노현 교육감 시절부터 있었으며, 경기도교육청에서는 『민주시민교육』(전 4권)이라는 교재까지 편찬하여 초중등학교에서 심도 있게 진행하고 있습니다.

우리는 학생자치 활성화와 민주시민교육의 지향을 '교복 입은 시민' 프로젝트로 명명했습니다. 1980년대 이후 한국 사회에 민주화의 물결이 확산되면서 이전에 권위주의하에서는 보장되지 않았던 시민적 권리들이 보장되게 되었습니다. 국가적 목표에 통합되어서 국가적 전사로 혹은 산업전사로 존재하던 '국민'은 이제 '시민'으로 전환되었습니다. 1980년대 이후 민주화과정에서 시민이 누리게 된 것은 크게 두 가지입니다. 하나는 다양한 시민적·정치적 권리입니다. 또 하나는 대통령을 직선으로 뽑는 것을 포함하여 자신들의 많은 삶의 문제들을 스스로 결정할 수 있는 권력과 권한—물론 많은 부분은 대표자를 통해서이지만—입니다. 그런데 이러한 시민적 권리와 권력을 향

---

* 이 글은 2015년 1월 20일 서울시청 다목적홀에서 개최된 "제2차 대한민국교육원탁회의"에서 발표한 내용이다.

유하지 못하는 두 집단이 있는데, 바로 학생과 군인입니다. 그래서 교복 입은 시민은 바로 학생들을, 비록 피교육자이지만 권리와 권력(권한)의 주체로서 인정하고 학생들이 그러한 주체로서 살아가기 위한 자질과 역량, 덕목을 교육을 통해서 키워야 한다는 철학을 담고 있습니다(마찬가지로 군인 역시 '군복 입은 시민'으로 대우한다는 발상으로 접근해야 병영문화의 진정한 혁신도 가능하다고 봅니다).

학생자치 활성화 프로젝트는 학생들을 '교복 입은 시민'으로 키우고자 하는 프로젝트이면서 지금부터라도 그들을 시민으로 대우하고자 하는 시도라고 할 수 있습니다. 교복 입은 시민으로서의 학생들의 권리가 '학생인권조례'라는 방식으로 표현된 반면, 또 다른 권리, 즉 자기결정능력을 육성하기 위한 교육적 과정은 그동안 소홀히 다루어져 온 측면이 있습니다.

이 학생자치교육 및 민주시민교육은 근본적으로 학생들이 민주시민으로 살아가는 데 필요한 '자기결정능력'을 키우는 데 기여합니다. 오늘날의 학생들은 일종의 '자기결정능력장애'를 겪고 있다고 할 정도로, 스스로의 문제를 판단하고 분석하고 결정하는 교육적 훈련의 기회를 갖지 못하고 있습니다. 이전에 학교에 있던 HR 시간 같은 것들마저도 치열한 입시경쟁의 와중에서 '사치스러운' 것으로 치부되어 현저히 약화되어 있습니다. 서울시교육청은 초중등교육과정에서 학생들의 자치능력 혹은 자기결정능력을 육성하기 위한 교육과정이 더욱 확대되어야 한다고 판단하고 그것을 정책화하여 추진하고 있습니다.

민주시민 육성에 실패한 우리 교육

먼저 우리 사회에서 학생들은 여전히 '훈육의 대상', 성인의 하위 존재, 학교와 교사의 권위 아래 있는 수동적/피동적 존재, 통제와 관리의 대상, 단지 어리고 미숙한 존재, 사고 칠 가능성이 높은 존재 등으로 인식되고 있습니다. 사회 전체의 '시민성'이 약하기도 하지만(시민사회의 불완전성/미완의 근대), 특히 학교는 (군대와 더불어) 시민민주주의와 거리가 가장 먼 곳에 위치한 공간이기도 합니다.

인간은 한 인간으로서 태어난 순간 시민으로 존중받아야 하고 학생 시절 또한 보다 성숙한 시민으로 성장하는 과정이어야 하나, 시민성을 부여받는 것은 실제로는 성인이 된 이후입니다. 예비 시민, 잠재적 시민으로서의 역량이 존중받지 못하고 계발되지도 못한 채 억압되는 상황이며, 자율적, 자치적 역량을 키우는 것이 교육의 주요한 내용이어야 함에도 불구하고 오히려 이것을 제거하여 '기계적 기능인'으로 키워내고 있습니다.

또한 경쟁만능주의, 극단적인 사적 이익 추구 경향, 배금주의 등의 사회 풍토 속에서 학교교육마저 제 역할을 다하지 못함으로써 갈수록 영혼 없는 인격체, 심지어 영혼이 파괴된 인격체로 길러지고 있다는 점도 지적되어야 합니다. 이는 자아와 자의식의 부재, 관계 맺기의 황폐함, 일부 학생들의 반사회적 파괴성, 배타적 공격성으로 나타나고 있다고 말해지기까지 합니다. 입시교육 속에서, 또는 교육 공백 속에서 경쟁, 우열, 배타, 성패, 권위, 타산주의 등 기성 사회의 부정적 요소를 조기에 습득하고 있기까지 합니다. 결국 건강한 평등 주체로서 사회를 구성해나가면서 공동체적인 자치를 해나갈 수 있는 역량을 키울 기회를 갖지 못하고 있다고 말할 수 있습니다.

사회 모순과 교육민주주의의 상실

다음으로 우리는 대한민국에서의 교육이 사회 전체 모순의 '결절점'이라는 점을 토론해보아야 합니다. 일차적으로 계층, 계급 측면에서 교육이 우리 사회의 정치경제적 불평등을 심화시키는 출발점이자 확대재생산 기제이며, 동시에 그 모순이 귀결되는 지점이라는 사실을 우리는 인식해야 합니다. 어떤 의미에서 사회 악순환의 고리 역할을 교육이 하고 있다고도 할 수 있습니다. 학력주의/학벌주의라는 이데올로기를 매개로 대학 서열과 직업 서열의 양 영역이 상호의존적 내지는 촉진적인 관계로 맺어져 있습니다. 결국 '돈' (권력)이 '교육'을 매개로 '돈'(권력)을 낳는 것, 부와 권력이 교육을 매개로 대물림되는 것이 우리 사회 교육 모순의 핵심 내용이지만, 이러한 정치경제학적 측면(하부구조적 측면) 외에도 '민주주의'라고 하는 사회문화적 측면에서의 모순도 심화되고 있습니다.

우리 사회의 교육은 일정한 사회민주화의 시간적 경로를 따라가지 못한 채 (마치 군대가 그러하듯) 별도의 독립된 후진적·비민주적 영역으로 남아 있습니다. 동시에 비민주적 학교교육과정을 통해 사회 비민주성에 수동적으로 조응하거나 능동적으로 사회 비민주성을 생산하는 주체를 만들어내고 있습니다. 즉, 대한민국에서 교육은 부/권력/사회적 지위의 양극화와 서열화를 촉진하고 강화함으로써 결과적으로 부정적 측면에서의 자본주의 체제를 공고히 하는 데 기여하고 있으며, 동시에 민주주의 교육의 장으로서의 기능을 못함으로써 결국 민주주의의 진전을 더디게 하거나 오히려 퇴행시키는 이중적 역할을 하고 있습니다.

학교민주주의 부재의 세 가지 이유

여기서 아주 구체적으로 학교라는 공간에서 '학교민주주의'가 왜 현저히 약화되어 있는가에 대해서 잠간 논의해보고자 합니다. 그 이유를 다음과 같이 거론해보고자 합니다. 첫째, 학교의 민주주의적 운영(주체 간의 민주적 관계) 부재입니다. 교장에게 집중된 과도한 권한과 교장-교감-교사로 이어지는 수직적/권위적 관계가 존재하기 때문입니다. 아직 탈피하지 못한 '병영식' 학교 문화 속에서 교사와 학생의 수평적 관계는 기대하기 쉽지 않습니다.

둘째는 이러한 것의 연장(반영)으로서 교육과정에서의 민주주의 부재 또는 부족입니다. 교과서에 '건조하게' 들어간 '민주주의'는 학생들의 삶으로부터 괴리된 소외적 내용으로 존재하고 있으며, 삶의 내용으로 체화해야 할 것을 대상화하여 외우는 상태입니다. 민주주의가 입시의 한 내용, 단지 시험문제에 대한 답으로서만 존재하고 있습니다. 민주주의와 같은 가치가 교육과정의 기반이 되지 못하고 지식중심적인 교육과정/교과서로 남아 있을 뿐입니다.

셋째, 이것들과 다 연관되는 것이지만, 교육이 입시경쟁으로 획일화되면서 물리적으로 학교민주주의를 실현하거나 민주시민을 양성하는 것, 또는 민주주의를 강조하는 것이 불가능하다는 것입니다. 지금까지의 학교교육에서 민주주의는 학생생활 측면에서든 교육내용 측면에서든 형식적인 개선 시도만 있었을 뿐(특히 전자에 있어서), 실질적인 진전과 변화를 만들어내지 못했습니다. 국가교육과정 차원에서의 제도적 뒷받침이 없었습니다. 더 크게는, 교육 패러다임의 민주주의적 대전환이 없는 가운데 이루어지는 일부 개별 학교, 개별 교장, 개별 교사에 의한 노력은 한계를 갖거나 결국 실패로 끝날 수밖에 없었던 것입니다.

학교민주주의의 목표: '민주공화국' 시민 육성

궁극적으로 학교민주주의를 실현하는 것은 그것을 통해서 민주공화국의 시민을 길러내는 것입니다. '민주공화국'이라는 헌법 제1조 1항의 표현이 강한 사회정치적 의미를 갖고 존재하는 요즘의 현실에서 이러한 교육의 과제는 특히 재인식되어야 합니다.

학교교육의 본질은 결국 전인교육을 통해 역량과 인품을 겸비한 올바른 사회 구성원을 길러냄으로써 우리 사회 공동체의 지속가능성과 사회체제의 공공적 발전을 도모하는 것이라고 할 수 있습니다. 즉, '민주공화국'에 걸맞은 혹은 민주공화국을 살아가고 지탱하는 사회구성원을 길러내는 것이어야 한다는 것입니다. 민주공화국 국민에게 요구되는 정치사회적 가치의 기본은 '민주주의', '공화주의'라고 해야 할 것입니다. 즉, 우리 헌법을 전제로 할 때, 교육의 목표는 민주주의적 인간, 공화주의적 인간을 길러내는 것입니다. 민주주의가 형식의 측면에서 관계적 평등, 다수결주의 등의 원리를 담고 있다면, 공화주의는 내용의 측면에서 공익우선주의, 이타성, 공공성, 헌신성 등의 가치를 담고 있습니다. 이러한 공민적 덕목을 지닌 사회 구성원이 바로 '시민'이고 이러한 시민을 길러내는 것이 교육의 목표인 것입니다.

그러나 현재의 교육은 사실상 입시교육의 압도성으로 인해 정상적인 전인교육을 통해 '시민'(민주적이고 공화주의적인 시민)을 길러내는 데 실패하고 있습니다. 근래의 '인성교육'으로 표현되는 교육목표도 사회 원리로서의 주체성과 공공성에 입각한 '시민성'에 충실하게 초점을 맞추기보다는 다분히 보수적 관점에서 개인적 차원의 '착함'에 보다 치우쳐 있는 것도 사실입니다.

우리 사회에 오랫동안 학생인권 개념이 존재하지 않았던 것에 비춰보면 우리의 학교는 민주시민교육이 정상적으로 이뤄질 수 없는 척박한 토양 위에 있음을 상기할 수 있습니다. 즉, 학교 구성과 운영 원리로서의 민주주의, 혹은 학교자치민주주의의 부재와 부족, 그리고 교육과정의 구성과 내용으로서의 민주주의의 부족을 이야기할 수 있습니다.

이런 점에서 학교민주주의 실현 또는 민주시민교육의 필요성을 아무리 다시 강조해도 과하지 않습니다. 개인의 올바른 성장을 포함하여, 궁극적으로는 사회민주주의의 실현과 사회 체제의 공공적 발전을 위해 이 과제는 절실합니다. 특히 아직도 실질 민주주의 실현이 요원하게 보이는 우리 현실에서 학교교육에서의 자치역량 강화, 민주시민교육 강화는 우리 사회가 어디로 갈 것인가를 가늠하는 중요한 시금석이 될 수밖에 없습니다. 이러한 교육적 과제는 굳이 서양적 전거를 끌어들이지 않더라도, 교육기본법의 제2조에 잘 표현되어 있습니다.

교육기본법 제2조

　교육은 홍익인간(弘益人間)의 이념 아래 모든 국민으로 하여금 인격을
도야하고 자주적 생활능력과 민주시민으로서 필요한 자질을 갖추게 함으로
써 인간다운 삶을 영위하게 하고 민주국가의 발전과 인류공영의 이상을 실
현하는 데에 이바지하게 함을 목적으로 한다.

절차적/실질적 학교민주주의 동시 실현 필요

　여기서 학교민주주의는 (일반적인 정치적 민주주의에서 논의되는 것처럼) 절
차적 차원에서와 함께 실질적 차원에서도 실현되어야 할 것입니다. 우리 사
회에서 1987년 이후 절차적 민주주의가 일정하게 실현되고 난 후, 이것의
2.0 버전으로서 실질 민주주의의 완성, 민주주의의 질적 심화가 사회적 과
제로 요구되는 것에 비추어 생각해보면 쉽게 이해가 될 것입니다.

　학교민주주의는 아직 미완인 형식 민주주의와 실질 민주주의를 동시에
실현해야 하는 과제를 안고 있습니다. 학생과 학생 간, 학생과 교사 간, 교사
와 교사 간, 그리고 학교와 학부모 간의 제도적/체제적 민주주의를 충족시
키는 형식 요건을 완비하는 것이 필요하며 학생회, 교사회, 학부모회 등에서
절차적 민주주의를 실현하는 것이 필요합니다.

　그러나 동시에 이것을 포함하며 또한 이것을 뛰어넘는 실질적인 민주주
의, 즉 민주주의의 내면화와 관계적 민주주의의 완성이 필요합니다.

　이 같은 점에서도 학교민주주의를 위해서는 학교 내부 핵심 주체들의 성
격과 관계의 변화가 필요합니다. 즉, ① 새로운 시대에 요구되는 민주적인
교장 리더십으로의 전환, ② 교장과 교사 관계의 새로운 변화(교장-교사-학
생으로 이어지는 위계적 관계에서 후자가 주체로서의 지위를 회복하는 것을 의미),
③ 학생 존재에 새로운 위상 부여, ④ 학부모가 새로운 거버넌스하에서 폭넓
은 참여권을 보장받는 것 등이 필요합니다(학부모의 경우 2016년 1월 1일부터

조례에 의해 공식적인 참여권이 보장되었습니다. 학부모 대표들도 이에 상응하는 참여성, 책임성, 협력성을 가질 필요가 있을 것입니다). 특히 현재 서울교육이 추구하는 광범위하고 실질적이며 다양한 형태의 주체적, 공간적, 행정적 거버넌스 역시 이런 학교민주주의 실현을 위한 중요한 전략이 될 수 있을 것입니다.

혁신미래교육의 핵심 방향은 민주시민교육

이렇게 보면 혁신미래교육의 핵심적인 구성요소로서의 민주시민교육은 학교라는 공간 내에서 각 주체들이 민주적 존재로 거듭나고 여러 주체들 간의 새로운 민주적 관계를 형성하는 것을 의미합니다.

민주시민교육은 학교민주주의를 형성하기 위한 여러 과제를 추진해야 할 것입니다. ① 먼저 학교를 민주적 공동체로 만드는 것, 즉 학교 내에서 각 주체들 간의 새로운 수평적인 관계를 형성하고 민주주의 시대에 걸맞은 민주적 관계, 의식, 상호관계를 만들어내는 것, ② 교육과정에서 민주주의와 시민교육의 모든 내용이 포함되는 것 등을 추진해야 할 것입니다.

이를 위해서 민주시민교육은 학생 자율과 자치의 문화를 형성 및 진작하고, 소통과 공감의 민주적 교직원 문화와 학교 내의 민주적 의사소통을 포함하는 학교민주주의를 실현하며, 교육과정 속의 민주시민교육과 함께 지역사회와 연계된 민주시민교육으로 나아가야 할 것입니다.

또한 민주시민교육은 열린 세계시민교육, 생태환경교육, 양성평등교육, 노동인권교육, 평화통일교육 등 주류 교육과정에서 포괄하지 못하는 많은 진보적 교육내용들을 내포하는 것이어야 합니다.

민주시민교육과 공공적 마인드

여기서 저는 민주시민교육의 두 가지 지향점을 강조하고자 합니다. 첫째는 민주시민교육의 핵심에 공공적 마인드의 육성이라고 하는 지향이 자리 잡아야 한다는 것입니다.

민주시민교육이라고 할 때 그것을 앞서도 서술한 것처럼 권리와 권한(권력) 강화의 측면에서만 바라보아서는 안 됩니다. 오히려 사회적 관점, 공동체적 관점, 넓은 의미에서의 공공적 관점에서도 바라보아야 합니다.

대한민국은 지금 이익집단 민주주의와 사익일변도 사회로 특징지을 수 있습니다. 민주화의 성과라는 점에서 보면, 모든 국민이 자기 이해의 실현과 자기 권리를 주장할 수 있게 되었습니다. 그것은 너무 중요한 것입니다. 그러나 민주주의는 자기 이해 실현과 자기 권리의 확장의 관점만으로는 지속 가능하지 않습니다. 그런 점에서 보면 그것들은 필요조건이며 충분조건으로 나아가야 합니다. 이것은 바로 공공적 마인드와 사익을 넘는 공익적 관점이 존재할 때에야 가능하다는 점을 강조할 수 있습니다. 여기서 자기 권리의 옹호와 추구에 집중하는 '개인주의적 시민'에서 '공공적 시민'으로의 전환을 위한 교육적 과제가 존재합니다. 학교에서 민주주의를 자유주의의 관점에서만이 아니라 '공화주의'적 관점에서 접근하려는 노력도 이를 반영합니다. 시민사회는 기본적으로 '연대성의 가치'를 기본으로 하고 있기 때문에, 민주성을 권력의 탄압에 대항하는 자유의 관점으로만 접근하지 말고 그 자유에 기반한 새로운 연대성, 공동체성의 실현으로까지 인식해야 합니다. 이런 점에서 저는 민주시민교육의 내용도 권위주의 시대에 억압되었던 개인의 권리와 이해의 실현이라는 차원을 넘어서서, 공공적 마인드와 공익적 관점을 증진하는 교육으로 확장될 필요가 있다는 점을 강조하고 싶습니다.

주지하다시피, 2014년 12월 29일 인성교육진흥법이 국회를 통과했습니다. 인성교육을 법적으로 강제한다는 것도 사실은 민주시민사회에 꼭 부합하는 것인가 하는 점은 생각해볼 수 있습니다. 그러나 학교폭력의 증가, 학생들의 자기파괴적인 자살, '교권' 붕괴 등의 현실이 인성을 이야기하게 한 점이 존재합니다.

서울시교육청에서는 법제화되어 시행되어야 하는 인성교육의 지향을 '협력적 인성'(그리고 그것의 세 가지 측면으로서 공동체적 인성, 상생적 인성, 공공적 인성)이라고 정식화한바, 이 협력적 인성이야말로 공화주의적 시민을 만들어내는 것이라고도 해석해볼 수 있습니다. 인성교육이 단지 과거 권위주의 시대의 국가주의적으로 정향된 인성이나 민주화 이후의 일반화된 '개인주의적 인성'을 넘어 협력적 인성, 사회적 인성, 공화주의적 인성을 제고하는 방향으로 나아가야 한다는 점을 시사하는 개념이라고 할 수 있습니다.

민주시민교육은 바로 이러한 협력적 인성과 사회적 인성의 교육과 결합할 수 있어야 합니다. '서울형' 인성교육을 이야기할 수 있다면, 이런 차원을 강조하는 것이 되어야 할 것입니다.

현재 한국 사회에서 개인주의적 욕망이 가장 치열하게 투사되는 현장이 바로 부동산 영역과 교육 영역입니다. 자기 자식이 잘되고, 자기 자식이 '부자'가 되는 것을 지향하는 개인적 욕망이 작렬하고 있습니다. 이러한 현실 속에서 모든 문제를 자기 이해 실현이나 권리 옹호 차원에서만 접근하지 않고, 공동체와 이웃, 사회의 관점에서 접근하는 공공적 마인드를 육성하는 교육이 절실해지고 있고, 이런 점에서 민주시민교육의 새로운 차원을 직시해야 합니다.

민주시민교육과 세계시민교육

다음으로 진정한 민주시민교육은 세계시민교육이라는 더 큰 프레임 속에 위치해야 합니다. 그래서 저는 '세계'민주시민교육이라고 하는 표현도 사용합니다.

민주시민은 기본적으로 권위주의 시대의 교육에 대립하는 개념입니다. 그러나 그 민주시민은 세계화로 인해 국가, 민족, 종족, 인종, 종교, 문화 등 새로운 차이들에 대면하게 됩니다. 오늘날 시민은 국가주의적 시민, 편협한 자폐적 민족주의에 사로잡힌 시민이 되어갈 수도 있으며, 반대로 열린 세계 시민이 되어갈 수도 있습니다. 세계화 시대의 이러한 새로운 차이들을 차별의 시선이 아니라 평등과 연대, 우애의 시선과 덕목에서 대면할 수 있도록 하는 것이 중요합니다. 그런 점에서 현 단계 민주시민교육은 세계시민적 민주시민교육으로 이루어져야 한다고 저는 믿고 있습니다. 세계화 시대의 창의적 세계화는 민주시민교육의 정신을 세계시민적 가치와 결합시켜 확장하는 것이라고 할 수 있을 것입니다.

사회적 경제의 확대에 기여하는 학교협동조합으로*

얼마 전까지만 해도 날씨가 더워 여름인가 싶더니 벌써 가을을 지나 겨울 초입에 이르렀습니다. 2014년 11월 17일부터 19일까지 3일간 세계적인 도시 중 하나인 서울에서 GSEF(세계사회적경제포럼) 2014가 열리게 된 것을 축하하며, 이 행사의 하나로 학교협동조합추진단에서 주관하는 "사회적 경제와 교육" 섹션에 참석해주신 사회적 경제 관계자와 서울시민 여러분께 진심으로 감사드립니다.

이번 GSEF 2014의 슬로건인 '변화를 향한 연대(Solidarity for Change)'에서 사회적 경제가 추구하는 변화는 양극화를 재생산하는 낡은 사회경제 패러다임에서 공동체가 함께 협력하고 상생하는 새로운 패러다임으로의 변화는 물론, 경쟁을 넘어서는 연대의 삶을 지향하는 우리 모두의 윤리적 가치의 변화를 의미합니다. 이러한 변화는 혼자가 아닌 서로를 책임지면서 자유로워지는 연대를 통해서만 가능하다고 생각합니다.

우리 시대에 왜 사회적 경제, 그리고 협동조합이 주목받는가 하는 점에 저는 주목하고 싶습니다. 단적으로 그것은 신자유주의적 가치가 극대화된 한국 자본주의의 가혹함을 넘어서고자 대안적 시장경제, 대안적 축적체제, 대안적인 삶, 대안적인 사회에 대한 열망이 표출된 것이라고 생각합니다. 물

---

* 이 글은 2014년 11월 18일 서울시민청에서 개최된 GSEF(세계사회적경제포럼) 2014의 "사회적 경제와 교육" 섹션에서 한 축사이다.

질만능주의가 팽배한 현대 사회는 대안이 필요합니다. 사람들은 인간이 경제활동의 중심이 되는 또 다른 세상이 가능하다는 희망을 보고 싶어 하고, 그 희망을 만들어가는 일에 참여하고 싶어 합니다.

이 열망이 실현되는 두 가지 경로가 있다고 생각합니다. 그것은 첫째로 국가를 통한 시장의 공공적 규제입니다. 둘째는 시장 내부로부터 비(非)시장적·탈(脫)시장적인 영역이 확대되는 것입니다. 저는 사회적 경제와 협동조합이야말로 시장 내부에서의 공공적 영역이라고 생각합니다. 저는 사회적 경제에 기초한 대안적인 국민경제를 '상생(相生)적' 시장경제라고 부르고 싶습니다. 상생적 시장경제는 대중의 자조(自助)적 주체성, 시장경제 내에서의 협동조합, 사회적 기업 등 다양한 사회적 경제의 역동성과 시민사회권력의 압력에 의한 국가의 공공적 기능 확대, 시장 내에서의 자발적인 공공성 확대 등이 결합될 때에야 비로소 가능하다고 생각합니다.

상생적 시장경제를 만들어가기 위한 전제로서 사회적 경제와 협동조합의 확대는 중요한 의의를 갖습니다. 사회적 경제과 협동조합에 대해서는 오랜 불신이 있어왔습니다. 한쪽에서는 너무 급진적이라고 보고, 다른 한편에서는 반대로 체제친화적이라는 평이 있습니다. 그러나 현재에 와서 비로소 사회적 경제와 협동조합이 그 정당한 위상을 인정받게 된 것은 발전적인 일로 보입니다.

저는 교육감으로서 교육 영역에서나마 학교협동조합과 같은 형태로 사회적 경제의 영역을 확장하는 노력을 하고자 합니다. 교육의 공공성을 지키는 것이 교육감의 책무이고, 또한 학교협동조합 역시 넓은 의미에서 '공교육'의 한 요소가 될 수 있기 때문입니다.

사회적 경제는 다양성의 경제이기도 합니다. 시민사회와 정부, 그리고 각기 다른 경험과 배경을 가진 사람들이 모여 이루어가는 GSEF가 다양성을 기반으로 한 연대와 협력의 모범이 되기를 또한 원합니다.

저는 서울교육이 나아가야 할 방향을 "모두가 행복한 혁신미래교육"으로 설정했습니다. 우리의 학교교육 현장은 과도한 입시경쟁, 학교폭력, 자살 문제, 학생들의 내면성 파괴 등으로 위기를 맞고 있습니다. 이러한 교육현장의 위기에서 벗어나 새로운 교육으로 혁신하기 위해서는 무엇보다도 자존감, 자율성, 창의성, 협동심이라는 가치를 교육의 중심에 두어야 합니다. 학생들이 스스로 살아갈 수 있는 역량과, 협동하여 함께 살아가는 역량을 배워야 합니다.

혁신미래교육은 학생·교사·학부모·시민사회가 함께 주체로 나서는 교육입니다. 먼저 저는 교육의 주인이 학생과 교사와 학부모와 시민사회임을 말씀드리고 싶습니다. 이제는 학생·교사·학부모·시민사회가 어떤 교육을 할 것인지 서로 토론해서 결정할 수 있어야 합니다. 새로운 교육은 학생·교사·학부모·시민사회가 함께 주체로 나서는 교육이어야 합니다. 단순히 교육의 '대상'이 되거나 교육의 방관자로 남지 말고, 모두가 교육의 주체로 참여하고 또 스스로의 주체성을 키우는 교육이어야 합니다. 다시 한 번 말씀드리지만, 교육의 주인은 국가도 행정기관도 아닌 학생·교사·학부모·시민사회입니다.

오늘 주제가 "학교협동조합 해외 운영 사례(말레이시아)를 통한 국내 학교협동조합 활성화 모색"인데, 우리 교육청은 이를 교육현장에 접목할 수 있는 좋은 기회가 될 것으로 생각합니다.

학교협동조합이 아직까지 생소한 부분이 있음에도 불구하고, 적극적으로 활동하는 서울시사회적경제지원센터 학교협동조합추진단 단원여러분과 특히 김명신 단장님의 많은 관심과 활동에 감사의 말씀을 드립니다. 학교협동조합추진단은 지역교육 거버넌스를 위한 민관협의체로 민간위원, 공무원, 자문위원으로 구성되어 학교협동조합 기반 조성과 활성화를 위해 여러 가지 사업을 추진하고 있으며 서울시교육청도 참여하고 있습니다.

그동안 학교에서 사회적 협동조합이 매점을 운영하는 데 가장 큰 걸림돌은 공유재산 법령에 의한 최고가 입찰이었습니다. 이러한 진입 장벽을 해소하기 위해서는 관련 법규의 개정이 필요한데, 이를 위해 '공유재산 관리 조례' 개정안이 장인홍 의원님의 발의로 이번에 시의회에서 심의될 예정입니다. 또한 학교협동조합이 활성화되기 위한 기반을 만들고자 '학교협동조합 기본 조례' 등으로 많은 관심을 갖고 계시는 서울시의회 김종욱 의원님이 토론회에 참석하고자 오셨습니다. 이 자리를 빌려 감사드립니다.

현재 서울시교육청 관내 학교에서는 2개 학교가 교육부로부터 사회적 협동조합 인가를 받아 매점을 운영하고 있습니다. 영림중학교는 '여유롭고 물 좋은 매점'이라는 뜻을 담은 '여물점'이라는 학교매점을 2013년 9월부터 운영하여 성과를 낸 것으로 알고 있습니다. 학생들에게 좋은 음식을 제공하기 위해서 친환경 매점을 시작했으나, 매점을 협동조합 형태로 학부모들이 운영하다 보니 "자연스럽게 학교가 깨끗해지고, 학교폭력도 사라지는 등 교육환경이 많이 좋아졌다"고 합니다.

또 하나는 독산고 학교매점인데 오늘 토론자로 나오신 김홍섭 교장선생님의 열의와 인고의 노력 끝에 금년 11월 3일 운영을 시작하여 아이들에게 건강하고 안전한 먹거리를 제공하고 학교구성원(학생, 교사, 학부모)이 모두 주인이 되는 학교문화 소통의 장으로 이용하고 있다고 합니다. 이 자리를 빌려 진심으로 축하드립니다.

또한 오늘 논의될 학교협동조합 운영 사례는 말레이시아 학교협동조합인데, 말레이시아는 모든 초중고에서 사회적 협동조합 형태의 학교협동조합이 운영된다고 들었습니다. 사업 영역도 식당 및 매점, 학교은행, 수학여행 및 교육프로그램 등으로 다양하다는 말을 듣고 놀랐습니다. 학교협동조합의 제도적 부분과 운영 경험 등을 전수받아 이해의 폭이 넓혀지길 기대합니다.

학교협동조합은 초중등학교마다 교사, 학생, 학부모, 지역주민이 조합원으로 참여하여 협동의 가치를 바탕으로 윤리적인 경제활동 및 '소통과 나눔의 교육'을 통해 학교와 지역사회(마을)를 연결하는 교육경제공동체이며, 또한 조합원의 자기결정권 강화를 통해 교육자치를 실현하고 러닝 바이 두잉

(learning by doing) 방식의 경제활동을 통한 사회적 교육을 구현한다는 데 그 가치가 있습니다.

우리 교육청의 중점 과제 중 하나가 '지역사회와 함께하는 마을결합형 학교 실현'입니다. 마을과 지역사회가 학교와 함께 가는 교육을 지향해야 합니다. 저는 이것을 '마을결합형 학교'라고 표현하고 싶습니다. 마을결합형 학교는 학교보다 더 큰 학교, 학교를 넘어선 학교가 될 것입니다. 아이들은 학교에서만 배우지 않습니다. 학교 밖에서 더 중요한 것을 배우기도 합니다.

서울시교육청은 서울시와 손을 잡고, 마을과 학교의 경계를 허물 준비가 되어 있습니다. 학교는 학생뿐 아니라 지역주민들이 교육에 대해 함께 고민하고 새로운 교육을 만들어나가는 공간으로 발전할 수 있습니다. 마을의 협동조합이나 지역 공동체는 학생들이 방과 후에 혹은 학교 밖에서 정규교육 이외의 교육을 받는 공간으로 발전할 수 있으며, 지역과 학교가 만나 사회적 경제를 만들어가며 새로운 교육공동체를 형성할 수 있습니다.

학부모님들의 학교를 사랑하는 마음, 교직원 여러분들의 학생을 사랑하는 마음, 그리고 학생들이 교사를 존경하는 마음, 이 모든 것이 하나가 되어 아름다운 교육활동으로 펼쳐지기를 기대합니다.

사회적 경제 관계자와 서울시민 여러분! 사회적 경제는 사람 중심의 경제입니다. 모든 생명의 가치를 존중하고 작은 것들을 배려하는 경제입니다. 또한 협력과 연대를 통해 더불어 행복한 세상을 만들어가는 것이기도 합니다. 저는 학교협동조합이 이런 역할에 중요한 부분으로 작용하리라 믿습니다. 앞으로 우리 교육청은 이러한 부분에 더욱 관심을 가지고 지원을 아끼지 않을 것입니다.

교육과 사회정의*

　반갑습니다. 송순재 선생님 초청으로 이 자리에 왔습니다. 송순재 선생님께서는 제가 여러 가지 교육개혁 의제를 다듬고 설정하는 것을 많이 도와주셨습니다. 제가 교육감으로 취임한 지 이제 6개월이 되었습니다.

　먼저 의회 프로세스에 대해서 학생들에게 설명을 간단히 하고 싶습니다. 우리나라에는 대통령이 있고 여의도 국회가 있습니다. 저희는 교육지방자치단체로서 행정을 책임지고 있고 서울에는 국회처럼 서울시의회가 있습니다. 서울시의회 의원들은 서울 각 구별로 당선된 분들이 저(서울시교육청)와 서울시를 감시합니다.

　제가 사회학을 해서 민주주의를 강의했는데 민주주의가 독재와 무엇이 다른지를 살펴보면, 한 사람이 모든 면에서 갑(甲)이면 그 사회는 독재 사회입니다. 박정희, 전두환 대통령 시기가 그렇다고 평가됩니다. 민주주의 사회에서는 누구나 어떤 영역에서는 갑이더라도 다른 영역에서는 을(乙)이 됩니다. 갑을의 존재가 궁극적으로는 해소되어야 하겠지만, 일단 민주주의 사회에서는 부득이하게도 갑을의 연쇄관계가 존재합니다. 의회에 들어가는 순간 의회 의원들은 저한테 갑입니다. 의원은 자기 지역구 가면 교장이 갑입니다. 교장, 교감, 교사는 제 관할에 있습니다. (웃음) 갑을이 바뀝니다. 저는 좋다고 봅니다. 의원들이 저한테 야단치고 하는데 잘못한 것은 별로 없는 것

---

* 이 글은 2014년 12월 11일 감리교신학대에서 대학생들을 대상으로 한 특강이다.

같은데…… (웃음) 이런 식으로 갑을관계가 바뀌고 한 사람이 모든 측면에서 갑이지 않은 사회가 민주주의라고 할 수 있고, 그런 점에서 의회라는 공간에서 단체장이 을의 위치에 놓이는 것은 바람직한 것 같습니다.

서울시의회에는 12개의 상임위가 있습니다. 저는 교육만 담당하고, 서울시장은 서울 전역의 모든 일을 담당합니다. 그러므로 서울시장은 저보다 10배 이상의 비중을 갖고 있다고 할 수 있겠지요. 서울시의회에 서울시장은 자주 불려나갑니다. 서울시장이 대표하는 일반지방자치와 제가 이끌고 있는 교육지방자치를 어떻게 협력적으로 할 것인가 하는 것이 언제나 고민입니다.

중앙정부에서 '지방자치 발전'이라는 이름으로 일반지방자치와 교육지방자치를 위축시키기 위한 논의를 하고 있어서 우려가 됩니다. 예컨대 교육감을 임명제로 바꾸자는 논의도 있습니다. 중앙정부는 통제하려고 합니다. 국민의 요구에 의해서 지방자치를 하지만 중앙정부가 통제하는 대로 지방자치를 움직이려고 합니다. 교육감 아래 부교육감이 있는데 상식적으로는 부교육감을 제가 임명해서 저를 돕거나 대신하는 역할을 하게 해야 하는데 부교육감은 교육부 파견입니다. 예산을 다루는 기획조정실장도 교육부에서 파견하지요. 중앙정부에서 지자체를 통제하고 권한을 약화시키고 작게 만들려고 하다 보니 핵심 간부 중 두 간부를 내려 보내는 겁니다. 마침 두 분을 포함해 서울시교육청의 간부들은 저와 호흡이 맞지만, 이러한 제도 자체도 언젠가는 교육자치의 확대라는 점에서 개선되어야 할 것입니다.

제가 6·4 지방선거에서 당선되었습니다. 저 스스로를 세월호 교육감이라고 칭합니다. 아픔을 겪으면서 학부모들이, 한국 교육이 이래서는 안 되는구나, 바꿔야겠다는 집단적 열망이 생겼다고 봅니다. 저처럼 대학에만 있던 사람이 변화를 요구하며 출마하니 능력이 많이 부족한데도 불구하고 압도적으로 당선시켜주셨습니다. 변화를 요구하는 정서가 있으면 변화를 요구하는 사람을 뽑습니다. 그렇기 때문에라도 저는 변화를 실현하기 위해 노력해야 한다고 생각합니다.

오늘은 교육을 정의 관점, 불평등 관점에서 얘기하겠습니다. 1960~1970년대 이후 한국 사회가 근대화, 산업화 되었습니다. 외국에서 부러워하는 성공사례입니다. 30~40년 동안 경제적 후진국에서 선진국까지 오를 정도로 압축적 고도성장에 성공한 나라입니다. 저는 이것을 경제적으로 앞서 있는 선진국을 따라잡기 위한 추격산업화라고 부릅니다. 또 추격산업화라고 하는 국가목표하에서 특정한 교육이 요구되고 운영되어왔습니다. 저는 그걸 추격교육이라고 표현합니다. 국가가 요구하는 '산업전사'형, 특정한 인간형을 만들기 위한 것입니다. 이 인간형은 선진국의 앞선 기술과 지식을 따라잡아 경쟁할 수 있는 경쟁력 있는 인간을 말합니다. 놀지 말고 잠도 줄이고 국영수로 상징되는 지식을 암기하고 따라잡는 교육이 국가발전의 도구로서 역할을 한 것이죠. 그리고 우리는 이러한 교육시스템에 의해서 목표를 달성하고 경제적 성공을 이루었습니다. 그런데 이러한 교육방식은 바뀌지 않고 있을 뿐만 아니라 오히려 관성적으로 더욱 확대되고 있습니다. 그래서 교육문제가 더 심화되고 있습니다. 이제 교육시스템이 바뀌어야 합니다.

저는 국가주의적 추격교육을 넘버원 교육, 일등주의 교육이라고 표현합니다. 서양과 겨루어 일등이 되게 하기 위해 모든 아이들을 닦달하는 교육입니다. 그것을 위해서 서열화된 교육시스템이 있는 겁니다. 1등 학벌 대학에 들어가기 위해서 1등 고등학교에 가야 합니다. 이전에는 잘사는 사람과 못사는 사람의 경제적 격차가 심하지 않았습니다. 그런데 부의 양이 늘어나고 잘사는 학부모와 못사는 학부모의 격차가 커졌습니다. 잘사는 부모들이 자신의 경제력을 아이들 교육에 '올인'합니다. 그러니까 잘사는 학부모는 없는 재능도 돈으로 만들어내고 못사는 집은 있는 재능도 개발시키지 못합니다. 이 차이는 개인의 능력으로 극복할 수 없습니다. 우리 때는 집안이 가난한 사람이 공부도 잘하고 했습니다. 그런데 지금처럼 어릴 때부터 조기유학 보내서 영어를 마스터하는 사람과 그렇지 않고 교실에서 공부하는 사람과 경쟁이 될 수 있을까요? 예전에는 사교육 입주과외, 단과대학에 가느냐 종합대학 가느냐의 차이였습니다. 지금은 한 과목에 300만 원 하는 황제과외가 있습니다. 10과목이면 3000만 원, 1년이면 4억, 3년이면 10억입니다. 돈 있는 사람은 'SKY' 대학 학벌을 만들 수만 있다면 10억 투자합니다. SKY 대학은 평생 가니까요. 이런 시스템을 저는 근원적으로 개혁해야 한다고 생각합니다. 급진적이기까지 한 발본적 변화의 관점이 필요합니다.

교육에는 공교육과 사교육이 각각 존재합니다. 그런데 우리 교육에서 사교육이 공교육을 압도하는 수준으로까지 왜곡되었습니다. 사교육은 당연히 돈 많은 부모를 가진 학생이 유리합니다. 국가 책임의 공교육이 지배적이 되어야 합니다. 공교육에는 국공립학교와 사립학교가 있습니다. 다 중요합니다. 그러나 현재는 점점 더 사립학교가 상위학교가 되어가고 국공립학교가 하위학교 혹은 '후진' 학교로 되어가고 있습니다. 고교 수준에서는 과거 한 학교에 있던 '우열(愚劣)반' 편성과 같은 것이 우열학교 편성으로 나아가고 있다고까지 할 수 있습니다. 공립학교와 사립학교가 다 중요하지만 그중에서 공립학교가 공교육의 중심에 확고히 서 있어야 합니다. 그리고 사립학교는 공교육의 일부로서 공립 공교육과 다른 교육을 (돈을 많이 주고서라도) 받고자 하는 사람이 있으면 이를 보장하는 최소한의 수준이 되어야 합니다. 그러나 지금은 완전히 전도되고 있습니다. 사회경제적 양극화가 교육의 양극화로 확대되고 있습니다.

예를 들어보겠습니다. 유치원은 그래도 모든 부모들이 다 공립유치원에 보내려고 안달이 날 정도로 공립이 사립에 비해 좋다고 평가받는 상태입니다. 그것은 공립이 유아교육의 중심에 서 있다는 것입니다. 다음으로 초등학교와 중학교는 의무교육입니다. 그래도 공교육이 중심에 있습니다. 초등학교도 학비가 비싼 사립이 있습니다. 비싼 사립은 경쟁이 심합니다. 제 지인의 아이도 거기에 갔는데 상장 하나 주는 것에도 엄마들 간에 신경전이 있다고 합니다. 그래도 초등학교는 무너지지 않았습니다. 중학교도 무너지지 않았습니다. 그런데 고등학교 공교육이 무너지고 있습니다. 사교육의 영향이 너무 큽니다. 고교 수준을 보면 외고나 자사고 등 사립학교가 상위학교이고 일반고(일반 공립고, 일반 사립고)는 자꾸 주변화되어가고 있습니다. 제가 자사고 문제로 씨름했는데, 전에는 특목고(외고), 일반고만 있었습니다. 외고 가기 위해서 치열하게 하지만 그래도 일반고가 어렵지 않았습니다. 그런데 이명박 대통령 시절 '교육 4대강 사업'이라고도 표현되는 자사고 육성책을 펼쳤습니다. 다른 시·도 합해서 자사고가 총 49개 있는데, 서울에 25개로 거의 50%가 있습니다. 다른 시·도는 1~2개 있는데, 서울에는 25개가 있습니다. 외고 6개 있을 때는 일반고의 황폐화 문제도 적었고, 일반고에서 대학 가는 데 문제가 없었습니다. 그런데 2010년 이후 일반고가 그렇게 안 되고 있습니다. 교육불평등 문제가 고등학교에서 더욱 전면화되고 있습니다.

대학도 국립대가 중심에 있었습니다. 다들 아시듯이 연고대같이 상위 사립대학이 있기는 합니다만 그래도 공교육으로 서민이 갈 수 있는 싼 국립대학들이 있었습니다. 그런데 최근에는 대학 수준에서도 지방국립대가 붕괴되고 있습니다. 서울로만 몰리니 지방국립대가 붕괴되고 있는 겁니다. 옛날에는 경북대 갈까 연고대 갈까 고민했었습니다만 요즘은 고민 안 합니다. 그 정도로 지방국립대가 붕괴된 겁니다. 고등학교의 서열화가 대학에 오면서 비싼 명문사립대가 위로 가고 일반으로 상징되는 국립대가 아래로 가는 방향으로 왜곡되고 있는 중이 아닐까 싶습니다.

우리 사회에 모순을 만들어내는 큰 요인 중의 하나가 사적(private) 힘이 너무 크다는 것입니다. 시장에서 사적 권력이 너무 크다는 의미입니다. 그런데 이 사적 힘에는 요즘에는 사립학교도 포함됩니다. 건전 사학 중심으로 되면 문제는 없는데, 그것이 아닌 상황에서 이것이 너무 커져서 우리 사회의 건전한 공공적 발전을 제약하는 수준으로까지 된 것 같습니다. 노무현 대통령 시절인 2004년에 사립학교법을 통해 사립학교에 운영의 공공성을 강제하고 담보하려고 했는데, 당시 박근혜 대통령이 야당 지도자로서 사립학교들과 함께 강력하게 반대했습니다. 그 선봉에는 일부 극단적인 보수적 기독교가 있었습니다. 안타깝게도 이게 우리의 현실입니다. 기독교 내에서 분화, 변화, 혁신의 노력이 있지 않으면 일부 극단적인 보수적 기독교가 우리 사회 변화에 걸림돌이 될 수 있습니다. 기독교 본래의 정신을 회복하려는 노력이 필요합니다. 사실 성서의 진정한 정신으로 돌아간다면 우리 사회의 과도한 물질주의적 흐름에 대해 오히려 뭔가 대책이 있어야 한다고 생각해야 하지 않을까요. 신학대학생들이 조금 다른 사고를 갖고 기독교 내부를 혁신하는 것이 중요하지 않을까 합니다.

세월호를 겪은 한국 교육, 한국 사회는 전과 달라져야 합니다. 아이들이나 승객의 안전보다 이윤이 먼저이지 않은, 최소한 그렇지 않은 사회로 변화시켜야 합니다. 기업도 안전에 대해서 강력한 규제가 있어야 합니다. 비정규직이 정규직의 임금 90%는 받는 사회여야 합니다. 대학생도 방학 중에 풀 (full)로 아르바이트 하면 등록금과 생활비가 나오는 사회, 학생들을 착취하고 싸구려 노동자로 보지 않는 사회로 가야 합니다. 사회복지시스템에 의해서 최소한의 생활은 보장되는 사회여야 합니다.

초중등교육은 대학 체제에 의해서 영향을 받습니다. 사회가 험악하고 불평등하게 작동하니, 모두가 좋은 대학에 들어가서 이 사회적 현실을 피하고자 합니다. 부모 입장에서 보면, 험악한 사회에서 좋은 직장 가도 '사오정'이 될 판이지만, 그래도 어쩔 수 없이 비정규직 평생 하고 부모에게 붙어사는 백수가 많은 젊은 층을 보면서 아이들을 좋은 대학을 보내야 한다고 생각합니다. 초중등부터 투자하고 닦달해서 여길 보내고자 하는 겁니다. 이게 초기 산업화 단계에서는 누구나 다 잠도 안 자고 놀지 않고 추격교육을 통해 서양을 따라잡는 기능적인 면이 있었습니다. 그래서 경제 선진국으로 왔습니다. 그러나 오히려 부작용이 더 많은 상태입니다. 그래서 바뀌야 합니다.

대학시스템, 고등학교시스템도 바뀌야 한다고 생각합니다. 사회시스템도 사회도 더욱 평등하게 바꾸어야 합니다. 비정규직도 인간답게 살 수 있어야 하고 평생직장도 늘어나야 합니다. 그래도 희망은 있습니다. 비정규직 문제가 우리 사회에서 전면화된 게 1998년 이후입니다. 파견근로자법이 합법화되면서 비정규직이 급격히 늘어나기 시작했습니다. 교육감이 되고 보니 15년 정도 기간에 우리 사회에 변화는 있었다고 봅니다. 서울시교육청에만 비정규직 직종이 60여 개 됩니다. 영양사, 조리종사원, 행정실무사, 사서보조 등 많습니다. 사실 제가 학교 비정규직 2만 2000명의 고용주입니다. 일종의 사장인 셈입니다. 사용자로서 임금투쟁의 대상이지요. 15년 동안 비정규직이 완전한 정규직은 안 되었지만 무기계약직화는 되었습니다. 해고가 쉽지 않고 고용은 좀 안정이 되었지요. 그 전에는 개별 학교장 고용이었으나 이제는 교육감 고용인 셈입니다. 그러니 노동조합을 결성하여 투쟁할 수도 있게 되었습니다. 복수의 학교 비정규직 노동조합이 연합해서 저를 상대로 투쟁합니다. 제가 사용자적 지위에 있으니 공격을 받고 어렵기는 하지만, 그래도 과거 비정규직 운동을 지원하는 시민사회운동을 해온 입장에서 기꺼운 마음으로 사태를 바라보고 있습니다. 비정규직이지만 직접고용도 되고 월급제도 되고 해고도 쉽지 않고, 완전 정규직화는 멀지만 어느 정도는 이전에 비해 발전했다고 봅니다. 기업이 해고하기 좋은 자유가 1998년 파견근로자법 등에 의해 주어졌다고 하면, 그것에 대항하는 투쟁이 15년 동안 이루어져 왔고 상당한 변화를 동반한 것입니다. 아직 갈 길이 멀지만 말이죠.

제가 일본에도 있어봤는데 비교해서 보면, 우리 사회가 "다이나믹 코리아"라는 말이 있듯이 평등주의적 기대가 높은 국민입니다. 그러다 보니 현실에 대한 불만이 많습니다. 정부나 대통령, 정당을 일단 비판하고 시작합니다. 저는 나쁜 게 아니라고 봅니다. 후쿠시마 사태 직후 일본에 갔는데 그런 끔찍한 사태를 당했는데도 조용하더군요. 우리 같으면 난리가 났을 겁니다. 진통을 겪으면서 앞으로 가고, 대안을 가지고서 어떻게 국민의 높은 평등의식을 결합해 개혁해나갈 것인가가 중요하다고 봅니다.

세월호 이후 달라지려 하는 한국교육을 혁신미래교육, 모두가 행복한 혁신미래교육이라고 표현했습니다. 교육시스템도 바꾸고 해야 하는데, 그것을 '오직 한 사람 교육', 온리원(Only One) 교육이라는 표현으로 쓰고 있습니다. 이전에는 1등만 우대받는 것이 기성세대의 기준이었다면 한 사람을 소중하고 유일한 존재로 여기고 그들의 꿈과 끼를 다양하게 발현시키는 사회가 되어야 합니다. 평가에서도 다(多)기준이 되어야 합니다. 지금은 국영수 하나의 기준만 있습니다. 기업도 알고 있습니다. 그걸 잘하는 학생이 유능하지 않다는 것을 알고 있습니다. 이른바 지예체를 중시하는 방향으로, 저는 그렇게 가야 한다고 봅니다. 이런 맥락에서 서울시교육청은 내년부터 모든 초등학생에게 악기 하나 운동 하나를 가르치는 것을 추진하려고 합니다.

서양을 따라잡는 추격은 좋은 삶, 풍요로운 삶을 살기 위한 것이지 목표가 아닙니다. 경쟁력이 치열해지니 경쟁적 자세로 살자, 글로벌 경쟁에서 어려우니 기업을 우대하고 지원하자고 합니다. 그런데 이것은 40~50년 전에도 그랬고 앞으로 백 년, 천 년, 만 년 후에도 그럴 것입니다. 기업은 그런 상태가 좋겠지만 국민, 인간의 입장에서는 성장이나 경쟁도 좋은 삶을 실현하기 위한 도구일 뿐인데 그게 목표가 되어버린 겁니다. 좋은 삶, 좋은 교육에 대한 감수성을 우리가 가져야 할 때가 되었습니다. 특히 세월호 이후 다른 목표를 지닌 교육을 세워가야 하지 않을까요?

저는 취임 100일 기자회견을 하면서 교육불평등에 도전하는 교육감이 되겠다고 말했습니다. 준비되는 대로 대학개혁과 사회개혁도 얘기하려고 합니다. 청소년 노동센터를 만들어 노동법, 기본법을 알려주고 자신의 권리를 알게 하게 하려고 합니다. 학생에게도 시민적·정치적 권리를 보장받을, 주권자로서의 권리가 있습니다. 우리 사회에서 시민으로서 권리 보장을 받지 못하는 집단이 군인, 학생입니다. 학생을 교복을 입은 시민으로 대해야 한다는 '교복 입은 시민' 프로젝트, 즉 민주시민교육, 학생자치 활성화 교육을 해서 학생들의 자치능력, 자기 삶에 대한 자치능력, 스스로 결정할 수 있는 능력을 키워주고 싶습니다. 학생회, 동아리 활동, 학생참여를 위한 예산을 주어서 학교 운영비에서 학생 예산을 자율적으로 편성하는 것을 고민하고 있습니다. 추격교육에서는 앞선 지식을 개인이 받아들이는 것을 능력이라고 하는데 자기 주도적 학습능력, 결정 능력도 중요합니다. 한 개인이 사회를 살아가면서 이런 능력이 중요합니다. 요즘 부모가 학점 더 달라고 교수에게 전화를 하고 대리 출석도 한다는 것이 우스갯소리가 아닙니다. 일부이고 일탈적이기는 하지만 이런 일들이 있습니다. 바꿔가야 합니다. 현재 사회시스템에서 결국 대학개혁, 사회개혁, 초중등개혁이 같이 가야 합니다. 이는 기존의 시스템, 초중등시스템, 대학시스템, 사회시스템에 이해관계를 갖고 있는 거대한 힘과 싸우는 과정이기도 합니다. 여러 계획들을 세우고 내년부터 시행하려고 계획도 세우고 있습니다.

〈질의응답 시간〉

청중 A_ 서울지역 일반고를 졸업했습니다. 제 세대가 자사고가 활발하기 전 세대였습니다. 자사고 시행 전인데도 불구하고 일반고가 나쁜 상태였습니다. 자사고 완화, 폐지도 중요하지만 일반고의 교육경쟁력도 중요하다고 봅니다. 그 일환으로 시행을 준비하고 있거나 시행하고 있는 정책은 어떤 것이 있나요?

조희연_ 일반고가 어렵습니다. 황폐화되어 있다고 합니다. 모든 원인이 자사고인 것은 아니고 자사고 설립 이전에도 일반고에 어려움이 있었기는 하지만 더 심화되었습니다. 저는 개인적으로 자사고 전환이 일반고 살리기의 필요조건이지 충분조건은 아니라고 생각합니다. 일반고 지원정책으로 일반고 전성시대 정책을 추진하고 있습니다. 1차적으로 1억 정도의 예산을 매년 지원합니다. 고등학교 입시 시스템이 전기, 후기로 나뉘어 특성화고, 자사고가 전기이고 일반고는 후기입니다. 일반고는 대학에 진학하려는 학생, 특성화고 직업교육을 받고 싶었지만 특성화고에 못 가서 온 학생, 부적응 학생, 대안교육이 필요한 학생

등 구성이 복합적입니다. 그래서 고민입니다. 대학 가려는 학생, 직업교육 받으려는 학생, 대안교육을 받아야 하는 학생 등 각각의 요구에 부응할 수밖에 없습니다. 진학과 관련된 맞춤형 교육이 필요합니다. 특성화고 못 간 학생을 위해 직업교육을 일반고에서 받게 하는 것이 필요합니다.

자사고가 논란이 되고 있는데, 교육감이 자사고를 바로 폐지할 수 있는 권한이 없습니다. 5년마다 평가를 해서 설립 목적에 안 맞는 곳을 일부 지정 취소하는 겁니다. 25개 있는데 절반이 되면 영향력이 줄어들 거라고 생각합니다. 그리고 자사고도 일반고와 동일한 학생을 받아서 동일한 교육을 하게 해야 합니다. 자사고는 좋은 학생을 선발효과로 독점하려 해서는 안 됩니다. 자사고의 규모도 줄이고 선발 특권도 없애려고 했는데 교육부장관도 그렇고, 중앙정부도 저와 입장이 다르고 보수적이어서 어려운 상황입니다. 자사고를 필두로 한 교육체제의 문제점이 국가적 의제가 되는 것을 상상해봅니다. 제 권한과 역할은 아니지만.

청중 B _ 영광입니다. 저는 교육감님이 갑이 되는 초등교장입니다. 36년 있었습니다. 학교폭력 문제가 심각합니다. 학생들의 인성교육이 중요한데 인성교육을 잘하기 위해서 학교에 교과목으로 철학, 종교과목을 가져왔으면 좋겠습니다. 종교철학도 초등교육에서 있을 수 있다고 보는데, 근본적인 철학적 사고를 아이들이 생각할 시간을 줘야 된다고 보는데, 이런 것을 교과목으로 가져오는 것에 대해서 어떻게 생각하시는지요?

조희연 _ 저희가 할 수 있는 것은 현재로서는 교육과정 중에 부분적으로 소화할 수 있는 공간을 마련하는 것이라고 봅니다. 그러나 아시다시피 초중등교육이 국가교육과정의 큰 틀 속에서 전개되니까 제약이 있을 것입니다. 미션스쿨에는 종교과목이 있고 사립학교 중에는 알다시피 미션스쿨이 많습니다. 일반학교까지 종교과목이 들어오기는 어렵다고 봅니다. 전반적 흐름을 볼 때 철학,

윤리 경로로 들어와야 할 겁니다, 들어온다면.

초점은 인성교육인데, 저희도 인성, 감성, 지성이 어우러지는 창의교육을 강조하고 있습니다. 서울형 인성교육에서 협력적 인성, 협력적 감성, 협력적 지성을 강조하는 식으로 가고 있습니다. 살벌한 교육시스템에서 루저가 안 되기 위한 교육이 아니라 공존의 교육, 협력적 교육, 공동체적 교육이 필요합니다. 프로그램적으로 어떻게 할까 고민하고 있습니다. 우리 사회가 독재가 무너지고 민주화되면서 개개인의 권리의식이 늘어났습니다. 자기 권리가 침해되면 항의하고 민원을 계속 제기해서, 공무원을 골탕 먹이는 블랙민원인도 있는데…… 저는 이를 사익추구적 권리의식이라고 보고 싶습니다. 공공적 권리의식이 부족합니다. 철학적으로 공화주의적 미덕, 공동체 전체와 사회 전체를 생각하는 미덕, 시민으로서 자기 권리를 위해서 싸워야 할 때도 있지만 공공적 가치를 위해서 참여하는 가치가 필요합니다. 저도 고민하고 있는데 현장에 계시니 많은 아이디어를 주십시오.

청중 C _ 교육부 얘기하셨는데 우리 사회 유리천장 때문에 이런 일이 생길 것입니다. 개혁을 위해서는 자사고 문제만이 아니라 특목고 문제까지 가야 된다고 봅니다. 특목고를 어떻게 바라보고 계신지요?

조희연 _ 특목고에는 외고, 과학고, 체육고, 예술고가 있습니다. 과학영재 교육의 경우 중등부터 시작되는데, 한 단계 낮게 교육부가 초등부터 하려고 하고 있습니다. 정부가 수월성 교육을 강조하려고 하는데 그 과정에서 공교육을 분열시킵니다. 수월성 교육도 평등한 공교육의 기반 위에서 공존하는 방식이어야 합니다. 저도 고민인데 수월성 교육을 전면적으로 부정하는 것은 어렵습니다. 왜 자사고는 과격하게 하느냐 하면서 특목고는 안 건드리냐고 합니다. 자사고 정책을 찬성하면서 특목고도 해라 하는 것은 이해하지만, 비판하는 입장에서 제기하는 논리를 들으면 답답할 때가 있습니다. 과학고나 체육고, 예술고를 부정할 필요는 없습니다. 그런 특수능력을 갖는 인재를 양성하는 과정은 의미가 있습니다. 특목고 중에서 문제가 되는 것이 외고라고 할 수 있습니다. 외국어를 잘하는 학생, 외국어를 통해 국제교류에 이바지하는 인재를 길러내는 방향으로 맡겨놓으면 되는데, 우리 사회에서는 입시체제하에서 좋은 대학 가기 위한 통로로 왜곡되고 있습니다. 현재로서는 외고의 입시학원화를 통제하고 과학고도 의대 진학이나 원래 목적에서 이탈하는 것을 지도·감독하는 데 초점을 두고 있습니다. 다행히 노무현 정부 말기에 외고에 대해서는 공적 규제장치를 마련해서 그래도 일탈의 범위가 제한되어 있습니다. 일반고 공교육 훼손의 정도가 상대적으로 통제된다고 할 수 있습니다.

다른 해결경로를 생각해보고 있습니다. 대학체제를 개혁해서 고교서열화의 왜곡효과를 완화하는 방안입니다. 현재 고등학교 교육은 대학입시의 종속변수입니다. 그래서 통합국립대를 만드는 방안도 생각해보고 있습니다. 경북대 등 10개 국립대를 단일 국립대로 만드는 것이지요. 서울대 폐지 아니냐고 반론할 수 있습니다. 저는 서울대까지 포함하는 통합국립대만이 아니라, 법인화된 국립대를 빼고 나머지 지방 국립대를 포괄하는 통합국립대도 생각하고 있습니다. 후자에 집중 투자해서 서울대 수준의 상향평준화를 이룰 수도 있을 것입니다. 여기에 준(準)공영 사립대학을 만드는 것입니다. 현재 일부 사립대는 너무 문제가 많습니다. 공공성이 없고 사유물처럼 되어 있고…… 사립대의 공공성을 높인 학교를 만들어 지역별로 대학 네트워크를 만들고, 학생과 교수 이동이 가능하게 하며, 통합국립대학과도 네트워크적 협력을 하게 만드는 것입니다. 통합국립대학의 틀 하에서, 권역별 국립대와 공영 사립대가 만드는 권역별 네트워크 대학 모델을 생각하고 있고 기회가 되면 그렇게 대안을 제시하고 싶습니다.

청중 D _ 대치동 사기업에서 근무하고 있습니다. 교육감님 정책에 공감합니다만 정책이 현실과 동떨어졌다는 괴리감을 느낍니다. 교육감 임기 내에 추진하시려는 정책인가요? 현장에서 실효성이 있을까요? 대치동, 송파는 특히 입시 위주 경쟁에 치중되어 있는데 어떻게 설득할 생각이신지요?

조희연 _ 사교육 업체 힘도 엄청납니다. 선행학습 금지도 어떻게 보면 학원 규제까지는 못 갔는데, 앞서 언급한 대로 프라이빗(private)의 힘이 학원업체에도 이미 있습니다. 사교육 마켓이 강고하게 존재합니다. 그것에 반하는 정책을 하면 로비로 무력화시키는 수준이지요. 서울시의회 김문수 의원이 사립학교 규제안를 냈습니다. 공청회 때 사학에서 와서 강한 불만을 제기하는 바람에 유야무야 되었습니다. 심지어 노무현 대통령도 하려고 했는데 못 했던 것입니다.

고민입니다. 사교육의 힘을 약화시키고 공교육에 흡수해야 되는데 공교육정책도 무력화시킬 정도로 사적 권력이 강화되어 있고 학부모에게도 영향을 미치는 현실입니다. 현존하는 관계 속에서 초중등교육 강화를 위해 노력해도 학교에서는 잠자고 사교육 기관에서 공부하는 식으로 왜곡됩니다. 우리 진보교육감들은 그래도 교육정책 권력이 있어 내부에서 노력하고 있고, 학부모님들도 생각보다 현재 시스템에서 벗어나려는 열망도 있어서 대안교육으로 이탈하는 분도 있습니다. 어디에서 균열 지점이 나올 수 있을지 고민해보고 있습니다. 왕성한 활동을 하는 대표적 교육시민단체인 '사교육 걱정 없는 세상'은 학원 전면 규제까지 나가는 법안 제정까지 고려하고 있습니다. 여러 측면을 고민하면서 각자의 자리에서 노력하는 것이 필요할 것 같습니다.

청중 E _ 4학년 졸업 예정입니다. 졸업하고 나니 빚이 천만 원입니다. 알바 해서 대학도 가고 학비도 내고 생활비 마련도 되는 세상이…… 사립대학 힘이 막강하다고 하시고 대학교육 체제 변화 얘기하셨는데 사회구조 안에서 현 체제가 변화할지 의문입니다. 반값등록금 얘기 있었는데 제대로 시행 안 되었고 제재를 해도 못 이기는 구조입니다. 물가는 오르고 대학 직원 호봉 오르는데 등록금도 오를 수밖에 없을 것 같습니다. 개인적 생각은…… 대학 내에 '도둑'들이 많습니다. 직원, 교수도…… 교육부에도 비리가 있다고 생각합니다. 특별법을 만들어서라도 평가가 투명하게 되도록 해야 하지 않을까 생각합니다. 심하게 말하면, 구조적으로 반값등록금 말만 하고 '도둑'들을 양성해놓고 책임지지 않는 게 아닌지…….

조희연 _ 저도 대학에 있어봐서 내년에 사학 공공성에 대한 문제 제기를 하려고 합니다. 모범적 사학도 많습니다. 예를 들어, 제가 있었던 성공회대옆의 유한양행재단 학교인 유한대, 유한공고 등 모범적 사학도 많습니다. 일부 비리사학도 있습니다. 사학은 개인 소유물이 아닙니다. 공공 법인은 성격 자체가 사유물이 아닙니다. 그것도 앞으로 싸워서 올바로 세워야 하는데 대법원 판례는 사립학교의 개인소유적 성격을 인정했습니다.

이명박 대통령 시대에 선진화 얘기했지만 잘사니까 군기가 **빠졌다,** '헝그리 정신'으로 열심히 하자라는 식이었습니다. 새로운 시대적 조건에서, 선진국에 가까워진 조건에서 새로운 패턴으로 해야 한다고 이야기해야 하는데, 옛날 패턴으로 더 열심히 해야 한다, '군기'를 다시 잡자라는 것을 선진화라고 생각했던 것 같습니다.

대학교육의 경우를 보면 국공립이 있고 사립이 있습니다. 대학은 사립이 80 국공립 20입니다. 반반 정도는 되어야 합니다. 50의 공공성이 담보되어야 합니다. 우리 사회는 교회가 세습되는 것을 너무 당연하게 받아들일 정도로 물질주의적이고 사유재산에 대한 절대주의적 발상이 존재합니다. 교회가 세습되다니? 교회는 목사 개인이 돈 내서 만든 것이 아닌 데도 말이죠. 그 자체가 공공물입니다. 공공물을 사유물로 생각할 정도로, 우리 사회에는 일반인은 물론 교회 내부까지도 사적 물질주의가 들어와 있습니다. 가야 할 길이 멀다고 생각합니다.

반값등록금도 공공자원이 투자되는 방식이 잘못되어 있습니다. 대학등록금 오르고, 어린이집, 유치원 등록금 오르니, 국가 재정으로 개개인의 어려움을 해소해준다는 명분으로 결국 사학을 우회적으로 지원하는 방식으로 가고 있습니다. 많은 돈을 국가 세금으로 주고 있는 것을 다시 생각해야 합니다. 반값등록금도 반값을 개인에게 주는 형식을 통해 사학을 지원하는 겁니다. 그렇게 지원받는 사학은 당연히 받는 것을 받는다고 생각할 뿐, 공공재원을 지원받는 존재로서 가져야 할 공공성, 책무성에 대한 의식은 없습니다. 공공성의 상승이라는 변화가 없습니다. 생각하면, 대학은 등록금을 계속 인상하고(약간의 등록금 인상 상한선에 의해 제한받으면서) 학생들의 부담을 덜어준다는 명분으로, 학생지원이라는 명분으로 계속 국가재원을 받으면 그만인 것으로 생각하는 겁니다.

국가재정을 지원받는 만큼 공공성을 확장하는 방향으로, 사립학교의 공공성이 확대되는 방향으로 뭔가 강제적 변화가 있어야 합니다. 개개인의 재정적 어려움을 복지로 지원하면서 궁극적으로 사립을 우회지원하는 방식은 바뀌어야 한다고 봅니다. 저는 프로젝트를 추진해서 유치원 영역을 공영 사립유치원 모델로 만들어보려고 합니다. 국공립유치원을 확대하고 사립유치원도 운영의 공공성을 제고하는 방향으로 노력하고자 합니다.

대학 내부 비리는 돈이 오가는 비리도 있지만 구조적 비리도 있습니다. 국공립 공무원과 교육부의 일부 유착관계가 있고 그래서 저는 안타깝지만 시어머니 같은 감시자의 힘이 강화되지 않으면 어떤 대학도 투명하거나 공공적이지 않을 것이라고 봅니다. 제도기관이 바람직한 가치를 구현하는지를 감시하고 그렇게 되게끔 투쟁하고 해야 합니다. 내부비리 고발자도 보호되어야 하고 여러 노력들이 있어야 합니다.

청중 F _ 사실상 아이들이 어떻게 자본주의 사회에서 살아갈지가 문제인 것 같습니다. 교육계단을 밟아 획득하는 지식, 노동력, 지성이 어느 정도 값어치이냐에 따라 판단하는 것이 세상이고, 자본이 본질이고 인간이 수단이 되는 교육적 상황인데 어떻게 생각하시는지요?

조희연 _ 한국 자본주의가 시장경제의 힘이 엄청나게 강하고 '천민자본주의'라고 하는데, 일방적으로 이윤을 추구하는 자본주의의 거대한 힘이 국민 내부에까지 침투되어 있고 개개인이 소비 욕망으로 점철된 인간으로 전환되었습니다. 개개인의 기업형 인간이 출현했습니다. 기업이 기업이 아니라 개인이 기업이 되어 있습니다. 자본주의 시장의 경제적 논리가 개인의 행위로 정착되어 있습니다. 한국이 성형 천국이라고 하고 한편에서는 지역을 성형 의료산업 메카로 만들자고 하는 얘기도 있고…… 상품의 논리, 경쟁의 논리, 기업의 논리가 인간의 내면까지 침투되어 있다는 것은 공공적 힘, 공화적 힘이 강화되어야 한다는 것을 의미합니다. 한편에서 시장과 국가의 논리가 있고 그것이 개개인에게 영향을 미치고 있다면 반대의 대안적 힘과 논리가 작동해야 합니다. 우리 사회의 변화의 큰 사이클에도 이것이 나타납니다. 1960~1970년대는 성장, 기업의 논리가 온 국민을 흡수했다고 한다면, 1980~1990년대는 반대로 민주화의 원리, 사회화의 원리가 지배했습니다. 단지 1998년 외환위기 이후 대반전이 일어나고 다시 신자유주의적 논리가 전 지구적으로 강력하게 작동하고 있습니다. 그러나 이것은 이전의 민주화 및 사회화의 원리와 각축하는 중에 있습니다. 초중등교육이라는 좁은 범주도 한편에서 시장주의적이고 권위주의적인 힘이 영향을 미친다고 하면, 다른 한편에서는 사회적인 힘, 민주적 힘, 공화주의적인 힘이 영향을 미치면서 각축하는 공간으로 존재하고 있다고 생각합니다. 이런 것을 인식하면서 교육정책을 추진하고 있습니다.

부록

서울시교육감 주요 기념사

서울시교육감으로 취임한 이래, 주요한 계기마다 발표한 메시지들이 많습니다. 그중 조희연의 교육철학과 혁신미래교육의 방향을 잘 담고 있는 핵심적인 발표문만 모아서 전문으로 소개합니다. 최근의 글로서 2016년 7월 1일 즈음하여 발표한 '취임 2주년 기자회견문'이 지금까지의 정책적 흐름을 망라하고 있는 좋은 예입니다. 그러나 글의 분량상, 그리고 그 핵심 내용들이 이미 이 책의 여러 글들 속에 함축되어 있기 때문에 따로 싣지 않습니다.

부록 ① 취임사

서울특별시교육감직에 취임하며[*]

희망의 교육, 혁신미래교육으로 21세기의 세계시민을 길러내겠습니다

안녕하십니까. 저는 서울 시민의 뜻을 받들어 오늘부터 4년 동안 서울시교육감직을 맡게 된 조희연입니다. 먼저 시민 여러분들께 큰 절 올립니다.

세월호 사건의 엄청난 충격과 고통 속에 치러진 지난 6·4 지방선거에서, 유권자들은 무엇보다 교육에 주목하셨고, 교육의 혁신을 원하셨습니다. 전국 17개 시·도 교육감 가운데 민주진보 후보가 13명이나 나란히 당선된 결과는 이 점을 말해줍니다. 사실은 보수냐 진보냐를 떠나, 교육의 혁신이라는 무거운 책임이 새로 교육감을 맡는 모든 이들에게 공동으로 지워진 지상과제 입니다.

이번 선거 결과에 드러난 시민의 기대는 분명합니다. 세월호 참사를 계기로 물위에 떠오른 대한민국의 총체적 난맥상을 혁신하라, 그리고 가장 근본적으로, 그 혁신을 교육에서부터 시작하라는 메시지라고 저는 해석했습니다.

세월호 참사를 만들어낸 게 과거의 낡은 교육, 절망의 교육이었다면, 이 시대의 요구에 답할 수 있는 교육이란 '희망의 교육', '살림의 교육'입니다.

'살림'이란 본디 교육의 본질입니다. 스스로 살아갈 수 있는 역량과, 협동하여 함께 살아가는 역량은, 인간이 교육에서 배워야 할 모든 것입니다.

낡은 교육은 결코 우리 아이들에게 살림의 역량을 길러주지 못합니다. 그렇기 때문에 '살림의 교육'의 다른 이름은 혁신미래교육이 될 수밖에 없습니다. 저는 서울교육을 '모두가 행복한 혁신미래교육'으로 바꿔내겠습니다.

---

[*] 2014년 7월 1일, 서울시교육감으로 취임하면서 발표한 취임사이다.

혁신미래교육이란 곧 살림의 교육입니다

낡은 교육은 '따라잡기 교육(추격교육)'이었습니다. 1960~1980년대까지 한국이 발전도상국이던 시절에는, 이른바 '선진국'을 따라잡기 위해 무조건 더 많이 외우고 더 빨리 베껴야 했습니다. '따라잡기 교육'은 서구의 앞선 지식을 무조건 더 빨리 더 많이 학습하여 서구를 따라잡는 교육을 의미합니다.

오늘날 한국은 세계 10대 경제 대국의 자리에 올라섰습니다. IT 강국, 인터넷 강국, 스마트폰 강국이라는 자부심도 있습니다. 심지어는 한국을 배워서 따라잡겠다는 나라도 생겨난 게 현실입니다. 추격해야 할 대상도 모방해야 할 대상도 없습니다. 이제는 우리 스스로 아무도 가본 적이 없는 창의적 교육의 길을 개척해 가야 합니다.

현실이 이렇게 변했는데, 교육은 아직도 '따라잡기 교육'에 머물고 있습니다. 아이들은 아직도 더 많이 외우고, 더 빨리 베끼라는 교육을 받고 있습니다. 아이들은 아직도 성적과 등수로 평가받고 있습니다. 아이들은 아직도 국영수를 못하면 공부를 못하는 것이고, 공부를 못하면 장래에 희망이 없다는 식의 교육을 받고 있습니다. 아이들은 아직도 무한경쟁 속에서 자기만 살아남아야 한다는 가치관을 교육받고 있습니다.

아이들이 이런 공부를 못해서 희망이 없는 게 아니라, 1960~1980년대식 교육이 아직도 21세기 아이들의 발목을 잡고 있어서 희망이 없는 것입니다. 청소년 가출률과 자살률이 OECD 국가 최고 수준인 데는 분명 이유가 있습니다.

오늘날 한국의 위상과 맞지 않는 낡은 교육, 훌쩍 커버린 아이들의 몸에 맞지 않는 철지난 옷과 같은 교육, 그게 바로 절망의 교육입니다.

그렇다면 희망의 교육이란 어떤 것입니까? 아이들이 스스로 살아갈 수 있는 역량과, 협동하여 함께 살아갈 수 있는 역량을 길러주는 교육이 바로 희망의 교육입니다. 외우고 베끼라고 강요하는 대신 아이들이 자기가 하고 싶은 게 무엇인지 깨닫도록 도와주는 교육, 성적과 등수로 평가하는 대신 과정을 중시하는 교육, 국영수도 중요하지만 그것 말고도 아이들이 창의력과 잠재력을 발휘하도록 모든 가능성을 열어놓는 교육, 아이들을 무한경쟁에 맡기는 대신 함께 사는 삶의 가치를 일깨워주는 교육이 바로 희망의 교육입니다.

우리 아이들을 이렇게 길러내어야, 자존감과 협동심, 창의력과 진정한 실력을 갖춘 21세기의 세계시민으로 자라날 수 있습니다.

누구를 따라잡는 게 아니라 아무도 가지 않은 길을 창의적으로 개척해 갈 역량을 길러주는 교육, 그것이 바로 오늘날 한국의 위상에 걸맞은 교육이자, 희망의 교육입니다. 이는 교육 혁신을 통해 미래를 열어가는 교육입니다. 그래서 저는 이를 '혁신미래교육'이라고 부르고자 합니다.

먼저 제가 생각하는 혁신미래교육의 주요 내용을 말씀드리고자 합니다. 지금부터 말씀드릴 몇 가지 이야기가 혁신미래교육의 모든 것이라는 뜻은 아닙니다. 서울교육의 주인은 서울시민 모두입니다. 교육은 학생·학부모·교사·시민들이 역동적으로 함께 만들어가야 합니다. 그래야 절망의 교육을 희망의 교육으로 바꾸어낼 수 있습니다.

첫째, 혁신미래교육은 학생·교사·학부모·시민이 함께 주체로 나서는 교육입니다

먼저 저는 교육의 주인이 학생과 교사와 학부모와 시민사회임을 말씀드리고 싶습니다.

따라잡기 교육의 시대에는 국가와 학교가 정한 교과서가 교육의 유일한 표준이었습니다. 학생은 교육의 대상일 뿐이었고, 학부모는 감히 교육 내용에 참여할 수 없는 줄 알았습니다. 이제는 학생과 교사와 학부모와 시민사회가 어떤 교육을 할 건지 서로 토론해서 결정할 수 있어야 합니다. 교사와 학부모는 물론, 학생도 참여해서 스스로 어떤 교육을 받고 싶은지 주장해야 합니다.

새로운 교육은 학생·교사·학부모·시민이 함께 주체로 나서는 교육이어야 합니다. 단순히 교육의 '대상'이 되거나, 교육의 방관자로 남지 말고, 모두가 교육의 주체로 참여하고 또 스스로의 주체성을 키우는 교육이어야 합니다. 그래서 저는 '학생중심주의', '교사우선주의', '학부모참여주의'를 실천하고자 합니다. 또한 시민 전체가 교육의 주체가 되도록 할 것입니다. 이것은 사람을 교육의 중심에 놓겠다는 저의 교육철학과 맞닿아 있습니다. 이것은 '새로운 교육 주체'를 만들어가는 과정입니다.

교육의 주인은 국가도 행정기관도 아닌, 학생·교사·학부모·시민사회입니다.

둘째, 혁신미래교육은 창의교육입니다

질문이 사람을 만듭니다. 위대한 질문이 위대한 인물을 만듭니다. 위대한 인물은 한결같이 질문이 많은 아이들이었습니다. 이 아이들의 질문을 교사와 학교와 부모가 모두 묵살했더라면, 어떤 위인도 탄생할 수 없었습니다.

따라잡기 교육의 교실에는 질문이 없습니다. 정답은 이미 정해졌고, 더 많은 지식을 더 빨리 외워서 더 많은 답을 아는 것만 중시하기 때문입니다. 이건 우리 아이들 속에서 자라고 있는 무한한 잠재력과 창의력을 죽이는 교육입니다.

우리는 질문이 있는 교실을 만들어야 합니다. 혁신미래교육의 교실에서는 정답보다 질문을 더 중시할 것입니다. 평범한 질문보다 엉뚱한 질문에 더 귀를 기울일 것입니다. 그리고 그 질문의 답을 학생과 교사와 학부모들이 함께 찾아 나설 것입니다. 이렇게 답을 찾아가는 과정에서 우리는 침묵에 잠긴 학교를 떠들썩하고 신바람 나는 학교로 바꿔낼 수 있을 것입니다. 이것이 바로 우리가 지향해야 할 교육, 창의교육을 내용으로 하는 혁신미래교육이 될 것입니다.

셋째, 혁신미래교육은 자율교육입니다

혁신미래교육은 자율교육이어야 합니다. 자율교육은 아이들을 어른의 입장에서 '분재(盆栽)형 인간'으로 만들려고 하는 기성세대의 관성적인 생각을 벗어나야 가능할 것입니다. 분재는 나무의 가지와 몸통을 특정한 방향으로 키워내서 분재를 키우는 사람이 원하는 나무를 만들어냅니다. 바로 이러한 '분재형 인간'을 만드는 기존 교육에 대한 성찰이 필요합니다.

아이들은 다양한 잠재력과 다양한 DNA를 가지고 태어납니다. 그것을 우리 기성세대들이 원하는 좁은 방식으로, 다양한 잠재력 가운데(예컨대 국영수 중심의) 특정한 것만 키워내고 무수한 가능성을 사장시키고 있는지도 모릅니다. 우리의 아이들이 성인이 되어 활동할 10~20년 후의 세계는 전혀 다른 세계일 것이며, 지금 존재하는 직업들 중에서도 상당 부분은 사라질 것입니다. 바로 현재와 같은 기성세대 중심의 분재형 인간을 만드는 교육에 대한 성찰로부터 우리는 출발해야 합니다.

넷째, 혁신미래교육은 창의 감성 교육입니다

이제 우리의 교육은 단순히 지식 추구에만 한정되어서는 안 됩니다. 우리 아이들의 무한한 지적, 감성적 가능성을 일깨우고 조화롭게 공존하도록 해야 합니다. 이러한 점에서 혁신미래교육은 창의 감성 교육이어야 할 것입니다.

창의 감성 교육은 국영수 중심의 지성만을 중시하지 않을 것입니다. 저는 21세기의 능력과 재능은 이제 새롭게 정의되어야 한다고 생각합니다. 학습자의 잠재력을 전면적·다면적으로 발전시키고, 감성과 인성, 지성의 균형적 발전을 촉진하는 교육으로 바뀌어야 합니다.

감성은 단지 일부 문화예술인들에게만 필요한 특수한 자질이 아니며, 21세기적 지성의 기본적 구성요소입니다. 창의 감성 교육을 통해 우리 아이들은 타인과 공감할 수 있는 능력을 갖춘 세계시민으로 성장할 것입니다. 학교 폭력, 왕따 문제를 해결할 수 있는 교육적 대안은 창의 감성 교육을 통해 '우정이 있는 학교'를 만드는 것입니다. 창의 감성 교육이 살아 있는 학교를 우리는 '어깨동무 학교'라고 부르려고 합니다.

다섯째, 학교와 마을의 경계를 허물어 '마을 결합형 학교'를 열겠습니다

아이들은 학교에서만 배우지 않습니다. 학교 밖에서 더 중요한 것을 배우기도 합니다. 학교 밖으로 뛰쳐나가고 싶은 충동을 느낄 때도 있습니다. 이미 뛰쳐나간, 학교 밖의 아이들도 있습니다. 이 아이들 모두가, 우리가 보살펴야 할 우리 아이들입니다.

서울시교육청은 서울시와 손을 잡고, 마을과 학교의 경계를 허물 준비가 되어 있습니다. 학교는 학생뿐 아니라 지역주민들이 교육에 대해 함께 고민하고 새로운 교육을 만들어나가는 공간으로 발전할 수 있습니다. 마을의 협동조합이나 지역 공동체의 공간은 학생들이 방과후 혹은 학교 밖에서 정규교육 이외의 교육을 받는 공간으로 발전할 수 있습니다.

저는 서울시와 손잡고 서울을 세계적인 교육 특별시로 탈바꿈하는 프로젝트를 추진할 것입니다. 마을과 지역사회가 학교와 함께 가는 교육을 지향해야 합니다. 저는 이것을 '마을 결합형 학교'라고 표현하고 싶습니다. 마을 결합형 학교는 학교보다 더 큰 학교, 학교를 넘어선 학교가 될 것입니다.

여섯째, 교육이 기회의 통로가 되도록 하겠습니다

교육은 모든 학생에게 '기회의 통로'이자 '기회의 땅'이어야 합니다. 저는 "태어난 집은 달라도 배우는 교육은 같아야 한다"고 믿습니다. 그러나 이제 우리 사회는 점점 더 '교육을 통해서 사회경제적 불평등이 재생산'되는 상태로 가고 있습니다. 저는 모든 불평등을 현실에서 제거할 수 있다고는 생각하지 않습니다. 그러나 최소한 교육이 그러한 불평등을 상쇄하는 균형의 지렛대가 되는 사회를 소망합니다. 이는 정확히 헌법 31조 1항에서 말하는, "모든 국민은 능력에 따라 균등하게 교육 받을 권리를" 가지는 상태를 실현하고자 하는 것입니다.

일곱째, 세계화 시대의 열린 시민을 길러내겠습니다

교육의 시작과 끝은 '어떤 인간을 길러내는가', '어떤 영혼을 지닌 인간으로 키우는가'입니다. 그것은 단순히 아이 한 명의 삶을 위한 것만이 아니라, 우리 사회의 미래와 직결되는 것이기 때문입니다. 우리는 단지 '나의 자식'만이 아닌, '우리의 다음 세대'를 키워내고 있는 것입니다.

우리의 아이들을 새로운 21세기형 인격체로 키워야 합니다. 그것의 기본은 따뜻한 공동체를 지향하는 배려와 존중의 이타적 품성입니다. 약자의 편에 서서 사회를 바라볼 줄 아는 정의로운 인간입니다. 거기에 더해 세계화 시대의 열린 시민으로 우리의 아이들이 성장해야 합니다. 닫힌 민족주의가 아니라, 오히려 국가와 민족에 대한 성찰 능력을 갖는 존재로 우리의 학생들이 성장해야 합니다. 그래야 20년 후의 세계를 선도할 수 있습니다.

이를 저는 '창의 세계화 교육'이라고 부르고 싶습니다. 이것이 진정한 우리의 '새로운 교육 목표'이어야 합니다.

여덟째, 교육행정과 학교행정에서도 민주주의를 꽃 피우겠습니다

1987년 이후의 도도한 민주주의의 물결이 교육행정과 학교행정에도 확산되어야 합니다. 민주적 거버넌스와 참여, 소통, 교육 수요자에 봉사하는 행정, 교육 수요자에 의해 평가받는 행정, 권한의 분산과 민주적 수렴이 조화되는 행정, 투명하고 청렴한 행정으로 변화되어야 합니다. 상명하복, 지시와 명령, 수직적인 위계, 권위적 관료주의를 청산하고 시민의 눈높이에서 학생, 교사, 학부모의 마음을 헤아리는 동반자적인 교육행정으로 거듭 태어나야 합니다. 이것이 진정한 학교자치와 교육 민주주의를 실현하는 토대입니다.

교육청을 여러분의 집 옆으로, 교육감실을 여러분의 옆방으로 옮기는 상상, 교장선생님과 아이들이 격의와 허물없이 도시락을 나눠 먹는 풍경, 교사와 학부모가 이웃 친구처럼 아이들의 교육을 함께 가꿔가는 장면이 꿈이 아닌 현실이 되도록 하겠습니다. 저는 이것이 학생·교사·학부모·시민사회가 함께 어울려 '새로운 교육 관계'를 만들어가는 일이라고 생각합니다. 저는 '어울림 교육청'을 만들어내겠습니다.

이상의 여덟 가지 말씀이 혁신미래교육의 모든 것은 아닙니다. 혁신미래교육이 내실을 갖춰가기 위한 최소한의 조건이라고 저는 생각합니다. 앞으로 부족한 부분은 학생·교사·학부모·시민사회가 함께 채워가고 만들어가야 합니다.

혁신학교의 업그레이드

혁신미래교육은 혁신학교의 성과를 이어받아 업그레이드 시킬 것입니다.

먼저 초등학교와 중학교 단계까지는 선진국형 자유교육, 창의교육으로 전환하고자 합니다. 적어도 중학교까지는 입시교육, 성적, 등수로부터 완전히 해방되도록 하고자 합니다. 정규수업과 방과후의 질적인 혁신을 가져오고자 합니다. 우리는 혁신학교에서 새로운 교육 모델의 가능성을 보았습니다. 혁신학교의 성과를 유형별로 모델화하여 보다 다양한 혁신교육시스템이 자리잡도록 하겠습니다.

평가로 우열을 나누지 않겠습니다. 아이들을 '국영수'에 갇힌 인간이 아니라, 저마다의 자질과 개성, 잠재력을 고르게 발전시키는 교육을 통해, 그 자체로 자아를 완성해가는 인간이 되도록 하겠습니다.

혁신학교를 중심으로 한 교육은 '자율성'을 가장 큰 가치와 원리로 하고 있습니다. 혁신학교는 지금까지의 구시대적인 학교문화와 관계를 새롭게 재구축했습니다. 여기에 교육 내용적 측면의 전환도 시도하겠습니다. 고전적인 교육과정에서 탈피하여 선진국형 교육과정을 서울에 맞게 적용하겠습니다. 이를 창의지성, 창의감성교육이라고 부를 수 있습니다.

혁신교육과 창의교육을 양대 축으로 서울교육의 일대 전환을 불러오겠습니다. 이를 위해 학급당 학생 수를 감축하거나 협력교사제를 도입하고, 선생님들의 전문성을 드높일 뿐만 아니라, 업무 환경도 더욱 과감하게 개선하겠습니다.

가르침과 배움이 우선이 되는 학교로 만들겠습니다. 이런 하드웨어의 개혁과 더불어 창의지성, 창의감성교육이 이뤄지도록 프로그램과 소프트웨어를 대대적으로 계발하고 적용하여 한 차원 높은 교육과정을 구현하겠습니다.

학교 밖의 개혁

교육 대개혁은 학교 안에서만 이뤄지지 않습니다. 방과후 역시 중요한 교육 현장이자 교육과정의 연장입니다. 또 하나의 학교입니다.

학교 안팎과 방과전후가 하나의 체계적인 교육과정의 총체로서 작동되어야 비로소 온전한 교육시스템이 완성됩니다. 학교 밖과 방과 후는 교육청만의 몫으로 감당하기는 어렵습니다. 그래서 서울시와 지자체의 협력이 필수입니다. 곧 시 및 지자체와 공동으로 서울교육 TFT를 만들어 전체 서울교육의 틀을 만들겠습니다. 아이들은 정규수업을 마치고, 또는 필요하다면 정규수업으로부터 조금은 자유롭게 학교 밖의, 또한 방과 후의 다양한 문예체 자원을 이용하여 21세기 미래 창의 역량을 키워갈 수 있도록 하겠습니다.

고등학교 교육의 혁신

고등학교 단계의 교육혁신은 두 가지 측면에서 생각하고 있습니다.

하나는, 고등학교 체제 자체의 변화입니다. 자사고 제도의 전면 재검토를 통한 일반고 전환 프로그램도 그런 맥락 속에 있습니다. '제2의 고교 평준화'라고 부를 수 있는 이러한 정책이 필요한 이유는, 바로 초중학교에서 선진국형 교육이 실현될 수 있는 출발점이 되기 때문입니다. 고교 진학 과정이 입시경쟁교육이 되지 않는 조건을 만들어야, 비로소 우리가 마음먹은 아름다운 창의 미래 교육이 가능합니다.

또 하나는 고등학교 교육의 질적 변화와 균형 있는 발전입니다. '일반고 전성시대'가 바로 이것과 맞물려 있습니다. 현실적으로 현행 대입제도 아래서 고등학교가 입시에서 자유로운 교육을 펼치기는 거의 불가능합니다. 장기적으로는 그것으로부터의 자유를 지향하되, 당장의 현실에서는 최대한 모든 학생들이 고르게 교육의 기회와 혜택을 받도록 하겠습니다. 지역에 따라, 학교에 따라, 그리고 태어난 가정에 따라 받는 교육이 달라서는 안 됩니다.

입시로부터 소외되었거나 다른 길을 가고 싶은 학생들이 무기력하게 방치되는 일이 없도록 하겠습니다. 그들도 자신의 삶을 즐겁게 누리고, 당당히 꿈을 찾아갈 수 있도록 하겠습니다. 일반고와 특성화고, 또는 학교 밖에서 자신의 직업을 찾아가도록, 대학 진학교육 못지않은 지원체계를 갖추겠습니다. 이것 역시 우리가 꿈꾸는 선진국형 공교육의 모습입니다.

학생·교사·학부모·시민 여러분, 서울교육의 주인이 되어주십시오

우리가 꿈꾸는 혁신미래교육은, 교육청이나 교육감 혼자서 할 수 있는 일은 아닙니다. 입시위주의 교육에서 벗어나기 위해서는 대학입시제도와 대학체제 개혁이 반드시 필요합니다. 이런 숱한 과제들은 한꺼번에 해결할 수 없고, 시간을 가지고 점진적으로 진행해야 합니다.

저는 제 임기 4년 동안, 혁신미래교육의 주춧돌을 놓으려고 합니다. 가장 중요한 것은, 교육의 주인이 학생·교사·학부모·시민사회라는 사실입니다. 학생·교사·학부모·시민사회가 교육의 주인으로 우뚝 선다면, 누가 교육 행정을 맡더라도 미래로 가는 교육의 방향을 바꿀 수는 없을 것이라고 저는 믿습니다.

이제 새로운 교육의 시대가 열릴 때가 되었습니다. 낡은 교육을 넘어서서 혁신미래교육의 시대를 열 때가 되었습니다. 세월호의 아픔은 새로운 교육의 패러다임을 여는 일로 승화되어야 합니다.

저는 질문이 살아 있는 신바람 교실, 우정이 있는 어깨동무 학교, 모두가 행복한 혁신미래교육, 학생·교사·학부모·시민사회와 함께하는 어울림 교육청을 만들어내겠습니다.

온마음과 온몸으로 섬기고 실천하겠습니다. 학생·교사·학부모·시민 여러분이 서울교육의 주인공이 되어주십시오.

감사합니다.

'혁신미래교육'이 꽃피는 원년이 되도록 하겠습니다[*]

사랑하는 서울교육가족 여러분, 그리고 존경하는 서울시민 여러분, 서울시교육감 조희연입니다. 희망찬 새해가 밝아 옵니다. 을미년 새해를 맞아 여러분의 모든 꿈과 계획이 이뤄지기를 기원합니다.

2014년은 새로운 서울교육의 기틀을 마련하기 위한 첫걸음이었습니다. 학교가 오직 학생들을 위한 교육의 장으로 되살아날 수 있도록 고민을 거듭했습니다. 이 과정이 모두 교육의 주체들이 새롭게 서는 과정이었다고 할 수 있습니다.

교사의 자발성과 역량을 제고하기 위해 불필요한 업무 경감과 정책 정비를 단행했고, 열 두 차례에 걸친 학부모 원탁토론을 통해 폭넓고 깊은 소통을 이어갔습니다. 교장, 교감선생님들과의 진솔한 대화의 자리도 많이 마련했습니다. 자사고 정책을 추진하는 과정에서도 당사자를 포함하여 많은 분들의 고견을 듣기 위해 노력했습니다. 이 모든 것이 서울교육의 안정성과 균형감을 높이려는 과정이었습니다.

모든 분들이 '세월호' 이후의 교육은 반드시 달라야 한다고 말씀하십니다. 저역시 그 성찰 속에서 새로운 교육의 토대를 만들고자 합니다. 그것을 저는 '질문이 있는 교실, 우정이 있는 학교, 삶을 가꾸는 교육'이라고 표현했고, 이들을 흔들림 없는 교육평등, 교육공공성, 교육복지의 가치 위에서 꽃피우고자 합니다.

무엇보다 가장 중요한 것은 우리의 아이들이 자신의 삶을 스스로 가꿔가는 능력을 고르게 키워가는 것입니다. 그래서 9시 등교 문제를 단순히 교육청의 일방

---

[*] 2015년 새해를 맞아 발표한 신년사이다.

적인 정책 추진 방식이 아니라, 그 정책의 당사자인 학생들이 스스로 판단하고 결정할 수 있도록 '서울교육 학생 대토론'을 벌였습니다. 해당 주제를 넘어서 모든 문제에 대한 자기결정권을 민주적으로 행사하는 과정에서 학생들이 21세기 열린 세계에 맞는 자율적 시민으로 성장할 수 있어야 우리 사회의 미래가 밝습니다.

자신의 삶을 스스로 만들어가면서 동시에 우리 사회 공동체의 공공성에 기여할 수 있는 따뜻한 인재를 키워내는 것, 그래서 우리 사회의 미래에 대한 희망을 함께 만들어가는 인간으로 성장하는 것이 궁극의 목표입니다. 이러한 기본과 본질에 충실한 서울교육을 2015년에 더욱 힘차게 이어가겠습니다.

2014년은 '모두가 행복한 혁신미래교육'이라는 새로운 서울교육의 비전을 정한 첫 해였습니다. 이 새로운 서울교육의 비전 아래 △지성·감성·인성을 기르는 창의교육 △모두의 가능성을 여는 책임교육 △학생·교사·학부모·시민의 참여교육 △안전하고 신뢰받는 안심교육 △소통하며 지원하는 어울림 교육행정이라는 다섯 가지 영역에서 바른 방향을 찾고자 했습니다.

2014년의 준비를 바탕으로 2015년은 본격적으로 그 가치와 내용이 서울교육 현장 전역에 골고루 퍼지고 스며들도록 하는 도약의 해가 되도록 하겠습니다.

첫째, 2015년은 서울교육에서 고교체제의 이상적인 전환을 본격적으로 모색하는 한해가 될 것입니다. 지난 2014년, 저는 '일반고 전성시대'라는 이름으로 일반고가 중심이 되어 수평적인 다양성이 꽃피는 고교체제의 출발을 알렸습니다. 고교 균형 발전을 위해 모든 고등학교들이 제 위치에서 저마다의 교육적 역할을 하도록 고교 유형 제자리 잡기 노력을 했습니다.

자사고의 정상화 작업도 그런 맥락에 있습니다. 2015년에도 11개의 자사고와 외고 등 특목고에 대한 평가가 예정되어 있습니다. 단순한 학교 자체 차원의 평가를 넘어서서 이들 학교가 어떻게 하면 우리 교육의 공공적 발전을 위해 기여할 수 있는지 최선의 방법을 찾고자 합니다.

저는 이것을 '제2의 고교평준화'라고 부르고 있습니다. 비록 우리 사회는 대학의 서열구조와 학벌주의가 강고하지만, 적어도 초중등교육은 이러한 불합리한 서열체제와 불평등으로부터 안전지대가 되어야 합니다.

대학 진학을 원하는 학생, 일찌감치 자신만의 꿈을 직업으로 펼치고자 하는 학생, 현실 교육 제도가 충분히 보듬어주지 못해 어려움을 겪는 소외 학생들까지 서울의 학교는 이 모든 학생들의 삶을 다양한 방식으로, 하나하나 책임지는 '또 하나의 부모'가 되어야 합니다. 다양한 학생들이 모여 있는 일반고가 생동감 넘치는 학교로 변모하고, 특성화고 등 직업 계열 학교는 현실에 맞는 질높은 직업교육으로 서울교육을 담당하는 또 하나의 당당한 핵심축이 되도록 하겠습니다.

둘째, 2014년 '서울학생대토론'으로 시작한 학생자치역량 키우기를 더욱 강화하겠습니다. 이른바 '교복을 입은 시민 프로젝트'를 시작하겠습니다. 학생들이 피동적인 훈육의 대상이 아니라 당당하고 소중한 사회 구성원으로 자신을 성찰하고 행동하는 '시민'으로 거듭나게 하겠습니다.

이를 위해 학생회를 비롯한 다양한 학생 자치 활동을 최대한 활성화하고 지원하겠습니다. 학생들이 학교의 작은 일까지 함께 참여하여 논의하고 결정하는 학교자치의 실질적인 주체로서 역량을 키워나갈 수 있도록 하겠습니다. '열린시민', '민주시민'으로서의 자질을 함양하는 교육과정도 강화하겠습니다. 이를 통해 자신의 삶의 주인공이 될 수 있도록 하겠습니다.

지난 12월 단행된 교육청 조직 개편을 통해 '민주시민교육과'를 만든 것도 바로 이러한 교육목표를 제대로 달성하기 위한 준비입니다. 이 과정에서 학생들과 교장, 교감, 교사 등 학교를 구성하는 모든 구성원들의 권한과 책임이 조화를 이룰 수 있도록 하겠습니다. 이를 위해 '학생인권옹호관'을 부활시키고, 교권 종합 대책을 마련하는 것도 중요한 과제입니다. 교권과 학생 인권의 대립적인 이분법을 넘어서서 서로를 배려하고 존중하는 교육공동체를 만들겠습니다.

셋째, 이른바, '마을결합형 학교'라는 이름으로 학교와 지역사회의 이상적인 결합의 전형을 만들겠습니다. 교육을 학교만이 전담하는 시대는 지나갔습니다. 행정적 영역 구분과 경계선이 교육의 풍부함과 다양한 상상력을 제약하는 장애물이 되어서는 안 됩니다. 서울교육이 보다 능동적으로 학교와 지역사회의 유기적 협력 체계를 만들어 내겠습니다.

'혁신교육지구'사업을 과감하게 확대한 것도 그러한 맥락입니다. 혁신교육지구는 교육청, 서울시, 자치구가 교육을 위해 행정과 예산, 교육 컨텐츠의 결합을 도모한 선도적인 협력모델입니다. 이곳에서 마을결합형 학교의 대표적인 사례를 만들겠습니다. 비단 혁신교육지구에만 국한되지 않고, 모든 학교가 모든 지역에서 다양하고 활발한 협력 사업을 펼칠 수 있도록 최대한 지원하겠습니다.

이를 위해 교육청에는 '참여협력담당관실'을 새로이 두었고, 교육지원청에도 '교육협력복지과'를 신설했습니다. 기존에 없었던 새로운 길인만큼 교육청의 역량을 최대한 집중하겠습니다.

넷째, 혁신학교를 포함하여 모든 학교의 미래 지향적 혁신이 대대적으로 전개되도록 하겠습니다. 우리 시대는 이미 학교의 근본적 혁신을 요구받고 있습니다. 기존의 학교로는 시대의 변화를 담아내지 못합니다. 일상화되고 관례적으로 고착된 불합리, 부조리를 쇄신하고 민주적이고 교육적인 기관으로 일신해야 합니다. 학교는 가장 열린 민주적 공간이자 역동적인 협력 공간이 되어야 합니다.

'질문이 있는 교실'이 구호에 그치지 않고 실질적인 모습으로 구체화되도록 하겠습니다. 교사들이 스스로 학습하고 연구하며 교육과정과 수업을 창의적으로 혁신할 수 있도록 지원하고, 다양한 연수를 실시하겠습니다.

기본적으로는 새로운 교육의 상을 제시하고 있는 혁신학교의 양적, 질적 심화 프로젝트를 공고히 지속하겠습니다. 또한 혁신학교의 다양한 교육 혁신 프로그램들이 모든 학교로 확산되고 뿌리내릴 수 있도록 하겠습니다.

이를 통해 교사들이 교육과 생활교육에 전담할 수 있는 조건을 지속적으로 만들어갈 것입니다. 교사와 학교의 다양한 잠재력을 최대한 발현하도록 지원하겠습니다. 모든 학교에서 우리 교육의 미래가 보이도록 하겠습니다.

2015년을 혁신미래교육이 본격적으로 펼쳐지는 원년으로 삼겠습니다. 위의 네 가지 목표는 총체적인 교육 대전환의 핵심이지만 부분이기도 합니다. 이 외에도 모든 면에서 하나하나 그리고 차근차근 서울교육의 변화를 도모해 나가겠습니다. 욕심 부리지 않고 작은 것부터 내실 있게 추진하겠습니다. 그리고 당연히 그 과정은 소통/참여/협력의 원리를 벗어나지 않을 것이며, 저 역시 신중함과 균형을 잃지 않도록 매사에 유념하겠습니다.

서울교육에 있어서 포부는 크게, 사고는 깊게, 대화는 넓게, 추진은 힘차게 하겠습니다. 지금까지 그랬던 것처럼 학생, 학부모, 교사, 그리고 서울시민 모두가 서울교육을 위한 '공공적 개인'이 되어 '모두가 행복한 혁신미래교육'을 함께 만들어가주시기를 간곡히 당부드립니다. 새해에도 저와 서울시교육청 모든 직원들이 한마음이 되어 힘차게 달려가겠습니다.

　감사합니다.

부록 ③ 취임 1주년 기념사

새로운 4·16 교육체제를 실현하기 위한 다양한 노력 지속할 것[*]
일등주의(No.1) 교육에서 오직 한 사람(Only One) 교육으로

안녕하십니까. 서울시교육감 조희연입니다.

서울 시민의 뜻을 받들어 교육감직을 맡고 취임사를 한 것이 엊그제 같은데 벌써 1년이 지났습니다. 돌아보면 참 숨가쁘게 달려온 것 같습니다. 취임하면서 말씀드렸듯, 지난 1년간 '학생 중심주의', '교사 우선주의', '학부모 참여주의'를 나침반 삼아, '모두가 행복한 혁신미래교육'의 기반을 다지기 위해 많은 노력을 해왔습니다.

서울교육이 1년이라는 기간 동안 급격하게 달라지지는 않았겠지만, 그간의 노력으로 인해 우리교육에 변화가 필요하다는 공감대가 형성되고, 그 토양 위에서 교육혁신의 씨앗이 건강한 싹을 틔웠다고 생각합니다.

지난 1년 동안, 저는 무한경쟁의 심한 압박 속에 활기를 잃어가는 교실을 살리고, 사회경제적 불평등이 곧 교육의 불평등으로 재생산되지 않고, 우리 학생들이 능력에 따라 균등하게 교육 받을 헌법상의 권리를 누리게 하는데 필요한 교육정책 방안을 찾아 실천해 왔습니다.

이제 지난 1년의 경험과 성과를 바탕으로 남은 임기 3년간 서울교육 혁신의 꽃을 피우고 열매를 맺기 위해 '무엇을 어떻게' 해야 할지에 대한 고민이 필요한 시점입니다.

존경하는 서울교육가족 여러분, 그리고 시민 여러분.

---

[*] 2015년 6월 30일, 서울시교육감 취임 1주년을 맞아 기자회견을 열고, 그간의 소회와 "4·16 교육체제" 주요 정책방향을 발표했다.

세월호 이후 우리 사회는 많은 변화를 요구하고 있습니다. 세월호 사고도 그렇고, 최근 메르스 진행 상황을 바라보며, 우리나라 교육 체제가 이대로 여서는 안 되겠다는 생각이 더욱 분명해집니다. 저는 이제 우리 교육이 '4·16 교육체제'로의 전환을 요구하고 있다고 말씀드린바 있습니다.

'4·16 교육체제'의 핵심은 우리 교육에 대한 근본적 반성과 혁신, 교육의 근원적인 전환에 대한 요구입니다. 저는 이를 '넘버원 교육', 기존의 일등주의 교육이 아니라 '온리원 교육', 즉 '오직 한 사람 교육'으로 풀어나가고자 합니다. 지난 시기, '넘버원 교육'이 글로벌 경쟁력을 갖는 소수의 인재들을 길러 서구를 경제적으로 따라잡는'추격산업화'시대의 성공적 바탕이 되었던 것은 사실입니다. 하지만 이 일등주의 교육은 현재 극단으로 치달아 이제는 우리 학생들의 삶과 사회공동체를 무너뜨리는 수준에 이르고 있습니다.

세월호 사고를 겪으며 우리는 아이들 한 명, 한 명이 얼마나 소중한지를 눈물겹게 깨달았습니다. 1등이 되라고 강요하기보다는 자신이 가지고 있는 재능과 꿈, 끼를 마음껏 발휘해 사회에서 유능한 인재로 인정받는 '온리원 교육'이 필요한 때입니다.

4·16 교육체제로 전환하기 위해서 남은 3년의 임기 동안 특히 역점을 두고 추진할 정책들을 정리해 보았습니다.

첫째, 고교서열화를 극복하기 위해 고교체제를 개선하겠습니다

현재와 같은 고교의 수직적 서열화는 공교육을 붕괴시키는 중요 원인입니다. 몇 차례 인터뷰를 통해서 밝혔지만, 전기에서 영재학교, 특목고, 자사고, 특성화고 학생들을 선발하고, 나머지 학생들이 후기 일반고에 가는 방식은 고교평준화의 기본 정신에서 이미 많이 벗어나 있습니다. 고교선택제의 큰 골격은 유지하더라도, 전후기로 나누어진 전형시스템은 변화가 필요하다고 생각합니다.

이러한 모든 초중고 내의 과도한 경쟁, 이로 인한 서열화, 차별, 불평등은 대학 학벌 체제와 직결되어 있습니다. 이 문제가 선결되지 않으면 초중등교육의 정상화는 어려울 것입니다. 이와 관련하여 우리 교육청에서는 고교 입시체제 및 대학

입시체제, 대학학벌체제의 개혁을 위한 정책연구를 진행 중에 있습니다.

연구결과가 나오면, 우리 교육청이 적극적으로 앞장서서 이에 대해 발언하고, 바람직한 방향을 제시하고, 사회적 공감대를 얻기 위해 노력할 것입니다.

다른 한편으로는 공교육 내에서 학생들의 다양한 요구를 수렴하고, 다원화된 경로를 갖추어 나가는 도전이 필요합니다. 바로 이 지점에 '고교 자유학년제'로서의 '오디세이학교'가 위치하고 있습니다. 이런 노력과 함께, 고등학교 학생들이 꿈과 소망에 따라서 특성화고와 일반고 간에 원활하게 상호이동할 수 있도록 하고, 현재 고3 학생들을 대상으로 하는 '2+1'의 직업위탁교육을 2학년까지 확대하는 '1+2'의 직업위탁교육정책을 선보이도록 하겠습니다.

둘째, 비리가 있는 사학에 대해서는 강력한 대책을 통하여
'비리사학의 정상화'와 '사학의 공공성 확보'를 앞당기고자 합니다

우리나라 사학은 고유한 건학이념을 가지고 학생 수용 및 균등한 교육기회 제공을 통해 사회에 지대한 공헌해 왔습니다.

다만, 일부 사학이 본연의 건학이념을 잊고, 학교를 사유재산화 하거나 족벌체제로 운영하는 등 문제가 있는 것도 사실입니다. 국가재정이 취약한 상태에서 사재를 털어서 '교육을 통한 사회공헌'을 하고자 했던 1세대 사학의 근본정신을 일부사학들이 훼손하고 있는 것입니다. 교직원들의 월급과 학교 운영비까지 국가재정으로 충당하고 있는데, 학생의 학습권과 사학에 대한 국민의 신뢰를 위태롭게 하는 이들 문제 사학에 대해서는 '사학의 공공성과 투명성'을 높이기 위한 강도 높은 대책을 강구하고자 합니다.

이를 실현하기 위한 제도적 노력의 하나로 감사관실의 역할을 확대 강화하고 교육지원청의 감사팀을 보강하도록 하겠습니다.

그리고 서울시교육청의 청렴도를 획기적으로 제고하고 청렴의식이 전 조직에 확산될 수 있도록 우리 사회에서 청백리의 표상이 될 만한 분들로'청렴종합대책위원회'를 구성하겠습니다.

또한 사학 법인의 재정 건전성, 법인운영 공공성 확보를 위해 사학기관 운영평가제 도입을 검토하고, 전국 시·도교육청과 공동으로 학교법인의 과태료 부과기준도 마련할 계획입니다. 아울러 사학의 교원임용시험 위탁 제도 활성화를 위해 2016학년도 임용시험부터 수준 높은 교사들이 사립학교에 더 많이 갈 수 있도록 '동일 시·도 내 공·사립 동시 지원 1합격제'를 도입할 예정입니다.

셋째, 혁신학교를 넘어서 학교혁신으로 나아가겠습니다

지난 1년간 혁신학교는 학교구성원의 참여와 협력을 바탕으로 민주적인 학교문화 정착과 전인교육 추구 등 공교육의 변화 및 내실화에 중요한 역할을 해왔습니다.

이제 남은 3년 동안 '모든 학교의 혁신'을 새로운 목표로 선언하고, 혁신학교의 좋은 사례가 서울의 모든 학교에 학교혁신으로 전파될 수 있도록 노력하고자 합니다.

혁신학교는 수동적인 학교를 능동적 학교로 전환하는 프로젝트, 권위주의적 학교문화를 새 시대에 걸맞는 '참여와 자율에 기초한 민주적 학교 문화'로 바꾸는 프로젝트입니다. 교육이 학생들의 내면에 다양한 '배움의 역동성'을 일구어내는 일이라고 볼 때, 혁신학교는 국영수 위주의 입시 교육에만 머물지 않고 '또 다른 배움의 역동성'을 만들어내는 프로젝트라고 생각합니다.

저는 앞으로 모든 학교에서 다양한 형태로 다양한 학생들의 요구에 부응하는 '자율적 역동성'이 살아나도록 지원할 것입니다.

넷째, 학교 민주주의를 꽃피우도록 하기 위한 2단계 정책을 적극적으로 추진하겠습니다

앞서 말씀드린 '모든 학교의 혁신'을 위해서 가장 중요한 것은 학교 민주주의가 그 바탕에 있어야 한다는 것입니다. 기존의 권위 주의적 학교질서를 시대변화에 맞는 민주주의적 학교질서로 전환하기 위한 노력을 경주하겠습니다.

학교민주주의는 학생자치와 자율의 확대, 교사의 효능감과 자율권 확대, 학부모의 능동적 참여의 기초 위에서 가능합니다.

그 1단계로 학생들의 자치능력과 자율적인 결정능력을 기르기 위한'학생자치 활성화'대책을 추진하고 있습니다.

지난 달 '서울학생 안전 대토론회'에서 우리 학생들의 열의와 능력을 확인할 수 있었습니다. 학생들이 '교복 입은 시민'으로서 자기결정 능력을 갖추고 있음에도 불구하고, 입시에 매몰된 나머지 이러한 능력을 발휘할 기회가 도통 주어지지 않는 것이 현실입니다. 학생들이 사회 생활에 필요한 자기결정능력을 학교교육을 통해 갖출 수 있도록 지속적으로 노력하겠습니다.

또한 토론이 있는 교사회의와 교직원회의 활성화를 지원하는 것에서부터 학교혁신을 시작해보려고 합니다. 모든 교사들의 교육열정이 살아나고 학교구성원들의 집단지성으로 학교 민주주의가 꽃피울 수 있도록 하반기에 교원회의가 활성화될 수 있도록 지원하겠습니다.

또한 학부모 조례 제정을 통해 학부모 참여를 제도화하여 학교가 참여 공동체 및 민주적 공동체로 변화해가도록 노력하겠습니다. 학교 내에서의 새로운 '관계의 역동성'을 일구어 가겠습니다.

다섯째, '학교와 지역사회의 새로운 협업모델'을 만들어내겠습니다

교육 격차 해소를 위해 교육청과 지자체, 지역사회와 민간단체가 함께 손잡고 추진하고 있는 혁신교육지구도 보다 내실화하고 확대해 나가겠습니다. 모든 자치구가 서울교육의 패러다임을 만드는 일에 동참할 수 있도록 하여, 더 이상 혁신교육지구라는 표현이 없어도 될 정도의 사회통합 모델을 구축하겠습니다.

아울러, 마을결합형학교를 본격적으로 추진하고자 합니다. 마을과 학교의 상생을 위해 자치구, 지역의 각종 센터, 지역주민 모임 등과의 협력 체계를 구축하겠습니다. 마을연계형 방과후학교, 자유학기제를 활용한 마을결합형 진로 교육과정 운영, 지역사회 교육과정 운영 등을 위한 마을결합형 선도학교 11개교를 지정하여 나침반 역할을 하도록 하겠습니다.

서울시와의 협력은 더욱 강화될 것입니다. 현재 서울시와의 전면적인 협력모델은 다른 시도의 부러움의 대상이 되고 있습니다. 이미 협력하고 있는 20개 교육협력사업 등을 더욱 내실화하겠습니다. 현재 시와 교육청, 기업이 함께 예산을 투입하여 인기리에 진행되고 있는 사업을 한 가지 소개드리면 '쾌적하고 가고 싶은 화장실 만들기' 사업입니다. 현재 발굴하고 있는 새로운 협력 사업들은 조만간 서울시에 제안할 예정입니다.

마지막으로, 서울교육가족 공동체를 위해 그동안 부족했던 다양한 교육·문화 인프라를 구축할 계획입니다

정독도서관을 지식과 문화예술의 종합공간으로 조성하고자 합니다. 기존의 도서관뿐 아니라, 교육생활문화사 박물관, 백남준문화예술센터 설치로 서울의 교육 랜드마크로 부상시킬 계획입니다.

교육생활문화사 박물관은 교과서나 교복, 교육정책 등을 보여주는 것만이 아니라, 학생들이 즐겨보던 만화, 초등학생들이 즐겨 사용하던 장난감, 학교 앞 문방구의 변화, 무즙 사건 등 각종 교육관련 사건들, 왕따, 학교폭력 등 부정적인 학교풍경, 유해식품 등 학생생활과 밀접한 연관을 가진 사회적 현상 등을 다채롭게 보여주는 교육의 장이 될 것입니다.

또한 (가칭)서울교육가족 힐링센터 건립을 구상하고 있습니다. 최근 들어 학교는 예상치 못한 재난까지 감싸 안는 등 지치고 힘들어 하고 있습니다. 특히 교사의 역할과 부담이 날로 커져가고 있는 상황입니다. "선생님 한 분이 아프면 교실 전체가 아프다"는 말처럼, 교사들의 성찰과 치유는 교육의 회복력으로 이어져 자연스럽게 교육의 질이 높아질 것이라고 생각합니다.

현재 서울교육청이 보유하고 있는 강원도 폐교 등 다양한 공간에 서울교육가족 힐링센터의 건립을 위한 자문위원회와 실행위원회를 구성하여 이를 공론화하고 구체화해 나가고자 합니다.

사랑하는 서울교육가족 여러분!

서울시교육청은 지난 4월에 한국매니페스토실천본부가 발표한 전국 시·도교육감 공약실천계획서 평가에서 우수평가(A등급)를 받은 바 있습니다. 이는 공약이행의 기본 틀을 잘 짰다는 의미입니다. 현재 취임하면서 약속했던 52개의 공약 사업이 순조롭게 진행되고 있습니다. 남은 임기 동안 모든 힘을 다 기울여 시민들과의 한 약속을 지켜내고자 합니다.

최근 1달여 이상 메르스로 인해 걱정이 크셨을 줄로 압니다. 저는 서울학생의 건강과 안전을 지키는 일을 그 무엇보다도 우선하고 있습니다. 메르스가 완전 종식되는 그날까지 긴장의 끈을 놓지 않겠습니다.

지난 1년간 서울교육을 지켜보며 믿어주고, 격려를 아끼지 않으신 우리 서울교육가족과 시민들만 생각하면 고마움에 눈물이 납니다. 모든 분들의 서울교육에 대한 기대와 열망을 알고 있습니다. 서울교육이 꿈꾸고 지향하는 목표를 향해 흔들림 없이 걸어나가겠습니다.

감사합니다.

불구일격(不拘一格)의 정신으로
'오직 한 사람(Only One) 교육'을 완성해가겠습니다*

사랑하고 존경하는 서울교육가족 여러분, 그리고 서울시민 여러분! 다사다난했던 2015년이 가고, 희망찬 2016년이 다가옵니다. 한해를 마무리하고 새해의 계획을 잘 세우고 계신지 궁금합니다.

저는 2016년 병신년 새해에 "한 가지 규격에 얽매이지 않는다"는 뜻인 '불구일격3'이란 말을 화두로 삼으려 합니다. 이 말은 청나라 때의 시인 공자진(龔自珍)의 시 「기해잡시(己亥雜詩)」에 나옵니다.

> 이 세상이 생기발랄한 것은 바람과 우뢰 덕분인데
> 만 마리 말이 하나같이 소리 죽이니 정녕 애석하여라
> 권하노니 한울님은 다시 분발하셔서
> 한 가지 틀에 구애받지 말고 인재를 내리소서

> 九州生氣恃風雷(구주생기시풍뢰)
> 萬馬齊喑究可哀(만마제음구가애)
> 我勸天公重抖擻(아권천공중두수)
> 不拘一格降人才(불구일격강인재)

---

* 2015년 12월 30일, 2016년을 맞이하여 새해의 서울교육 방향과 포부를 담아 발표한 신년사이다. 본래 제목은 없었으나 이 책을 준비하며 덧붙였다.

세상이 생기발랄한 것은 비바람과 뇌성벽력이 떠들썩하게 몰아치기 때문인데, 모두가 획일적으로 입을 다물고 있는 게 애석하다고 공자진 시인은 말합니다. 시인은 한울님에게 호소하는 말투를 빌려 "한 가지 틀에 박힌 인재만을 만들어내지 말고 다양한 인재를 풍부하게 내려달라"고 요구하고 있습니다.

저는 취임 이후 줄곧, 우리 사회가 추구해온 '넘버원(No.1) 교육'을 '온리원(Only One) 교육'으로 전환하겠다고 선언하고 이를 위해 최선의 노력을 기울여 왔습니다. 성적과 점수 등 한 가지 척도로 맹목적인 경쟁만을 강요하는 게 '넘버원 교육'이라면, 한 가지 틀에 얽매이지 않고 우리 아이들의 개성과 잠재력을 제각기 발휘할 수 있도록 돕는 게 '온리원 교육'입니다.

이런 '온리원 교육'의 디딤돌을 놓기 위해 저는 지난해 네 가지 방향의 목표를 약속드렸었습니다.

첫 번째로, '제2의 고교평준화'라고 불릴 수 있는 보다 개선된 고교체제로의 전환을 모색하고자 했습니다. '일반고 전성시대', '고졸 성공시대'도 그와 맥락을 같이하는 것입니다. 서열화된 대학체제와 입시제도 아래 초중등교육이 바로 서기란 참으로 어려운 일입니다. 이런 어려운 구조적·제도적 조건하에 초중등교육만큼은 수평적 다양성을 최대한 실현하도록 하는 것이 서울교육의 제1목표입니다. 이를 위해 고교 균형 발전을 위한 여러 연구 프로젝트를 수행했고, 이를 바탕으로 2016년에는 종합적인 고교체제의 개선을 위해, 전형방법개선, 고교선택제 보완 등 가능한 모든 노력을 쏟겠습니다.

마침 최근 일반고 전성시대 정책과 관련한 학교구성원 만족도 조사에서, 학생, 학부모, 교사 모두 대체로 긍정적으로 평가한 것은 참으로 고무적인 일입니다. 여기에 안주하지 않고 더욱 실효성 있는 방안을 고민하겠습니다.

두 번째 목표는 '교복 입은 시민 프로젝트'라는 이름으로 대표되는 학생자치역량 강화와 세계시민교육 정책입니다. 우리 사회가 보다 높은 수준의 민주주의 사회로 가기 위해서는 교육이 가장 중요합니다. 이를 위해 서울시교육청은 학생들의 자기 결정 능력 제고를 위한 자발적 토론을 독려해오고 있습니다. 특히 2015년에 민주시민교육과를 신설하고 '공존과 상생의 세계시민, 다문화교육정책'을 발표하면서 그 노력을 이어왔습니다.

세 번째는 '마을결합형 학교'로 표현되는 학교와 지역의 이상적인 결합 모델을 만드는 것입니다. 이 노력은 혁신교육지구 사업으로 구체화되고 있습니다. 서울시와 자치구, 그리고 지역사회의 열성적인 교육활동가들이 모두 힘을 보태어 지금까지 없었던 새로운 민관협력 지역교육체제를 만들어내고 있습니다. '학교를 넘어선 더 큰 학교'를 만드는 일은 앞으로도 지속될 것이며, 혁신교육지구 사업이 완성 단계에 오를 수 있도록 독려하겠습니다.

네 번째 목표는 대대적인 교육 혁신입니다. 혁신학교가 교육의 혁신을 만들어가는 선도적인 역할을 하도록 독려하는 것 외에도, 모든 학교에서 교육 내용과 방식, 구성원 간의 관계 등 다양한 혁신적 노력이 활성화되도록 지원하고 있습니다. 학교마다 수업혁신을 위한 교원 동아리를 최소 1개씩 운영하도록 하는 등 '질문이 있는 교실' 실현을 위한 수업혁신 지원을 가속화했고, 종합적인 창의 지성, 감성이 어우러지도록 문화예술교육도 강화했습니다.

이외에도, 여학생 체육활성화 프로그램, 교권 보호를 위한 각종 제도, 담임선생님과 학생들의 정서적 생활 멘토 프로그램인 '고교 희망교실'의 운영, 고등학교의 자유학기제라 불릴 만한 대안적 교육과정 프로그램인 '오디세이학교' 등도 제도적으로 확고히 자리 잡도록 지속적으로 추진해갈 것입니다.

교육 혁신 정책과 더불어, 2015년은 서울교육의 청렴도 향상을 위해 많은 어려움 속에서도 열심히 일한 한 해였습니다. 서울시교육청의 홍보영상으로 촉발된 촌지 논란은, 비록 일부 오해를 낳기도 했습니다만, 큰 사회적 반향을 일으키며 더 이상 학교에 촌지문화가 용납되지 않는다는 강한 사회 분위기를 만들었습니다. 또 비록 안타까운 사건이 있었습니다만, 강력한 '성범죄 원스트라이크 아웃제'를 실시하여 묵과할 수 없는 비교육적 행태가 더 이상 학교 현장에 발붙이지 못하도록 최선을 다했습니다. 이러한 노력의 일환으로 '청렴시민감사관' 진영을 더 강화했고, 학교 운동부 비리 근절 등 청렴도 향상 대책도 실시하고 있습니다. 교육의 토대는 신뢰입니다. 신뢰의 출발은 청렴입니다. 2016년도에는 서울교육청이 전국 최고의 청렴 교육청이 되도록 더욱 노력하겠습니다.

다시 한 번 "한 가지 틀에 얽매이지 않는다"는 뜻인 '불구일격(不拘一格)'이란 말을 떠올려봅니다. 민주주의는 떠들썩한 것입니다. 서로 다른 생각이 어우러져 떠들썩하게 자신의 개성을 활짝 피우는 과정에서 창의와 혁신이 싹틀 수 있습니다. 우리 아이들이 미래지향적인 민주 시민, 열린 세계 시민으로 성장할 수 있도록 하기 위해 2016년에도 더욱 고심하고 노력하겠습니다. 또한 학벌과 대학 서열 문제 등 초중등교육을 근본적으로 제약하는 더 큰 제도적 문제에 대해서도 서울교육가족 여러분과 함께 토론하면서 해결을 위해 노력해 가겠습니다.

2016년은 지난 1년 반의 성과를 바탕으로 서울교육의 도약의 한해가 되도록 하겠습니다. 지금까지가 새 비상을 위한 날개의 힘을 키우는 과정이었다면, 이제는 본격적인 힘찬 비상의 시기입니다. 많은 난관이 있더라도 포기하지 않겠습니다. 2016년에도 저와 서울교육가족 여러분의 희망찬 동행은 계속될 것입니다.

부디 모두가 행복한 2016년을 맞이하시길 진심으로 기원합니다.

지은이 조희연 (曺喜昖)

조희연은 서울대 사회학과를 졸업하고 연세대 사회학과에서 석사학위와 박사학위를 받았다. 미국 서던캘리포니아대학교(USC), 대만 국립교통대학교, 일본 게이센여학원대학에 초빙되어 한국학 강의를 했다. 1990년부터 2014년 6월까지 성공회대 사회과학부 겸 NGO대학원 교수로 재직했으며 교무처장, 기획처장, 시민사회복지대학원장, NGO대학원장, 민주주의연구소장, 민주자료관장 등을 역임했다.

대학 외부에서는 민주화를 위한 전국교수협의회 상임의장, 학술단체협의회 상임대표, 한국비판사회학회 회장, 한국 사회운동과 정치연구회 회장, ≪월간 사회평론≫ 편집기획 주간 등을 역임했다. 1988년 22개 진보적 인문사회과학연구단체의 연합체인 학술단체협의회 창립에 적극 참여했으며, 1994년 박원순 변호사(현 서울시장)와 함께 참여연대 창립에 주도적으로 나서기도 했다. 1999년 이재정 성공회대 총장(현 경기도교육감)과 함께, 시민운동가 재교육기관인 성공회대 NGO대학원을 설립하고 2007년 아시아 사회운동가 재교육과정으로서의 MAINS(아시아비정부기구학과정)를 설립하는 등 현재 성공회대의 진보적 정체성을 형성하는 데 주도적으로 참여했다. ≪시사저널≫ 700호 기념 시민운동가 대상 여론조사에서 '가장 영향력 있는 지식인'으로 선정되기도 했다.

2014년 6월 4일 지방선거에서 서울시교육감으로 당선되어 '교육행정가'로서 제2의 인생을 살고 있다.

주요 저서로는 『병든 사회, 아픈 교육』(2014), 『민주주의 좌파, 철수와 원순을 논하다』 (2012), 『동원된 근대화』(2010)(일본에서 『朴正熙, 動員された近代化: 韓國, 開發動員體制の二重性』 으로 번역·출간), 『박정희와 개발독재시대』(2007), 『비정상성에 대한 저항에서 정상성에 대한 저항으로』(2004), 『한국의 국가·민주주의·정치변동』(1998), 『한국의 민주주의와 사회운동』(1998), 『계급과 빈곤』(1993), 『현대 한국 사회운동과 조직』(1993) 등이 있으며, 박현채 선생과 함께 엮은 『한국사회구성체논쟁』(1997, 전 4권) 외에도 수많은 편저가 있다. 영문 도서로는 Breaking the Barrier: Inter-Asia Reader on Democratization and Social Movement, States of Democracy: Oligarchic Democracies and Asian Democratization, From Unity to Multiplicities: Social Movement Transformation and Democratization in Asia, Contemporary South Korean Society: Critical Perspective 등이 있다.

일등주의 교육을 넘어
혁신미래교육의 철학과 정책

ⓒ 2016, 조희연

지은이 | 조희연
펴낸이 | 김종수
펴낸곳 | 한울엠플러스(주)
편 집 | 배유진

초판 1쇄 인쇄 | 2016년 8월 19일
초판 1쇄 발행 | 2016년 9월 2일

주소 | 10881 경기도 파주시 광인사길 153 한울시소빌딩 3층
전화 | 031-955-0655
팩스 | 031-955-0656
홈페이지 | www.hanulmplus.kr
등록번호 | 제406-2015-000143호

Printed in Korea
ISBN 978-89-460-6215-3 04370
    978-89-460-6195-8 (세트)

* 책값은 겉표지에 표시되어 있습니다.